JN276616

# セクシュアリティの戦後史

小山静子・赤枝香奈子・今田絵里香 編

口絵1 『少女の友』1950年9月号（実業之日本社）

口絵2 『女学生の友』1951年4月号（小学館）

口絵3 『少年』1949年9月号（光文社）

口絵4 『純潔のために』:『平凡』1959年9月号別冊付録©マガジンハウス

口絵 5 『夫婦生活』1949 年 6 月創刊号（夫婦生活社）

口絵 6 『主婦の友』1957 年 7 月号（主婦の友社）

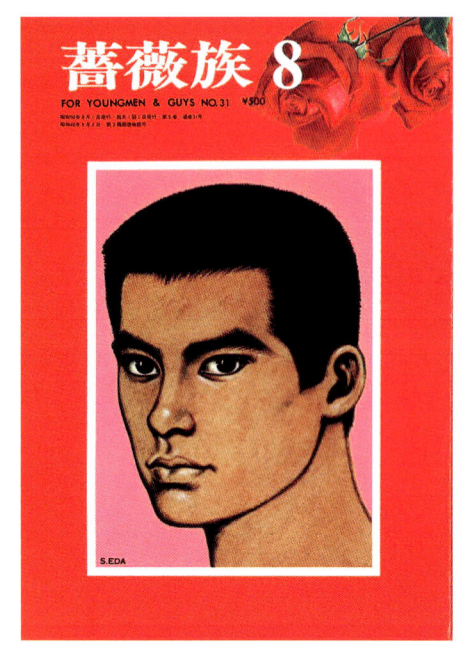

口絵 7 『薔薇族』1975 年 8 月号（第二書房）

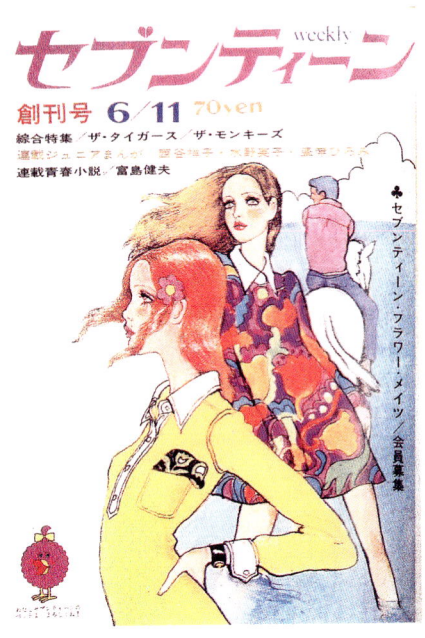

口絵 8 『セブンティーン』1968 年 6 月 11 日創刊号（集英社）

# 目　次

序章　問題関心　　　　　　　　　　　　　　　　　　　［小山静子］　1

## I
## 純潔と異性愛

### 第1章　純潔教育の登場
　　　―― 男女共学と男女交際　　　　　　　　　　　　［小山静子］　15

　はじめに　15
　1　私娼問題から男女交際・男女共学へ　16
　2　『男女の交際と礼儀』の刊行　20
　3　子どもの「問題」状況　24
　4　純潔教育のゆくえ　28
　おわりに　32

### 第2章　純潔教育委員会の起源とGHQ　　　　　　　［斎藤　光］　35

　はじめに　35
　1　「次官会議決定」と文部省　37
　2　GHQと純潔教育　41
　　1．街娼発生防止対策としての純潔教育の由来　43
　　2．文部省と民間情報教育局の交渉過程　44
　3　通達「純潔教育の実施について」の意味　48
　おわりに　51

目 次

## 第3章　異性愛文化としての少女雑誌文化の誕生
[今田絵里香]　57

はじめに　57

1　職業獲得から男女交際へ　61

2　少女たちの戸惑い／少年たちの無関心　63

3　編集者・執筆者による「明るい男女交際」の創出　68

4　男女交際におけるジェンダーの非対称性　70

おわりに　73

## 第4章　雑誌『平凡』に描かれた純潔
[中山良子]　79

はじめに　79

1　青少年が観る映画の問題化　81

　　1.「純潔の危機」が描かれる映画・小説・読者相談　81

　　2.「性的」映画への批判がつくる、青少年のセクシュアリティ規範　83

2　純潔について語る読者　87

　　1. 農村に焦点をあてた座談会と純潔　87

　　2. 太陽族映画の批判記事　91

　　3. 純潔という価値観　92

3　『純潔のために』の登場　94

　　1. 異例の冊子　94

　　2. 売春防止法の成立と『純潔のために』　96

おわりに　98

## 第5章　「感じさせられる女」と「感じさせる男」
　　──セクシュアリティの二枚舌構造の成立　[田中亜以子]　101

はじめに　101

1　男性知識人主導の「平等」　104

2　夫婦雑誌の流行　109

　3　『夫婦生活』の世界　113

　4　『主婦の友』の世界　117

　おわりに —— セクシュアリティの二枚舌構造とは何か？　123

# Ⅱ
# 同性愛という概念

## 第6章　戦後日本における「レズビアン」カテゴリーの定着　　［赤枝香奈子］　129

　はじめに　129

　1　女性同性愛者の表象　131
　　1．先行研究　131
　　2．「レスボス愛」　133

　2　戦前から戦後へ —— 1940年代後半の雑誌記事　134
　　1．戦前との接合 —— エスのポルノ化　134
　　2．西洋との接合 —— 「サッフィスト」と「トリバード」　136

　3　「レズビアン」の登場 —— 1950年代　137
　　1．キンゼイ報告の影響　137
　　2．「レスビアン」と「レズビアン」　140

　4　日本の事例との結びつき —— 1960年代　142
　　1．「エス」と「レス」　142
　　2．「歌劇」「男役」との結びつき　143
　　3．レズビアン・バーの流行 —— ゲイ・バーとの結びつき　145
　　4．「フリーセックス」ブームの影響　146

　おわりに　148

目 次

# 第 7 章 パンパン，レズビアン，女の共同体
── 女性映画としての『女ばかりの夜』(1961) 〔菅野優香〕 153

はじめに 153

1 レズビアン表象 155

2 女性共同体 158
    1. 映画に描かれる女性共同体 158
    2. 映画を描く女性共同体 160

3 女性映画 164

おわりに 169

# 第 8 章 戦後日本における「ホモ人口」の成立と「ホモ」の脅威化
〔石田 仁〕 173

はじめに ── 本章の目的 173

1 群れる ── 1945 年〜1960 年代 176
    1. 戦前と戦後の不連続性 176
    2. 群れて増える 177
    3. "新語"の「ホモ」 178
    4. 「本当のホモ」 179

2 「ホモ人口」の成立 ── 1970 年代前半 180
    1. 都市に集まる 180
    2. エビデンス 181
    3. 拡散のモチーフ 183

3 影響 ── 1970 年代後半〜1980 年代 184
    1. Save our …… 184
    2. 漠とした不安 186
    3. 感染者数 187

おわりに ── 本章の意義 189

## 第9章　1970年代における男性同性愛者と異性婚
### ──『薔薇族』の読者投稿から　　　　　　　　［前川直哉］　197

はじめに　197

1　異性婚と同性愛の「両立」　200
 1．異性と結婚した動機，結婚を希望する理由　200
 2．求められた結婚のかたち①　妻に隠れて同性と交際　201
 3．女性からの反論　203

2　「理解ある妻」の物語　205
 1．求められた結婚のかたち②　告白と理解ある妻　205
 2．告白の失敗　208

3　女性同性愛者との結婚　209
 1．求められた結婚のかたち③　女性同性愛者との結婚　209
 2．「薔薇族と百合族のお見合い会」　211
 3．「お見合い会」の失敗　213

おわりに　214

## Ⅲ　メディアにおける性愛の表象

## 第10章　Kissのある日常
### ──『週刊マーガレット』におけるキスシーンの定着過程
　　　　　　　　　　　　　　　　　　　　　　　［日高利泰］　221

はじめに　221

1　キスシーンはいかにして可能か　226
 1．少女雑誌の中の「性」　226
 2．『週刊マーガレット』におけるキスシーンの登場　228

2　キスシーンの定着・展開　230
 1．キスシーンの類型化　230

目　次

　　2. 用例の拡大と意味づけの変化　234
　　3. 『りぼん』におけるキスシーン　237

　おわりに　240

## 第11章　1970〜1990年代の『セブンティーン』にみる女子中高生の性愛表象の変容　　［桑原桃音］　245

　はじめに　245

　1　ドラマ化される「ある少女」の性愛体験談
　　　　── 創刊年1969年〜1979年　249

　2　コメディー化される男目線のエッチ談義
　　　　── 1982年〜1987年　253

　3　ドキュメント化される読者みんなの性愛報告
　　　　── 1987年〜1994年　258

　おわりに　262

## 第12章　楽しむものとしての"性"はいかにしてもたらされたか
　　── 1970〜1980年代の『少女コミック』の場合
　　　　　　　　　　　　　　　　　　［トジラカーン・マシマ］　267

　はじめに　267

　1　1970年代の女性向けマンガにおける「性」　268
　　　1. はじめてのベッドシーン　268
　　　2. 1970年代の『少女コミック』における性描写　270

　2　読者投稿コーナーで語られる「性」：Cがしたい！　274

　3　マンガで描かれる「性」：
　　　　日常の中のちょっとしたエロから愛撫まで　278

　おわりに　282

目　次

## 第 13 章　マンガにおける農村の「性」とジェンダー
### ――「むら」のファンタジー　　　　　　　　　　　　　［一宮真佐子］　287

　はじめに ── 農村という空間のイメージ　287

　1　農村マンガにおける性描写　289

　　1．分析対象と視点 ── 農村マンガについて　289

　　2．農村マンガにおける性描写のパターン　290

　　3．「ホラー・オカルト・ミステリー」パターン　292

　　4．「農村の不自由」を描く作品群　298

　2　農村のセクシュアル・マイノリティ　299

　　1．マンガに登場したセクシュアル・マイノリティたち　299

　　2．村で生きるか，出ていくか　301

　おわりに ──「農村の性」に残り続けるジェンダー規範　306

## 第 14 章　女性ジャンルに表れる'恋愛'と韓国女性
### ―― テレビドラマを通じて　　　　　　　　　　　　　　［朴　珍姫］　311

　はじめに　311

　1　韓国女性にとっての恋愛　313

　2　韓国テレビドラマの'恋愛'── メロドラマを通じて　317

　　1．韓国ドラマが'恋愛'を描くまで　317

　　2．家族と'恋愛'　320

　　3．セクシュアリティと'恋愛'　322

　おわりに　326


あとがき　　　　［赤枝香奈子・今田絵里香］　333

索　引　337

執筆者紹介　345

序章

# 問題関心

小山静子

　私たちは，京都大学グローバル COE「親密圏と公共圏の再編成をめざすアジア拠点」の歴史研究班として，2009 年より「戦後日本におけるジェンダーとセクシュアリティの歴史研究」，2010 年から 2011 年までは「戦後日本におけるセクシュアリティと親密性の再編」というテーマを掲げて，共同研究を重ねてきた。本書はこの共同研究の成果をまとめたものである。いったいどうしてこのような共同研究を行うに至ったのか，そしてそこから何を明らかにしたいと考えているのか，以下，簡単に述べておきたい。

　そもそも本グローバル COE は，1970 年代以降に進行してきた「私生活の変容と世界の構造転換，いわば「親密圏と公共圏の再編成」とも呼ぶべき包括的で根本的な社会変動」(落合 2013: 1) の内実を探るという問題関心の下にスタートしたものである。そのような中，私たちの共同研究は，現在の社会変動を直接的に考察するのではなく，歴史研究という手法を用い，セクシュアリティの問題を取りあげることで，1970 年代以前の社会のありよう，そしてその後の変容を明らかにしたいと考えた。しかしこのような課題設定に対して，怪訝に思われる人がいるかもしれない。というのも，セクシュアリティについて研究するというと，それはもっぱら親密圏を研究の対象にすることになると思われがちだからである。しかし，私たちは必ずしもそのようにとらえてはいない。

　確かに性には，〈わたしとあなた〉という私的関係性に強く関わるもの，そして私的空間の奥深くに隠されたものとみなされているところがある。だ

1

からこそ，私たちは性に対して秘め事という認識をもち，おおっぴらに語ることをためらってしまうのだろう。そういう意味で，私たちは性に対して独特の思い入れや特別な意味づけを与える社会に生きている，といってもいいのかもしれない。

　しかし他方で，巷には性をめぐる言説や表象，あるいは商品があふれかえっており，私たちはそれらを日々消費しながら生きているといっても過言ではない。また私たちは，肯定するにせよ否定するにせよ，社会によって形成された「正しい」性のあり方というものをどこかで意識しながら，生きている。いやそれどころか，性に対する認識そのものが社会によって形成されており，それに私たちの考え方や行動が規定されているということもできるだろう。

　性に関する観念や欲望，そして行動や現象をセクシュアリティと呼ぶとすれば，セクシュアリティは，生殖や身体的快楽といった個々人の身体性や，〈わたしとあなた〉という情動に支えられた私的関係性と深く関わるものではあるが，だからといって，それらに還元してしまうことはできないものなのである。私的なものでありながら，社会的なもの，政治的なものという意味づけをもつものが，セクシュアリティに他ならない。いったいセクシュアリティとは何であり，それをどのようにとらえたらよいのだろうか。この問いに少しでも迫りたくて，私たちは共同研究を重ねてきた。

　この共同研究の前提には，性とは自然でも本能でもなく，きわめて文化的な，したがって社会的なものであり，セクシュアリティという概念は歴史的構築物であるという考え方が存在している。このようなことは，フーコー（Foucault 1976＝1986）やウィークス（Weeks 1986＝1996）をはじめとした，数多くの研究で指摘されてきたことであり，ここで改めて述べることでもないのかもしれない。

　しかし，人間は生物として，いつの時代においても性的欲望をもち，性的な行為を営んできたではないか，と考えている人が多いのも事実ではないだろうか。あるいは，性について論じる研究として，セクシュアリティ研究以前に，性科学と訳されるセクソロジーが存在していたことを思い起こすことが必要かもしれない。医学，生理学，解剖学などの自然科学者たちが性に対して科学的まなざしを注ぎ，性科学が誕生したが，その根底に存在していた

のは，性を自然のものとみる生物学的本質論であった。

　けれども私たちの研究の前提にある考え方は，人類の誕生以来ずっと人間が性的な関係をもってきたということと，それをどのようにとらえ，意味づけてきたのかということとは，次元を異にしているというものである。性的欲望や性的行為のあり方，あるいは性に関する生物学的な知そのものも，歴史的社会的状況によって規定されているのであり，性を生物学的本質論に還元して理解する認識枠組みから脱することが，やはり必要なのではないだろうか。

　たとえば現代においては，性と生殖とは分離しうること，性関係の前提には相互の愛情が存在することが望ましいこと，女性も男性と同様に性欲をもっていること，性的指向性は多様であること，などの考え方を認める人は多いだろう。しかし数十年前もそうであったかといえば，それは疑わしい。そういう意味で，どのような性的幻想を抱き，性的欲望をもつのか，それをどのように表現するのか，そこにはどのようなジェンダー差がみられるのか，性と生殖とはいかなる関係にあるのか，そもそも性なるものをどのようなものとしてとらえるのか，といった，あげていけば切りがないほどのさまざまな問いは，すべてにおいて，歴史的刻印を受けているのである。

　このような認識に基づきながら，私たちは戦後の日本におけるセクシュアリティの変容を歴史的に考察し，それを通してみえてくる親密性の内実を解明しようと考えた。「戦後日本」を対象として取り上げたのは，戦前から戦後への大きな歴史的転換の中で，セクシュアリティのありようも大きく変化し，その過程において，現代の私たちがもつセクシュアリティ規範の基盤が作られていったと考えられるからである。このような視点からのセクシュアリティ研究は，従来の研究にはない，まったく斬新なものである。というのも，これまでの戦後日本を対象としたセクシュアリティの歴史研究は，この問題について十分に検討を重ねてきたとはいいがたいからである。

　戦後日本のセクシュアリティに関する歴史研究は，この10年ほどの間に飛躍的に進展したが，これまで，①公娼制度の廃止や売春防止法の成立，あるいは占領軍兵士に対する慰安施設であるRAA（Recreation & Amusement Association）などの，売買春に関する研究（杉山1988，いのうえ1995，山下1996，

藤目 1997, 奥田 2007, 早川 2007, 平井 2007, 加藤 2009), ②優生保護法の成立や家族計画運動などを取り上げた, 生殖セクシュアリティに関する研究（川村 1998, 田間 2006, 荻野 2008), ③カストリ雑誌などのメディアや風俗取り締りを通して明らかになる性風俗のありようや, 性的な言葉の意味と来歴を明らかにした研究（山本 1976, 永井 2002, 井上 1999, 井上他 2004, 2010, 下川 2007, 景山 2010), を中心に進められてきた。他にも, 純潔教育や, 純愛や童貞の尊重という問題に焦点を当てた研究（藤井 1994, 池谷 2001, 田代 2003, 渋谷 2003, 2005), 同性愛や異性装の問題を論じた研究（矢島 2006, 三橋 2008, 前川 2011), 性＝人格論やオナニーなどに関するセクシュアリティ言説を分析した研究（赤川 1999) もある。しかし, まだまだ研究の蓄積は薄いといわざるをえない。

　このような研究状況の中で, 私たちは特に性愛や恋愛の問題に焦点を当てることにした。というのも, セクシュアリティには, 誰と, どのようにつきあうのか, という問題が横たわっているからである。もちろん, フェティシズムのような他者を介在しないセクシュアリティや, 性愛や恋愛と切り離して論じうるセクシュアリティも想定しうること, セクシュアリティが性関係に限定されるものではなく, 情緒性の側面から考えていく必要があることも事実である。しかしセクシュアリティを論じるにあたって, 性愛や恋愛の問題, そこから紡ぎ出されてくる親密な関係性が, 重要な意味をもっていることには異論がないのではないだろうか。そういう意味で, 戦後社会におけるセクシュアリティの変容を考察するにあたって, この問題を避けて通ることはできないと考える。

　このような問題関心から, 私たちは共同研究を開始したが, 具体的にどのようなテーマに基づいて研究を行ったのか, ここで, 各章の内容を簡単に紹介しておきたい。

　「Ⅰ 純潔と異性愛」で論じているのは, 異性愛という「正しい」セクシュアリティが, 戦前・戦後を通して, その内実をどのように変化させていったのかという問題である。戦前から戦後へと, 社会のありようが大きく転換しても, 異性愛が「正しい」セクシュアリティとされていることには変わりがない。しかし, パンパンやカストリ雑誌に代表される性の氾濫, 男女平等や民主主義という新しい理念, 売春防止法の制定, といった戦後社会のセクシュ

序章　問題関心

アリティをとりまく状況の大きな変動は，当然，異性愛の内実に変化をもたらすと思われる。その変化がどのようなものだったのか，ここでは，戦後初期から1950年代までを対象に考察している。

具体的にいえば，第1章と第2章では純潔教育を考察対象として選び，なぜ文部省が純潔教育施策を実施するに至ったのかという問題を，文部省とGHQ/SCAPとの交渉や，純潔教育と男女共学との関係性などを通して論じている。そして第3章から第5章では雑誌メディアを対象に，そこに掲載されている恋愛や性愛に関する記事を分析した。すなわち，第3章では女子中高生向けの雑誌であった『女学生の友』，第4章では娯楽雑誌である『平凡』，第5章では既婚者向けの雑誌である『夫婦生活』や『主婦の友』を取り上げ，異性愛や純潔，夫婦の対関係において追求されていく性愛の内実を検討している。

次いで「Ⅱ　同性愛という概念」が問題としているのは，戦前から用いられてきた同性愛という言葉が，戦後社会においてどのような概念として成立していったのかということである。異性愛を「正しい」セクシュアリティとする社会において，同性愛は異端視されていくが，それはどのように進行していったのか，同性愛者はそれとどのように折り合いをつけようとしたのか，さらにはセクシュアリティが自己の定義といかにして結びついていったのか，という問題が，ここでは考察されていくことになる。

つまり，第6章と第7章では，女性同性愛者を表す「レズビアン」カテゴリーが登場してくる過程とそれに対する意味づけ，「女の共同体」の困難性と可能性を論じている。また第8章と第9章では，男性同性愛を分析の俎上にあげ，人口比と同性愛を関連づける言説の成立が，同性愛を異端視する言説をどのように導いたのかという問題や，皆婚社会，異性愛主義のもとで，同性愛者を自認する男性たちが悩んだ結婚の問題が検討されていく。

最後に「Ⅲ　メディアにおける性愛の表象」では，マンガ，ティーンズ誌，ドラマといったメディアにおいて，性がどのように表象されているのかが考察されている。その分析を通して，メディアが「正しい」セクシュアリティの普及，定着にどのような役割を果たしたかが明らかになるであろう。

第10章，第12章，第13章が分析対象としているのはマンガである。第

10 章では 1960 年代前半の『週刊マーガレット』という少女マンガ，第 12 章では 1970～1980 年代の『少女コミック』，第 13 章では 1970 年代以降に発表された，農村を舞台としたマンガが取り上げられ，少女マンガにおけるキスシーンや性描写の定着過程，農村のセクシュアリティの描かれ方が考察されている。また第 11 章では，1970～90 年代の『セブンティーン』の恋愛記事を対象に，女子中高生の性愛表象を検討し，それを通して性的欲望をもつ女子中高生像を明らかにした。そして第 14 章では，日本の影響を受けつつ，女性ジャンルとして開花していった韓国のテレビドラマを対象に，女性と恋愛との結びつきや韓国女性の欲望が考察されている。

　以上が，本書の内容であり，論じているテーマも時期も多岐にわたっているが，本書が目指しているのは，個々のテーマについての知見を深めていくということだけではない。私たちは，歴史的事実を実証的に明らかにしていきたいと考えているが，それにとどまらず，その明らかにした歴史的事実を対象化して，その意味をも論じていきたいと思っている。そのことによって本書は，歴史研究のみならず，セクシュアリティ研究に対しても，いささかなりとも意味をもちうることになるのではないかと考える。具体的にいえば，本書は以下の 5 つの論点を提示しうるように思う。

　第 1 には，たとえ性が私的なものとして存在しているとしても，それが社会のあり方とどのように関連しているのかという問題である。たとえば，男女共学が実施されることによって，学校での男女の日常的な接触，さらには男女の交際というものが生まれてくるし，公娼制度の廃止や売春防止法の成立は，売買春に対する考え方やその背後に存在している男女観に否応なく変化をもたらしていく。つまり，誰とどのような関係性をもつのかという問題は，個々人が自らの意思で決定しているように見えながら，その関係性を成り立たせている社会のあり方そのものに大きく規定されていることになる。親密な関係性がどのような社会的背景のもとで形成されていくのか，私的とされるものが社会の刻印をどのように受けているのか，考察していきたいと思う。そのことを通して，私的なものと社会的なもの，あるいは公私の分離という二分法を超えた，両者の関係性が明らかになってくると考える。

　このような前提に立ちながら，本書が提示しうる第 2 の論点は，「正しい」

セクシュアリティ，「正しい」親密な関係性というイデオロギー形成に関わる問題である。本書では，同性愛概念が立ち上がり，異端視されていく様子を明らかにするとともに，男女の交際や恋愛の経験，純潔の重視，夫婦の性愛の追求に関する言説を分析し，教育やメディアを通した「正しい」親密な関係性の普及，定着について論じている。これらのことから浮かび上がってくるのは，いうまでもなく，性と愛とが結びついた異性愛こそが「正しい」セクシュアリティである，とするイデオロギーである。しかし本書が明らかにしようとしているのは，単にこのようなイデオロギーが存在していたということだけではなく，それがどのようなものとして存在し，どのように規範化されていったのかという問題である。異性愛を「正しい」セクシュアリティとする見方は古今東西に存在しているが，本書では，戦後日本におけるこのイデオロギーの内実やその形成のあり方というものを，具体的に明らかにしていきたいと思う。

　第3に指摘しておきたいことは，戦前と戦後の連続性と断絶をどのように考えるのかという問題である。地域や身分，階層，性別による相違はあるものの，村落共同体においては，現代とは異なる性規範が存在していたことが，民俗学やライフヒストリー研究を通して明らかにされている（スミス＆ウィズウェル 1982＝1987，潮地 1988，赤松 1991，落合 2004）。しかし欧米の恋愛論や性科学の知見の流入にともなって，19世紀末から20世紀初頭にかけて，性・愛・結婚の三位一体からなるロマンティック・ラブ・イデオロギーや，「変態」としての同性愛概念が成立し，一夫一婦や純潔などの性規範が確立されていく（菅野 2001，渋谷 2003，加藤 2004，前川 2011）。さらに戦時下においては，性に対する抑圧や性規範の厳格化が顕著となり，男女が通りで言葉を交わすことにすら批判的なまなざしが注がれるようになっていった。そしてこのような状況から打って変わって，戦後社会においては，カストリ雑誌の発行やパンパンの存在に象徴されるように，性は巷に氾濫するとともに，性の解放も推し進められ，男女平等という理念が喧伝されていくことになる。

　このような大きな時代的変化の中で，戦後におけるセクシュアリティは戦前から何を継承し，何が変化したのだろうか。たとえば，純潔，とりわけ女性の純潔は，戦前・戦後を通して性規範として存在しつづけているが，戦時

ドにおける純潔と，戦後における純潔とはどのような相違があるのだろうか。それともそれには違いがないのだろうか。私たちの主たる問題関心は戦後社会におかれているが，戦後のセクシュアリティを，戦前との相違という視点からのみとらえる見方を排し，その再編がどのように行われたのか，連続性と断絶という視点からまとめていきたいと考えている。

そして第4に指摘しておきたいことは，セクシュアリティとジェンダーとがどのような関係にあるのかという問題である。もちろんセクシュアリティとジェンダーとは異なる概念である。しかし，たとえば，男女がどのような性的な関係をもつのかということはセクシュアリティの問題でありつつも，その関係性には男性による女性の支配というジェンダーの問題が潜んでいる。そういう意味で，セクシュアリティとジェンダーとは異なりつつも，複雑に関連しあっており，セクシュアリティのありように男女の非対称な関係性が埋め込まれていると考えられる。セクシュアリティについて論じながらも，そこに潜んでいるジェンダーの問題にも目を凝らし，両者がどのように関連しあっているのか，そのあり方に迫っていきたいと思う。

そしてこのことは，ジェンダー研究に対しても重要な示唆を与えることになるのではないだろうか。セクシュアリティ研究のある部分が，フェミニズムのインパクトに触発され，ジェンダー研究に影響を受けながら進展してきたことは確かだろう。しかしジェンダー研究の一部としてセクシュアリティ研究が存在するわけではない。セクシュアリティに潜むジェンダーの問題に目を凝らすということは，逆に，女性や男性というジェンダーにどのようなセクシュアリティが含意されているのか，という問題を浮かび上がらせることにもなるのである。

以上の論点を通して浮かび上がってくることは，セクシュアリティのもつ意味とは何かという，第5の論点である。歴史的な目でとらえれば，セクシュアリティとは近代の産物であり，私たちは現在，性というものに過剰な意味づけをする社会を生きている。そして私たちは，性がその人の人格を決定する重要な要因であるかのようにみなしており，そういう意味で，セクシュアリティとは単なる性的指向性を表しているものではない。セクシュアリティが個々人のアイデンティティにとって，あるいは同性同士，異性同士の人間

関係において，どのようなものとして語られ，描かれているのか考察することを通して，セクシュアリティという概念，さらにはこれが概念化されてくる意味というものを明らかにしていきたいと考える。

ここであげた5つの論点のうち，第3の戦前と戦後の連続性と断絶という問題は，「Ⅰ 純潔と異性愛」においてこそ重視されるべき視点である。しかし他の4点はすべての章に関わっており，これらは本書全体を通して提示しうるものである。私たちは，共同研究を重ねながら，セクシュアリティに刻印された社会性やイデオロギー性，セクシュアリティ規範における戦前と戦後との連続性と断絶，セクシュアリティとジェンダーとの関係をできる限り意識しながら，セクシュアリティという概念の意味を考えようとした。これらの論点はいずれも，セクシュアリティ研究において重要，かつ画期的な意味をもつものであるといえるだろう。もちろん，それがどの程度成功しているかは，はなはだ心許ない限りではあるが，本書全体を貫く私たちの微意を汲みとっていただけたら幸いである。

長い前書きになってしまったが，では以下，個々の章の面白さを味わっていただきたいと思う。

### ●参考文献●

赤川学 1999『セクシュアリティの歴史社会学』勁草書房.
赤松啓介 1991『非常民の性民俗』明石書店.
Foucault, Michel, 1976, *Histoire de la Sexualité*, Gallimard.（＝1986 渡辺守章訳『性の歴史』全3巻，新潮社）.
藤井淑禎 1994『純愛の精神誌 —— 昭和三十年代の青春を読む』新潮選書.
藤目ゆき 1997『性の歴史学 —— 公娼制度・堕胎罪体制から売春防止法・優生保護法体制へ』不二出版.
早川紀代 2007「占領軍兵士の慰安と買売春制の再編」『占領と性 —— 政策・実態・表象』インパクト出版会：45-78.
平井和子 2007「RAAと「赤線」—— 熱海における展開」『占領と性 —— 政策・実態・表象』インパクト出版会：79-118.
池谷壽夫 2001「純潔教育に見る家族のセクシュアリティとジェンダー」『教育学研究』68-3: 16-27.
いのうえせつこ 1995『占領軍慰安所 —— 国家による売春施設』新評論.

井上章一 1999『愛の空間』角川書店.
井上章一＆関西性欲研究会 2004『性の用語集』講談社現代新書.
井上章一他 2010『性的なことば』講談社現代新書.
石川弘義 2001「戦後日本のセクシュアリティの変容」『戦後メディアの読み方』勁草書房：208-262.
景山佳代子 2010『性・メディア・風俗 ── 週刊誌『アサヒ芸能』からみる風俗としての性』ハーベスト社.
菅野聡美 2001『消費される恋愛論 ── 大正知識人と性』青弓社.
加藤政洋 2009『敗戦と赤線 ── 国策売春の時代』光文社新書.
加藤秀一 2004『〈恋愛結婚〉は何をもたらしたか』ちくま新書.
川村邦光 1998「避妊と女の闘い ── セクシュアリティの戦後をめぐって」『思想』886: 137-159.
前川直哉 2011『男の絆 ── 明治の学生からボーイズ・ラブまで』筑摩書房.
三橋順子 2008『女装と日本人』講談社現代新書.
永井良和 2002『風俗営業取締り』講談社.
落合恵美子 2004「一〇〇歳女性のライフヒストリー ── 九州海村の恋と生活」『京都社会学年報』12: 17-55.
────── 2013「アジア近代における親密圏と公共圏の再編成 ──「圧縮された近代」と「家族主義」」『親密圏と公共圏の再編成 ── アジア近代からの問い』京都大学学術出版会：1-38.
荻野美穂 2008『「家族計画」への道 ── 近代日本の生殖をめぐる政治』岩波書店.
奥田暁子 2007「GHQ の性政策 ── 性病管理か禁欲政策か」『占領と性 ── 政策・実態・表象』インパクト出版会：13-43.
渋谷知美 2003『日本の童貞』文春新書.
────── 2005「1950～1960 年代における「不純異性交遊」概念の成立と運用」『ジェンダー研究』8: 99-130.
下川耿史編 2007『性風俗史年表 昭和[戦後]編』河出書房新社.
潮地悦三郎 1988「蕨市の教育的伝承」『しつけ』岩崎美術社：74-131.
Smith, Robert John and Ella Lury Wiswell, 1982, *The Women of Sue-mura*, University of Chicago Press.（＝1987 川村望・斎藤尚文訳『須恵村の女たち ── 暮しの民俗誌』御茶の水書房）.
杉山章子 1988「敗戦と R・A・A」『女性学年報』9: 34-46.
田間泰子 2006『「近代家族」とボディ・ポリティクス』世界思想社.
田代美江子 2003「敗戦後日本における「純潔教育」の展開と変遷」『ジェンダーと教育の歴史』川島書店：213-239.
Weeks, Jeffrey, 1986, *Sexuality*, Ellis Horwood Ltd. and Tavistock Publications Ltd.（＝1996 上野千鶴子監訳『セクシュアリティ』河出書房新社）.
矢島正見編 2006『戦後日本女装・同性愛研究』中央大学出版部.

山本明 1998『カストリ雑誌研究』中公文庫（1976，出版ニュース社）.
山下悦子 1996「戦後買売春の歴史 ── 性風俗と性意識の変容」『女と男の時空Ⅵ　溶解する女と男』藤原書店：159-198.

# I
## 純潔と異性愛

# 第1章 純潔教育の登場
## ―― 男女共学と男女交際

小山静子

## はじめに

　戦後におけるセクシュアリティ規範の成立を考察するという本書全体を貫く課題にとって，純潔教育の問題を論じることは重要な意味をもつものである。なぜなら，純潔教育とは，「結婚当事者間のみに性的交渉を認めそれまでは性を抑制するという，性への健全な態度（性道徳）を教える」（池谷2001：17）ものであり，そこには戦後におけるセクシュアリティ規範が明瞭に示されているからである。だからこそ，これまで純潔教育について論じた多くの研究（田代2000, 2001, 2003, 池谷2001, 村瀬2002, 牧2007, 中山2011）は，純潔教育に対して批判的まなざしを注ぎ，その問題点を指摘してきた。しかし私自身は，そのような問題関心を共有しつつも，純潔教育が登場してきたという事実そのものに注目し，そのことがもつ歴史的意義についてもっと論じる必要があるのではないかと考えている。
　というのも，戦前においてはごく少数の人々が性教育の必要性を訴えたにすぎなかったのに対して，戦後においては，文部省自らが純潔教育の必要性を主張していくことになるからである。もちろん，純潔教育の必要性が語られることと，それが実践されることとは別問題であるので，必要性が主張されたからといって，現実にはすぐに大きな変化は生じなかったということもできるだろう。しかしそれでも，文部省自身が学校という場における「性」

に関する教育の必要性を語るということは，戦前においては考えられないことであった。その意味で，それがたとえ不十分な，批判されるべきものであったとしても，純潔教育の登場ということ自体は検討に価することではないだろうか。いったいなにゆえ，等閑に付されていた「性」に関わる教育が，学校においてなされるべきものとして論じられるようになったのだろうか。そこにはどのような社会的背景が存在し，純潔教育にはどのような意味づけがなされていたのだろうか。

本章では，このような問題関心に基づきながら，いったいなぜ純潔教育が登場したのか，その経緯を丁寧に跡づけ，それがもつ歴史的意味とは何だったのか，明らかにしていきたいと思う。具体的にいえば，1947年1月6日の文部省発社一号「純潔教育の実施について」から，中高生の「性」が社会問題化した1953年までの時期を対象に，純潔教育をめぐってどのような議論がくり広げられたのか，考察していくことにしたい。

## 1 私娼問題から男女交際・男女共学へ

本書第2章が指摘しているように，「純潔教育の実施について」が1947年1月6日に出されるきっかけとなったものは，前年11月14日の次官会議決定「私娼の取締並びに発生の防止及び保護対策」である。これは，そのタイトルからもわかるように，私娼対策として出されたものであったが，その内容は，「公娼廃止後の風俗対策」と「「闇の女」の発生防止及び保護対策」という2つの柱から成っていた。

公娼制度は，1946年2月2日の内務省警保局長通達「公娼制度廃止ニ関スル件」によってすでに廃止されており，公娼廃止後は，赤線地域の指定という形で，「旧遊廓を含む集団売春街を，私娼の街として制度化する手続きが，次々に取られていく」（加藤 2009：34）状況にあった。そして他方では，赤線地域以外の私娼である「闇の女」，とりわけ占領軍の兵士たちの相手をする，パンパンと呼ばれる女性たちの存在が，性道徳の紊乱を示すものとして問題視され，取り締まりの対象となっていく。つまり赤線地域の内と外で，内で

は制度的な売春街化，外では環境の「浄化」が進行していたのである。

　このような状況の下で出されたものがこの次官会議決定であり，7項目からなる「「闇の女」の発生防止及び保護対策」には，「(3) 子女の教育指導に依つて正しい男女間の交際の指導・性道徳の昂揚を図る」，「(4) 正しい文化活動を助成して青年男女の健全な思想を涵養する[1]」という項目が含まれていた。そしてこの2つの項目をうけて出されたものこそが，1947年1月6日の文部省発社一号「純潔教育の実施について」であり，「純潔教育」という言葉が「闇の女」対策の一環として登場してきたのである[2]。

　この通達においては，「同等の人格として生活し行動する男女の間の正しい道徳秩序をうち立てることが，新日本建設の重要な基礎[3]」という観点から，純潔教育の必要性が語られている。そして「単に子女の不良不善の行為を取り締るという面にとゞまることなく，むしろ子女自身の自主的な啓発進歩を助けるという方向に重点をおく[4]」というように，取り締りだけではなく啓発に重点がおかれ，純潔教育は積極的な意味づけを与えられることになった。その結果，「純潔教育に関する具体的方策を調査審議し，又は進んでこれに関し建議することを目的とする[5]」純潔教育委員会が，同年6月4日に設置されている。この委員会によって，2年後の1949年1月28日に発社四一号として「純潔教育基本要項」が出され，6月20日，『純潔教育基本要項　附　性教育のあり方』という冊子も刊行された。

　これが，文部省から出された，純潔教育に対するはじめての具体的な指針であり，冒頭において，男女間の道徳の低下，青少年の不良化，性病の蔓延という重大な社会問題が生じており，それは日本人全体の民族的な問題であるという問題意識が開陳されていた。したがって，「将来の健全にして文化の香り高い新国家を建設するためには，純潔教育の適確かつ徹底的な普及に

---

1) 『性暴力問題資料集成』第1巻，不二出版，2006年，29頁。
2) 正確にいえば，次官会議決定から「純潔教育の実施について」までには，社会教育所管課長会議やGHQ/SCAPと文部省とのやりとりが存在している。詳しくは，本書第2章を参照されたい。なお同章によれば，「純潔教育」という言葉が政府内ではじめて公式に使われたのは，社会教育所管課長会議であるらしい。
3) 『文部時報』第838号，1947年3月10日。
4) 同。
5) 前掲『性暴力問題資料集成』30頁。

よつて根本的にこれを解決する必要がある[6]」というのが，この要項の基本的な考え方であった。その上で，純潔教育の必要性が主張され，純潔教育の目標，純潔教育実施の方針，純潔教育を行う場所，純潔教育の方法，純潔教育上の諸問題が語られていくことになる。そして大変興味深いことに，純潔教育上の諸問題においては，真っ先に「男女の交際及び共学」という項目が掲げられ，そこでは，次のように，男女の相互理解という男女共学の利点と，その際の礼儀・規律の必要性が指摘されていた。「男女の交際は，自由であるとともに，高い道徳心が培われてはじめて洗錬され，明朗化されることを認識し，幼時からの家庭生活において導くようにすること。男女共学は，相互の人格を尊重し，理解し，正しい交際をもつためによい方法であるが，同時にまた，いかなる場合でも礼儀と規律が必要とされている[7]」。

すでに述べたように，当初は「闇の女」の存在とそれへの対策という視点から，「子女の教育指導」が意識化されていた。しかし次第に純潔教育の語りは，「闇の女」対策という文脈を離れて[8]，「正しい」男女交際や性道徳の啓発，さらには男女共学の下での男女交際のあり方の追求へと，論理が展開してきているのである。そして「純潔教育の実施について」が発社一号として出されたことからもわかるように，純潔教育はもともと社会教育の課題として存在していた。が，ここに至り，学校教育，とりわけ男女共学と結びつけられて，純潔教育が意識化されてきていることがわかる。これは注目すべきことであろう。

考えてみれば，この間，戦後教育改革によって教育制度は大きく変化していた。1947年3月31日に教育基本法と学校教育法が公布され，1947年4月より新制中学校，1948年4月より新制高等学校の授業が開始されている。しかも単に新しい教育制度へと転換しただけでなく，本章との関連で特に重

---

[6] 『性と生殖の人権問題資料集成』第34巻，不二出版，2002年，247頁。
[7] 同，249頁。
[8] とはいっても，1950年代に入っても，私娼の問題として純潔教育をみる見方は存在している。例えば，1950年1月31日の参議院で高瀬荘太郎文相は，「婦女子の情操醇化ということにつきましては，文部省に純潔教育審議会というのがありまして」(第10国会参議院本会議会議録第15号) と述べている。なお，国会会議録からの引用に際しては，国会会議録検索システム (http://kokkai.ndl.go.jp/) を使用し，テキスト部分は対応する会議録で確認した。以下，同じ。

要なことは，教育基本法の第五条では男女共学が規定され，一部の私立学校を除くほとんどの新制中学校と国公私立の6割ほどの高等学校では，男女共学が実施されたことである。このような制度的変化が純潔教育の推進にとって大きな影響を与えたことは間違いなく，たとえばガントレット恒子が1947年10月に純潔教育委員会委員に対して行った16項目の問い合わせの中には，「6 純潔教育と男女交際及男女共学について」という項目が入っていた[9]。純潔教育委員会の委員たちは，男女共学の実施によって，共学の下での男女交際，ひいては純潔教育の問題を，否応なく考えざるをえなくなったものと思われる。

またすでに別の論考で述べたことであるが（小山2005, 2009），戦後初期，男女共学を実施するにあたっては，思春期を迎えた男女が同じ教室で学ぶことに対する抵抗感や危惧の念が強く表明されていた。というのも，戦前の教育制度においては，中等教育段階以降は制度的に男女別学であり，共学であった小学校でも高学年からは男女別クラスで学ぶことが常態化していたからである。当時の人々にとって共学とはほとんど未知の経験であった。それに対して，男女共学を推進しようとする人々は，男女の性質や役割の相違を前提とした上で，男女がお互いの相違を理解・尊重しあうことを学ぶ経験として男女共学を価値づけ，共学の教育的意義を強調していった。

つまり，男女共学が実施されるということは，単に男女が同じ教室でともに学ぶということだけを意味しているのではなく，男女が級友としてお互いに知りあうという経験をもたらすものだったのである。その結果，思春期の男女の交際ということがはじめて議論の俎上にあげられることになった。中学生や高校生の男女がともに学び，そして知りあうということ自体がそれまでにない新しい経験だったことを考えるならば，このことの意味は非常に大きいものであったと思われる。男女交際というものが未経験の，未確立の概念であったからこそ，男女交際とは何であるのか，中学生や高校生にとってどのような男女交際が望ましいのかという問題が，純潔教育の課題として浮上してきたのであった[10]。

---

9) 詳細については，前掲『性暴力問題資料集成』39～88頁を参照されたい。
10) このことは，当事者たちによっても模索されていった。たとえば京都市では，まだ共学が実施

このような時代背景の下で，男女共学の学校における男女交際の問題として純潔教育を論じる視点が登場してきたといえるだろう。そしてあるべき男女交際の姿や注意点を記した書物が，文部省によって刊行されていくことになるが，その最初のものが『男女の交際と礼儀』であった[11]。

## 2　『男女の交際と礼儀』の刊行

　これを刊行したのは，純潔教育委員会に代わって1949年7月に設置された（斎藤2007：223），文部省社会教育審議会純潔教育分科審議会である。『男女の交際と礼儀』は1950年11月24日に出されたが，12月15日には，これに付録として「Ⅰ正しい洋式食事と服装」「Ⅱ「男女の交際と礼儀」を活用するために」が付いた『男女の交際と礼儀　純潔教育シリーズ第4』が，12月20日には『男女の交際と礼儀』の「はしがき」を削除した『新礼法読本　男女の交際と礼儀』が，発行されている。書誌的な情報に関しては，すでに斎藤光（2007）が明らかにしているので，ここでは『男女の交際と礼儀』に何が書かれていたのか，このことから述べていくことにしたい。

　『男女の交際と礼儀』の一番の問題関心は，旧来の男女間の制約が改善され，男女共学も実施されるなかで，「男女の交際も，適当な指導がなければ，危険や行きすぎを招き，ひいては，性道徳の壊廃をもたらす憂いもある[12]」

---

されていない1947年2月に，男女交際の可否，交際の場所についての討論会が，京都市内の中等学校46校の生徒92名によって開催されている。そこでは，男女交際は可であること，性教育が必要であること，男女の私的な交際は家庭においてすべきことなどの結論が出されたという。詳しくは，「中等生の感想は」『京都新聞』1947年2月7日，「恋愛論も一くさり」同，1947年2月9日，「中等学生の男女交際」『京一中新聞』第2号，1947年3月，参照。

11）『男女の交際と礼儀』の刊行は，社会的にも関心がもたれたようで，以下のような解説書が出されている。前田偉男『男女の交際と礼儀解説』1950年12月，村岡花子他『現代礼法　「男女の交際と礼儀」解説』1951年3月，伊藤秀吉他『男女の交際と礼儀　学校における指導の解説』1951年1月。また以下の通り，新聞や雑誌で言及されたり，紹介されたりもしている。「友情と恋愛混同せぬよう」『読売新聞』1950年11月25日（夕刊），坂西志保「生半可なお説教」『朝日新聞』1950年12月6日，「編集手帖」『読売新聞』1950年12月20日，「男女交際のモラルとエチケット」『婦人公論』1951年1月，「座談会　新しい純潔の探求」『婦人公論』1951年3月，山室民子「中学生の正しい男女交際の指導」『中学教育技術　数学・理科・図工』1952年8月。

12）『男女の交際と礼儀』文部省，1950年，3頁。

という点にあった。戦前に存在していた男女の社会的隔離が急速に弱まりつつあるなかで，男女の交際を是認しつつ，性道徳の乱れを招かないための礼儀について語るというのが，この本の基本的な姿勢であったことがわかる。では，その礼儀とはいかなるものであったのか。

　この本は，「男女交際の心構え」と「男女交際と礼儀」という2つの章から構成されているが，前者は次のような節から成り立っていた。お互いに人格を尊重すること／異性を理解し，批判する力を養うこと／秘密にしないこと／友情と恋愛とを混同しないこと／交際を強制しないこと／自分の意志をはっきりと表わすこと／服装や態度に「たしなみ」を忘れないこと／こころよい感じを与えるような態度をとること／経済上の負担を負わせないこと／自分の行為に責任をもつこと。また後者の各節は，ことばづかいと話題／服装／あいさつ／文通／贈り物／戸外でのたしなみ／紹介／訪問／キャンプ・旅行等／男女交際と共学／集会／ダンスとダンスパーティー／求婚と結婚，という内容であり，それぞれについて注意すべき点が具体的に述べられていた。

　これらの内容を見ただけで，この本が何を訴えようとしていたのか，おおよそ見当がつくだろうが，ここからみてとれるのは，簡単にいってしまえば，男女相互の人格の尊重や異性に対する理解，自制的で無理強いしない，オープンな男女のつきあいである。そのために，友情と恋愛を混同することなく，友情を育んでいくこと，グループ交際が望ましいこと，純潔を守ることなどが，あるべき男女交際のあり方として語られ，言葉づかいや服装，文通などの具体的事例に即して注意点が述べられていた。

　とりわけここで注目したいのは「男女交際と共学」という項目であるが，そこでは，小学生，中学生，高校生，大学生にわけて，共学の下での男女の交際に対する注意事項が指摘されている。たとえば中学生に関しては，「教師の指導力を高め，学校のふんい気をよくして，学校が悪い意味の社交機関になったり，校外での無知な集団的な遊戯的行為などを，誘導することのないよう，注意しなければなりません[13]」とあり，高校生については，「男であ

---

13) 同，53頁。

り，女であるという厳然とした事実の上にたって，互にそれを理解し，しかもそれを越えて，学究や，人生の目標に真剣になるのであってほしい[14]」と述べられていた。

　男女共学をめぐっては実施後も賛否両論があり，男女共学反対派は「性意識の発達にともなう男女の交際の問題[15]」をその論拠の1つとしていた。それに対して『男女の交際と礼儀』は，男女共学を否定するのではなく，あくまでも男女共学を前提とした上で，どのように男女交際を円滑に進めるのか，そのためには何に注意しなければならないのか，という発想で書かれていることがわかる。そこでは，男女の相違を理解しあい，性的な逸脱を引き起こさない，「健全な」交際の実現がめざされていた。

　ただ『男女の交際と礼儀』で「男女交際と共学」について語られていたことは数ページであり，それは概略的な叙述である。しかし『男女の交際と礼儀　純潔教育シリーズ第4』には「Ⅱ「男女の交際と礼儀」を活用するために」が付録としてついており，そこには，純潔教育分科審議会委員の大塚二郎が「学校における活用 —— 男女共学を考える」を執筆していた。そこでこれを通して，もう少し詳しく文部省が考える純潔教育のありようを明らかにしていきたい。

　大塚は男女共学について，「共学の解決は，男尊女卑のもとに成立している道徳を，男女平等を基礎とした新道徳に変革するという大きな使命を持っています。故に男女共学の学校における，男女交際のありかたと，そのモラルやエチケットは，日本将来の道徳，及び婦人問題解決の鍵であります[16]」と述べており，彼が共学を高く評価していたことがわかる。当時は，戦前の男女関係や女性観を封建的な男尊女卑の考え方であるととらえ，それを打破して民主的な男女平等な関係へと転換する必要性を訴える主張が数多く存在していたが，このような議論を大塚も共有していたことがわかる。そして，

---

14）同，53頁。
15）「男女生徒間の交際 —— 共学の問題点はなにか」『時事通信・内外教育版』1950年4月26日。なお，この記事では男女共学の他の問題点も指摘されており，それは「男の気力が減退し，女が乱暴になるという問題」「女生徒の存在は学力の低下をきたすという問題」である。ちなみに，これら三点は共学の実施前から課題として指摘されていたことである。
16）『男女の交際と礼儀　純潔教育シリーズ第4』印刷庁，1950年，141頁。

民主的な男女関係を構築していく際の鍵となるものが、彼によれば男女共学であり、男女交際なのであった。このように大塚は、男女共学や男女交際に深い意味を付与していたのであり、その結果、当然のことであるが、男女交際を否定するのではなく、「正しい」男女交際を希求していくことになる。

たとえば小学生においては、「男女の遊びの研究をして、これが善導と向上[17]」を図らなければならないとし、「この時代から自然に男女が信頼し理解して成長した場合には、終生、その善良な異性観を持つことが出来[18]」るという。

また中学生の男女交際については、彼は次のように述べていた。「男女の交際は、多分に危険を内在しておりますので、一般に学校としては、交際を制限したり、あるいは自粛をことごとに警告しがちになったり、禁止のみに終止するような態度に出がちですが、これはつつしまなければなりません。あまりに男女の交際を、学校が心配することは、かえって正しい生長の芽をつむことになります。……（男女の交際は —— 引用者）本来としては、まったく自由であってよいはずです[19]」。中学生というのは、異性を強く意識する年齢であり、それゆえ、男女の交際を危険視する向きもあったのだが、大塚はそのような考え方を否定し、男女の交際は「自由」であるというのである。といっても、ここでいう「自由」とは、彼の想定する範囲内における「自由」であり、「男生徒が男性らしさを失い、女生徒は又男性のまねをして、言語動作が活発になりすぎる[20]」ことは避けなければならなかったし、節度のある「健全」な交際が求められていた。

そして同様の考え方は、高校生の男女による個人交際に関する指摘にもみてとることができる。高校生が一対一の交際をすることに対して否定的な意見がある中で、彼は、「男女共学を実施しながら、個人の交際はまかりならぬということは、何か本旨にもとる点もあります[21]」といい、個人交際の制限には反対の立場であった。しかし他方で、「制限しなくても一対一になろ

---

17) 同、142 頁。
18) 同、143 頁。
19) 同、145 頁。
20) 同、150 頁。
21) 同、155 頁。

うとするような誤った生徒の動きは，同僚（同級生のこと ―― 引用者）によって阻まれる[22]」とも述べている。制限しなくても，「正しい」交際というものが行われるはずであるという，予定調和的な考えを彼がもっていたことがわかる。

　つまり，大塚が考える純潔教育とは，純潔であらねばならないという規範形成を積極的に行うものというよりは，男女共学の下で「自由」かつ「健全」な男女交際を推し進めていけば，自ずから純潔を保持することに通じ，性的な逸脱は生じないという考え方に支えられていたといえるだろう。そしてそれこそが，封建的な男女関係を脱し，民主的で男女平等な関係性をもたらすものだったのであり，そこでは「男らしさ」や「女らしさ」が備わった，節度ある男女交際が行われるはずのものであった。

## 3　子どもの「問題」状況

　純潔教育を推し進めようとする人々は，このようなものとして男女共学や男女交際をとらえていたが，現実には，想定されていたような「健全」な男女の関係性が必ずしも生まれていったわけではなく，子ども，とりわけ中高生の性道徳の乱れや性的逸脱のありようがさまざまに語られていくことになる。今回，子どもをめぐってどのような性的な「問題」が語られていたのかを知るために，『朝日新聞』『毎日新聞』『読売新聞』や『サンデー毎日』『週刊朝日』などの新聞・雑誌，『教育』や『教育評論』などの教育雑誌，教育情報誌である『時事通信・内外教育』，そして国会会議録を検討した。そこで明らかになったことは，1950年代に入ると性的な「問題」を指摘する声が出はじめ，それは1952年にピークに達して，1953年になるとさほど見られなくなるということである。下川耿史の研究（2007）をみると，そのような「問題」は戦後初期より起きていたことがわかるが，その当時はさほど報道されておらず，それがなぜか1950年代に入ると俄然，大々的に論じられ

---

22）同，156頁。

ていった。いったいそれはいかなるものだったのだろうか。（いわずもがなのことであるが，さまざまに「問題」が指摘されるということと，そのような「問題」が現実に頻発しているということとは異なっている。本章が焦点を当てているのは前者であり，それはこの当時の子どもの実態をかならずしも映しだしてはいないと考えている。）

　まず，1950 年 2 月 12 日の『読売新聞』の夕刊に掲載された，「少年に多い愛読者」という記事を取り上げてみたい。これによると，性愛雑誌（夫婦雑誌）の売り上げは近年凋落の一途をたどっており，現在の最大の愛読者は既婚者ではなく少年少女であるという。本書第 5 章でも言及されているが，ヴァン・デ・ヴェルデ『完全なる結婚』やキンゼイ報告の翻訳（それぞれ 1946 年と 1950 年），『夫婦生活』（1949 年創刊）に代表される種々の性愛雑誌やカストリ雑誌の発刊に象徴されるように，性をめぐる数多くの情報が戦後すぐから堰を切ったように社会に流通していた。そしてそれらは当然，子どもたちの目にもふれたと思われるが，この新聞記事では，大人よりもむしろ少年少女の方が性愛雑誌を読んでいると，警鐘を鳴らしている。

　また 2 年後の『時事通信・内外教育』では，性愛雑誌の影響で性的非行を重ねたとされる高校生の事例が紹介されており，「わいせつ行為だけでなく輪姦事件，桃色グループの発見，麻薬中毒事件などの多くは，不用意な社会，家庭の一隅に放り出されている"いかがわしい教材"で修得した偏ぱな知識のそそるものであるといわれる[23]（ママ）」と述べられている。ここでいう「いかがわしい教材」とは性愛雑誌のことであったが，それ以外には映画が問題視される場合もあった。思春期の少年少女への性教育をテーマにしたイタリア映画「明日では遅すぎる」（1952 年公開）や，日本映画「十代の性典」（1953 年公開）は上映されるや人々の耳目を集め，これらを新聞や雑誌が取り上げることで，中高生がこれらの映画を見ることの是非や，中高生への性教育に関する議論が起きていた[24]。

---

23)「児童，生徒に赤信号」『時事通信・内外教育』1952 年 3 月 4 日。
24) 代表的な記事としては次のようなものがある。「明日では遅すぎる」については，「なぜに関心を呼んだか?」『朝日新聞』1952 年 1 月 17 日，「明日でも遅くはない」『週刊朝日』1952 年 2 月 10 日，「明日では遅すぎる」か？」『婦人公論』1952 年 3 月。「十代の性典」に関しては，「思春期の性問題」『読売新聞』1953 年 2 月 7 日，「性典もの大はやり」『読売新聞』1953 年 3 月 27 日（夕

このように，雑誌や映画などのメディアが問題視されていったが，これら以外にも，大人たちが日常的に用いる卑猥な言葉や動作，エロ写真やエロ・グロ雑誌，性的興味をそそるポスターや看板，特飲街と売春婦の存在，公然たる逢い引き場所の存在，映画館内での性的犯罪，共同便所の落書きなどが，子どもに悪影響を与えるものとして指摘されている[25]。そして子どもの成育環境に最大の悪影響を与えるものとして考えられていたのが基地の存在であり，基地周辺に集まるパンパンたちであった。

　1951年12月の『教育評論』に掲載された神崎清「山中の子どもを救え」は，後に神崎レポートと呼ばれ，基地やパンパンと子どもとの問題を考察するさきがけとなった論考である。そこでは山中湖畔フジ・キャンプ周辺で起きている事態，たとえば，「パンパンの仕事」を覗いたり，客引きをしてお礼に小遣いを貰う子どもや，絵の具やクレヨンで爪を赤く染めている女の子がいること，村民の半数がパンパンに部屋を貸しており，土日は兵士たちの外出が許されるために周辺は「異様な興奮状態」となり，その結果学校は土日も授業を行い，月曜を休みとしていること，学校近くのビアホールからたえず騒音が流れており，教室にいても神経が休まらないこと，などが具体的に指摘されていた。

　その後，1952年になると，『読売新聞』や『時事通信・内外教育』には，西多摩や横須賀の子どもの声を取り上げた記事が掲載され，『サンデー毎日』は，横須賀・奈良・佐世保の基地周辺のレポートを掲載している[26]。また国会でも，1952年12月の参議院文部委員会で岩間正男（共産党）が，山梨県の基地周辺を視察した結果を詳細に報告しており，子どもをとりまく教育環境の実情などが明らかにされていった[27]。

---

刊），上野一郎「性典映画に警告する」『朝日新聞』1953年7月13日。なお，「十代の性典」のヒットをうけて相次いで性をテーマにした映画が公開され，第二次性典映画ブームが起きている。ちなみに第一次性典映画ブームは，1950年3月の「乙女の性典」をきっかけとしたものであった。
25)「どこに問題があるか」『時事通信・内外教育』1952年3月25日。
26)「日本版"明日では遅すぎる"」『読売新聞』1952年2月8日，「パンパンをどうみるか　子どもたちの偽らぬ声を聞く」『時事通信・内外教育』1952年4月18日，「欲情の街」『サンデー毎日』1952年10月12日。
27) 第15国会参議院文部委員会会議録第8号，1952年12月9日，参照。またこの日，岩間に続いて矢嶋三義（社会党）も，同様の報告を行っている。

このように，1951年から52年にかけて，基地やパンパンが子どもに与える悪影響についての言説が目立つようになるが，もちろん，この時期になってはじめて悪影響が認識されはじめたということではないだろう。ただこれ以前のマスメディアにはこの問題に対する言及はほとんどなされていない。おそらく，1951年9月の講話条約の調印と翌年4月の条約の発効による独立の達成という，日本がおかれていた国際的状況の変化が，このような記事の登場を促したと思われる。

　そして子どもの成育環境をとりまく問題が指摘される一方で，子ども自身のありようも「問題」として言及されていった。たとえば，先に引用した文章の中にも出てきた桃色グループの存在という問題がある。桃色グループというのは，いわゆる不純異性交遊，当時の言葉でいえば桃色遊戯を行う少年少女のことを指すいい方であるが，中高生の桃色遊戯は，性道徳の乱れ，性非行を象徴するものとして頻繁に論じられていった。また小学生の間ではパンパンごっこが流行していたという指摘もある[28]。これは文字通り，パンパンのまねをする遊びであるが，男児と女児がジャンケンで組になり，ムシロの上で抱き合ってグルグルと横転して，他の組にぶつかったら相手を替えるというものであったという（下川 2007：61）。

　さらには，女子中学生や高校生の人工妊娠中絶や出産を報じる記事も，新聞や雑誌にさまざまに掲載されている。たとえば，1952年1月16日の『朝日新聞』の夕刊は「不純潔教育」という記事を掲載しているが，そこでは，中学校に通う15歳の少女が出産し，それは教員が強姦した結果であることが報じられていた。しかもこの記事によれば，他にも教員による女子生徒の強姦事件が起きているという[29]。また同年1月20日の『サンデー毎日』の記事「日本版"春のめざめ"」では，14歳の少女が見知らぬ者によって強姦され，中絶手術を受けたことが述べられていた。あるいは，同年1月22日の『毎日新聞』の夕刊の記事「少女が双生児を産む」には，双生児を産んだ少女を

---

28) たとえば，1952年4月25日における第13国会参議院法務委員会における宮城タマヨ（緑風会）の指摘を参照のこと（同会議録第30号）。
29) 強姦した教員が処分を受けたという記事も存在する。たとえば，「非行教員に行政処分の断」『時事通信・内外教育』1952年2月22日，参照。

はじめとして，少女の妊娠・出産の事例がいくつか報告されており，相手は同級生，社会人，義父などさまざまであったという。わずか1週間ほどの間に立て続けに報道されている記事を紹介したが，もちろん，報道はこれら以外にもなされており，報道されなかったものも含めると，かなりの数の事例が存在していたと思われる。

ただ，当たり前のことであるが，妊娠は女性だけでなく，男性がいてはじめて可能となるものであり，これらの記事を読むと，女子生徒たちの周りにいた大人の男性にこそ責任があることがわかる。しかし記事は，女子生徒が出産したり中絶手術を受けたりしていることを，「思春期の少女がたどる無軌道ぶり」「少女達の乱脈な性生活ぶり」とセンセーショナルに伝えていた[30]。そういう意味では，性的な「問題」がもっぱら女性の「問題」として語られているのであり，ジェンダーの非対称性がここにはみてとれるのである。また，1952年1月26日の参議院本会議では，岡本愛祐（緑風会）が中学生の妊娠中絶事件を取り上げながら「青少年の性生活の紊乱」について質問しているが，ここでも「思春期少女の無茶な性生活」という表現が用いられていた[31]。「純潔」というセクシュアリティ規範が誰に対してより強く求められるのかという問題，すなわち，女性こそが「純潔」であらねばならないという規範が存在していたことが，ここにはあからさまに示されている。

## ④ 純潔教育のゆくえ

すでに述べたように，文部省が発行した『男女の交際と礼儀』では，男女共学の下で「健全」な男女交際を推し進めていけば，自ずから純潔の保持につながるという，ある意味，牧歌的な純潔教育観が語られていた。しかしこ

---

[30]「少女が双生児を産む」『毎日新聞』（夕刊）1952年1月22日。この記事には，青森県の人工妊娠中絶者の調査結果（いつのものか不明）も掲載されているが，それによると，13歳1名，14歳3名，15歳5名，16歳〜18歳400名であり，うち高校生が20％を占めていたという。なお，人工妊娠中絶者の年齢などがわかるのは，1952年5月までは手術の適否についての審査を行う優生保護審査委員会制度をとっていたためである。

[31] 第13国会参議院本会議会議録第7号，1952年1月26日，参照。

のような純潔教育観は，ここで述べてきたような現実 —— それは現実そのものというよりも構築された現実であったが —— によって揺さぶられていくことになる。というのも，子どもの性的な「問題」状況の原因は，メディアやパンパンなどの子どもをとりまく環境に求められていただけでなく，男女共学とも結びつけて論じられていたからである。そしてこのようなとらえ方は，社会においても共有されていた。

それはすでに，1951年7月12日の『時事通信・内外教育』の記事「夏休の生活指導をどうするか」にみてとることができる。そこでは，「中学生ないし小学生高学年の児童が不純異性関係（いわゆる桃色遊戯）をする傾向がふえ」ており，それは「「男女共学」の全面的な責任でないにもかかわらず，指導の適切を欠いた部分が現象化」した結果であると述べられていた。男女共学の下で男子生徒と女子生徒が日常的に接触しているにもかかわらず，それに対する指導が不十分であり，そうであるがゆえに，子どもたちが「問題」を引き起こしていると理解されていたことがわかる。

ただ，この記事に掲載された表をみれば，「問題」を起こしているのは中学生と高校生，特に高校生の男子であり，小学生や女子の中高生にはあまりあてはまらないものであった。にもかかわらず，中学生や小学校高学年の児童がことさらに取り上げられており，性的な「問題」の発生が男女共学の「問題」として焦点化されていた。当時は高校進学率が50％に満たず，しかもこの時期の高校には男女別学校が3割程度存在していたのに対して，義務教育である中学校はほとんどが男女共学であったこと，小学校高学年の多くが戦前の男女別クラスから戦後の共学クラスへと転換したことを考えるならば，ことさらに中学生や小学校高学年を取り上げて，共学を「問題」化している印象が強い。

そして，中高生の「問題」状況を男女共学の結果として理解する考え方は，社会にかなり流布していたようであり，たとえば，中学校の教員であった鈴木庄三郎は次のように述べていた。「男女関係についてなんの指導らしいものもしていなかった学校当局が，自己弁護の具にぬけぬけと男女共学の非を鳴らしたりしている。しかも教師や父母のなかの古い頭の共鳴を獲得してい

I 純潔と異性愛

るのである[32]」。また国会では,小林信一（社会党）が「一般父兄は男女共学からしてこういう問題が起きておるのだ,そういうことが言われておるのです[33]」と発言している。これに対して,天野貞祐文相は「（男女共学が —— 引用者）機縁をなしたという場合も,絶無とは言えないだろうと思います[34]」と答弁しており,男女共学を原因と考える見方を否定しはしなかった。このようなとらえ方が,かなり広がっていたことがうかがえる。

　男女共学という未知の経験を前にして,それを危惧する意見があったことはすでに述べたが,そうであったればこそ,性的な「問題」の惹起と共学の実施とはたやすく結びつけられ,共学ゆえに性道徳の乱れが生じているととらえられたのである。それゆえ,このような言説に対抗するためにも,男女共学を推進しようとする人々は,性的な「問題」状況と共学とは無関係であり,共学においてこそ「問題」が生じないことを強く主張していった。たとえば,『読売新聞』の記者である加藤地三は,「共学は男女生徒の性問題の発生を緩和するのに役だっている」「共学の基盤の上にこそ純潔教育の正しい方法と内容が確立する[35]」と述べており,むしろ共学こそが「問題」の発生を拒むうえで重要であり,共学という場でより充実した純潔教育ができると考えていたことがわかる。

　すでに述べたように,純潔教育には,封建的な男女関係から脱して,いかに民主的で男女平等な関係を構築していくのかという問題意識があり,男女共学を前提とした「健全」な男女交際を通してそれが可能となるという認識が存在していた。男女共学を推し進めようとする人々もまた,共学においてこそ性的な「問題」が発生せず,異性としての男女の相互理解や「正しい」男女の関係性が実現すると考えていた。そういう意味では,男女共学と純潔教育とは補完しあうものとして,両者の教育的意義が語られ,男女共学の意義を論じれば論じるほど純潔教育の必要性が主張される,という構造になっていたのである[36]。

---

32) 鈴木庄三郎「男女共学における教師の問題」『教育』第 8 号, 1952 年 6 月。
33) 第 13 国会衆議院文部委員会議録第 18 号, 1952 年 4 月 18 日。
34) 同。
35) 加藤地三「共学の存続をおびやかすもの」『教育』第 8 号, 1952 年 6 月。
36) このような理解は文部省にも存在しており, 1955 年のことではあるが, 松村謙三文相は「男

しかしながら，当時の議論を検討していけば，このような主張だけが存在していたわけではなかったことがわかる。たとえば，1952年2月26日の『読売新聞』に掲載された「教育時評」では，パンパンの締め出しは反米思想だ，「夜の女」から子どもを守ることは「アカ」だというとらえ方が存在しており，純潔教育が押しつぶされそうとしていると述べられていた。また1952年2月27日の衆議院本会議でも，横田甚太郎（共産党）によって，純潔教育を主張する教師は「赤」と騒がれているという発言が行われている[37]。基地反対運動と結びつけて，純潔教育がとらえられていたと思われるが，だからこそ文部省は，国会で純潔教育についての質問がなされた際に，「これは非常に慎重にやらないと却つて弊害を生ずると考えます[38]」（天野貞祐文部大臣），「個人指導にゆだねられるべきものが多いと思つております。……文部省から特に指揮監督することはいたしておりません[39]」（日高第四郎文部事務次官）といった，煮え切らない及び腰の答弁を行っていた。

そして1952年2月13日に，文部省初等中等教育局は「中・高生徒の性教育の根本方針（案）[40]」を発表している。『男女の交際と礼儀』と異なり，この根本方針から，どのような男女の関係性を構築していくのかという課題意識を読みとることは困難であり，書かれているのは次のような点であった。「性に関する知識を与えるというよりは，おう盛な活力，精力（エネルギー）を健全な方向に向けてやるような興味深い経験（スポーツ，広はんなレクリエーション活動等）を与えるようにすること」，「個別的指導が本体であること」，「いたずらに新しい知識を与えることは，生徒の好奇心をしげきすることにもなる」，「性に関する生徒の問題行動は，よつて来る処が社会的環境，性道徳のたいはい，エロ雑誌，エロ的ショウ等々の影響であることが大きいから社会全般にわたる協力的，総合的な施策が必要である」。総体としてい

---

　女共学などということは，これは純潔教育が完全に行われ得るということを前提としないならば危ないです」（第22国会参議院法務委員会会議録第21号，1955年7月27日）と発言している。
37）第13国会衆議院本会議会議録第15号，1952年2月27日，参照。
38）第13国会参議院本会議会議録第7号，1952年1月26日。同年4月18日の第13国会衆議院文部委員会でも，天野文相は同様の発言を行っている（同会議録第18号，参照）。
39）第13国会衆議院行政監察特別委員会会議録第13号，1952年3月4日。
40）『時事通信・内外教育』1952年3月25日。なお，ここでは性教育という言葉が使われているが，性教育と純潔教育とは同義語として使用されている。

I　純潔と異性愛

えば，中高生の性的関心をスポーツなどを通してできる限り昇華させ，性知識も与えない，という方向で性教育が考えられており，「問題」行動への対策，性規範意識の形成という性格が濃厚であった。そしてこの延長線上に，1955年3月18日，文部省純潔教育分科審議会による「純潔教育の普及徹底に関する建議」「純潔教育の進め方（試案）」が出されていくことになる。

## おわりに

　本章では，戦後初期の数年間における純潔教育をめぐる議論を検討してきたが，そこから明らかになったことの1つは，純潔教育と男女共学との表裏一体の関係性である。もともと純潔教育は，「闇の女」対策の一環として登場してきたものであったが，次第にそれは学校教育における課題として認識されていった。なぜなら，戦後教育改革において男女共学が実現し，思春期の子どもたちは同じ教室で学び，同級生として日常的に接触するという経験をすることになったからである。男女共学と結びつく形で男女交際の問題，ひいては純潔教育が俎上にあがっていった。

　これには，発足した当時の男女共学が，異なる特性や役割をもつ男女がお互いの相違を理解・尊重し合うことを学ぶ経験として価値づけられていたことが関わっている。男女がお互いに理解し合うためには，男女交際を否定するのではなく，「正しい」男女交際が行われなければならないとされ，ここに純潔教育が登場してくる必然性があった。また，男女共学の実施は，人々に風紀問題の発生に対する危惧の念を抱かせることになったが，そのこともまた，純潔教育の必要性が語られなければならない要因となっていった。そういう意味で，男女共学と純潔教育とは，補完的な関係にあったということができるのである。

　この両者の関係性は，1950年代に入って，子どもの性的な「問題」が社会問題化し，その原因として男女共学が指摘されるようになると強まっていくことになる。なぜなら，男女共学を支持する人々は，共学においてこそ性的な「問題」が発生せず，純潔教育こそが「正しい」男女の関係性を生むと

主張したからである。男女共学の意義を論じれば論じるほど，純潔教育の必要性が主張されるという構造が顕わになっていった。

　そしてこのことは，純潔という価値規範が戦前から戦後へと継承されていたとしても，それをどういう文脈において価値づけるのかという点では，両者が大きく異なっていたことを意味している。すなわち，男女別学の下で，男女の接触を忌避しつつ追求された戦前の純潔と，男女共学の下で，男女が日常的に接触し，交際する中で追求されていく戦後の純潔という相違が存在していたのである。このようなものとして，戦前と戦後の連続性と断絶を指摘することができるのであり，この点が，本章が明らかにしえた第2の点であるといえるだろう。

　さらにもう1点，本章を通して明らかになったことを指摘しておけば，それは当初，純潔という言葉が，守らなければならない規範としてよりはむしろ，民主的で平等な男女の関係性を象徴するものとして意味づけられていたことである。純潔教育においては，「男らしさ」や「女らしさ」が備わり，性的な逸脱を引き起こさない，節度ある男女交際が目指されていたが，このような男女交際は，男尊女卑から男女平等な関係性へと転換していくための鍵として位置づけられていた。つまり，単なる性規範として純潔が存在していたのではなく，「健全」な男女交際には民主的で平等な男女関係という価値が込められていたのである。そしてそこには，しっかりとジェンダーが埋め込まれていた。

　このようなものとして純潔教育は登場したのであるが，1950年代に入り子どもの性的な「問題」を指摘する声が噴出するようになると，純潔教育は揺さぶられていくことになる。その1つの帰結が，1952年に文部省より出された「中・高生徒の性教育の根本方針（案）」であったが，これ以降，いったいどのように純潔教育は展開していくのだろうか。純潔教育自体が明確なジェンダー規範を内包していたことを考えるならば，セクシュアリティ研究のみならず，ジェンダー研究としても，純潔教育のゆくえは興味をそそられるところである。これを今後の研究課題として提示しつつ，本章を終えることとしたい。

### ●参考文献●

池谷壽夫 2001「純潔教育に見る家族のセクシュアリティとジェンダー」『教育学研究』68-3：16-27.
加藤政洋 2009『敗戦と赤線』光文社新書.
神崎清 1974『決定版神崎レポート・売春』現代史料出版会.
小山静子 2005「男女共学制」『戦後公教育の成立』世織書房：123-156.
——— 2009『戦後教育のジェンダー秩序』勁草書房.
斎藤光 2007「「男女の交際と礼儀」の基礎研究」『京都精華大学紀要』33：221-238.
澁谷知美 2005「1950～1960年代における「不純異性交遊」概念の成立と運用」『ジェンダー研究』8：99-130.
下川耿史編 2007『性風俗史年表　昭和［戦後］編』河出書房新社.
田代美江子 2000「戦後改革期における「純潔教育」」『教育とジェンダー」研究』3：26-38.
——— 2001「戦後における「純潔教育」実践の展開」『「教育とジェンダー」研究』4：86-93.
——— 2003「敗戦後日本における「純潔教育」の展開と変遷」『ジェンダーと教育の歴史』川島書店：213-239.
中山良子 2011「『乙女の性典』と純潔」『日本学報』30：143-158.
牧律 2007「山室民子にみる自律意識と純潔教育」『占領と性』インパクト出版会：179-212.
村瀬桃子 2002「山室民子の純潔教育論」『現代日本社会教育史論』日本図書センター：327-343.

第2章 純潔教育委員会の起源と GHQ

斎藤　光

## はじめに

　1947年1月,政府・文部省は,純潔教育の施策化をスタートした。その後,施策化の流れに沿って,諸実践を積み重ね,教育現場に対しても実践を促していった。この施策と実践は,第1章で小山が問題設定したように,政府・文部省が「「性」に関する教育の必要性を語る」という点で,そして,実際に「性」関連教育に関与したという点で,教育史上検討に充分値する出来事であった。また,序章でも整理されているように,政府・文部省は,戦後社会で生じたセクシュアリティをとりまく状況の大きな変動に対応するために,純潔教育を運用しようとした。このことは異性愛の内実への教育的介入とも理解でき,注目に値するといえよう。さらに,この施策化は,後続の章で論じられるように,社会史・文化史上重要な意味をもっていると思われる。したがって,純潔教育の歴史と構造およびその影響は,さまざまな文脈で分析・考察される必要がある。ただその場合,分析・考察の基礎や前提となるのは,純潔教育施策の起源・開始・展開・波及等に関する,資料に基づくより正確な歴史の記述であろう。
　ところで,この施策の始まりと展開のこれまでの歴史記述をみると,文部省が1967年に発表した『社会教育における純潔教育の概況』(以下『概況』とする)が基本的な資料と構図を提供して来た。特にその施策の起源と開始

に関しては『概況』の「Ⅰ．純潔教育に関する施策の沿革」や「Ⅲ．付録」などに基づいて記述され，「枠組み」が示されている。純潔教育をポジティブに捉えるかネガティブに捉えるかという評価に関しては，意見の相違があるものの，これまでの「起源と開始」に対する歴史的諸研究は，『概況』の枠組みをなぞったものであった（田代 2000, 2003）。

　本章では，その枠組み自体の構築性・不正確性を明らかにするのではあるが，あらかじめここで，『概況』の枠組みがどのようなものであるのかを簡単に示しておこう。

　この枠組みでは，まず，施策開始前史に関して，当時の政府が1946年11月14日に開催した「私娼の取締並びに発生の防止及び保護対策」を検討する次官会議とそこでの決定を出発点としている。この会議が開催された背景として『概況』(1967) が指摘する当時の問題群は，①男女間風俗の乱れ，②性道徳低下，③性犯罪増加，④性病蔓延などであり，これらの諸問題が国民一般や特に青少年層に悪影響をおよぼすことへの強い危機意識が次官会議の開催と決定に強く関係したと位置づけられている。

　『概況』によれば，次官会議とその決定を基本路線として，文部省の打ち出した対策が，純潔教育であった。これは，1947年1月に社会教育局からの通達として全国に告知され，そこから純潔教育施策が出発する。さらに，文部省は，純潔教育の意義理念や基本方策などを研究審議するため通達で言及していた純潔教育委員会を同年6月に設置した，とされる。

　その後，純潔教育に関する委員会は，純潔教育委員会 (1947～1949)，純潔教育分科審議会 (1949～1955)，純潔教育懇談会 (1958～1963) と60年代までつづいていく。以上が，『概況』が示した純潔教育施策の起源・開始・展開・波及等に関する枠組みであった。

　さて，この枠組みでは，純潔教育施策を進めてきた主軸や主体は，政府・文部省である，と仮設されている。占領下ではあったが，占領軍・GHQなどからの施策への関与は認めていない。したがって，純潔教育の出発と展開についての分析は，せいぜい戦前からの日本における「性」に関する教育や社会教育の連続と断絶で，考えていけばよい，ということ，また，当時の日本の社会状況との連動で分析していけばよい，というかまえになる。

第 2 章　純潔教育委員会の起源と GHQ

　しかし，諸資料に目を通すと，この枠組みは不正確であり，ある種の虚構であることが分かる。本章では，『概況』が提示する歴史的枠組みを批判的に捉えかえし，新しいより正確な歴史記述を提示したい。純潔教育や性教育につながる親密圏のあり方に対する，これまでは，取り上げられてこなかった，主体の存在，具体的にいえば GHQ であるが，そこに焦点を当てることで，あり方の構造を再検討する必要性と方向性を示したいと考えている。

　あらかじめ，本章の構成を提示しておく。まず第 1 節で，1946 年 11 月 14 日に開催されたとされる政府の次官会議について検討する。それをふまえ，第 2 節では，1946 年末の時点での，文部省（社会教育局）と GHQ の交渉過程とその意味を検討する。最後に第 3 節で，前 2 節で明らかになった事柄をもとに，1947 年 1 月 6 日に発せられた「純潔教育の実施について」（文部省社会教育局長 1947）通達を考察する。以上の経過は，文部省の純潔教育の施策を「調査審議し」「建議する」（文部省純潔教育委員会 1949）純潔教育委員会が形成されるに至るプロセスの前半部である。なお，この通達以降，純潔教育委員会準備委員会の会合（1947 年 2 月 4 日開催）をへて，6 月 4 日に第 1 回純潔教育委員会が開催されるが，その部分がプロセス後半部に当たる。この後半部の検討は別稿に譲ることとする。

## 1　「次官会議決定」と文部省

　純潔教育の施策化の根拠となったのは，1946 年 11 月 14 日になされた関係各省の次官による会議での決定，「私娼の取締並びに発生の防止及び保護対策」（以下「次官会議決定」と呼ぶ）（次官会議 1946, 1967, 1978）であった。ただ，この「次官会議決定」は，それ以前に生じていた社会状況や政策状況への対応だった。

　「次官会議決定」を促した敗戦直後の社会的・政策的状況を確認しておこう。そこには性に関連した 2 つの事情が存在していた。第 1 は，街娼の出現とその急激な可視化である。第 2 は，日本における公娼制の廃止である。後者の公娼制の廃止は，法令等の展開をたどれば，1946 年 1 月 21 日の

Ⅰ　純潔と異性愛

　GHQ による「日本における公娼制廃止に関する覚書」での指令に沿い，2月2日，内務省が娼妓取締規則を廃止したことにより，遅くとも2月20日までには実現していた，と説明されてきている（竹村 2004[1]）。

　この次官会議へ向けて，何らかの働きかけが GHQ 側からあったかどうか，もしあった場合，どのような内容だったか，といったことは，今回は資料的跡づけをできていない。今後の課題として残さざるを得ない。

　では，純潔教育施策化の根拠や出発点となった，「次官会議決定」をテキストに沿ってより詳しく把握しておこう。この決定は，街娼の出現と公娼制の廃止という事情への日本政府の対応であった[2]。政府は，「私娼の取締」対策に2つの柱を立てた。第1が「公娼制廃止後の風俗対策」であり，第2が「「闇の女」発生防止及び保護対策」である。前者では，公娼の廃止は形式的法的には実行するが，「売淫」を「社会上已むを得ない悪」として容認し「特殊飲食店」という装置下で警察がコントロールするという体制をとった。これは，集娼的買売春制の実質的な維持を意味し，1935 年9月に内務省警保局が構想した「黙認制度」の「採用[3]」と位置づけられる（内務省警保局 1935）。また，後者の「「闇の女」発生防止及び保護対策」は，街娼や「パンパン」の出現への対処であった。

　文部省は，この「次官会議決定」を受け，何らかの教育的・指導的介入を自省の「闇の女」対策の中軸に位置づけようとしたと推察される。ここで確認しておくべきことは「公娼廃止後の風俗対策」には，文部省は関与しない

---

1) このあたりの状況については，しかしながら，もう少し徴視的に調査する必要があると思われる。たとえば，1946 年1月21日の公娼廃止についての GHQ 指令以前の 46 年1月11日付の『朝日新聞』は，「近く公娼廃止」と題して，警視庁が，帝都の公娼廃止に乗り出すことになったことを報じている。
2) 厚生省は「婦人保護要綱」を 1946 年 11 月 26 日にまとめている。これは「次官会議決定」を受けての厚生省の動きと捉えることができる。この「要綱」では，「顛落婦人」が収容治療施設（国立病院など）に入院治療中の場合，情操の陶冶といった道徳的な対応だけではなく，「性教育を施す」ことが規定されている。この規定がどのように実際化されたかに関しては資料的な跡づけはできていないが，厚生省社会局も，「顛落婦人」に対する性教育に関心を示し，性教育が「顛落婦人」の「更生」に役立つ可能性を認識していたことは了解できる（厚生省社会局 1946）。
3) 「公娼制度対策」では，廃娼後に，どういう「売淫対策ヲ樹立」するべきかについて，以下の点を指摘している。「黙認制度の採用」「貸座敷の料理屋への転業」「娼妓の酌婦への転業」「集娼制の採用」「転業酌婦の保護対策の実施」「性病の強制検診治療制度の実施」など（内務局警保局 1935）。

ということだ。あくまで街娼出現防止の教育的介入が中心で，当初，若い女性が主たるターゲットと想定されたと思われる。この方向で，46 年 12 月 23 日，文部省社会教育所管課長会議で「純潔教育の実施について」が議題化された（二宮 1971）。

ところで，初めて「純潔教育」という概念が用いられたのは，この所管課長会議においてであった。文部省文脈への「純潔教育」の初登場だ。しかし，その経緯は，現在までのところ資料的には明らかになってはいない。山室民子が，1946 年 7 月 8 日に文部事務官に任命され社会教育局に配属されていたことを考えると，彼女が関与した可能性も否定できない（吉田 1946）。

では，「次官会議決定」の文部省所轄範囲，あるいは，文部省関与部分についてやや詳しく解析検討しよう。

「次官会議決定」のテキストは，「方針」とするまえがきと「1．公娼廃止後の風俗対策」と「2．「闇の女」発生防止及び保護対策」からなる。公娼廃止に対する「風俗対策」は，6 項目，街娼の大量可視化への対応は，7 項目示された。47 年 1 月 6 日に発せられた通達「純潔教育の実施について」では，「次官会議決定」の「2．闇の女対策」の第 3 項目（「2-3」）と第 4 項目（「2-4」）が，「純潔教育の実施を中心目標とする」部分であると述べられている。つまり，「次官会議決定」の「2-3」と「2-4」が文部省の所轄だったのである（次官会議 1946, 1967, 1978）。

その「闇の女対策」の第 3 項目と第 4 項目の内容を見ておこう。やや煩雑ではあるが，重要な出発点なので「次官会議決定」の関連部分を全文引用しておく。

  2．「闇の女」発生防止及び保護対策
    …（前略）…
  （3）子女の教育指導に依つて正しい男女間の交際指導，性道徳の昂揚を図る為次のような措置を講ずること。
    （イ）家庭に於ける子女の教育について積極的な関心を高める為，母親学級，両親学級，父兄会等に於て子女の問題について協議懇談指導すること。
    （ロ）男女青年団等の幹部講習会等に男女の交際結婚その他の問題につい

て研究させること。
   (ハ) 接待婦の組合員相互の教養を高めるような施設を持たせること。
 (4) 正しい文化活動を助成して青年男女の健全な思想を涵養するために次のような措置を講ずること。
   (イ) 文化団体等の活動を促して情操教育等を旺にし一般婦女に高い趣味と教養とを与えることに努めること。
   (ロ) 映画出版業界の自覚と責任に於て映画,出版物の品位を高め徒らに子女の性的好奇心を刺戟するようなことのないよう関係者と懇談すること。
   (ハ) 学校,工場,青年団等の活動を促して青年男女に健全な娯楽を奨励すること。
 (5) …(以下略)(次官会議 1946, 1967, 1978)

「次官会議決定」の「2-3」,「子女の教育指導」では,「正しい男女間の交際指導」と「性道徳の昂揚」が目標とされている。そのために,第1に,両親など子女に監督責任をもつ主体が子女の教育への積極的関心を高める仕組みを構築することが提案された。第2に,男女青年団のリーダーがメンバーである子女を指導するために「男女の交際結婚その他の問題について研究」することが求められた。そして,第3に接待婦については,教養を高める「施設」の充実が目指された。

「次官会議決定」の「2-4」,「文化活動の助成」では,「青年男女の健全な思想を涵養」することが目標として立てられている。その目標実現のため,「映画,出版物の改良」,および,低俗な,また,性的好奇心を刺激するものへ注意を向けることや,各種集団(学校,工場,青年団など)での良質な娯楽の開発が具体策として示されていた。

 ここで押さえておきたいことは4点ある。1つ目は,接待婦の教養を高めることへの言及もあるが,主目的は,「闇の女対策」であって,「風俗対策」ではないということである。ただ,「風俗」対策に編入される接待婦(接客婦)が街娼へ「転落」することを防ぐという部分は存在していた。しかし,私娼的存在そのものへの教育的介入よりも,街娼化する可能性の高い女子や街娼化環境への教育的介入がもくろまれていた。

 第2に,「次官会議決定」のうち文部省に関連がある「闇の女対策」の第

3項目と第4項目においても，また，「次官会議決定」全体においても，純潔教育という概念が使われていない。性教育などの概念もない。純潔教育という概念は，「次官会議決定」が文部省へ，また，社会教育部署へ持ち帰られてから導入されたのである。

第3に，のちの純潔教育に関連しそうなコンセプトとしては，「正しい男女間の交際」「性道徳」「男女の交際」「結婚」「性的好奇心」などがみられる。また，何が見られないか，という点にも注意しておこう。たとえば，「性病」「優生」「共学」といった概念は不在である。純潔教育，性教育概念の不使用とあわせて，教育的介入の具体化や深化は文部省に委託されていたことを示していたといえよう。

そして，第4に，「学校」という場が，健全な娯楽を提供する，あるいは，実施する場としてのみ扱われている。学校や学校教育は，「次官会議決定」では相対的に軽視されていたか，「闇の女対策」のせいぜい周辺部分と認知されていたらしい。たとえば，1940年代末から共学との関係で注目される「男女交際」も，学校内や生徒における問題というより青年団など学校外の社会に関わる問題と「次官会議決定」ではみなされていた。

まとめておこう。次官会議で定められた私娼対策のうち文部省に求められたのは，「風俗対策」（対集娼的私娼）ではなく「闇の女発生予防策」（対街娼的私娼）であった。またその中でも，学校教育外の社会への「教育指導」と「文化活動助成」という教育的指導の介入によって，男女間の関係の「正常」化をなすこと，また，「正常」化を可能とする環境整備であった。文部省は，そこを自らの所轄・任務・守備範囲としていたのである。

## 2　GHQと純潔教育

前節では，1946年11月14日に検討された「次官会議決定」について検討した。この節では，1946年末の時点での，文部省（社会教育局）とGHQの交渉経緯とその意味を検討する。

まず『概況』が示しそれ以降批判的検討がなされなかった純潔教育施策の

I　純潔と異性愛

　起源についての枠組み・モデルを再確認しよう。『概況』は，「次官会議決定」を出発点として，翌年 1 月 6 日に柴沼直社会教育局長から「発社一号」「純潔教育の実施について」の通達（文部省社会教育局長 1947）が各都道府県に発せられ，この通達に沿って純潔教育委員会が設けられた，と記述している。つまり，「次官会議決定」(①) →「「発社一号」通達」(②) →「純潔教育委員会」(③) というモデルになっている。このモデルの①と②の間に「社会教育所管課長会議（純潔教育の実施について）」があったが，いずれにしろ文部省が単独でなす単線的な出来事の連鎖とされている。これまで検討されなかった資料を見るとこのモデルの変更が必要であることが明らかになる。

　46 年 12 月 23 日，「純潔教育の実施について」を検討する社会教育所管課長会議があったが，GHQ 側資料によればその 4 日後の 12 月 27 日，文部省で GHQ の民間情報教育局と文部省社会教育局の会議がもたれた。内容は社会教育諸事業に関してである。その席上，「健全・性教育」(Wholesome Sex Education) の問題が取り上げられた。民間情報教育局からこの会議に参加していたのは J. M. ネルソン (1916～1986) で，彼は記録を残している。それを見ると，12 月 27 日に純潔教育について民間情報教育局と社会教育局との間でやり取りがあったことが分かる（ネルソン 1946b）。

　さらに，年末の 31 日，「健全・性教育」関連の会議が，今度は，民間情報教育局でなされた。27 日のやり取りをふまえて，社会教育局側が，純潔教育関連事業のアイディアに修正を加えたものが，話し合われた。その場で，ネルソンは，文部省の純潔教育の事業やそれに対する方針に関して，問題点が見られない，という見解を示した。こうして「純潔教育の実施について」通達内容が確認され，1 月 6 日付で，各都道府県に通牒された（ネルソン 1946c）。

　この 2 回の会合で GHQ 側の担当者であった J. M. ネルソンとはどういう人物か簡単に確認しておこう。

　ネルソンは，1946 年 4 月から 1950 年 8 月まで，民間情報教育局教育課の成人教育担当者であった（ネルソン 1990）。民間情報教育局教育課と文部省社会教育局との間の連絡官として，両者を媒介する位置にあった（片岡 1990）。彼は，占領期の社会教育政策の具体的形成と実施に大きな役割を果たしたと

評価されており，彼の成人教育思想や改革理念・基本方針が，対日占領政策やGHQの管理機構による方向づけがあったとはいえ，社会教育改革で大きな意味を持った（新海1990）。ネルソンのそうした働きかけは，1946年からの4年間，平均して，週に1度は文部省内の社会教育局を訪れた，というエピソードや，46年の6月5日以降は，毎週の会議を行っていた，といった活動を通じて実現したと推測される。後者の会議に関して，ネルソンは回想的に位置づけを残している。そこでは，「新しい平和的，民主的日本」に寄与するにはいかなる教育施策の展開がなされ得るのかが検討された。社会教育局員たちとネルソンが，多くの施策について討議を重ねたのである（ネルソン1990）。

　媒介者であるネルソンが，純潔教育施策の立ち上がり時点（前史）に関係したのは重要な意味を持つであろう。占領期社会教育施策でネルソンの果たした役割をふまえつつ，次の点を，資料等をもとに考察したい。第1に，純潔教育は，文部省とGHQのどちらからもたらされたのか。GHQの前史的関与が明らかになった以上，この点は再確認されるべきだろう。第2に，前史的交渉過程で，どういうことがなされたのか。特にGHQ側からの介入はあるのか，あるならばどのような点にあるのか，である。

## 1. 街娼発生防止対策としての純潔教育の由来

　『概況』では，純潔教育施策出現に関して，政府文部省が主導的主体的立場であった，と記述している。この点は『概況』の枠組み通りに受け取っていいのであろうか。

　結論を先に示すならば，現時点での資料的検討では，純潔教育を社会教育に組み入れようとしたのは，文部省側である，ということができる。

　次官会議後の1946年12月9日に民間情報教育局がまとめた「成人教育の諸事業」（ネルソン1946a）を見ると，純潔教育や性教育に関係する事業は明示されていない。また，ほぼ同時期のものと推定されている同じく「成人教育の諸事業」（無署名1991）と題された民間情報教育局と文部省の社会教育に関わる各領域の担当官と確認点を記載したメモ（井上1991）を見ても，純

潔教育や性教育に関わるものを見出すことができない。

つまり，ネルソンは 1946 年初夏から社会教育政策の具体的形成に関わっていったが，46 年 12 月の中旬頃までは，ネルソンの構想，GHQ 側の社会教育に関する図式には純潔教育的施策は含まれていなかったのである。

では日本側のアイディアとして提示された純潔教育施策は，民間情報教育局との交渉の過程で，どのような変形や付加や削除がなされたのか，次項ではその点を資料から推察しよう。

## 2. 文部省と民間情報教育局の交渉過程

ここでは，1946 年 12 月 27 日に文部省で，また年末の 31 日に民間情報教育局でなされた，会議のメモをもとに，文部省と GHQ 側の交渉過程を再構成してみたい。その再構成から，何が読み取れるのか，その点も考察する。

12 月 27 日の会合は，社会教育局の事業の進展等についての協議が目的であり，特に純潔教育が主題化していたわけではなかった。このことは残されたメモの「主題」が「社会教育局の諸事業」とされていたこと，および，メモされた項目から明らかである。

メモされた項目は，8 点あるが，第 2 点目と第 3 点目が純潔教育に関係し，他はそれ以外の，たとえば「社会教育ニュース」や図書館法案に関連する事柄であった。しかし，量的に最も多いのは，純潔教育関連事項であった。

その部分を訳出しておこう。

> 2.「健全・性教育」に関して社会教育局から地方行政府へ発する指令案について，ある程度詳細に討議された。メモ署名者は，「若い人々への教育とガイダンス」と「文化諸活動」に関する概括に問題がないことを示した。しかし，そうした健全・性教育を与える予定の人々はガイダンスを必要とすることも示した。また，指令が発せられる前に，指令案を補足するため，広範な情報計画が練られること，そして，情報計画案への参照物・参考書が指令に含まれることが必要である，と示した。柴沼氏はこれを実行することに同意した。
>
> さらに次のことを提案した。性教育に関する必要性の高い情報素材を用意するために委員会をつくることが得策である。委員会のメンバーは，文部省

の学校衛生関係者，厚生省の代表者，指導的な心理学者，指導的な教育家，指導的なソーシャルワーカー（社会事業家）（が考えられる（訳者補足））。（ネルソン 1946b）

メモに基づいて，この会議でのポイントと考えられる諸点をまとめてみたい。

まず重要なのは，「Purity education」（純潔教育）という英語（概念）が使用されていないことであろう。かわりに「"Wholesome Sex Education"」がコーテーションマークつきで用いられた。のちに GHQ も「Purity education」（純潔教育）という概念を使用するが，この時点では，Wholesome Sex Education＝「健全・性教育」概念で理解していた。

第 2 に，指令を発する前に，「広範な情報計画（a broad information program）」がたてられることが求められた。具体的に何をネルソンが想定したのか，また，その会議で何が提示されたのか，などについては不明である。加えて 1 月 6 日の通達にこの指示が反映されたのか，それともスルーされたのかも，この会議で社会教育局が示した文案がないため分からない。なおここでいわれた指令は，のちの「通達」にあたると推定される。

第 3 に，これは前項と関係するが，「広範な情報計画」と関わる「参照物・参考書（reference）」の追加も求められている。通達には，「参照物・参考書（reference）」とおぼしきものはないので，この点は，民間情報教育局側が譲歩したのかもしれない。

第 4 に，そして，これがこのメモから明らかになる最重要事項であるが，ネルソンは，「性教育に関する必要性の高い情報素材を用意するため」の「委員会をつくること」を指示した。これがのちに純潔教育委員会へと具体化するものである。つまり，純潔教育施策の重要部分を担ったとされる純潔教育委員会は，ネルソン，GHQ 側の提案した組織体であった。ネルソンは，この時，構成メンバーになるべき人々の立場・資格に関しても指示している。文部省・学校衛生関係者，厚生省関係者，心理学者，教育家，社会事業家であった。

つづいて，12 月 31 日の会議に関して検討しよう。

Ⅰ　純潔と異性愛

　この会議に関して残されたメモは，「「健全・性教育」に関して，社会教育関連の都道府県機関・諸組織に向けた文部省からの通達案」について協議したことを記録している。

　メモは3つの部分からなる。第1は，12月27日からの経緯等をまとめ，第2は，GHQ側の見解を示し，第3の部分，これが記録の8割以上を占めるが，ここで，文部省通達の主要点が翻訳記録された。メモ全体の試訳を示した後，内容などに関して簡単に検討しておこう。なおこの場合も記録者と署名者はネルソンである。

1.「健全・性教育」についての文部省草案の下書きは，署名者による提案通りに改訂されていた。(参照：目録「社会教育局の諸事業」, 46年12月27日)
2. 文部省の代表者は，教育課は，草案に対して反対する点はない，ということを伝えられた。
3. 上述の草案は，「街の女の統制と彼女たちの出現の防止に対する対策」への履行指示である。「対策」は先に11月14日の次官会議で決定され，内務省から各都道府県へ通達された。文部省の草案は，「健全・性教育」に関して若い人々へ教育と指導することに関係する。また草案は，性問題を最小限にする手段として「文化活動」の重要性を強調している。

　草案は，各都道府県社会教育委員会が「健全・性教育」("sound sex education") を実現する恒久的計画をつくることを勧めている。その際，「今日，平等という基礎に立つ，男女間の健全な関係が，新日本の未来にとって重要である」ということを念頭におくよう述べている。また，草案は，それぞれの都道府県で，講師が派遣され，展示会や学習会が催され，この主題に関する良質の本や映画が推薦されねばならないとしている。

　草案は，子供の道徳意識を発達させる手段として，家庭教育の重要性を指摘している。さらに，青年団，婦人会，労働組合の青年部・婦人部が，一致して，健全・性教育の大衆化(通俗化)に向けた広範な運動を始めるべき，と勧めている。

　学校，工場，青年団での運動競技プログラムが，奨励されている。

　草案は，また，この問題を研究したり，見取り図を講師に提供するために，「健全・性教育委員会」を設立する文部省のプランを公表している。性教育に関心を持つ都道府県の組織団体へ情報素材を提供する目的で，書籍を推薦し映画を制作することなど(を行う。(訳者補足))(ネルソン1946c)

31 日の会議のポイントを以下にまとめておこう。

第 1 に，「1」にメモされていたことから，27 日に社会教育局側が提示した「純潔教育」通達の内容が，27 日のネルソンの指示に沿う形で改訂され，「下書き (Draft)」として提示されたことが分かる。社会教育局側の最初の純潔教育計画・通達案に，GHQ 側からの改訂指示があり，社会教育局はそれを受け入れた。とすれば，通達「純潔教育の実施について」の内容は，社会教育局と民間情報教育局の合作と捉えるべきものとなろう。ただ，残念ながら，日米それぞれが，通達のどの部分に寄与しているのかは，純潔教育委員会設立に関する部分以外，資料不足で明確化できない。

第 2 に，改訂された「下書き (Draft)」は，メモの「2」の部分から明らかであるように，民間情報教育局の教育課によって公認されている。通達の内容と，通達を通牒することは，GHQ 側の公認のもとなされたことが分かる。「純潔教育の実施について」の通達内容は，GHQ の占領政策や教育政策と矛盾・対立しないものと認知・認識されたのだ。

第 3 に，ここでも，27 日と同様に，「Purity education」（純潔教育）という概念をネルソンは使用せず，「Wholesome Sex Education」やその言い換えである「sound sex education」という概念が使われている。

第 4 に，GHQ やネルソンは，純潔教育，あるいは，「健全・性教育」という社会への教育的指導的介入の施策化が，「次官会議決定」に根拠を持ち，また，街娼出現防止対策と位置づく，ということを認識していた。ただ，接客婦に対する純潔教育的指導については，メモが残されていない点からみて，大きな関心を払っていなかったと判断できそうだ。

第 5 に，GHQ 側，あるいは，ネルソンは，男女平等という理念を純潔教育という男女間の関係にも関わる事柄に導入することを，重視していたと思われる。改訂された「下書き (Draft)」からの引用翻訳という形で，その点がメモに残されていることから，この点は読みとれるであろう。

第 6 に，具体的な施策としては，両親への教育・指導と男女青少年への教育・指導を，GHQ 側，あるいは，ネルソンは，重視していた。生徒や学生は，社会教育の対象でないからであろう，取りあげられてはいない。また，次節で検討する「純潔教育の実施について」通達には含まれているメディア領域

Ⅰ　純潔と異性愛

への関与は，純潔教育施策としてはそれほど重視しておらず[4]，さらに，接客婦への教育指導はほぼ無視していたと，整理できる。

　最後に，この節でまとめたことをもとにして，次節で扱う通達「純潔教育の実施について」の意味を 2 点ほど提示しておこう。

　1947 年 1 月 6 日に発せられる通達「純潔教育の実施について」は，前年の 12 月 27 日と 12 月 31 日に行われた文部省社会教育局と GHQ 民間情報教育局の会議・交渉を経ることで，もともと政府・文部省の街娼対策としての社会への教育的・指導的介入から，GHQ との合作的な教育的・指導的介入へとその性質を変化させた。その変化の現在分かる最大の部分は，GHQ 側（ネルソン）が提案した健全・性教育委員会の設立である。男女平等という理念を組み込むことにも GHQ 側の関与があった可能性はあるが，この点は資料的に明確化できなかった。

　また，通達の内容と，それを発すること自体も，2 回の交渉を通して，GHQ から公認されたということが分かる。つまり，ここでのプロセスは，『概況』が後に提示する，単純な「次官会議決定」→「「発社一号」通達」モデルで理解されるのではなく，「次官会議決定」→「社会教育所管課長会議（純潔教育の実施について）」→「2 回の GHQ 側との交渉」「GHQ による指導と承認」→「「発社一号」通達」というモデルが，正確であるといえよう。

## ③　通達「純潔教育の実施について」の意味

　「次官会議決定」と文部省の関係を前提として，純潔教育施策立ち上がり過程と GHQ との関係をまとめて来たが，最後に，社会教育局から各都道府県にあてられた通達「純潔教育の実施について」を検討したい。

　最初に，その形式・構造を確認しておく。この通達には，まず「本文」があり，そこに通牒内容がまとめられている。次に留意事項が列記されており，

---

[4]　ただし，残された他のメモ類を見ると，性教育関連の映画等に関して，社会教育局などと GHQ 側の交渉があったことが分かる。映画等への文化政策的介入との関わりで，検討が必要である。

「子女の教育指導」に関して6点,「文化活動の助成」に関して4点記載され,その後,留意点の「3. 備考」が示されている。また,最後に,「別紙要綱」ということで「次官会議決定」の「私娼の取締並びに発生の防止及び保護対策」が全文付属していた。

　この構造に沿って,内容を検討しよう。

　「本文」では,「次官会議決定」と「純潔教育の実施」との関係が語られている。つまり「次官会議決定」の中の「闇の女対策」としての「純潔教育の実施」は,「子女の教育指導」と「文化活動の助成」という2つの方向を持つ,とする。各方向の目標は,「正しい男女間の交際の指導」と「性道徳の昂揚」,および,「青年男女の健全な思想の涵養」である。ここから,「純潔教育」の目標が「正しい男女間の交際の指導」「性道徳の昂揚」「青年男女の健全な思想の涵養」の3点とされていた,と解釈できる。

　その上で,この「本文」の主旨は,「子女の教育指導」と「文化活動の助成」からなる「純潔教育の実施」を「各地の特殊事情に応ずる具体策を立て」「強力に実行」するよう求めるところにあり,加えて効果をあげている事例の報告も指示していた。各都道府県の特殊性に応じた「純潔教育の実施」を指令したのである。

　つづいて留意点の内容を検討しよう。

　留意点は,基本的には,「指導」や「助成」の具体的やり方を示している。「子女の教育指導」,家庭教育に関する留意点の第3項を典型例として見てみよう。そこでは,不良行為の取締りというネガティブな方向だけでなく,「自主的な啓発進歩を助ける」というポジティブな方向を強調しており,あわせて,両親等監督責任主体の自主的永続的な男女間の道徳に関する会合を推奨している。

　留意点は,このように,具体的やり方の指摘がほとんどである。ただ「教育指導」に関する留意点の第1項はかなり性格を異にしていた。

　第1項には,「子女の教育指導」と「文化活動の助成」からなる「純潔教育の実施」の際の基本原則・根本原理が書かれているように読める。その部分を引用しておく。

(1) 同等の人格として生活し行動する男女の間の正しい道徳秩序をうち立てることが新日本建設の重要な基礎であることを強調すること。

　ここでは，男女間の平等性が示され，「人格」概念も使われている。占領軍の五大改革指令（45年10月11日）の第1「婦人の解放」と関係する理念を組み込んだと思われる。日本の体制の改革との関わりでいえば，「純潔教育の実施」通達が出された時すでに公布（1946年11月3日）されていた日本国憲法の第13条や第14条，および，第24条を見据えた記述であろう。

　この部分をそのままに受け取れば，「純潔教育の実施」が「男女の間の正しい道徳秩序をうち立てること」であり，「新日本建設の重要な基礎」と意味づけられている。「闇の女対策」（転落の予防）という，負の出来事の阻止だけではなく，新しい国づくりへ，というプラス面を打ち出している，とも読めよう。「私娼の防止取締」あるいは狭義には「闇の女対策」という枠組みを乗り越える方向の言説が，テキスト内に組み込まれた，と解することも出来る。

　また，前節で示したように，GHQ側は，この言説にそれなりの関心を抱いていた。この言説の組み入れが日米どちらによってなされたのかは現時点では不明であるが，「次官会議決定」からこの通達へ至るプロセスでの重要な追加と理解することも可能だ。

　もう1点別建てに検討すべきことがある。「純潔教育の実施について」という表題にも関わらず，この通達では純潔教育とは何かが明確でなく，また，「純潔教育」という概念が，表題を除くと3ヶ所しか登場しない。

　それぞれ検討しておこう。

　第1の純潔教育への言及は，私娼取締の中の街娼発生防止の教育的・指導的対策が，純潔教育である，あるいは，その対策に純潔教育という名称が与えられる，ことを示している。のちの純潔教育施策の展開からみるとかなりずれた「純潔教育」像といえそうだ。ただ，当初想定はこういうものだったのであろう。

　第2の純潔教育への言及を見ると，文部省は，純潔教育の地方的組織として「既存の社会教育委員会」がそれに当たる，という方針を示し，その上で，

「純潔教育，性道徳の問題を中心」とする「常設的な指導相談所」設置が効果的である，という認識を示している。純潔教育専門の組織設置を指示しているように読みとれないわけではない。ただ，「純潔教育」の内容を示すところはない。

他方，「3. 備考」では，文部省内に「純潔教育に関する権威ある委員会」を設置して，3つのことをその委員会のもと実行する計画がある，と宣言している。講師の養成，良書の選定，映画製作といういずれもプラクティカルな側面への対応であった。ただ，ここでも教育内容を示す記述は見あたらない。

すでに明らかにしたが，この委員会構想はGHQ側からもたらされたものである。その際，「性教育に関する必要性の高い情報素材を用意するため」の委員会として示されていた。通達にみられるプラクティカルな面への対処という委員会の役割は，GHQとの交渉で示されたものを引き継いでいる。その時は，やがて登場する純潔教育の目標や方針や方法について検討するという役割は想定されていなかった。

## おわりに

本章で検討したように，『概況』の歴史記述は，資料が示している実際の過程とは大きくずれていた。このことは，当然ながら，純潔教育の起源におけるさまざまなことがらの意味づけにも影響を及ぼす。ここでは「次官会議決定」と「純潔教育の実施について」の1946年・47年に持っていた意味と，『概況』による再解釈を並列することで，『概況』の歴史記述の問題性を浮き上がらせ，その後，この章で明らかになったことをまとめたい。

『概況』では，「次官会議決定」は「強力」な「売春防止策」であったと位置づけられている。しかし，当時の文脈とテキスト自体を検討すると，これは明らかに67年時点での文部省や政府の立場をもちこんだものだ。対売春「風俗対策」は，いわゆる赤線地区の設定による買売春容認政策の決定であり，この部分は，文部省の領域・所轄からは外れていた。そうであればこの

I　純潔と異性愛

「決定」に関して「私娼問題を取り上げた背景に」「男女間の風俗の乱れ，性道徳の低下，性犯罪の増加，性病の蔓延等，性の社会問題が国民一般，ことに青少年に及ぼす影響への強い問題関心があった」（文部省社会教育局 1967: 1）とする文部省＝『概況』のまとめは，67 年時点での再解釈と正当化であると理解できる。

　また，『概況』によれば，通達「純潔教育の実施について」での純潔教育は，「売春防止，私娼の発生防止という」「風俗対策」であり，また「健全な心身の成長発達をめざした」（文部省社会教育局 1967: 1）ものであるとする。これも 67 年時点での再解釈と追加であった。当時の現実としては，むしろ，ややのち（47 年 11 月）に，労働省婦人少年局長であった山川菊栄が国会の労働委員会で，労働状態が悪いために闇の女に落ちることへの対策を講じなければならない（第一回国会　参議院　労働委員会議録 1948），としているのと共通する問題設定であった。山川の発言は，街娼発生防止のための政府による経済的・職業的対応に関わるが，純潔教育は，教育・指導的対応に関わっていた。また，「健全な心身の成長発達」は，47 年はじめの時点では文部省の念頭には全くなかった。つまり，67 年時点で歴史が書き換えられていたのだ。

　男女の新しい関係性についてなどの記述も，1967 年時点での文部省の視点や立場を，20 年前の過去に投影して読みこんでいる。したがって，『概況』は資料としては重要ではあるが，その歴史記述は，戦後 20 年の変遷を考慮しながら慎重に検討する必要があるのである。

　本章では，純潔教育施策の立ち上がりプロセス，つまり，施策の前史を，1946 年 11 月 14 日の「次官会議決定」から 47 年 1 月 6 日の「通達」まで，テキストに沿って記述分析して来た。

　ここで分かったことをまとめると以下のようになる。

　第 1 に，純潔教育施策は，「次官会議決定」を受けて，街娼出現防止を目的とする社会への教育的・指導的介入として文部省が当初構想したものである。その後，男女平等原理に基づく男女関係の構築という理念をテキスト内に取り込むことで，生徒・学生・青少年を対象とする教育的・指導的介入へと重心を移すことが可能となった。この原理の導入は，GHQ との交渉過程でなされた可能性がある。

第 2 章　純潔教育委員会の起源と GHQ

　第 2 に,「通達」を出すに当たって,社会教育局は GHQ の民間情報教育局とその内容等に関して会合を持ち,当初案を GHQ の提案に沿って改訂した後,都道府県に通達した。従って,通達「純潔教育の実施について」の内容は,日米の交渉から生まれたものであり,その内容と通達すること自体は,占領軍側によって公認されていた。のちに純潔教育施策を主体的に担い純潔教育の展開に対して決定的影響を持つ「委員会」（純潔教育委員会と純潔教育分科審議会）は,GHQ 側のアイディアが具体化したものであり,はじめはプラクティカルな事柄を検討するものと想定された。

　第 3 に,これまで戦後純潔教育の歴史記述の基本枠を提供して来た『概況』の歴史記述は,特に純潔教育施策の起源に関しては,その図式において基本的に誤りであり,また,それぞれの出来事の解釈において,67 年時点の文部省の視座を読みこんだ意味づけであった。

　これらの 3 点を総合的に捉え,GHQ の純潔教育施策への影響をまとめるならば,①純潔教育施策の主体となる機関（純潔教育委員会など）を提案し形成したのは GHQ であり,②街娼防止のための教育的介入から新しい男女関係構築に向けた教育的介入への転換可能性を開いたのも GHQ の関与による可能性が高い,ということになる。

　「戦後日本におけるジェンダーとセクシュアリティの歴史研究」で 1 つの焦点とされている親密圏の変容は,さまざまな領域で生じた。教育の領域では,男女共学にともない,異性同士が教育空間に共に存在できるようになる。そのため会話を交わすなどの直接的交流が可能となり常態となった。そうした事態をすすめた強力なエイジェントの 1 つが GHQ であった。

　これに対して,異性同士の公的領域や教育空間での交流への教育的調節や介入として施策化されたのが純潔教育である。本章で示したように,その初期条件の設定に GHQ が深く関わっていた。1947 年 6 月以降,純潔教育委員会という有識者会議を中継しているとはいえ,GHQ が純潔教育の展開に一定の方向づけを与えていたのは,さまざまな資料から見てとることができる。ただ,その内実や詳細についてはまだ明らかではない。そこが明らかになれば,占領期に純潔教育が,また,純潔教育を通して GHQ の力学が,いかに若い人々の親密圏の形を変容させ構成していったのか,また,どこに力

53

が及ばなかったのか，といったことがより明確に見えてくるであろう。そこから，現在の親密圏の構造とその意味も見えてくるに違いない。純潔教育の研究の今後の方向は，その点にこそあるといえよう。

### •参考文献•

井上恵美子 1991「社会教育政策の形成と展開」，小川利夫・新海英行編『日本占領と社会教育 ── 資料と解説』大空社，9-10.

片岡弘勝 1990「J・M・ネルソンの成人教育思想 ──「相対主義的教育哲学」の特質」小川利夫・新海英行編『GHQ と社会教育政策 ── 成立と展開』大空社，25-49.

竹村民郎 2004「赤線」井上章一＆関西性欲研究会編 2004『性の用語集』講談社，302-308.

田代美江子 2000「戦後改革期における「純潔教育」」日本女子大学人間社会学部教育学科日本教育史研究会編『教育史再構成の試み』日本女子大学人間社会学部教育学科日本教育史研究会，85-99.

田代美江子 2003「敗戦後日本における「純潔教育」の展開と変遷」橋本紀子・逸見勝亮編 2003『ジェンダーと教育の歴史』川島書店，213-239.

二宮徳馬 1971「純潔教育の意義と問題点」『全国純潔教育研究大会記録』1，8-29.

ネルソン, J. M.（新海英行監訳）1990『占領期日本の社会教育改革』大空社，(原著：1954, *The Adult Education Program in Occupied Japan, 1946-1950.*).

新海英行 1990「占領軍社会教育政策の展開 ── ネルソン関係文書にみる」小川利夫・新海英行編 1990『GHQ と社会教育政策 ── 成立と展開』大空社，87-130.

### •史料•

厚生省社会局 1946「婦人保護要綱」，市川房枝編 1978『日本婦人問題資料集成　第1巻　人権』ドメス出版，556-557.

参議院労働委員会 1948「第一回国会　参議院　労働委員会議録　第二十二号」(pp. 1-8)（1948年4月7日発行）

次官会議 1946「私娼の取締並びに発生の防止及び保護対策」．（同志社大学人文科学研究所所蔵資料）

次官会議 1967「私娼の取締並びに発生の防止及び保護対策」文部省社会教育局 1967『社会教育における純潔教育の概況』文部省社会教育局，112-113.

次官会議 1978「私娼の取締竝びに発生の防止及び保護対策」，市川房枝編 1978『日本婦人問題資料集成　第1巻　人権』ドメス出版，555-556.

内務省警保局 1935「公娼制度対策」, 鈴木裕子編 1998『日本女性運動資料集成 第9巻 人権・廃娼Ⅱ 廃娼運動の昂揚と純潔運動への転化』不二出版, 220-316.
(ネルソン) 1946a Memo. To Chief, Education Division, CI & E from J. M. Nelson "Adult Education Projects", 9 Dec. 1946, *CI & E Records*, Box No. 5745, Sheet No. CIE(B)-06419.(1947年4月までに完了すべき成人教育事業), 小川利夫・新海英行編 1991『日本占領と社会教育 ── 資料と解説』大空社, 197-198.
(ネルソン) 1946b Projects of the Bureau of Social Education.(1946年12月27日), CIE(A) 00702.
(ネルソン) 1946c Proposed Mombusho note to Prefectural Governors and Organizations engaged in Social Education, concerning〈Wholesome Sex Education〉.(1946年12月31日), CIE(A) 00702.
文部省純潔教育委員会 1949「純潔教育委員会規定」社会教育連合会編 1949『純潔教育基本要項 附 性教育のあり方』印刷局, 44-45.
文部省社会教育局長(柴沼直) 1947「発社一号 純潔教育の実施について」(同志社大学人文科学研究所所蔵資料)
文部省社会教育局 1967『社会教育における純潔教育の概況』文部省社会教育局.
無署名 1946 "Adult Education Projects", Dec. 1946, *CI & E Records*, Box No. 5745, Sheet No. CIE(B)-06419.(成人教育政策に関わる CI & E・文部省各担当官リスト), 小川利夫・新海英行編 1991『日本占領と社会教育 ── 資料と解説』大空社, 199-202.
吉田茂 1946「辞令」(1946年7月8日).(日本救世軍資料館所蔵資料)

# 第3章 異性愛文化としての少女雑誌文化の誕生

今田絵里香

## はじめに

　「戦後，日本のセクシュアリティ規範はどのように変化したか」という本書の掲げる問いについて考えたとき，十代の少女たち向けのメディアである少女雑誌文化に異性とのロマンスがもち込まれたことが，その変化の1つとして指摘できるのではないだろうか。

　現代の日本で，「少女雑誌文化＝異性愛文化」という図式に異議を唱える人は，ほとんどいないであろう。『Cobalt』（集英社）のような少女小説雑誌においても，『マーガレット』（同）のような少女マンガ雑誌においても，『Seventeen』（同）のような少女向けファッション雑誌においても，異性とのロマンスは重要な要素としてみなされている[1]。本書の第10章〜第12章は，1960年代から1990年代までの日本の少女雑誌を分析し，それぞれの雑誌がさまざまな異性愛文化を有していることを明らかにしている。また，このような傾向は日本にのみみられるものではない。英米における少女向けメディ

---

1) 『Cobalt』2012年9月号（隔月）の特集は,異性と過ごす夜を扱う「はじめての夜」,『マーガレット』同年10月号の巻頭マンガは,「男に遊ばれる」不美人が「男で遊ぶ」美人に変身する「マイルノビッチ」(佐藤ざくり),『Seventeen』同号の特集は,異性を惹きつける「愛されスクールメイク＆ポーチの中身」である。近年は男同士のロマンスを扱うボーイズ・ラブというジャンルも存在するが,それを愛読する女子は「腐女子」という否定的な呼称を与えられるため(杉浦2006),同ジャンルは傍流に位置づけられると思われる。

Ⅰ　純潔と異性愛

アの研究を紹介した木村涼子によると，イギリスのアンジェラ・マクロビーは，少女雑誌の『ジャッキー』において，ロマンティック・ラブ・イデオロギーが貫徹されていることを明らかにし，またアメリカのL・K・クリスチャン＝スミスは，少女向け小説から①ロマンス，②セクシュアリティ，③ビューティフィケーションという3つのコードを抽出しているという（木村1999）。異性とのロマンスは，英米の少女雑誌文化（少女小説文化）においても不可欠の要素となっているといえよう。また第14章は，韓国のテレビドラマが，1970年から女性向けメディアとしての色合いを強めるようになるとともに，1988年から異性愛を主要なテーマとして扱うようになることを指摘している。

　しかし，戦前の日本においては，「少女雑誌文化＝異性愛文化」という図式は自明の理ではない。というのも，戦前の少女雑誌は，異性とのロマンスをとりあつかうことをよしとしなかったからである（遠藤2004，今田2007）。かわりに少女雑誌が導入したのは，同性とのロマンスであった（今田2007）。これは当時「エス」といわれていたものである。「エス」とは「Sister」の「S」に由来する言葉である。そのことが示すように，エスは姉妹関係にたとえられるような，少女同士の非常に親密な関係を意味していた。当時，エスは同級生同士，あるいは上級生と下級生の間において結ばれるものとされていた。また，女学生同士にはよくみられる関係であるとされていた（同）。このように，エスが女学生同士の間でごく普通に結ばれるものであるとされていたからこそ，少女雑誌はエス文化を導入し，多数の読者を獲得することに成功したのである。すなわち，戦前の日本では，「少女雑誌文化＝エス文化」という図式が存在していたといえよう。なぜこのような図式が存在したのだろうか。その答えは当時の学校教育制度にある。戦前の日本の中等教育機関は男子が中学校，女子が高等女学校という男女別学体制をとっていた。したがって，男女が日常において交流する機会はほとんどなかったし，そのような機会をもつことは中学校でも高等女学校でも厳しく禁じられていた。だからこそ，少女雑誌はこのような中学校と高等女学校のあり方に倣い，異性との恋愛はおろか友情すら扱わなかったのである（同）。そして，そのかわりに扱ったのがエスであったといえる。

このようにみてくると，「少女雑誌文化＝異性愛文化」という図式は決して普遍のものではなく，日本においては戦後になって新しく生み出されたものであったことがわかる。このようなことはいうまでもないことであるが，少女であれば誰でも異性に興味をもち，その異性の興味をもとにして文化がつくられていくというのは自明の理ではないのである。すなわち，少女雑誌文化におけるセクシュアリティ規範は，戦後になってエスから異性愛へと大きな変化を遂げたといえる。とすると，いったい少女雑誌文化はどのような論理で異性愛文化を導入したのだろうか。本章は，1950年〜1962年の『女学生の友』(小学館)を分析することで，そのことを明らかにしていきたい。

では，本章で取り組むこのような論点は序章の論点とどうつながるのだろうか。1つに，どのような社会背景のもとでエス／異性愛が少女雑誌文化にもたらされたのかを考察することで，序章の第1の論点である，社会とセクシュアリティ規範の関連を明らかにすることができよう。2つに，「少女雑誌文化＝異性愛文化」の規範化過程を明らかにし，戦後日本における十代少年少女の「正しい」セクシュアリティの軌範化過程の一端を示す。これにより，第2の論点である，「正しい」セクシュアリティの形成過程に迫ることができる。3つに，戦前のエスから戦後の異性愛へという少女雑誌文化の変化を明らかにすることで，第3の論点の戦前・戦後における連続／断絶をとらえることができよう。これについては，少年少女雑誌文化の差異にも言及したい。4つに，第4の論点であるセクシュアリティとジェンダーの関係であるが，少年少女雑誌文化の比較を行い，異性愛の受容に関する男女の非対称性を浮かび上がらせることで，これに迫ることができると考えている。

さて，本章が『女学生の友』に着目した理由を述べたい。それは第1に中学生・高校生に向けてつくられた少女雑誌であること，第2にあらゆる少女雑誌のなかで『女学生の友』が異性愛導入の先鞭をつけたとされていることである（藤本 2005, 2006）。『女学生の友』の異性愛導入については，すでに藤本純子（2005, 2006）が指摘している。藤本は『女学生の友』掲載の読み切り小説を分析し，1956年から異性愛をテーマにした小説が増え始めることを明らかにした。1950年代の少女雑誌における異性愛導入に関する先行研究がほとんどないことを考えると，藤本の研究は非常に重要なものである。

Ⅰ　純潔と異性愛

　しかし，『女学生の友』がなぜ異性愛を導入したのかについては，十分に明らかにされているとはいえない。藤本は，高度経済成長を背景に少女が「その関心を重視すべき消費主体」（藤本 2006: 89）となったこと，すなわち，十代の少女が雑誌購入に一定の影響力をもつようになったことを，異性愛導入の理由として挙げている。それについて異論はない。しかし，さらに踏み込んで，少女雑誌のセクシュアリティ規範を，エスから異性愛に移行させるために用いられた論理とはいかなるものであったのか，またその論理に一定の説得力があったとするなら，それを可能にしていた社会背景とはいかなるものであったのかを明らかにしなければならない。

　次に，その方法について述べたい。本章は第1に，『女学生の友』に掲載された特集記事と座談会記事に着目する[2]。これは編集者による異性愛導入を把握するためである。特集記事はあらゆる記事のなかで，最も重要な記事として扱われていると考えられる。また，座談会記事は割かれている頁数が多いため，特集記事に匹敵する記事であるとみなすことができる。第2に，読者通信欄である「サロン TOMO」を分析する[3]。これは1つに，読者が異性愛導入を受け入れた，あるいは切実に望んでいた論理を把握するためである。2つに，編集者が異性愛導入の際に用いた論理を把握するためである。この欄には読者の投書と編集者のコメントが載っていることから，読者と編集者の両方の論理を把握することができる。分析期間は1950年4月号（創刊号）〜1962年3月号である。『女学生の友』が異性愛を導入し始める時期が1956年であるため，便宜上1956年の前後を6年間ずつ抽出したのである。

　それでは，1956年前後の『女学生の友』を分析して何がわかるのであろうか。本章からわかるのは，戦後日本の中等教育機関の変化を人々が支持あるいは批判した論理のひとつである。この「人々」とは第1に，編集者と執筆者である。先にも述べたように，戦前の少女雑誌は中等教育機関のセクシュアリティ規範に合わせ，異性愛と異性との友情を禁止していた。そう考えると，『女学生の友』も，戦後の中等教育機関のセクシュアリティ規範に合わせて雑誌づくりをしていたと考えられる。したがって，『女学生の友』を分

---

[2]　分析号は148冊。欠号は1955年8，60年8，61年4（増刊），5（増刊），62年1（増刊）月号。
[3]　分析号は147冊。欠号は上記に加え，1957年1月号。

析することで、当時の編集者・執筆者がどのように中等教育機関のセクシュアリティ規範を解釈していたのかを明らかにできる。第2に、読者である。戦後、中等教育機関の男女共学実施によって、男女がともに学ぶようになった。この男女共学については、さまざまな論者が、推進する論とみなおしを主張する論を展開していた。しかし、新制中学校・高等学校で学んでいた当の本人たちは、男女共学という教育制度と、それによって生じた男女のつきあいを、どのように解釈していたのだろうか。このようなことを明らかにするのは困難である。本人たちの生の声が史料として乏しいためである。しかし、少なくとも少女たちが男女共学という教育制度と、それによって生じた男女のつきあいについて、どのように解釈するように仕向けられていたのかは、少女雑誌を分析することで明らかにすることができる。当時、少女たちにとって最も身近なメディアであった少女雑誌は、少女たちの解釈枠組みに大きな影響を与えたと考えられるからである。もし、男女共学という教育制度とそれによって生じた男女のつきあいを、ポジティブ/ネガティブに編集者・執筆者が解釈し、そしてそのような解釈を読者に与えていたなら、男女共学という中等教育機関における変化を支持/批判することになるといえよう。とりわけ、1950年代半ばという時期は、男女共学に関わる教育制度をみなおす議論が出始めた時期である（小山 2009）。その時期に、『女学生の友』が提示した視点は、その議論を支持あるいは批判するものだったのではないかと思われるのである。

## 1 職業獲得から男女交際へ

1952年11月号から1960年6月号まで、『女学生の友』の編集に携わっていた桜田正樹[4]は、以下のように証言している。「私が編集長になった昭和29年頃の『女学生の友』は学習雑誌の継続で、（略）売れなかった。私は昔の『少女の友』などを見て雑誌をガラッと変えた。第1の柱に男女交際、第

---

[4] 1951年に入社し、1952年11月号から『女学生の友』の編集に加わる。1955年2月号から眞中義行と交代し、編集長に就任する。その後、1960年7月号に高橋和夫と交代する。

Ⅰ　純潔と異性愛

2 にファッション，第 3 にスターのゴシップ。(略)『女学生の友』は急速に伸びた」(木本 1985: 249-250)。これを裏づけるように，『女学生の友』では，1956 年から男女交際をテーマにした小説が増加する (藤本 2005, 2006, 今田 2011)。ここでは特集記事・座談会記事に着目し，このような変化を確認しておきたい。1950 年 4 月号から 1960 年 12 月号までの特集記事・座談会記事をみると，最初に男女交際をテーマにした特集が掲載されたのは 1959 年 8 月増刊号であることがわかった。これは「友情特集」と題されたもので，純潔教育懇談会 (1958 年 9 月～1963 年 3 月) のメンバーであった東洋大学教授の堀秀彦が，「友情幸福論 —— ジュニアの男女交際のしかたについて」を 8 頁，参議院議員の奥むめおが，「ジュニア友情読本」という相談コーナーを 18 頁にわたって執筆したものである。すなわち，男女交際をテーマにした小説は 1956 年から掲載されるが，特集記事と座談会記事はその後の 1959 年から掲載されるといえるのである。さらに，1959 年 8 月増刊号以降，『女学生の友』は堰を切ったように男女交際をテーマにした特集記事・座談会記事を載せ始める。「男女交際論」(1959 年 10 月号)，「男女共学論」(同年 11 月号) などである[5]。

　それまで，『女学生の友』の特集記事・座談会記事は，自分自身がどのように職業を獲得して生きていくかに焦点を当てた記事が多かった。例えば，女子中学生が就きたい職業に関する希望を述べ合う「夢と希望の座談会　ガールズ・ビー・アンビシャス」(1953 年 3 月号)，旅客機の客室乗務員が仕事について紹介し合う「座談会　はばたけ !!　世界へ」(同年 12 月号) などである。ところが，1959 年 8 月増刊号以降，異性とどのようにつきあうかに焦点を当てた記事が多数を占めるようになったといえよう。そしてこれが功を奏し，桜田の証言にもあったように，『女学生の友』は着実に発行部数を拡大していった。1950 年 4 月号は 7 万 8 千部 (売上率 94.0%) の発行部数にすぎなかったのが，1960 年代後半から 70 年代はじめにかけては 30 万部を

---

5) その他，例えば，1960 年の記事をとってみても，「男の子はこんな女の子がきらい」(1960 年 1 月号)，「ジュニアの男女の違いについて」(同年 1 月増加号)，「男女交際に関する六章」(同年 2 月号)，「十代の男の子のきもち」(同年 3 月号)，「新しい男女交際」(同年 4 月号)，「男女交際のエチケット」(同年 6 月号)，「投書にみる新しい男女交際の手引き」(同年 7 月号)，「ジュニアの友情と交際」(同年 8 月増刊号) がある。

超すようになったといわれている（小学館総務局社史編纂室 2004）。

## 2　少女たちの戸惑い／少年たちの無関心

　では，異性愛導入の背後には，編集者と読者のいかなる論理があったのだろうか。最初に読者に着目したい。『少女の友』の通信欄では，1946〜1951年は，エスの相手である「憧れの君」と異性愛の相手である「ボーイ・フレンド」が，1952〜1955年は，「ボーイ・フレンド」のみが読者によって語られていることがわかっている（今田 2011）。しかし，『女学生の友』の通信欄ではほとんどそのようなことがない。「憧れの君」に関する投書については1年に1，2度[6]，「ボーイ・フレンド」に関する投書については，1961年3，9月号にそれぞれ1通ずつ掲載があったくらいである[7]。このような差異の理由として，1つには『女学生の友』という少女雑誌の性格が挙げられるであろう。同雑誌は小学館の学年別学習雑誌として位置づけられている。だからこそ，『少女の友』のように異性愛について話し合うことはできなかったのであろう。小学館は1922年の『小学五年生』『小学六年生』の刊行をきっかけとして，学年別学習雑誌を次々に刊行したことが知られている。戦後になると，1947年4月の新制中学校発足を背景にして，1949年1月に『中学生の友』を刊行する。ただし，集英社独立に伴う人手不足と女子向け雑誌の編集経験不足により，『中学生の友』は男子中学生向けに特化せざるをえなかった（小学館総務局社史編纂室 2004）。そのため，1年後に女子中学生向けの『女学生の友』が創刊される。このような経緯で世に出た『女学生の友』は，小学館のなかでは『小学六年生』などと同様の学年別学習雑誌とみなされていた。それは，毎号「ポケット図解英和辞典」（1950年4月号）などという学習

---

[6]　例えば，1951年は13冊のうち2冊の掲載である（1，7月号）。「あこがれの君S嬢が，（略）「友ちゃんファンのお友達ができて私うれしいわ」と美しい声でおっしゃったの。（略）もううれしくて。皆のあこがれの君と，大の友だちになれて」（1951年1月号）など。

[7]　「すてきなボーイフレンドができちゃったのよ」（1961年3月号），「私だって，ボーイ・フレンドがいてもおかしくないでしょ？」（同年9月号）。他に，「私のボーイフレンドのひとみのような星」（1958年5月号）などと，間接的にボーイ・フレンドを語る投書も存在する。

I 純潔と異性愛

に役立つ辞典が付録につけられ，毎号「たのしい英語教室」(1953年4月号)などという学習記事が載っていることからうかがうことができる。もちろん，読者のほうでもそれは了解していた。例えば，1954年に桜田がスターの記事を掲載する改革を実施したとき，学年別学習雑誌であることを根拠にして抗議する声と，同じくそれを前提にしつつ，なおいっそうの娯楽の強化を望む声が寄せられている[8]。

　2つに，通信欄とは別に異性愛について話し合う場があったことが，理由として挙げられる。それは「身の上相談」(1950～1954年は「女学生相談」)という欄である。1951年6月号からすでに，「男の友だちがほしくてたまりません。クラスの中で，勉強のできる人で好きな人がありますが，(略)手紙をだしてはいけないでしょうか」という相談が載っている。相談員は，お茶の水女子大学教授の周郷博，純潔教育委員会・純潔教育分科審議会・純潔教育懇談会の委員を歴任した山室民子，作家・吉尾なつ子，作家・村松千代，作家・三木澄子，奥むめおなどである。もちろん「身の上相談」には，エスに関する相談，同性同士の友情に関する相談，親子関係に関する相談，進路相談など，ありとあらゆる相談が寄せられている。しかし圧倒的多数を占めるのは，男女交際に関する相談である。例えば，1956年4月～1957年3月の1年間をとってみると，全12冊のうち，男女交際に関する相談が載っている月は10冊，載っていない月はわずか2冊だけである。掲載数だけでなく，実際に相談欄に送られてきた投書も，多数であったようである。1960年7月号の「ジュニア男女交際の悩みを分析すると」によると，「身の上相談」に寄せられる手紙は1日平均110通，そのうち約30～40通が男女交際の悩みを訴えたものであるとされている。例えば，5月1日～5月26日の期間をみてみると，男女交際に関する手紙は1,008通も届いたというのである。その内容は，「ボーイフレンドがほしい」が464通，「相手に気持ちを伝えたい」が112通，「口をきくことができない」が108通，「相手のことを思うと勉強もできなくなる」が100通，「手紙を出したい」が91通，「手紙を

---

[8] 「女学生の友は学習雑誌ですから，映画子役や少女歌手はのせないほうがいいんじゃないかしら」(1954年10月号)，「いくら学習雑誌でも，やっぱり楽しくおもしろい雑誌であってほしいわ」(同年3月号)など。論争は1954年1月号から10月号まで行われた。

第 3 章　異性愛文化としての少女雑誌文化の誕生

もらった」が 17 通であった。すなわち,『女学生の友』の読者たちは,通信欄ではなく相談欄で異性愛について語っていたのである。というのも,通信欄で異性愛を扱うと,たわいのない雑談が多数を占める欄であるがゆえに,どうしても興味本位の掲載であるかのようにみえる。しかし相談欄で扱うと,真剣に議論すべき事柄として扱っているように演出できる。そのため,『女学生の友』でも,相談欄においては異性愛を導入することができたのである。

　そして,相談欄がこのように盛況であったことを考慮すると,『女学生の友』の読者は男女交際に関心をもっていたのではないかと思わざるをえない。その意味で,異性愛の導入は桜田が一方的に行ったのではなく,このような読者の関心に押される形で行ったのではないかと思われる。実際,桜田が最初の男女交際特集「友情特集」を組んだとき,その理由を以下のように述べている。「初めての増刊号にふさわしい内容をと考えて"友情特集号"をお贈りしました。というのは,同性とそして異性との友情に悩む投書が連日のように寄せられているからなのです。悩み多い青春の日々をより幸福に,より有意義に過すために,この増刊号が,お役にたてばと考えたのです」(「編集後記」1959 年 8 月増刊号)。桜田によると,異性との関係に悩む投書が毎日のように寄せられているため,男女交際に関する特集を企画したというのである。それでは読者が抱える男女交際の悩みとは,どのようなものだったのだろうか。実際に「身の上相談」に寄せられた相談をみてみよう。

> 昨年の夏,ある日,海水浴に行っているとき,全然知らない男子(年は私とおなじ)としたしくなりました。(略) 最近その方から便りがありました。それを母がみつけ,今から男性と交際してはいけないととめられてしまいました。私はどんなに悲しかったでしょう。両親はいつまでも封建的な考えであってよいのでしょうか。(1951 年 10 月号)

> 同じクラスに Y さんという男子生徒がいますが,私と同じく,いろいろと委員をしたりしているので,何かと話す機会が多いのです。ただの友だちとしてのつきあいや公用の話なのですが,母はそれをやめるようにしかります。手紙もみな開封されます。(1956 年 8 月号)

> 私は中三ですが,十日ほど前に,O さんという男子学生から手紙をもらいま

した。また同級の H さんとは，クラブがいっしょで放課後よく話しかけられます。教室で目があっても笑いかけます。私はふたりを純真な気持でみていますが，どんな態度をとればいいのでしょうか。（1956 年 7 月号）

私は今，中学一年ですが，去年の夏ごろからなん人もの男子に交際をもとめられて，困っています。その人たちは，運動会や，バザーの時，写真をとらせてくれといったり，学校の帰りに待ち伏せていたりします。（1958 年 3 月号）

　これらをみると，読者から寄せられた相談内容は，単にボーイ・フレンドがほしい，異性と仲良くなる方法を教えてほしいなどといった，異性愛に関するものだけではなかったことがわかる。むしろ，男子とどのような関係を築いたらいいのかわからないといった，男女共学体制における男子とのつきあい方を尋ねるものも含まれていたのである。先に述べたように，戦前の中等教育機関は原則として男女別学体制をとっていた。しかし，戦後の 1947 年 4 月に新制中学校，1948 年 4 月に新制高等学校が発足し，男女共学を原則とする体制に移行した。このように中等教育機関が男女別学から男女共学を原則とする体制へ移行したことで，思春期の少年少女がこれまでになかった新しい問いに向き合うことになる。すなわち，どのように異性とつきあったらいいのかという問いである。前例のないことであるため，周囲の誰もその答えを少年少女に教えることができない。少年少女は自分でみつけだすしかない。もちろん両親に尋ねることもできない。なぜなら両親は別学体制下に思春期を過ごした世代であるため，異性とどのようにつきあったらいいかという点について，教え導くことができないからである。むしろこの点に関しては，親世代と子ども世代の価値観の相違は甚だしかったと思われる。ときに親子がこの点に関して衝突することもあったかもしれない。先に示した読者の投書のうち，最初の 2 通は，そのような母子間の軋轢に読者が苦しんでいると思われるものである。このように，異性とどのようにつきあうかという問いを毎日の生活のなかで常に突きつけられ，そうであるにもかかわらず，誰にも教えを乞うことができない少女たちにとって，『女学生の友』の相談欄は魅力的なものに映ったのではないかと思われる。

第 3 章　異性愛文化としての少女雑誌文化の誕生

　ただし，そのような事態に直面していたのは少女たちだけではない。男女共学体制は，少年たちにも異性とのつきあいという難問を突きつけていたはずである。そこで，比較のため，男子中学生向けの雑誌である『少年』（光文社）に着目し[9]，1946 年 11 月号（創刊号）から 1962 年 3 月号までの特集記事・座談会記事を分析してみた[10]。その結果，異性愛に関する特集記事・座談会記事は，「女生徒から男生徒へわたしたちのいいたいことお話会」（1952 年 3 月号）と「男生徒から女生徒へぼくたちのいいたいこと」（同年 5 月号）のみであることがわかった。他は，プロ野球選手が野球について話し合う「日本一の名選手お話会」（1950 年 5 月号），愛読者が将来の希望を語り合う「ぼくがおとなになったら」（1952 年 2 月号）など，自分自身がどのような職業を獲得して生きるかについて，示唆を与える特集記事・座談会記事がほとんどであった。これはどういうことであろうか。男女共学制は，男女ともに異性とのつきあいという難問を押しつけ，異性とのつきあいに思い悩むように仕向けたのではなかったのだろうか。実際，少女のほうは，異性とのつきあいに思い悩む機会が増加し，『女学生の友』はそれをうまく利用して発行部数拡大に成功している。しかし，『少年』における少年は異性に無関心である。少なくともそのように扱われている。実際には，『女学生の友』に寄せられた相談内容をみると，少年が少女に交際を申し込んでいることから，少年は少女にまったくの無関心ではなかったと思われる。しかし『少年』は，少年が異性とのつきあいに関心があるとはみていないし，少なくともその関心が発行部数拡大に利用できるほど大きなものであるとはみていない。

---

9) 『中学生の友』は，1957 年 4 月号から学年別の刊行になること，発行部数に大差があることで，比較が困難であった。ちなみに，『中学生の友』は終刊の 1963 年 3 月号で，7 万 6 千部（売上率 83.7％），『女学生の友』は 1959 年 4 月号の時点で，18 万 5 千部（同 93.6％）である（小学館総務局社史編纂室 2004）。よって，発行部数が多数であり，中学生男子向けであるという条件を満たす，『少年』を扱うこととした。
10) 分析号は 192 冊。欠号は 1956 年 10，12，57 年 1（増刊），59 年 3，60 年 2，61 年 9 月号。

## 3 編集者・執筆者による「明るい男女交際」の創出

　では,『女学生の友』の編集者・執筆者は,どのような論理で異性愛を導入したのだろうか。この編集者・執筆者の論理を把握するために,男女交際に関する特集記事・座談会記事をみてみた。すると,「明るい男女交際」という言葉が頻出することがわかった。「ジュニアの男女交際は,明るく,清らかでなければいけない」(山室民子「投書にみる新しい男女交際の手引き」1960年7月号)などである。すなわち,男女交際を,明るい男女交際と明るくない男女交際に分類し,前者を称揚,後者を否定しているといえる。いったい明るい男女交際とは何であろうか。それは,第1にグループ交際である。「皆といっしょにグループで交際しながら,しぜんに男の子とおつきあいする。学生時代は,グループで討論したり,協力してなにかを知りあったりする,最良の時です。男女まじわって,友情,交際について十分話しあってごらんなさい」(山室民子「新しい男女交際」1960年4月号)。その理由は,「いまのあなたの年ごろでは,人がらをよく,見定めることはできない」(奥むめお「ジュニア友情読本」1959年8月増刊号)からであるとされている。そこで,グループ交際をし,「人を見る目を養うべき」(山室民子「身の上相談」1955年3月号)であるとするのである。特に,クラブ活動を通してグループ交際することを奨励している。もし,1人の男子を熱烈に好きになってしまい,その男子とのみ交際したいと望んだ場合,「明るい男女交際」はおろか「明るい少女」からも逸脱するとみなされている。「明るい少女」とは,戦前の「オセンチ(センチメンタル)な少女」(今田 2007)に対比させて創出された,戦後の「少女らしさ」である[11]。例えば,ある男子を夢にみるほど好きになった女子には,「中学生だからといって,男女の交際をするのはわるいことではありません。ただ夢にみるほど好きだとおっしゃるあなたの心の中には,なにか明るい少女らしさにかけているような気がします」と批判している(吉尾なつ子「身の上相談」1955年11月号)。第2に,両親の許可を得た後に開始する男女交際である。例えばそれは,「先生や,ご両親のみとめて

---

11)「明るくて,はつらつとした健康な少女 —— 愛読者のひとり残らずがこうした少女であることを祈っています」(Y「編集後記」1952年6月号)など。

くださる，まじめな男子との明朗な交際ならけっこうです」などと語られている（三木澄子「身の上相談」1953 年 3 月号）。理由は，グループ交際を奨励する理由と同様に，中学・高校生は人をみる目がないからである。ゆえに教師と両親に判断してもらうのがよいとしている。もしそれを行わなかった場合は，「明るさ」を失ったとみなされる。例えば，「ひみつの仲よしになろうなんていうのは，明かるい少女の考えることとは思えません」（三木澄子「身の上相談」1956 年 10 月号）などと叱責されるのである。

　ただし，思春期の男女共学と男女交際は，これまで多くの人が未経験であっただけに，いったいどのようなものが「明るい男女交際」なのか，イメージしにくいのは否めない。そんなときに恰好のお手本となったのが，「ロイヤル・カップル」であった。1958 年 11 月 27 日，皇太子の婚約が正式に発表される。その後，皇太子妃を民間から迎えること，しかも恋愛を経て婚約に至ったことが強調され，「ミッチー・ブーム」といわれるブームが巻き起こっていった（石田 2006）。『女学生の友』も，1959 年 1 月号に，「皇太子様とご婚約の正田美智子さん」という特集記事を掲載する。それ以降，「微笑の中のプリンス」（同年 2 月号），「マダム・プリンセスのご日常」（同年 4 月号）など，次々に特集を企画していった[12]。一方，読者たちは「ミッチー」を身近な存在として受け止めていたようである。「美智子さんは私たちと同じ庶民でしょう。私まで"ミッチイ，おめでとう！"って申しあげたくなっちゃうわ」（「サロン TOMO」1959 年 3 月号）など。石田あゆうは，「ミッチー」の果たした役割について，「若い女性たちは，「ミッチー」を恋愛結婚のモデル，主婦役割モデル，そして何より身近なファッション・モデルとして受け入れた」（石田 2006: 77）と分析している。『女学生の友』においても，「ロイヤル・カップル」が，「明るい男女交際」のモデルとして少女たちの支持を集めたと考えることができる。なぜなら，「ロイヤル・カップル」のストーリーは，『女学生の友』の「明るい男女交際」に見事に合致するからである。よく知

---

[12] その他，1959 年をとってみても，「皇太子殿下・美智子さんのスィート・ホーム」（同年 5 月号），「プリンスご夫妻の新婚アルバム」（同年 6 月号），「次男坊プリンスはほおえむ」（同年 7 月号），「清宮さまの楽しいデイト」（同年 10 月号），「皇太子妃の妹君正田恵美子さん」（同年 11 月号），「パパとママとなる日近き皇太子様ご夫妻」（同年 12 月号）が載っている。

Ⅰ　純潔と異性愛

られているように，当時の皇太子と正田美智子がはじめて出会ったのは，1957年8月の軽井沢のテニスコートである。皇太子ペアと正田美智子ペアでテニスの試合を行ったことが，つきあいの始まりであった。その後，2人は一週間後にもテニスをし，10月にも皇太子企画のトーナメントでテニスの試合をしている。このようにして，テニスを通して親しくなったことが強調されつづけたのである（川村 2003: 159）。ここにみられる，集団でテニスをするなかでお互いを理解していくというストーリーは，『女学生の友』の「明るい男女交際」の1つ目のルール，グループで，特にスポーツを介してつきあうのが望ましいというルールに一致する。もちろん2つ目の，両親の許可を得なければならないというルールにも合致している。なんといっても皇室会議の許可を得た上でのつきあいなのである。「ロイヤル・カップル」の交際は，この点においても「明るい男女交際」のルールどおりのものだったといえよう。

　『女学生の友』は，1959年1月号から，皇太子夫妻の恋愛結婚を報道し始めた。そして，同年8月増刊号から，異性愛に関する記事を大量に掲載するようになった。このように，皇太子夫妻の恋愛結婚と明るい男女交際の記事がほぼ同時期に掲載されるようになったのは，決して偶然ではないであろう。「ロイヤル・カップル」という範型があらわれたことによって，『女学生の友』が提唱する「明るい男女交際」の正統性が保証され，それ以降，堂々と男女交際を扱うことができたと考えられるのである。

## ❹　男女交際におけるジェンダーの非対称性

　それでは，どのような論理で『女学生の友』は「明るい男女交際」を奨励していたのだろうか。それは女子にとって利益があるという論理である。その利益とは，1つに男子の協力が得られるということである。その前提には，戦前の男性は女性に非協力的であったという認識がある。そして，その原因を男性が女性を理解していなかった点にみいだしているのである。「日本の男性は女性の生活を知らなかったので，協力する方法もわからなかったので

70

す」(渋沢多歌子「男女共学論」1959年11月号)。しかし，男女交際をすることによって，男性は女性について理解を示してくれ，協力をしてくれるようになると考えられている。「男女共学の学校で，皆さんが身につけるいちばんの利益は，男女が協力するためにいちばん必要な，そして基礎である，お互いの理解を深めることです。そして楽しい共学生活を送り，正しい男女交際の経験をもち，学校生活をエンジョイすることは，将来，ほんとうにお互いに協力してより幸福な家庭や社会を作るときに生かされるのです」(同)。

2つに，男子の人格が女子のそれと比べて優れているということ，だからこそ男子同士の友情が女子同士のそれと比べて優れていることが説かれ，男子とつきあうことが女子に人格の向上と優れた友情関係をもたらすとされている。例えば，座談会記事では，男子の人格上の優れた点を女子が挙げるという場面がよく出てくる。「話もサラリとポイントだけをいえばわかってくれるし，ケンカをしてもすぐケロリとしてくれる」「男子はいったんやろうと思ったら，すぐ実行に移す。女子だけだと，とりかかるまでの時間が長い。それに，なかなか徹底的にやろうとしない」「勉強でも仕事でも率先して，やろうと，誘いかけてくれる。そんな男子につい私たちもひかれて，活発に動き出す」など(「僕たちはこうして友情を育てる」1961年1月増刊号)。このように，男子の人格が優れていると語られると同時に，それをもってして男子同士の友情もまた優れているとされている。「少年たちのフランクで温かい友情は，はたで見ていてもうらやましくなるくらいです。(略)少女たちが，男の友だちを持ちたいと願うのは当然のことでしょう」(田島準子「女の友情 男の友情」1960年2月号)など。以上のように，男女交際はあたかも女子にとって利益があるかのように盛んに宣伝されている。『女学生の友』を読んでいる少女たちが男女交際に関心を示すのは，このような宣伝効果によるところが実際のところ大きいと思われる。

しかし，『少年』では男女交際が美化されることはほとんどない。そもそもそれらに関するテーマが扱われることがないのである。いったいどういうことだろうか。男子にとって男女交際は利益がなかったとでもいうのだろうか。実は，『女学生の友』では，男子と比べて女子の人格が劣っていること，だからこそ女子同士の友情が男子同士のそれと比べて劣っていることがよく

Ⅰ　純潔と異性愛

語られている。「女はしつっこいんだと思う」「つまらんことで，すぐけんかするしね」(「こんなタイプの人はごめんだ」1961年2月号)など。実際，『女学生の友』で開催された男子のみの座談会においては，「共学のクラスのほうは女子の学力が低い」「だからそれにあわせて進み方がおそくなる」「女子は家に帰ってから，家の手伝いやなんかで，男子より勉強の時間が少ないから」などと，男女がともに勉強することは男子に不利益をもたらすとされている(「ぼくらは頭のヨイ女子を敬遠する」1960年1月増刊号)。このように，少なくとも『女学生の友』に出てくる男子は，男女交際に利益をみいだしていないように描かれている。例外として，「当番(掃除の当番──引用者)なんか，女子がいるといいんです」(同)，「ぼくたちのグループのリーダーは女子。(略)とってもよく指導してくれるよ。母性愛をいっぱいに発揮して」(「僕たちはこうして友情を育てる」1961年1月増刊号)などと，女子が家事とケアの役割を果たしている点については評価している。なお，女子は「そうでもしないと，女のリーダーに男子はついてきてくれないんだもの」(同)と冷静に語っている。そのためか，『女学生の友』では，男子に関心を示す女子と女子に無関心な男子，男女交際に利益をみいだす女子とみいださない男子，という構図がたびたび指摘されている。ある記事では，編集者が，「女生徒のほうから積極的に交際を求めているのに，どうしてこそこそ逃げるのか」と男子を批判し，「男女共学をするのは，こういう意識をなくして」いくものであるため，「その点女生徒のほうが，りっぱといえましょう」(「男の子　その友情と女性観」1961年2月号)と締めくくっている。また堀秀彦は，「あなたが異性の友だちをふたりか三人もっているとすれば，そのことであなたはあなたの同性の友だちからうらやまれ」るが，「男の子が女の子の親友を持っているとすれば，(略)軽べつされ，問題にされ，仲間はずれにされるかもしれない」(堀秀彦「ジュニアの男女の違いについて」1960年1月増刊号)と分析している。ただ，編集者と堀は，男子が男女交際を拒否する理由を，当の男子が「子どもっぽい」からだと断定する。以上のように，『女学生の友』は，男女交際が男子にどのような利益をもたらしているのかを明らかにすることはなかった。ただ，男女交際を拒否する男子を「子どもっぽい」と批判するのみであった。

『女学生の友』と『少年』を比較してみると，そこに男女交際におけるジェンダーの非対称性をみいだすことができる。すなわち男女交際が奨励されたのも，男女交際に利益があると思われていたのも，もっぱら女子であった。男子には男女交際は奨励されていなかった。利益があるとも思われていなかった。むしろ弊害のほうが大きいと思われていたのである。

## おわりに

　『女学生の友』は1956年から小説に異性愛を導入し，1959年からは特集記事・座談会記事において異性愛を導入するようになった。小説の変化のプロセスは，エスを排除し，異性愛を導入していくことであったが（今田2011），特集記事・座談会記事の変化のプロセスは，職業獲得に関する記事を排除し，男女交際に関する記事を増加させていくことであることがわかった。しかも，このような転換は，編集者の独断によって行われたのではなく，読者の熱望によって促進されたものであったこともわかった。なぜなら，戦後になって構築された男女共学体制は，少女たちに異性とどのようにつきあったらいいのかという新たな難問を突きつけたからである。しかもその難問は，男女別学体制しか経験したことのない親世代にとっても解き難いものであったため，少女たちは親に相談することもできなかった。そのため，少女たちは『女学生の友』の相談欄に投書し，純潔教育懇談会のメンバーである山室民子などの相談員に助言を乞うたのである。このようにして，読者は『女学生の友』に「正しい男女交際とは何か」に関する指示を仰いでいった。一方，『女学生の友』の編集者・執筆者たちは，「正しい男女交際とは明るい男女交際である」という解答を用意して彼女たちを迎えた。明るい男女交際とは何か。それは1つにはグループでつきあうこと，2つには両親の許可を得てつきあうことである。そしてその究極の形が当時の皇太子と正田美智子の「ロイヤル・カップル」であった。『女学生の友』は皇太子の婚約以降，男女交際に関する特集記事・座談会記事を大量に掲載することになった。それはロイヤル・カップルが『女学生の友』の明るい男女交際の正統性を保証

Ⅰ　純潔と異性愛

したからにほかならなかった。

　しかし，『少年』の特集記事・座談会記事をみてみると，職業獲得に関する記事がほとんどであった。男女共学体制は，少年にも異性とどのようにつきあったらいいかという難問を突きつけたはずである。にもかかわらず，『少年』をみる限り，男子は異性とのつきあいになんの関心も示していないようにみえる。少なくとも『少年』はそのように少年たちを扱っていたといえよう。一方，『女学生の友』は明るい男女交際を称揚するとともに，明るい男女交際は女子にとって大いに利益があるものであると宣伝していた。その利益とは，1つに男子の協力が得られること，2つに男子の人格と男子同士の友情が優れているとみなされているため，男子とのつきあいが女子に人格向上と優れた友情をもたらすことである。ところが『女学生の友』では，明るい男女交際は少年にとって利益があるものとはみなされていなかった。それどころか，女子の人格と女子同士の友情が劣っているとみなされているため，女子とのつきあいが男子に不利益をもたらすものとして描かれることもあった。そのため，『女学生の友』では，男子に関心を示す女子と女子に無関心な男子，男女交際に利益をみいだす女子とみいださない男子という構図が示されていた。そして，ほかならぬ『女学生の友』が男女交際における男子にとっての利益をみいだしていないにもかかわらず，男女交際に利益をみいださない男子を「子どもっぽい」と批判していたのであった。

　本章が明らかにしたことを眺めてみると，男女共学の実施は男女に同じ効果をもたらしたわけではなかったということがみえてくる。女子の場合，男女共学の実施に伴い，異性とのつきあいに心を砕くようになった。というのも，1つに女子には思う存分異性とのつきあいに悩むことができる場が与えられたからである。男女共学体制の下，異性とどのようにつきあったらいいかという難問が突きつけられたとき，『女学生の友』は相談欄を設け，純潔教育懇談会のメンバーなどを相談員として配置した。このようにして，女子が男女交際に心を砕くことが，メディアによって公然と容認されたのである。2つに，『女学生の友』は「明るい男女交際」というイメージを創出し，「明るい男女交際」が女子に大いに利益をもたらすものであるとして称揚した。このことによって，女子はますます異性とのつきあいに心を砕くように

なったのである。一方，男子の場合，男女共学の実施に伴い，異性とのつきあいに心を砕くことはなかった。少なくともそれをおおっぴらに表現することは難しかった。というのも，『少年』は男子を異性とのつきあいに無関心な存在として描いていたからである。男子が異性とのつきあいに心を砕くことは，少なくともメディアにおいては容認されていなかったのである。このようなメディアの態度の違いによって，少女たちはますます異性愛に関心を示すようになるし，少年たちはますます無関心になるか，無関心を装うようになる。このようにみてくると，男女共学の実施が直ちに十代の男女に異性愛というセクシュアリティの規範をもたらしたとはいえなくなってくる。最初に異性愛というセクシュアリティの規範がもたらされたのは女子，あるいは女子向けのメディアであったのである。

　なぜ，少年雑誌と少女雑誌で，このような差異が生じたのであろうか。男子の学力は女子のそれより勝っている，男子の人格は女子のそれより優れている，男子の友情は女子のそれより意味があると，少女雑誌の編集者・執筆者は主張していた。真偽はともかくとして。そして，このような主張は，程度の差はあれ，中等教育の場においても行われていたのではないだろうか。小山静子は，男女共学の実施について，「男子を基準とした教育への女子の参入であり，男子教育を基準とする見方は揺るぎないものとして存在し，その相対化が図られなかったことも事実である」と指摘している（小山 2009: 84）。すなわち，戦後の教育そのものが男子教育を基準とした教育を目指していたのである。とすると，男子を理想化する主張は，中等教育という場でも溢れていたのではないかと考えられる。このようなことがまことしやかに主張されている場において，少女たちが称賛されるには，男子化（男子の学力に追いつき，男子の人格を模倣）し，男子の仲間をつくることが最良の方法となろう。とすると，異性とのつきあいは女子に利益をもたらすが，男子には利益をもたらさない。少女雑誌が異性愛を導入して少女たちの支持を集め，少年雑誌が異性愛を排除して少年たちの支持を集めたのは，男子と男子とのつきあいを理想化する論理が，中等教育機関においてもメディアにおいても，貫徹していたからではないかと考えられる。

　男女共学の実施は，少女雑誌文化に「少女雑誌文化＝エス文化」という図

Ⅰ　純潔と異性愛

式を捨てさせ,「少女雑誌文化＝異性愛文化」という図式を導入させた。しかし, 少年雑誌文化に「少年雑誌文化＝異性愛文化」という図式を導入させたわけではなかったのである。藤井淑禎は,『青い山脈』(新潮社) 刊行以降の石坂洋次郎の著作群, 1955 年復刊の武者小路実篤『人生論』(角川書店) を代表とする複数の人生論, 1963 年に刊行され驚異的な売れ行きをみせた大島みち子・河野実『愛と死をみつめて —— ある純愛の記録』(大和書房) などを分析し, 1950 年代半ばから 1960 年代半ばにかけて,「純潔という規範」を背景に「純愛という思想」が時代の核となる思想として浮上してきたことを指摘する (藤井 1994)。しかし, 本章が明らかにしたことを考慮すると, メディアにおける純愛ブームの担い手はあくまでも女子であったのではないかと思えてくる。『愛と死をみつめて』が十代から二十代の若い女性を中心に読まれていたこと (見田 1965, 1978), 読者から寄せられた手紙の 99％が十代後半から二十代前半までの若い女性であったこと (川村 2003) が, それを裏づけていよう。

●参考文献●

石田あゆう 2006『ミッチー・ブーム』文春新書.
今田絵里香 2007『「少女」の社会史』勁草書房.
――― 2011「戦後日本の『少女の友』『女学生の友』における異性愛文化の導入とその論理 —— 小説と通信欄の分析」『国際児童文学館紀要』財団法人大阪国際児童文学館 24: 1-14.
遠藤寛子 2004『『少女の友』とその時代 —— 編集者の勇気　内山基』本の泉社.
川村邦光 2003『オトメの行方 —— 近代女性の表象と闘い』紀伊國屋書店.
木村涼子 1999『学校文化とジェンダー』勁草書房.
木本至 1985『雑誌で読む戦後史』新潮選書.
小山静子 2009『戦後教育のジェンダー秩序』勁草書房.
小学館総務局社史編纂室 2004『小学館の 80 年　1922〜2002』小学館.
杉浦由美子 2006『腐女子化する世界 —— 東池袋のオタク女子たち』中央公論新社.
藤井淑禎 1994『純愛の精神誌 —— 昭和三十年代の青春を読む』新潮社.
藤本純子 2005「戦後「少女小説」における恋愛表象の登場 ——『女学生の友』(1950〜1966) 掲載読切小説のテーマ分析をもとに」『マンガ研究』8: 20-25.
――― 2006「戦後期メディアにみる読者観の変容 —— 少女小説における「男女交際」テーマの登場を手がかりに」『出版研究』36: 75-93.

見田宗介 1965『現代日本の精神構造』弘文堂.
——— 1978「愛と死をみつめて」朝日新聞社編『ベストセラー物語　中』朝日新聞社.

# 第4章 雑誌『平凡』に描かれた純潔

中山良子

## はじめに

　中学生や高校生といった若者の性行動を問題視する発言を時折メディアでみることがある。その際,「かつて若者が純潔を大切にした時代があった」と,時に説教臭く,懐かしく語られることがある。その文はこう続く場合もある,「かつての様に,純潔を重んじる生活に戻るべきである」と。若者の「正しい」セクシュアリティとして,「純潔」を想定しているこの語りに対して,いくつもの疑問が浮かぶ。「若者が純潔を大切にした時代」とはいつなのか,そんな時代は本当にあったのか,語り手の経験をすべての「若者」に一般化してよいのか,そもそも語り手が「若者が純潔を大切にした」と捉えている時代は歴史的にどのように構築されたものなのか,などである。

　そこで本章では若者に対し,メディアにおいて純潔が頻繁に語られていた時期に目を向けたい。戦後,『愛と死をみつめて』(1963 年単行本で刊行,翌年 TV ドラマ,ラジオドラマ,映画などでも取り上げられる) に代表されるように,映画やラジオ,テレビ,そして雑誌などのメディアを介して純潔を肯定する若者像が語られ,そのような語りを受け手が共有するという状況が発生していた。また当時,文部省社会教育局による純潔教育の提唱があり,メディアに取り上げられる純潔には,純潔教育の影響があったと指摘する先行研究もある (藤井 1994)。

社会教育において純潔教育がなされていた時期であるから，メディアにおいても受け手である若者に対して純潔が語られた，という説明はすこぶる妥当なように思える。しかし，先行研究では純潔教育とメディアで語られる純潔とがなぜ，どのように繋がったのかは明らかにされていない。そもそも，メディアで語られる純潔を単純に純潔教育が拡大されたものと考えてよいのかという疑問も残る。純潔という語はあるべきセクシュアリティ規範を語るためだけに使われるのではなく，例えば桃色遊戯とよばれた性行為を描くためにも使えるのである（中山 2011）。

 では，純潔教育がなされていた時期に，メディアではどのような純潔が語られていたのだろうか。また，それらは純潔教育のような「正しい」セクシュアリティとどのような接点を結んでいたのだろうか。そして，メディアに描かれる純潔は「正しい」セクシュアリティとどのような違いがあるのだろうか。本章では純潔教育が行われていた時期に，メディアにおいてどのように純潔が語られていたのか，メディアの受け手である若者の置かれた社会的状況を踏まえながら，その変遷を追っていきたい。分析時期は，『愛と死をみつめて』が登場する直前の 1950 年代末までとする。なぜなら，1960 年代初頭に展開したメディアで語られる純潔の基礎がこの時期までに形作られたと考えるからである。

 分析には 1950 年代における代表的な娯楽雑誌である雑誌『平凡』を用いる。この頃の雑誌『平凡』は，一時は 100 万部を超える部数を発行し，義務教育を終えた後，郡部や都市で働く若い男女を中心に広く読まれた一大娯楽雑誌であった（阪本 2008）。また，1950 年代は日本映画の最盛期にも当たる。雑誌『平凡』は「歌と映画の娯楽雑誌」を名乗り，誌面の多くが映画に関する記事で構成されていた。それゆえ雑誌『平凡』は雑誌メディア及び映画メディアが若い男女に対し，どのような純潔を語っていたのかを分析するのに適した雑誌である。以下，『平凡』誌面を構成する映画関連記事や連載小説，読者相談，座談会，そして別冊付録において，読者に対してどのような純潔が語られたのか，なぜそのように語られたのかを明らかにしていく。

# 1 青少年が観る映画の問題化

## 1.「純潔の危機」が描かれる映画・小説・読者相談

　1950年から1953年にかけて,『平凡』では純潔について語る記事が徐々に拡大する。この時期の純潔に関する記事の広がりは,『平凡』が「歌と映画の娯楽雑誌」としてその内容を映画に依存していることに関連している。

　1950年の『平凡』は,1949年に『平凡』に連載された小説『乙女の性典』を映画化した映画『乙女の性典』の上映成功で幕を開ける。桂木洋子演じる女子高校生の桃色遊戯や妊娠などを描いたこの映画は,多くの観客の支持を得た(中山 2011)。それに味をしめた『平凡』は,1950年7月号から再び女子高校生を主人公に据えた『続乙女の性典』(1950年7月号～1951年6月号)の連載を開始する。

　連載小説『続乙女の性典』においても,女子高校生である圭子は男女を含めた友人らと外泊をしたり,家出をしたりなどし,その間,繰り返し彼女の純潔が危機にさらされる。また,小説では,圭子の水着姿や入浴シーンなどが挿入され,「白い,ムッチリとしたなめらかな肌」や「お椀を伏せたような二つの胸のふくらみ」など圭子の身体が繰り返し過剰に丁寧に描写された。

　当時,『平凡』の連載小説の多くは映画化を前提に掲載されている。小説では純潔という言葉を用いながら,純潔であるべき女子高校生が性行為にさらされる予感が漂う場面,つまり,「純潔の危機」が描かれていた。純潔という言葉は,その肉感的な身体を想像させる道具として,「いかなる性行為の場面を観ることができるのだろうか」という観客の期待をあおり,劇場に足を向かわせるという効果を生んだ。

　実際に映画化された作品には,原作にあった全裸の女子高校生の入浴シーンはない。圭子を狙う男が,圭子と2人になった部屋の鍵を後ろ手で閉めると,場面は翌日に切りかわり,圭子を心配する友人と圭子の母との会話の場面になる。すなわち,さしたる性描写は映画作品にはなかったが,それでも

I 純潔と異性愛

それは問題ではなかった。そもそも，映画倫理規定管理委員会によって，スクリーンに描くことが可能な性描写は規制を受けているので（遠藤 1973），純潔でなくなる場面，そのものずばりの性行為はスクリーンに描けない。しかも，上映が始まる前にチケット代はすでに支払われている。女子高校生が「純潔の危機」にさらされる映画は，映画の原作を掲載する『平凡』と映画会社双方に利をもたらした。

『続乙女の性典』は映画化の際に改題され，『平凡』1952 年 8 月号の「誌上封切 映画物語集 春のめざめ四社競作映画特集」に『娘はかく抗議する』として紹介された。記事では同じく女子高校生の純潔に焦点化した他 2 社の映画が紹介され，若い女優のセーラー服姿，そして下着姿のスチール写真が添えられた。この記事では，これらの映画群の登場は，1 月に公開されたイタリアの男女共学の高校生の男女交際を扱った映画『明日では遅すぎる』の好評を受けたものといわれている。

第 1 章にあるように，戦後教育制度の変化によって男女共学が実施され，純潔教育において男女共学下での「正しい」男女交際が意識されていた。確かに『明日では遅すぎる』は男女交際を学ぶための教材として教育系のメディア[1]にも推薦され，実際に親が子どもを連れて観に行く様子も新聞記事で紹介されている[2]。教育制度の変更に伴って発生した男女共学という状況の中で，男女交際は新しく学ばなければならない習慣・作法であった。このように「正しい」純潔な男女交際が設定されることによって，その対極である「正しくない」男女交際，すなわち性行為のある男女交際が浮上した。『平凡』や映画会社らは男女交際を学ばねばならないという流れにうまく乗り，それが 1952 年 8 月号の女子高校生の「純潔の危機」を扱う映画特集という形に帰結したのであった。

女子高校生の「純潔の危機」を扱った映画が『平凡』の映画関連記事に徐々に定着すると，読者相談のコーナーにも「純潔の危機」が進出するようになる。連載小説『純潔は誰のもの』（1952 年 4〜7 月号）では，読者相談に

---

[1] 「純潔教育をどうすすめる」『時事通信内外教育版』1952 年 3 月 25 日。
[2] 「なぜに関心をよんだか？ 若い層と映画『明日では遅すぎる』」『朝日新聞』東京版 1952 年 1 月 17 日。

第 4 章　雑誌『平凡』に描かれた純潔

答えるという形式で女子高校生，そして女中の純潔が危機にさらされる様が描かれた。連載終了後の 1952 年 8 月号では「若人の悩みに答える」というページに性行為に関する女子高校生数人の読者相談が紹介される。「若人の悩みに答える」の女子高校生は，教師に「体を許した」話や，男性嫌いである話，また，オナニーをしており，童貞と同じように処女も軽蔑すべきであると考えているという話などを回答者に語った。

このような，オナニーや「身体を許した」ことに言及する女子高校生はそれまでの『平凡』の読者相談には皆無であった。「若人の悩みに答える」に掲載された読者相談は，「純潔の危機」にさらされる女子高校生の映画記事のように，女子高校生の性行為を「観る」ことを目的とした読者相談だったのではないだろうか。『娘はかく抗議する』を紹介した「誌上封切　映画物語集　春のめざめ四社競作映画特集」と同じ号に掲載されていることを考えても，「若人の悩みに答える」の読者相談が映画紹介のタイアップ企画であることが想像に難くない。

このあと，『平凡』には「純潔の危機」に言及する読者相談が定着していく。翌 9 月号以降，従来の読者相談のコーナー「皆さんの相談室」が拡充されるかたちで「皆さんの相談室」に「人生相談」の項が新たに設けられる。そこでは，女子高校生だけでなく，19 歳の住込みで働く女性が「愛のない男に処女を」あげてしまったという相談（1953 年 9 月号）や，18 歳の会社員の女性が 39 歳の社長に睡眠薬を飲まされ，処女を奪われ，ずるずる妾の生活に入ってしまったという相談（1953 年 2 月号）などが掲載された。

このように女子高校生の「純潔の危機」を描く映画への支持が，『平凡』誌上に読者相談という形でも「純潔の危機」を定着させていった。読者は読者投稿を通じ，女子高校生や働く女性の「純潔の危機」を「観る」ことになった。

## 2.「性的」映画への批判がつくる，青少年のセクシュアリティ規範

『平凡』では，1953 年から翌 1954 年にかけてエス，男女交際，高校生の妊娠など，女子高校生の「純潔の危機」を扱った映画『十代の性典』とその

Ⅰ　純潔と異性愛

シリーズの関連記事が継続して掲載された。まず，『十代の性典』の映画紹介記事（1953 年 3 月号），そして『続十代の性典』（1953 年 7 月号），『続続十代の性典』（1953 年 10 月号），さらに翌年『十代の誘惑』（1954 年 2 月号）と，主演である若尾文子と南田洋子はセーラー服姿で繰り返し『平凡』誌面を彩った。

　もちろん女子高校生の「純潔の危機」を扱った連載小説も，1953 年 2 月号から『乙女の診察室』（1953 年 2〜8 月号），『結婚にはまだ早い』（1953 年 9 月号〜1954 年 6 月号），『十代の悩み』（1954 年 7 月号〜1955 年 5 月号）と，続けて掲載される。ところが，『十代の悩み』以降は「純潔の危機」を扱う小説の掲載が止まってしまう。また 1953 年に掲載された『乙女の診察室』以降，映画化もなされなくなった。

　その背景には，映画が青少年に悪影響を与えるとして批判の対象となっていった状況がある。その引き金を引いたのは，女子高校生の「純潔の危機」を扱う『十代の性典』などの映画群であった。1953 年 12 月 22 日，中央児童福祉審議会[3]が，映画および出版物が児童に対し「心なき無用の悪刺戟」を与えるとして批難の声を上げる。特に同審議会は「大衆向けの性的出版物・映画等」の「性的」な部分が児童の「性的遊戯」と青少年の「性犯罪の増加」を生み出す要因であると非難した。翌 1954 年度には，青少年保護運動の目標のひとつに「不良の出版物・レコード・映画・玩具から青少年を護る」が設定された。そこでは，現行の子ども・青少年の遊びや娯楽が社会政策上の問題であるとして，対策が急がれた[4]。これらの子どもや青少年に対して適切な遊びや娯楽を設定するべきであるという議論では，子どもや青少年自身のあるべき姿が想定され，構築されていった。つまり，遊びや娯楽についての議論を介し，子どもや青少年の適切な在り様が定義され，規定されていったのである。

　1954 年 5 月の中央青少年問題協議会の座談会[5]では「青少年に適当でない

---

[3]　「性的出版物・映画等の児童に対する悪影響の防止に関する決議」厚生労働省雇用均等・児童家庭局育成環境課編『中央児童福祉審議会推薦文化財総目録』2001 年，787 頁。
[4]　佐藤忠夫「問題の多い青少年の生活環境　二つの座談会に出席して」『文部時報』第 923 号，1954 年 7 月。
[5]　「座談会　青少年を護る　不良{出版物・レコード・映画・玩具}追放」『青少年問題』創刊号，

影響を与える」映画が非難された。批判の対象となったのは『十代の性典』，『続十代の性典』，『思春期』などの「純潔の危機」を描く映画群であった。この座談会には戦前から戦後にかけて，教育映画の発展に力を注いだことで知られる文部省児童文化審議会会長の関野嘉雄[6]が出席している。座談会で関野は映画倫理規定管理委員会の審査，つまり現行の映画作品のあり方に対し強い不満をあらわし，母の会やそのほかの団体に対し，映画倫理規定管理委員会に対し抗議を行うように促した。その関野が特に強調したのが映画宣伝の問題であった。「実際の映画はそれほどでないのに，ポスターや看板，題名にひどいのがずい分ある[7]」として当時の宣伝のあり方を強く問題視した。

　この座談会に次ぐ形で，中央児童福祉審議会は9月に児童福祉法に基づき印刷物・映画に対し推薦と勧告を行うという方針を表明し[8]，11月には家庭，婦人会，青年会に対して映画に対する関心を高めるように促し，さらに関係業者へも自粛を促した[9]。具体的には，劇場や映画館等での「挑発的な看板の使用」の自粛，成人向け映画の年齢制限の実施などが提案された。

　関野や中央青少年問題協議会が「挑発的な看板」として意識していたものはなんだったのか。それは，『平凡』に連載され，映画化された『乙女の診察室』のプレスシート[10]から容易に想像ができる。プレスシートには「性にめざめた肉体の悶え！　無知からおこる性病の脅威！　むせ返る乙女の体臭！　診察室は何を発見したか!?」，「危険な年頃にある女学生の生態を衝いて，乙女の肉体の神秘と，思春期の性問題を追及する!!」などの煽り文言が宣伝文案として提案されていた。実際に町で配られたであろう『続十代の性

---

　　1954年。
6)　『青少年問題』の目次及び記事のタイトルでは内野嘉雄となっているが，本文には関野嘉雄とあり，目次・タイトルは誤植と思われる。関野嘉雄に関しては田中純一郎『日本教育映画発達史』（蝸牛社，1979年），「対談　牧野守　村山匡一郎」関野嘉雄『教育映画の理論　日本映画論言説体系』（ゆまに書房，2003年）などに詳しい。
7)　前掲「座談会　青少年を護る　不良{出版物・レコード・映画・玩具}追放」『青少年問題』。
8)　「中央児童福祉審議会「性的出版物・映画等対策特別委員会」の結論」，前掲『中央児童福祉審議会推薦文化財総目録』，788頁。
9)　「児童に有害な映画及び出版物の悪影響防止対策に関する決議」，前掲『中央児童福祉審議会推薦文化財総目録』，790頁。
10)　松竹大谷図書館所蔵。

I　純潔と異性愛

典』のチラシ[11]にも,「性の秘密に興味を持ちはじめたころの性教育の劇映画!」「目さめたる肉体の危機を鋭く衝いた本格的性映画!」という宣伝文句が,セーラー服から下着をのぞかせた若尾文子に書き添えられていた。

　映画会社から提案された煽り文句は,実際にチラシや看板などの形で積極的に使用されていた。おそらく映画館のある町に住む人々は,地方,都市を問わず,これらの挑発的なチラシや看板を目にしたであろう。このような事態を受け,映画の観覧禁止を勧告できる条項が含まれた青少年保護育成条例が全国で徐々に制定されていった。実際1954年には香川県で映画『悪の愉しさ』を上映する映画館に対し,「18歳未満の青少年の観覧の遠慮」が青少年保護育成条例に基づいて初めて勧告された(遠藤1973)。

　青少年に対する映画規制の議論は,映画作品の内容,チラシ,上映方法などを次々に問題化した。「性的」映画に対する批判は,すなわち「純潔の危機」を描く映画の問題化であり,青少年が観る映画でのあるべき性の姿を規定する議論であった。また,「純潔の危機」を描く映画についての議論では,性は「美しいもの,尊いものだ[12]」などと,青少年がいかに性を捉えるべきかが語られもした。すなわち,架空の物語である映画作品に対する批判から始まった議論が,現実に生きている,青少年とみなされる若者らのセクシュアリティ規範を規定するという事態を招いていた。さらにいえば,映画規制の議論では,農村・漁村・工場で働く若者も,高等学校に通う男女生徒もひとつの青少年という概念で語られた。青少年が観るべき映画に関する議論を経ることで,都市,農村を問わない,青少年というひとつの概念のもとでの,セクシュアリティ規範が醸成されていった。そしていうまでもなく,『平凡』読者も青少年という枠組みに囲われていったのである。

　「性的」映画に対する批判を受けて,映画そして出版業界は青少年向けのコンテンツに対する自主規制を避けられなくなる。1954年に映画倫理規定管理委員会は映画と青少年問題対策委員会を設置し,さらに翌1955年5月に婦人会,PTA,学識経験者からなる青少年映画委員会を設置する[13]。また,

---

11)　東京・東長崎平和シネマチラシ1953年6月25日付。
12)　前掲「座談会　青少年を護る　不良{出版物・レコード・映画・玩具}追放」『青少年問題』。
13)　「有害文化財追放に立ち上がる業界」『青少年問題』第2巻7号,1955年。

出版業界も出版物倫理化運動対策委員会の設置などを行っている[14]。

　青少年を対象とした「性的」映画に対する規制が少しずつ進む中で，青少年と呼ばれる読者を抱える『平凡』も慎重に語る言葉・内容を選ばざるをえなくなっていった。「純潔の危機」をあつかった『乙女の診察室』が連載終了後に映画化されず，また，『十代の悩み』の連載終了後，「純潔の危機」を扱った連載小説が消えた理由には，「性的」映画，つまり「純潔の危機」を描く映画への規制の動きがあった。映画化を前提とした連載小説には「純潔の危機」を煽る作品に代わって『ジャンケン娘[15]』(1954 年 7 月号～1955 年 6 月号) などが掲載されていた。

　一方，かろうじて読者相談には純潔を問う質問が残された。しかし，この時期の「皆さんの相談室」でも，さまざま映画作品を例に「童貞を守る苦しさに耐えよ」(1954 年 12 月号) や，「自制できるあなたは変態でない」(1955 年 1 月号)，「恋愛は気長に育てて」(1955 年 3 月号) などと，純潔を重んじる類の「美しい恋」(1955 年 1 月) や「真実の愛」(1955 年 4 月号) が積極的に称賛されている。1954 年頃の『平凡』は「歌と映画の娯楽雑誌」であるがゆえに，また，青少年と呼ばれた若者を対象とした雑誌であるがゆえに，青少年が観る「性的」映画への規制の直撃を受け，「純潔の危機」を煽る映画の衰退に伴い，純潔の描き方を変化させざるを得なくなった。

## 2　純潔について語る読者

### 1. 農村に焦点をあてた座談会と純潔

　『平凡』には 1949 年 9 月号からほぼ毎号，座談会のページが設けられていた。当初，女優や男優，歌手などが近況や恋愛について語っていたが，1954 年 4 月号に読者が参加する座談会が初めて掲載される。その後，1955

---

[14] 日本雑誌協会日本書籍出版協会『日本雑誌協会日本書籍出版協会 50 年史』2007 年，140 頁。
[15] 映画化された同作品は美空ひばり，江利チエミ，雪村いづみの三人娘が出演し，1955 年の配収ベスト 3 位という大ヒットとなった。

I 純潔と異性愛

年10月号から読者が参加する座談会は定番のコーナーとなった。その最初期である1955年10・11・12月号，そして翌1956年の1・2月号には，農村在住者や農村出身者の読者が参加する座談会が続けて掲載された。さらに1956年8・11月号にも農村に焦点をあてた座談会が登場した。これらの座談会では恋愛・結婚・純潔について語られ，見合結婚の否定／恋愛結婚の肯定が司会者から参加者へ繰り返し尋ねられる。

> 「今までの見合結婚と，新しく自分で思う人と結婚するというのと，どちらをおとりになりますか」(1955年10月号)，「この中で断然恋愛結婚でなければ……という人いない？」(1955年11月号)，「皆さんは恋愛結婚主義者？　それとも見合婚のほう？」(1955年12月号)，「私はね，両方がしっかりしていれば，恋愛結婚というのは一番合理的で自然でないかと思います」(1956年1月号)，「やはり結婚というと，田舎ではお見合いが多いんですか？」「農村に見合結婚が多いということになるといろいろ問題がありますが」(1956年11月号)

これらの見合結婚に対する否定的な発言は，当時，農村を対象として行われていた生活改善普及事業や新生活運動の影響から生まれている。生活改善普及事業は1948年に施行された農業改良助長法から派生した農林省主導の事業であり，新生活運動は1955年に設立の新生活運動協会などが中心の事業である。いずれも生活の刷新を目的とする運動で，当時の『平凡』読者の多くは市部ではなく郡部に住んでおり，読者にとってこれらの運動は身近な話題であっただろう。

これらの運動では見合結婚から恋愛結婚への変化が「農村社会における古い意識の存在形態と古い社会関係の根強い支配からの出路の方向[16]」として強く肯定されていた。周囲に用意される見合結婚よりも，「両性の合意に基いて成立」する恋愛結婚こそが，「封建」からの脱皮をしめすとして，その指標とされたのであった。1955年3月の青少年教育や社会教育に関する社会教育審議会答申においても[17]，「国民生活の向上を妨げる封建的因習」を打破し，「物質的にも豊かな社会」を実現する新生活運動の促進が「急務」と

---

[16) 財団法人家の光協会『農村人の結婚意識に関する調査』，1955年。
17) 「審議会の動静　社会教育審議会」『文部時報』第933号，1955年5月。

されていた。唐突に『平凡』に登場したようにみえる農村に焦点をあてた座談会ではあるが、そこには生活改善普及事業などの政策の動向が反映されていた。実際、座談会では司会者からの新生活運動の実施状況に関する質問もみられた（1956年1月号）。

　これらの生活改善普及事業や新生活運動を反映した座談会では「結婚しても婚家に入らず」、「子供が生まれてから結婚式を挙げる」婚姻形式である足入れ[18]が問題とされていた。1955年11月号[19]では、栃木県からの女性参加者が「式をあげる前にしばらくお婿さんの家で働かされ」「不合格なら返されてしまう」と足入れに言及すると、続けて茨城県からの男性参加者から「ゼッタイ反対だな」との声が上がる。次いで、司会者である三益愛子が「疵物になって帰ってくるんですものね」と足入れに対し否定的な見解を述べている。

　1956年11月号[20]でも秋山ちえ子[21]が「ある地方によっては「足入れ」とか「出入り初め」などという「テスト結婚」がまだあるようですけど、皆さんのほうではどう？」と参加者に質問を投げかけている。複数の参加者が「子供ができないとかえしてしまったり」、「田舎では割と内縁関係が多いですよ。結局見合結婚の悲劇だと思いますね」、「テスト結婚だなんて女をバカにしてるわ」など、「田舎」での足入れをはじめとする「テスト結婚」を非難する発言をしている。

　司会者から足入れは女性を「疵物」にすると語られた。また、足入れは「内縁関係」であるとして問題化され、座談会の参加者もそのような見方を共有した。それはかつてならば問題とされなかった農村の習俗の在り様を、

---

18) 新潟西蒲原郡内野町の例、『農村の婚礼と葬儀　その実態と社会経済的考察』、財団法人農民教育協会、1954年、14頁。他にも、浪江虔『農村の恋愛と結婚　農村文化双書』（社団法人農山漁村文化協会、1956年）や新生活運動協会『結婚改善の運動　その実例Ⅱ　新生活シリーズ』（新生活運動協会、1956年）などで足入れが取り上げられている。
19)「三益愛子さんを囲む座談会　私はこんな結婚がしたい」
20)「読者の座談会　愛知県下の働く若者の夢と希望　私たちの結婚はこうありたい　司会秋山ちえ子」
21) 秋山ちえ子は、NHKラジオ「婦人の時間」にコーナーを持っていたことで知られる。ラジオは当時社会教育における重要なメディアであった。（岡原都『戦後日本のメディアと社会教育』福村出版、2009年。）

I 純潔と異性愛

生活改善普及事業や新生活運動が問題化していく状況をたしかに再生していた。

さらに1956年11月号では，足入れに対する批判に続いて，農村での盆おどりが批判されていた。「地方に行くと，40何パーセントが盆おどりとか，豊年祭りとかで，なんでもなく自然な形で処女でなくなってしまう，というような統計」が引き合いに出され，盆おどりなどで「肉体的に純潔」でなくなることについてどう思うのかについて，司会者が参加者に尋ねている。「やっぱり純潔であったほうがいいな」，「私も……」，「同感よ」，「できれば一しょになるまで純潔であってほしい」などと，参加者は口々に純潔への希求を口にしていた。

司会者が例に挙げた盆おどりは，歌詞に性的な要素が含まれているだけでなく，夜遅くまで続くためにしばしば男女関係が伴うとされ，戦後その「健全化」が目指されていた（矢野 2007）。実際，1957年の大阪府社会教育課の青年団に対する「性と純潔」に関するアンケート調査においても，やはり盆おどりや村祭りがきっかけで純潔でなくなる人が多いとの報告がなされ，問題化されている[22]。「純潔教育の涵養」や「純潔運動の推進」はまさに新生活運動の課題であった[23]。

もちろん文部省社会教育局が提唱する純潔教育においても，1955年3月に発表された「純潔教育の徹底普及に関する建議　附純潔教育の進め方（試案）[24]」の中で「のぞましくない習俗の改善（示例）」として「イ 祭礼の際の無礼講　ロ 習俗としての「夜あそび」「夜ばい」　ハ 火の番小屋，青年宿等の本来の姿が崩れ，のぞましくない習俗とかしたもの　ニ 婚礼披露の際のゆきすぎたいたずら　ホ 宴席における極端に卑手（ママ）なおどりや歌曲，および年少者の同席　ヘ 農繁期における映画館，ショー等が殆ど年少者で占められ放任されている事実」など，複数の習俗が事細かに，具体的な例を挙げて問題化されている。農村で広く読まれていた雑誌『家の光』1955年7月号でも，純潔教育を反映した「特集新時代の正しい男女交際のエチケット」が

---

[22]「農村の若者とセックス」『サンケイ』1957年6月18日。
[23] 新生活運動協会『新生活運動協会25年の歩み』1982年，231頁
[24]『文部時報』第933号，1955年5月。

掲載され,「男女同権」の「正しく明るい男女の交際」が推奨されていた。

このように生活改善普及事業や新生活運動,そして純潔教育などの社会教育の領域で,農村の習俗は変えるべきもの,純潔でないものとして批判する動きが高まっていた。そのような状況を反映する形で『平凡』座談会では農村で働く読者が口々に純潔について語る状況が発生した。

しかし,この農村の恋愛・結婚・純潔について語る座談会は,1956年11月号の掲載からぷっつりと途絶える。わずかに1958年に1回掲載がなされるものの,農村の風俗について語る座談会はそれきり『平凡』から消えてしまうのだった。

## 2. 太陽族映画の批判記事

農村に焦点をあてた座談会が掲載されていた1956年6月号に,太陽族映画と呼ばれる映画群の始まりである,映画『太陽の季節』の特集が組まれた。これ以降『平凡』では映画『太陽の季節』をはじめとする都市の享楽的な若者の姿を描いた映画,太陽族映画に関する記事の掲載が相次ぐ。

1956年6月号の「特集太陽の季節」では,映画『太陽の季節』の原作者である石原慎太郎が司会者を務める座談会が組まれていた。座談会「石原慎太郎先生を囲む読者の座談会　若い世代はこう考える」では横浜・茨城・東京に住む高校生から大学生までの男女5名が,石原と恋愛や純潔に関する話を行っていた。石原は座談会参加者に恋愛中の「肉体関係」についてどう思うかを尋ねている。参加者からは「愛情と肉体関係は紙一重」であるから「その時の二人の雰囲気と状態では許されてもいい」とか,「童貞とか処女とかいうものは,昔の人が考えた歴史的な商品みたいなもの」などの純潔を否定するコメントがなされた。このような純潔の否定がこの座談会の大きなひとつの特徴であった。

しかし,この純潔の否定はすぐさま覆される。翌7月号の「読者の作るページ」に「特集太陽の季節を読んで　私たちはこう思う」というコーナーが設けられた。そこでは「彼らは最も単純な原始人」,「純潔ということを青春の大きなプライドにしてきた私にとって,何かしらの裏切り」,「この作品の道

I 純潔と異性愛

徳観には全面的に反対」,「やはり純潔とか貞操とかは自分のために守るべきもの」などと，座談会で語られたような純潔の否定を非難する声が複数掲載され，意見のほとんどが純潔を肯定していた。

その後も『平凡』では，純潔を否定するようなことは許されない，といった趣旨の記事が，太陽族映画が紹介されるたびに誌面に掲載された[25]。『平凡』は太陽族映画のような「青少年に悪影響を与える」映画に関する記事を掲載したことに対する批判そのものを逆手に取った。つまり，このような形式で批判記事を掲載しさえすれば，『平凡』は太陽族映画を紹介できたのである。しかしながら，このような状況の中で，純潔であるべき，純潔は自明，という読者の声の掲載が『平凡』誌面に定着していったのであった。

## 3. 純潔という価値観

農村に焦点をあてた座談会と，太陽族映画に対する読者の批判の声に紛れる形で，1956年7月号から再度『平凡』に「純潔の危機」を描く連載小説が復活する。連載小説『女医さんのお部屋』（1956年7月号〜1960年7月号）では，ヌードモデルの堕胎（1957年6月号），十代の妊娠（1958年1月号），人妻の誘惑に負けた高校生（1957年4月号）などが扱われ，人工妊娠中絶や性病，月経などの題材を用いて，ペッティングなどの性行為が描かれた。さらに「特別読み物　わたしはこわい!!　十代の恐るべき性」（1957年8月号）や「私はバカだった!!　失われた純潔の記録」（1957年11月号）など，実録ものや手記の体裁を取った「純潔の危機」を扱う読み物の掲載も行われるようになった。

一方，読者座談会では農村の読者に代わり，東京近郊の読者が頻繁に登場するようになる。「恋愛したら結婚まで純潔を保つがよいか，それとも精神的恋愛でなく，肉体的にむかうのが正常か……」（1956年4月号）という司会者の質問に対し，東京近郊に住む参加者からは「結婚するまでは純潔は守るべき」「過程によっちゃ純潔云々ということはないんじゃないですか。成行

---

[25] 例えば「扇谷正造先生を囲む読者の座談会　私たちは太陽族ではない」1956年9月号。

き如何で……」「やはり，純潔は貴ぶべき」「恋愛中は肉体的関係に陥る場合も，人間である以上は起こりますよ」などと，肯定否定双方の意見が出されていた。

翌年以降も「そこまででストップ　男女交際の限界」(1957年6月号)や「あなたは狙われている —— 思春期の危機」(1957年7月号)など，男女交際や純潔に関する話が扱われた。「あなたは狙われている —— 思春期の危機」では，医師である司会者の常安田鶴子から「新橋のダンス・ホールで知り合った男と，有楽町の近所の温泉マークへ入った」などの具体的事例が挙げられた。常安は参加者からの「肉体的交渉をもったら捨てられるのは結局女の方」なのかという問いに対し，「必ずね」と答え，「自分の身を守る」よう座談会参加者に促していた。

司会者の常安は1953年から1955年にかけて掲載された，「純潔の危機」を扱った連載小説『結婚にはまだ早い』，また『十代の悩み』の作者でもあった[26]。これらの座談会では，かつての「純潔の危機」を扱った連載小説と同じく，純潔であるべきという価値観の提示を隠れ蓑にしながら，読者に性行為の在りようを垣間みせていた。映画規制によって『平凡』誌面から消えていた「純潔の危機」は，農村の習俗への批判を語った座談会と太陽族映画への批判記事の掲載を契機に復活を遂げた。

しかし，「純潔の危機」の復活以上に重要なのは，座談会と太陽族映画への批判記事が純潔について語る読者の声を誌上に登場させ，純潔か否かがまるで読者の問題であるかのように語る誌面を定番化させたことにある。そもそも読者が参加する座談会の掲載は，純潔か否かがさして問題ではなかった農村の習俗を問題化することから始まっている。その後太陽族映画に対する批判においても，読者投稿や座談会では純潔であるか否かが問題の中心に設定された。また，1950年代後半は集団就職などにより離村者が増加する時期にも当たる。このような時期に『平凡』は農村の習俗について語ることを止め，かわりに太陽族映画に関する記事や東京都近郊に住む読者の座談会などを誌面に設け，都市風俗と純潔とを積極的に描くようになっていった。そ

---

[26] 常安田鶴子は映画『十代の性典』に医師役で出演していたことも知られている。

I 純潔と異性愛

うして，読者は私たちの問題として語られる純潔を，誌面で繰り返しみることになったのである。純潔であるか否か，それが問題である，という価値観が『平凡』の座談会を通じて繰り返し提示された。

## 3 『純潔のために』の登場

### 1. 異例の冊子

　『平凡』1959年9月号には『純潔のために』と題された別冊付録がつけられた。赤いバラの花の写真の表紙で，大きさは16cm×9cmと新書より二回りほどと小さな，しかし全224頁の1cm以上の厚みをもった冊子である。『純潔のために』は，純潔についての複数の読み物と2つの質問のコーナー，そして14名ほどのスタアの初恋・恋愛に関する小さなコラムで構成されていた。質問のコーナーである「心のなやみ37問」「からだの秘密102問」では，『平凡』本誌に掲載された読者相談と同様の「とうとう最後の一線を越えてしまった」高校三年生からの質問や，「とうとう関係してしまった」18歳の女性からの質問などが掲載されていた。

　しかし，この冊子の最も大きな特徴は，冊子の大半を純潔に関する読み物が占めることである。「あなたの交際について」，「異性にひかれるひけつ9か条」，「むずかしい男女の愛情」，「純潔はなぜ必要か」，「美しく清らかなセックス」，「思春期の性欲」などの章が設けられ，純潔とは何か，交際とは何か，性欲はおさえたほうがいいか──などが事細かに筆者（東京教育大学教授・杉靖三郎と東洋大学教授・堀秀彦）から説明されていた。『純潔のために』は読者にこう，語りかけている。「純潔を守るのも，すてるのも，ひとつにあなたがたの幸福ということにかかわりをもっていることなのです。ほんとうの永つづきする幸福を手にいれるまで，お待ちなさい，純潔を捨てるのを[27]」。『純潔のために』は繰り返し，純潔があなたがたの幸福のために必要

---

27) 堀秀彦「純潔はなぜ必要か」『純潔のために』，『平凡』1959年9月号第2付録，72頁。

だと説いた。

　『純潔のために』で繰り返し強調されるのは，男性と女性の性欲には本質的な違いがあること，であった。男性には射精衝動による放出欲があり，女性は「性の積極性を支配するホルモンが男性にくらべて少なく，二十代の後半から三十代にかけてようやくふえてきます[28]」と，女性の性欲は男性に比べ著しく低く見積もられた。また，男性の「肉体の欲望が強すぎる[29]」ゆえに「若い男性と若い女性との間では友情は成り立ちにくい[30]」ともされた。実は『純潔のために』で純潔であれと語りかけられる「あなた」は，そのほとんどが「性の積極性」に欠けるとみなされた女性なのであった。女性に対しては「男の言葉にのせられ，純潔をうしない，三ヵ月目に男に古ゾウリみたいに，ポイとすてられる[31]」ことのないよう戒めの言葉がかけられ，男性に対しては性欲の抑制のために，スポーツや芸術による「性の昇華」が勧められた。

　『純潔のために』の筆者，杉靖三郎は，前月号である 8 月号にも座談会「セックスの十字路」に司会者として登場し，同年 3 月に文部省社会教育局から発行された純潔教育に関する冊子『性と純潔　美しい青春のために』（以下『性と純潔』と表記）の宣伝を行っていた。『純潔のために』を書いた杉靖三郎と堀秀彦こそが『性と純潔』を手がけた純潔教育懇談会のメンバーであった。

　『性と純潔』を確認すると，その内容が『純潔のために』と酷似していることに気づく。『性と純潔』でも，男女の「性衝動の差異」が強調され，「エチケット」を踏まえた，つまり「性欲」を抑制した「男女交際」の「幸福」「美しい」「純潔」な様が肯定的に描かれていた。『純潔のために』と『性と純潔』との違いといえば，『純潔のために』には映画のスチール写真やイラストが添えられていること，また「スタア・アンケートわたしのアバンチュール」や質問コーナーがあること，そして『平凡』の付録であるか否か，

---

28) 杉靖三郎「思春期の性欲」同，143 頁。
29) 堀秀彦「むずかしい男女の愛情」同，29 頁。
30) 同，31 頁。
31) 前掲「純潔はなぜ必要か」，72 頁。

I 純潔と異性愛

なのであった。

## 2. 売春防止法の成立と『純潔のために』

 では,そもそもタイトルに純潔という言葉を冠した200頁もの別冊が『平凡』につけられるという異例の事態はなぜ起こったのだろうか。

 その理由は1958年の売春防止法の完全実施にある。売春防止法は,1956年に可決し,1957年4月1日に刑事処分の猶予を伴う実施,そして翌1958年4月に完全実施がなされた。1958年5月20日,文部省社会教育局長から都道府県教育委員長宛に出された通達「青少年の不良化防止について(文社社第152号)[32]」では,売春防止法の完全実施を契機に「性教育,純潔教育をいっそう普及徹底」して,青少年の「道義」や「道徳的知性」を高めることを求めていた。すなわち,純潔教育は売春防止法成立後の青少年の性の在り様に対し資するものとみなされていたのだ。

 1958年9月30日,「売春禁止法の公布にともなって,性教育,純潔教育の問題が,世間の関心をよび,社会教育関係者の間に,その資料の提供を要望する声が高まってきている」として,「性教育,純潔教育に関心のある医学,心理,教育関係の専門家の出席をえて」純潔教育懇談会が開催された[33]。また,「その後数回にわたって,意見の交換を重ね」,その上で,「資料作成の準備」がなされた。『性と純潔』はここでいわれる「資料」にあたる。

 翌1959年4月28日,文部省社会教育局から1950年に発行された『男女の交際と礼儀』の改訂版と『性と純潔』に関して,都道府県教育委員会教育長宛に「純潔教育の資料について(文社社第97号)[34]」という通知がなされた。通知には純潔教育資料刊行の知らせ,別途送付の通知,文部省主催婦人及び青少年の指導者研究集会の参加者に対しての配布予告,青年学級での利用に関する言及があったほか,これらの純潔教育に関する資料に関して「別に普及方法を考慮している」と書かれていた。管見の限りにおいて,ここに書か

---

32)『文部時報』第970号,1958年6月,77頁。
33)「33年度社会教育行政の回顧と展望」『文部時報』第979号 1959年3月。
34) 現代日本教育制度史料編纂委員会『現代日本教育制度史料16』東京法令出版,1986年。

れている「別」の「普及方法」に関する具体的な指示を示す資料は見つけられていない。しかしながら、『平凡』の付録に『純潔のために』がついたのは、この「普及方法」に相当するものと考えられる。

この年から翌年にかけて、杉や堀の関わった記事は『平凡』に限らず複数の雑誌に掲載されていた。第3章の分析対象である『女学生の友』においても、堀秀彦の手による「友情幸福論 —— ジュニアの男女交際の仕方について」(『女学生の友』1959 年 8 月増刊号) が掲載された。『平凡』と同じく映画を扱う娯楽雑誌である集英社発行の『明星』[35]には、杉と堀の手による別冊が 2 回もついた。他にも高校生向けの学習雑誌である学習研究社『高校コース』[36]や、旺文社『高校時代』[37]、さらに『家の光』[38]においても杉や堀、あるいは、他の純潔教育懇談会のメンバーの手がけた記事や関連記事が掲載されていた。

『純潔のために』や『性と純潔』においてやたらと男性の性欲が強調された理由は、売春防止法の成立によって赤線が廃止されたことにあろう。つまり、赤線を失った男性の「性欲」の矛先が赤線の外の女性に向かうことが念頭にあったのではないかと思われる。純潔教育懇談会は、売春防止法後の正しい男女交際、つまり性交渉のない純潔な男女交際の実現を目指していた。「性の積極性」に欠けるとみなされた女性が、赤線の無い世界に生きる男性の「性欲」に翻弄されることのないよう、男性には「性欲」の抑制を、女性には厳しい純潔を課すことによって、純潔な男女交際を成立させようとしていた。そしてそれは、「性の積極性」に欠ける女性と「性欲」の強い男性という異性愛のイメージをメディアに拡散させることでもあった。

---

[35] 1952 年創刊。1959 年 7 月号に、杉靖三郎編集の別冊付録『恋人たちの性典』が、続けて 11 月号には堀秀彦が編集した別冊付録『美しい恋愛のために 恋のルールブック』がつけられている。

[36] 1955 年創刊。1959 年 9 月号に「特集 十代の性と純潔」として、21 ページにわたり純潔教育懇談会メンバーの堀秀彦・杉靖三郎・間宮武の三者が純潔に言及している。

[37] 1954 年創刊。1959 年 12 月号に杉靖三郎が「青春の性の昇華法」(「特集 1 青春生活のニューテクニック」の一部) を書いている。

[38] 「家庭での性教育のしかた」(『家の光』1959 年 10 月号) では純潔教育懇談会のメンバーである山室民子がコメントしている。また「誌上読書会 若い男女の愛情問題について 埼玉県入間郡坂戸町大家農協にて」(『家の光』西日本版、1960 年 1 月号) では堀秀彦のテキストが取り上げられている。

I　純潔と異性愛

　1950年代後半の『平凡』は，他社の週刊誌の相次ぐ創刊などで，販売部数が低迷し[39]，魅力的なコンテンツを生み出すべく，苦心していた時期であった。売春防止法の成立に伴い1959年に純潔教育から冊子『性と純潔』が生まれたとき，以前から映画規制や新生活運動などで青少年に課せられた純潔に対応していた『平凡』は，『性と純潔』に酷似した『純潔のために』という冊子を発行するという形で呼応した。『平凡』は確かに，純潔が描かれたその冊子を青少年と呼ばれるようになった多くの読者の手に届けたのであった。

## おわりに

　「若者が純潔を大切にした」と捉えられる時代はどのようにつくられたのか，それを探るべく1950年代の娯楽雑誌『平凡』に純潔がどのように描かれたのか，その変遷を追ってきた。そもそもは，営利を目的する『平凡』が読者を惹きこむために，扇情的な性描写を成立させる手段として使ったのが純潔であった。『平凡』の純潔に関する記事の揺らぎは，青少年という枠組みに対し課せられたセクシュアリティ規範である純潔と，それを踏まえた規制の動きに連動している。また，単にそれだけではなく，雑誌としての生き残りをかけて，青少年に課せられたセクシュアリティ規範である純潔を，『平凡』があえてコンテンツとして選んできた，その道程をも示している。

　1950年代初頭，「正しい」男女交際が新たな習慣として立ち上がる中で，『平凡』は「正しい」男女交際の対極である，女子高校生の「純潔の危機」を映画の原作小説や関連記事，読者相談で描き出した。「純潔の危機」を描いた映画は「性的」映画として中央児童福祉審議会や中央青少年問題協議会から非難の対象となる。そこでの議論は，単に映画の中に描かれた性であることを超え，現実の青少年のセクシュアリティ規範である純潔を強化していた。その後映画規制の動きを反映し，『平凡』は純潔に関する記事を縮小さ

---

[39] 清水達夫「編集面から見た社史」『読者とともに20年平凡出版株式会社小史』平凡出版，1975年。

せていたが，1955年頃の生活改善普及事業や新生活運動，純潔教育の動きのもと，農村の習俗に対する批判を行った座談会を掲載し，再び純潔を描き出す。また，太陽族映画に対する批判記事や，その後の座談会では，純潔という価値観そのものが繰り返し読者に提示された。売春防止法が成立すると，再度男女交際のあるべき姿が問われる。純潔教育懇談会が「性の積極性」に欠けるとみなされた女性に対しては純潔を，男性に対しては「性欲」の抑制を説いた冊子，『性と純潔』を青少年に用意すると，それに呼応するように『平凡』別冊付録には『純潔のために』がつけられた。

『平凡』に純潔が描かれる際には，「正しい」セクシュアリティとして語られる純潔が強く意識されていた。だからこそ，「正しい」セクシュアリティである純潔が若い女性の性的な在り様を描く道具として使われ，「純潔の危機」にさらされる女子高校生などが描かれたのであった。さらにいえば，読者は，「正しい」セクシュアリティを課せられていたからこそ，雑誌『平凡』に描かれた純潔をめぐる女性の姿を，強い好奇心を抱きながら読んでいたとも考えられる。

1960年代に入ると，高校進学率の上昇など，青少年をめぐる状況がさらに変化していく。1960年代にメディアに描かれる純潔が，このような社会的状況を踏まえながら，どのように展開したのかについて，改めての分析はなお，課題として残る。しかし，本章では，1950年代の雑誌メディアである『平凡』と，同時期に青少年に課せられていくセクシュアリティ規範である純潔との奇妙な共犯関係の帰結を明らかにすることができた。『平凡』に描かれた純潔は，『平凡』が雑誌としての生存を模索する中で，大人向けでも，子ども向けでもなく，青少年向けの誌面作りへ，娯楽雑誌ならではの青少年向けの純潔を描く方向へと舵をきり続けていった，その証左であった。

• 参考文献 •

岩田重則 2003「解説 民俗学から読む『花園メリーゴーランド』」柏木ハルコ『花園メリーゴーランド』小学館.

遠藤龍雄 1973『映倫 —— 歴史と事件』ぺりかん社.

桑原稲敏 1993『切られた猥褻 —— 映倫カット史』読売新聞社.

I　純潔と異性愛

斎藤光 2007「「男女の交際と礼儀」の基礎研究」『京都精華大学紀要』33：221-238.
阪本博志 2008『『平凡』の時代 ── 1950年代の大衆娯楽雑誌と若者たち』昭和堂.
澁谷知美 2005「1950～60年代における「不純異性交遊」概念の成立と運用」東海ジェンダー研究所『ジェンダー研究』8: 99-130.
田代美江子 2003「敗戦後日本における「純潔教育」の展開と変遷」橋本紀子・逸見勝亮『ジェンダーと教育の歴史』川島書店：213-239.
田中宣一 2011『暮らしの革命 ── 戦後農村の生活改善事業と新生活運動』農文協
鳥居和代 2011「敗戦後の「青少年問題」への取り組み ── 文部省の動向を中心として」『金沢大学人間社会学域学校教育学類紀要』3: 1-13.
中山良子 2011「『乙女の性典』と純潔」『日本学報』30: 143-158.
成田龍一 2009「『平凡』とその時代」『戦後日本スタディーズ①── 40・50年代』紀伊国屋書店：219-243.
藤井淑禎 1994『純愛の精神誌 ── 昭和三十年代の青春を読む』新潮社.
矢野敬一 2007「お盆の戦後 ── 帰省ラッシュ・成人式・盆踊り」『「家庭の味」の戦後民俗誌　主婦と団欒の時代』青弓社：152-181.
吉澤夏子 2000「性のダブル・スタンダードをめぐる葛藤 ──『平凡』における〈若者〉のセクシュアリティ」『近代日本文化論8　女の文化』岩波書店：201-225.

# 第5章 「感じさせられる女」と「感じさせる男」
── セクシュアリティの二枚舌構造の成立

田中亜以子

## はじめに

　鼻にかかったあえぎ声。そして，思わずもれ出たかのような恍惚の吐息。男と女の濡れ場には，女の声がつきものである。目には見えない性的快楽が，そこに存在していることを伝えるのは，男の声ではなく，女の声なのである。このとき女は快楽を「感じる」主体として，あるいは，自らの意図とは裏腹に，いやがおうにも快楽を「感じさせられてしまう」主体なき客体として存在している。反対に男はもっぱら女を「感じさせる」主体として存在する。

　男は女をイカセるものであり，女はイクものであるというお約束。ときにもっとも本能に近い行動であるとされる異性間セックスは，その実，社会的に構築されたジェンダー規範にまみれている。そのような規範の存在は，もちろん現実の性行為にも影を落とす。いまこの瞬間にも，きっとどこかの男女が，思いやりと愛情をもって，あるいはひとりよがりに，あるいは仕方なしに，あるいは無自覚に，「感じさせる男」と「感じさせられる女」を演じているにちがいないのである。

　では，私たちはそのようなプロトタイプを演じながら，実のところ何をしているのだろうか。すなわち，「感じさせられる女」と「感じさせる男」を演じることで，私たちは「男」と「女」にまつわる，どのような物語を再生産しているのだろうか。

I　純潔と異性愛

　まさしく男の支配と女の服従の物語である，という回答を用意するのが，近年の批判的言説である。例えば，田中雅一は次のように述べる。

> 快楽を与えることが，与えられる側に従属を強いるということはよくあることです。気持ちがいいからすこしくらいいやでも言いなりになる（略）反対に快楽を与える側は，与えるということ自体に快楽を見出します，なぜなら快楽を通じて他人を言うがままにできるからです（略）与えられる側は快楽を感じる真っ只中で無力さを感じてしまう。この快楽は二人で生み出したのではなく，一方的に与えられたものだから無力を感じるのです（田中雅一 2010：17）。

　こうした快楽による支配の物語は，1つの幻想の上に成り立っている。男が女に与える性的快楽が，女を自発的に服従させるほど強烈なものだとする，ファロセントリックな幻想である。だからこそ上野千鶴子は，快楽による支配の物語とは「女とは何か，何物であってほしいか，についての男の性幻想」でしかないと喝破する（2010：15）。そうであれば，男は「感じさせる男」を演じながら自らの「性幻想」に酔い，女は「感じさせられる女」を演じながら「男の性幻想にはまって，その中で〈夢の女〉を共演してあげ」ているということになる（同：20）。

　では，「感じさせる男」と「感じさせられる女」とは，究極的には男の支配幻想であると糾弾して片付けてしまえばいいのだろうか。だが，話はそう単純ではない。というのも歴史に立脚する論者は，男が女に快楽を与えるという規範に対して，支配の物語とは異なる論点を提示しているのである。

　それらの研究によると，「感じさせる男」と「感じさせられる女」というありようは，20世紀欧米の性科学の知見に基づくものであり，日本では1910〜20年代に流入，戦後になって広く規範化されていったという（橋爪 1995，赤川 1999，荻野 2008 など）。それは性的快楽を「オーガズム」というすべての女性が「感じる」べき医学的実体として把握しつつ，受動的な性欲しかもたない女性が「オーガズム」に到達するためには能動的な男性の導きが必要であるとする，当時の欧米のジェンダー観とともに，セックスとは男だけでなく男女（夫婦）がともに楽しむものであるとする価値感の流入を

伴っていた。だからこそ，それは女にとっての「福音」だった（赤川 1999：200），あるいは，「オーガズムを得る権利」として女たちに「歓迎」されたと指摘される（荻野 2008：238）。すなわち，男だけでなく女も快楽を得るという快楽の平等にこそ，この規範の「新しさ」があったというのである。

してみると，「感じさせられる女」と「感じさせる男」という役割規範は，歴史的文脈においては平等が，現代的観点からの批評においては支配が読み取られるというねじれの中に置かれていることになる。光の当て方によって男女平等の1つの形のようにも，支配の象徴のようにも見えるのが，「感じさせられる女」と「感じさせる男」の複雑さなのである。ならば私たちがなすべきは，どちらか一方の性質を指摘するに留まらず，両者が隣接していることの意味を考えることにほかならない。

では，そのような試みには，どのような意義があるのだろうか。私たちは親密な一組の男女の関係を国家の基盤に据える，異性愛の制度化された社会に生きている。そして，親密性の基盤とされるのが，まさに「感じさせられる女」と「感じさせる男」が演じられる舞台である異性間のセックスなのである。だとすれば，私たちの社会はもっとも根本的なところで，支配とも平等とも読める曖昧なジェンダー秩序を内包しているということになる。すなわち，「感じさせられる女」と「感じさせる男」を分析の俎上にのせるということは，女は男に支配されていると糾弾するほどでもなく，かといって男女平等が達成されているとも言い難い社会の抱える困難に，言葉を与えようとする試みなのである。

こうした問題関心から，本章は男性が女性を快楽に導くという非対称に，支配と平等の2つの解釈が付与されることになった歴史を解き明かしていく。舞台となるのは「感じさせられる女」と「感じさせる男」というありようが，強力に規範化されていった1950年代である。まずはじめに，戦後の「正しい」セクシュアリティ規範を形成していった知識人たちの言説を分析の俎上にのせる。続いてそうした規範がより大衆的な言葉で広く一般に伝えられていった様相を浮かび上がらせるために，2つの雑誌に着目する。2つの雑誌とは，1949年6月に創刊され，既婚男性を主たる読者とした『夫婦生活』，および，1950年代を通して女性月刊誌の中で最も読まれた雑誌であ

I 純潔と異性愛

り続けた『主婦の友』である。専門家の言葉と娯楽雑誌の言葉，あるいは，男性に向けられた言葉と女性に向けられた言葉。それらはいかに異なり，いかに呼応したのか。そのことを考察することよって，本章は，異なる「物語」が複層的に配置された，二枚舌ともいうべき戦後のセクシュアリティ規範の正体に迫ることになる。

## 1 男性知識人主導の「平等」

　妻を快楽に導くことを夫の役割とする言説は，すでに1910〜20年代においてみられるものである。にもかかわらず，そうした言説が本格的に浸透しはじめるのは戦後のことである。それはなぜなのか。本節では，戦後になって「感じさせられる女」「感じさせる男」というありようを積極的に推進した知識人たちが，何を考えていたのかということを，戦前から戦後にかけての時代状況の変化とともに明らかにする。

　まず，1910〜20年代の状況として押さえておかねばならないのが，性と愛と結婚の一致という理想の登場により，性を愛情の問題として認識する枠組みが提供されたことである。それは男性の買春が，本人の品位の問題としてではなく，妻への「裏切り」という罪悪として新たに解読されるようになったことを意味する。おりしも買春によって「花柳病」（性病）に罹患した男性が，妻や子にも病気を感染させるという状況が社会問題として認識されはじめてもいた（渋谷 2008）。夫婦間セックスに結婚・愛情の基礎として過大な価値が付与されるとともに，野放しになっている男たちの性をどう婚姻内に囲い込むかということが，それまでとは異なる熱心さによって論じられたのが，1910〜20年代という時代だった（赤川 1999：193-97）。

　このとき夫婦間セックスの価値向上は，夫だけが満足を得るのではなく，夫が妻を導き，ともに満足を得る夫婦間セックスこそを「正しい」とする言説の登場とセットになっていた（赤川 1999：197-98）。しかし，妻の満足という視点は，どう夫を満足させるかという問題を前に，依然として影が薄かった，あるいは，骨抜きにされたというのが，実情だった。どういうことか。

その答えは，例えば『夫婦の性的生活』と題する通俗的な性科学書の，次のような一節に見出すことができる。

> 亭主が放蕩に身を持ち崩して，妻を顧みないやうな耽溺生活をやつて居る者の中には，私等から見て同情に値する者も少く無い。元来，夫が妻を愛するのは，その温順優婉であつて，詰り弱者劣者と看做されてゐるからである。それ故，妻たるものは始終夫に愛されるやうに努めなければならない（略）芸者，其の他の売笑婦は，甚だしき弱者劣者であるが上にも，男子の愛を惹くやうに，種々の方法を尽すから，自ら之に耽溺するやうになるので，其の（夫の放蕩の —— 引用者）元はといへば，妻の心得が悪いからである[1]。

夫の不貞の原因を妻に帰し，夫の愛を得るための努力をいっそう妻に求める言説は，『主婦之友』など当時のミリオンセラーの婦人雑誌においても幅をきかせていた。このような風潮は妻が性的快楽を「感じない」ことさえも，妻ではなく夫に不満を与えるものとして認識させる状況を現出させていた（田中亜以子 2010）。すなわち，夫の婚姻外性行為を予防し，性的一夫一婦制を実現するという使命を課された夫婦間の性において，妻の満足は二の次だったのである。貞操の平等が，快楽の平等に優先されたと表現することもできる。

こうした状況に進展が見られるのが，戦後である。夫婦間セックスをめぐる言説は，性的一夫一婦制の実現を前提に，さらなる性の平等を求めていくことになる。それは，例えば厚生省人口問題研究所の篠崎信男の，次のような言葉に明確に示されている。

> 封建制度は「人間」を尊重するよりも，家とか身分とか言うものを重視したために専らそれは男性中心的な性の発展であつた。（略）そして蓄妾制度や，公娼制度が何ら矛盾なく昨今まで存在していた。（略）「性」とは飽くまで男女の二基点を中心にして展開す可きであるのに，一方の便宜のためのみの性はそれ丈でも不健康であり暗いものである，そして女性は無智的，盲目的となり，自らの性を人間そのものより葬つてしまつたように思われる[2]。

---

1) 田中香涯『夫婦の性的生活』日本精神医学会，1922 年（斎藤 2001：137）。
2) 篠崎信男「人口問題に立つ性教育」『めざめ』栃木県公衆保健協会，1950 年 4 月。

## I　純潔と異性愛

　「蓄妾」や「公娼」に支えられた一夫多妻的な性秩序への篠崎の批判は，戦前のように男性の性の乱脈自体に焦点を絞るのではなく，一歩進んで，そのことによって妻の性が葬り去られていることを問題にしている。このような視点は，1949年に性のマニュアル本『あるす・あまとりあ』を出版し，「性の伝道師」として一躍ポピュラーな存在となった高橋鐵においても貫かれていた。性知識の普及に生涯を捧げた高橋は，「妻を娶ってからも，公然と遊里に足を向け」る男たちが，「娼妓から多くの快楽を得ていた」のに対し，妻の「快楽」は「蚊帳の外に置かれて」いることを，何よりも問題視していたのである（鈴木 1993：14-15）。では，性的に「無智」で「盲目」な状態に留め置かれ，性的快楽から疎外されている妻たちは，いかなる形で救済されるべきだったのだろうか。東大名誉教授の永井潜の言葉を借りるならば，夫が「前戯によつて，相当程度の性的興奮を妻に起こさせた後，始めて性交に入る」ことによって，妻に「オルガスムス」を与えること。それが「気の毒」な妻たちを救う正当な道であった[3]。

　このように快楽の平等という課題が戦後になって前面化した背景には，戦前には検閲によって発禁あるいは部分的に伏字にされていたオーガズムや性技巧についての具体的な記述が，戦後になってはじめて可能になったという事情が1つある。例えば，1930年に発禁の憂き目を見たヴァン・デ・ヴェルデの『完全なる結婚』が1946年になって再出版され，ベストセラー化している（橋爪 1995，川村 1998）。『完全なる結婚』は，幸福な性生活を実現するために妻を「オーガズム」に導く責任を夫に課し，そのための技巧や体位を詳細に記述した性のマニュアル本である。詳細な性技巧や体位の記述が当時どれほど新鮮なものだったかということは，当時行われた性調査の結果から窺い知ることができる。後述する篠崎信男による調査では，「前戯」を行う夫婦の割合は半数に満たなかった[4]。「前戯」を行い，いくつかの体位を用いて夫婦間の性行為を楽しむという意識は，当たり前のものではなかったのである。

　さらに夫婦で性を楽しむという意識を後押ししたのが，戦後社会の避妊に

---

[3]　「性生活扇の要オルガスムス（絶頂性感）の医学大特集」『夫婦生活』1951年1月号。
[4]　篠崎信男『日本人の性生活』文芸出版，1953年，66頁。

対する態度の変化である。人口の急激な増加という国家的課題を前に、受胎調節（避妊）の普及は、1952年の優生保護法改正によって国家政策となった。戦前の避妊経験率は、1952年に行われた厚生省人口問題研究所の調査結果からの推計によると、1939年に5.3％、1944年に6.3％という数字であった[5]。避妊知識は都市部の限られた層のみが有するものであり、かつ、「享楽的」な目的で避妊を行うことを堂々と肯定することはできない雰囲気があった（荻野 2008：80-85）。避妊の普及の国策化の流れは、避妊経験率の上昇とともに、夫婦が性生活を楽しむこと自体を目的に避妊をすることから罪悪感を払拭していった。むしろ「ただ機械的に子供を生み」、「垂れ下がる乳房、背中に泣きつく赤子、胸にしがみついている別な幼児[6]」。こんな母親像が否定された。そして「何時までも、若く美しく容色を保ち、夫の愛を強くひきつけたい[7]」。そんな女性像が肯定されていった。

　こうした中、男性が技巧を用いて女性を快楽に導くセックスこそを「正しい」ものとする認識に強力な根拠を与えたのが、アメリカにおける「性の実態」を統計的に提示した、いわゆるキンゼイ報告である[8]。キンゼイ報告は1950年代を通して多くの雑誌にダイジェスト版が掲載され、「文化的」な性生活の「一つの基準」[9]として、日本の実態との差異が話題にされた。例えば、先の篠崎信男は1949年5月から1952年8月までに、合計2000人余を対象に性行動に関する面接調査を行い、その結果をキンゼイ報告と比較している。篠崎によると、アメリカでは「正常位、横臥位、背後位、騎坐位、直立位」が幅広く行われているのに対し[10]、日本では84.5％の夫婦が正常位のみの性交を行い、2つ以上の体位を使うものは8.7％しかなかった[11]。さらに、アメリカではすべての階層で75％以上の夫婦が「接吻（唇）、接吻（舌、唇）、

---

5) 本多龍雄「毎日新聞社人口問題調査会の産児調節に関する第3回世論調査」『人口問題研究』62号、1955年12月。
6) 篠崎信男「結婚生活の実態と産児制限」『婦人の世紀』1号、1949年8月。
7) 岡田廉三・青柿善一郎『最新各種法避妊実行詳説』優生科学協会、1947年（荻野 2002：185）。
8) 1950年には『人間に於ける男性の性行為』その後、1954年にはキンゼイ報告女性版が翻訳出版された。
9) 高橋功「キンゼイ報告雑感」『学鐙』1953年12月号。
10) 篠崎信男『日本人の性生活』文芸出版、1953年、54頁。
11) 同、55頁。

乳房按擦（手指），乳房按擦（唇），局部按擦（手指）」などを実行しているのに対し[12]，日本では「前戯」を行うものは43.7%のみであり[13]，そのうち81.2%の夫婦が「前戯」を行うといっても正味10分未満で済ませていたという[14]。日本に引き比べて「先進アメリカ」ではさまざまな技巧や体位が実践されている。その事実を目の当たりにした篠崎は，「性愛技戯こそ（略）性生活に於ける大きな文化的要素[15]」であると結論づけている。「性愛技戯」は，日本人の性を「生物学的段階」からアメリカ並みの「文化史的段階[16]」へと進化させる鍵であった。そして「性愛技戯」の有無は，そのまま女性の快楽の有無と結びつくものであった。なぜなら，「性愛技戯」とは本質的に女性に快楽を与えるための手段として理解されていたからである[17]。すなわち，日本人の性がアメリカ人並みに到達したかどうかは，日本人女性の性的快楽の有無によって測られることになったのである。性的快楽から阻害されてきた女たちを「性愛技戯」で救い，男女平等な「民主的夫婦」を実現することが，ひいては新日本の文明度を向上させることになる。こうした議論は，篠崎に限らず，この時代に夫婦の性について発言する知識人に広く共有されるものだった。

　このように女性の性的快楽が男女平等のメルクマールとされたことは，セックスを単に挿入・射精の快楽であるとのみ理解し，妻の感じ方を度外視する男性の意識を改革することであり，結果的に女性にとって喜ばしいことであったといえるかもしれない。実際，女性の快楽に配慮しない男性は「封建的なモラルの棲みついた男ども[18]」と罵倒されることとなった。しかし，それは当事者である女性たちによって要求された平等のあり方ではなく，あくまでも男性知識人たちによって設定された平等であった。そのことは，性的快楽を知らない女たちが，むしろ侮蔑の対象となったことに如実に表れて

---

12) 同，69頁。
13) 同，66頁。
14) 同，71頁。
15) 篠崎信男「現代性生活の実態 ── その振舞態度と産児制限」『厚生時報』1949年12月。
16) 篠崎信男「人口問題に立つ性教育」『めざめ』栃木県公衆保健協会，1950年4月。
17)「男性の快美感は早く，女性は遅いので，このズレを性愛技巧によって調整する事が大切なのである」（篠崎信男『日本人の性生活』文芸出版，1953年，68頁）。
18)「性モラルのゆくえ」『知性』1955年6月号。

いる。「性的満足とは如何なるものか」知らず,「ただ仕方ない,夫が要求するから,そのまま関係している[19]」という女性たちを,篠崎は「去勢された豚の如く」と軽蔑し,「何と言うだらしのない奥さんかとも思う[20]」と呆れている。快楽から阻害された女性たちのための平等は,当の女性たちを置き去りにしたまま,民主的夫婦の創造や新日本の建設といった大義と結びつけられて出発したのである。

では,男性知識人の主導した「平等」は,いかなる大衆的あるいは商業的な言葉を獲得し,浸透していくことになったのだろうか。

## 2 夫婦雑誌の流行

夫婦の性生活をテーマにした月刊誌『夫婦生活』が創刊されたのは 1949 年のことである。同誌は,発売当日に 7 万部を完売,すぐに 2 万部増刷されたという伝説に加え,1950 年の新年号は 35 万部を突破,廃刊される 1955 年まで毎月 15 万部から 20 万部の売り上げを堅持し続けたという記録を有す[21]。こうした『夫婦生活』のヒットは,続々と模倣誌が出版される事態を招いた。『結婚生活』『夫婦界』『完全なる夫婦の生活』『夫婦読本』『夫婦雑誌』『結婚雑誌』『新しき夫婦の生活』など,1950 年当時「夫婦もの」と呼ばれる一群の性雑誌は,東京発行のものだけで月々 8 種,総計 100 万部は出ていたとされる[22]。『夫婦生活』は,夫婦雑誌の流行という現象を巻き起こしたのである。いったい『夫婦生活』とはいかなる雑誌だったのだろうか。

『夫婦生活』の発行元である鱒書房は,同雑誌を創刊する前年に『話』という雑誌上で「ヴァン・デ・ヴェルデの日本への応用」として「夫婦の性生活」という特集を組んでいる(山本 1998:28)。『夫婦生活』が創刊されたの

---

19) 篠崎信男「結婚生活の実態と産児制限」『婦人の世紀』1 号,1949 年 8 月。
20) 同。
21) 『夫婦生活』の元編集長によると,発行部数は,50 年 22〜27 万部,51 年 20 万部,52 年 18 万部,53 年 17 万部,54 年 15 万部であったという(駒込公平「『夫婦生活』始末記」『文芸春秋』1957 年 7 月号)。
22) 「性学名士の正体と夫婦雑誌の内幕」『真相』37 号,1950 年 2 月。

は,その号が大変よく売れたためであった。ヴァン・デ・ヴェルデとは性愛技巧や体位を詳述した性のマニュアル本『完全なる結婚』の著者である。たしかに『夫婦生活』では「私はこうされると燃えてくる／僕はこうされるとたまらない」,「どこをどうすればいいか？」といったセックスの具体的方法を教える記事が繰り返し掲載されていた。戦前においては伏字にされ,包み隠されていた性知識への渇望が,夫婦雑誌の流行の根底に存在したことはまちがいない。

だが,それだけではない。『夫婦生活』には『完全なる結婚』などのマニュアル本にはない2つの特色を有していた。第1に,夫婦の性を論じることが,国家をふりかざすことで正当化されていたという点である。1949年6月創刊号の「あとがき」には,「国家社会の単位が家庭にあり,家庭の基本が「夫婦生活」」にあることから,読者の「「夫婦生活」をいつまでも幸福に,そしてより一層楽しいものにする」ことが同誌の役目であると書かれている。「より一層楽しいものにする」とは具体的には「民主的な」新日本にふさわしい「男女平等」な,すなわちアメリカ並みの夫婦関係を実現することだった。例えば,「夫婦で編み出せ性愛のエチケット」という記事のリード文には次のようにある。

> 口に民主主義を唱えながら,夫婦生活となると,まことに旧態依然,封建的な日本人が,いかに多いことだろう。したがつて,日本の夫婦生活の改善改良の余地は多すぎると云つてよいのだ。ところで,夫婦生活でも,特に機微に属する性生活の面に於いて,先進アメリカの実態は果たしてどうか？[23]

このときアメリカを根拠に語られた「正しい」性生活とは,まさしく男性が女性を導き,オーガズムに至るセックスを意味している。「西洋では,不感症の婦人が一〇―四〇％の範囲にあるといわれているが,日本では,それが五〇％以上もあるという報告がなされているくらいで（略）誠にもつて気の毒という他はない[24]」というダイレクトな比較もなされた。『夫婦生活』は,日本の民主化を見据えて性的快楽の男女平等を説くことを表向きの使命とし

---

[23]「夫婦で編み出せ性愛のエチケット」『夫婦生活』1949年12月号。
[24]「性生活扇の要オルガズムス（絶頂性感）の医学大特集」『夫婦生活』1951年1月号。

ていたのである。

　このような方向性は前節で論じた知識人たちと同様のものであるが，それもそのはずで，彼らこそが『夫婦生活』の理論的支柱となっていた。厚生省人口問題研究所の篠崎信男をはじめとして，望月衛（東洋大学教授），朝山新一（大阪市大教授），福岡武男（性科学研究所）といった性に関する当時のオピニオンリーダーや，厚生省人口問題研究所総務部長の舘稔，文部省純潔教育委員の山本杉，売春問題に取り組んだ神崎清（厚生省児童福祉委員），産児調節運動を牽引した医師で元国会議員の太田典礼など，「政府」に関わる錚々たる顔ぶれが『夫婦生活』の常連執筆者だった。彼らは「民主化途上にある」日本において「健全なる性生活を樹立すべく」，1950年12月に「性問題研究会」を立ち上げており[25]，1954年6月からは『夫婦生活』に「性問題研究会の頁」が恒久的に設けられ，同会の毎例会の公演内容の解説，および，会員登壇の場とされた[26]。彼らが国民を啓蒙するためのひとつの回路として用いたのが，『夫婦生活』だったのである。

　例え建前であったとしても，『夫婦生活』が民主的夫婦の実現という大義を擁していたことは，それまでタブーとされていた赤裸々な性知識・性描写を手にする読者に，いくばくかの安心感を与えたのではないだろうか。

　ただ，『夫婦生活』は同時代の一般読者に啓蒙書であるなどとは夢にも認識されていなかったし，啓蒙記事だけが『夫婦生活』を構成していたわけではない。毎回巻頭の数ページを飾った女性のヌード写真や，「娘の夫との不倫関係に悩む未亡人の告白」や「強盗と人妻の一夜」といった煽情的な読み物が，『夫婦生活』にポルノグラフィーとしての色彩を強く与えていた。さらに，性に関する医学的知識や性技巧を伝える記事でさえ，ポルノグラフィーとして読まれることを志向していることが明確に読み取れるものが多かった。それが，いわゆる「堅い」マニュアル本にはない，『夫婦生活』の第2の特色である。したがって，『夫婦生活』は，医学記事を目玉にすえる

---

25) 発起人：篠崎信男，金子栄寿（慶大医学部教授），古沢嘉夫（墨田病院），福岡武男（性科学研究所），小野常徳（警視庁技師）。
26) 「"性問題研究会の頁"創設に寄せて」『夫婦生活』1954年6月号。

ことで「エロ本であることをカムフラージュ」した「エロ本[27]」,あるいは,「合法的に結婚して夫婦生活をしているという形式をとることで最低線を確保している」「完全なるポルノグラフィー」であるといった評価も与えられた[28]。発禁の網をかいくぐる予防線のはられた「巧妙なエロ本」,それが『夫婦生活』に対する同時代の主要な見解だった。実際『夫婦生活』は,1955年に母の会らによる「見ない読まない買わない」の「三ない運動」と呼ばれる悪書追放運動のターゲットにされ,「エロ本」取締りの中央立法化の動きもある中,55年6月号をもって自主廃刊されるという歴史を歩んだ。

　だが,ポルノグラフィーであることを志向する,とはどういうことだろうか。ポルノグラフィーとしての意図がなくても,ポルノグラフィーとして読まれることは往々にしてある。それがポルノグラフィーであるかどうかは,最終的には読む者にゆだねられるのである。したがって,自らポルノグラフィーであろうとするということは,ポルノグラフィーとして読まれるために,読む者の性的幻想に最大限迎合しようとすることである。それは「こうあるべき」新しいセクシュアリティではなく,「こうあってほしい」という既存の欲望に応えることである。

　それまで隠されていた性技巧や医学的性知識の具体的記述を満載しながら,「民主的夫婦」の形成という国家と結びついた大義によって表向きの手の取りやすさを確保し,そこにポルノグラフィーとしての娯楽性,読みやすさが添えられている。それが『夫婦生活』であった。

　では,そうした『夫婦生活』において,夫婦間セックスはどのようなものとして描かれたのだろうか。特に「こうあるべき」という大義と「こうあってほしい」というポルノグラフィックな欲望との間に必然的に生じるように思えるズレは,どのように調整されたのだろうか。次節では『夫婦生活』の世界を探求する。夫婦2人で読む雑誌という体裁がとられていたものの,読者の大半は既婚男性であった[29]。したがって,それは夫たちの世界と言い換

---

27)「そのものズバリの"夫婦もの"」『サンデー毎日』1955年5月15日。
28)「夫婦雑誌を俎上にする」『中央公論』1950年2月号。
29)『夫婦生活』創刊一周年を記念して1950年6月号に添えられた「愛読者カード」による読者調査を見ると,回答総数3210票(7月31日までの到着分)のうち,20代男性1264人,30代男性773人,20代女性380人,以下40代男性,30代女性,50代男性,40代女性と続き,6割が

第5章 「感じさせられる女」と「感じさせる男」

えることができる。

## 3　『夫婦生活』の世界

　『夫婦生活』の元編集長によると[30]，読者に最も人気のあった特集は，セックスを楽しむための技巧や工夫，注意を具体的に48項目紹介する「四十八手もの」と呼ばれる性技巧特集だった[31]。四十八手と銘打たなくても「妻が夫にこうして欲しい秘技25手／夫がこうして欲しい15手[32]」，「奥様が狂乱する旦那様のベッド戦術／旦那様が狂喜する奥様のベッド戦術[33]」など，夫婦がともに快楽を得るための性技巧を特集した記事は『夫婦生活』の目玉となっていた。タイトルからも明らかなように，こうした特集では性技巧の伝授が，男性側だけでなく女性側にもなされていた。このことは，注目に値することである。なぜなら，ヴァン・デ・ヴェルデの『完全なる結婚』においても，快楽の平等を説く知識人の言説においても，男性が女性を導く方法のみが論じられ，女性側の役割が言及されることはなかったからである。では，男女双方になされた指南の内容は，それぞれいかなるものだったのだろうか。
　例えば「奥様が狂乱する旦那様のベッド戦術／旦那様が狂喜する奥様のベッド戦術」という特集で，男性側になされた指南は11項目ある。その内訳は，前戯に関することが5項目，甘い台詞や「ごっこ遊び」によるシチュエーション作りに関することが3項目，挿入時の注意点が2項目，体位に関することが1項目であった。対して女性側になされた指南は10項目あり，その内訳は，身だしなみや身体美に関することが4項目，よがり声など男性のアクションに対する反応に関することが2項目，挿入時に男性の動作に呼吸

---

　　20〜30代男性であった。既婚・未婚の別では，男性既婚者1896人，女子既婚者657人であり既婚者が全体の8割，うち男性既婚者が7割5分を占めている（『夫婦生活』1950年10月号）。
30）駒込公平「『夫婦生活』始末記」『文芸春秋』1957年7月。
31）「夫婦の性生活四十八手・大特集」『夫婦生活』1950年12月号，「夫婦円満・性愛秘法四十八カ條・大特集」同，1951年4月号，「新編・夫婦の四十八手お好み性技あの手この手」同，同年12月号など他多数。
32）『夫婦生活』1953年4月号。
33）『夫婦生活』1953年11月号。

を合わせる方法が2項目，男性器とその周辺への刺激方法が2項目となっている。男性に対して教えられたのが前戯や挿入によって女性を快楽に導くことであったのに対し，女性には「見られる身体」であること，そして男性のリードに反応し，歩調を合わせることが主として求められている。

　女性側に与えられた役割は，受動的なものであったといえよう。しかし，男性だけでなく女性にも役割が指導されたことは，見かけの「能動/受動」に反して，女性にも「受動的」な役割を「能動的」に担うことが期待されたということである。そこでは，例えば男性に「見られること」は，「美しい体を見せつける」ことだと解釈される。「オーガズム」を「感じさせられる」ことにしても，単なる客体ではなく，「感じていること」を「表現する主体」であることが求められた。「不意にためいきをつきながら，陶酔というか，羽化昇仙というか，充分に満足している如く，大いに喜び，大いに楽しんでいる，という風に見せて下さい[34]」と，具体的に「感じる女」の演じ方が指導され，特に男性に「与えた」という満足感を与えるためには「夢から醒めたような」落差をつくりだすことがポイントであるとされた[35]。

　ここでは「気の毒」な女性を救済するために，男性が一方的に「オーガズム」を与えるという構図は存在しない。「感じさせる男」であることを求められた夫とともに，妻も「感じる女」を積極的に演じることによって，「オーガズム」の一致を目指す努力の中に組み込まれているのである。このことは何を意味するのだろうか。「オーガズム」という結果の平等だけでなく，そこに至るまでの役割をもともに担うことが要求されたという点で，いっそう平等な男女関係が目指されていたという見方もできないことはない。だが，女性の役割が持ち出されたのは，セックスとは男のためのものであり，夫が妻に奉仕するよりも，妻が夫に奉仕するものであるとする戦前からの価値観を引き継いでいると読むのが正解だろう。そのことは「スキさえあれば浮気の虫がウゴメキ出そうとする旦那さまを，奥さまの肢体でガンジガラメにカラメとつて，グニャグニャにしてしまう，手練手管の虎の巻！[36]」という，妻

---

34）「妻の秘帖　良人を満足させる妻の性愛技巧」『夫婦生活』1949年6月号。
35）「夫婦円満・性愛秘法四十八ヶ條」『夫婦生活』1951年4月号。
36）「奥様ばかりの性愛講習会　かくて旦那さまグニャ、となれり」『夫婦生活』1952年7月号。

から夫へのサービスに焦点を絞った特集がたびたび組まれたことにも示されている。夫の役割だけでなく、妻の役割が強調されたことは、夫の負担感を減少させ、快楽の平等という「新しい」価値観を受容可能な形にしたといえよう。

さらに知識人による言説と異なるのは、性技巧の描写方法である。『夫婦生活』では、ポルノグラフィックな描写によって、夫が妻に技巧を施すことが、義務ではなく欲望に変換された。

> 指二本が、私の体中を蛇のように這つてもいいのよ。そのヘビが最後に体の内部にまで入りそうな無気味な感覚に、私は慄えあがるでしようよ。と思うと、その指は胸の上でリズムを奏でながら踊りまわる（略）あなたの歯は、かるくかるく乳首をかんで、それから強く強く吸う、私は縮みあがつて感動する[37]。

ここで紹介されている技巧は、篠崎信男の漢語的表現を借りるならば「手指による局部摩擦や乳房按擦」および「舌唇摩擦」と記述して完結するものに過ぎない。だが、想像力を喚起する「ヘビ」や「踊りまわる」といった比喩、写実性を与える「かるく」「強く」などの形容詞によって、この文章は単なる性技巧の伝達にとどまらず、明確にポルノグラフィーとして読まれることを志向していたことがわかる。このとき重要なのが、女性の語り口によって、男性の用いた性技巧が彼女に引き起こした変化 ──「慄えあがる」「縮みあがつて感動する」── が伝えられたことである。すなわち、「感じさせられる女」が描かれているのである。性交場面の喚起による興奮、そしてそこに登場する「感じさせられる女」。性技巧伝達記事のポルノグラフィックな描写は、女に快楽を与えることこそが快楽とされたことを伝える。そのことは、夫側の心情が、次のように語られることにいっそうはっきりと示されている。

> これほどにも、女性というものは、忘我の境になれるものか。しかも、その原因が、私の愛情によつて支配された結果の表われであるかと思うことにより、優越感といおうか、自己満足といおうか、そうした情感が眺め上げら

---

[37]「奥様が狂乱する旦那様のベッド戦術／旦那様が狂喜する奥様のベッド戦術」『夫婦生活』1953年11月号。

れるのである[38]。

　妻の語りが性的な快感を表現したのに対し，夫の語りが表現するのは妻を性的快楽によって支配する快感なのである。こうした心性は「妻でも商売女でも必ず男のテクニック一つでオルガスムスに達せられるものだ，これこそ，男たるものの最大の冥利[39]」であると自らのテクニックを誇る価値観に直結する。

　性技巧を教示する記事のこのような傾向と連動していたのが，毎号のように掲載された「手記」や「実話」，「防犯もの」（防犯を啓蒙する体裁をとりながら性犯罪がこと細かに描かれた）などのポルノ小説の内容である。そこでは，「人妻」がヒロインに仕立てられながら，夫婦の愛情あるセックスではなく，強姦など「正当な」夫婦関係でないセックスが描かれた。『夫婦生活』には，セックスと愛情を結びつける恋愛ファンタジーが決定的に欠如していたのである。かわりに誌面には性感帯を図示する無名の女性の裸体図が氾濫していた。そこにあるのは，自らの力で女性の身体に「オーガズム」という変化を引き起すことで女体を支配するという男性のファンタジー以外の何物でもない。

　以上からわかるのは，『夫婦生活』には明らかな二重基準が存在していたということである。前節でみたように，知識人による啓蒙記事では，男性が女性を快楽に導くとする規範は，快楽の平等を実現するものだった。快楽を知らない「気の毒」な女性を救済するという意味で，それは「女のためのもの」だった。対してポルノグラフィックな娯楽記事においては，同様の規範が支配幻想と結びつくことで，「女のためのもの」から「男のためのもの」へと変換された。同じ雑誌の中で，同じ形に２つの意味を付与することによって，『夫婦生活』は大義を成立させながら，商業誌としての成功も収めたのである。それは，平等と支配のどちらを意味するのか，男性の意図次第で行き来できる状況が到来したことを意味する。

　それでは，このとき同時代の女たちには，どのような情報が与えられてい

---

38) 「私はこうされると燃えてくる・僕はこうされるとたまらない」『夫婦生活』1953年11月号。
39) 「特集・すべての人が知らずに犯している性生活七つの過ち」『夫婦生活』1951年9月号。

第 5 章 「感じさせられる女」と「感じさせる男」

たのだろうか。この当時，女性向けの雑誌で性に特化したものは見当たらない。かわりに婦人雑誌の中に埋もれるように性に関する話題が掲載されていた。したがって，次に探求するのは，婦人雑誌の中でもっとも続まれた『主婦の友』の中の，性に関するページである。

## 4　『主婦の友[40]』の世界

　戦後の『主婦の友』誌上に，夫婦の性生活に言及した記事がはじめて登場するのは 1949 年のことである。戦前の『主婦之友』同様（田中亜以子 2010），妻に夫の浮気を予防することを求める内容の記事群である[41]。それに対して，夫を満足させることではなく，妻自身が満足を得ることに言及した記事がようやく登場するのは，1952 年のことである。初夜や新婚旅行にフォーカスしたそれらの記事は，「焦つて行いに入り，早く行いをすましたのでは，旦那様の満足はそのつど得られても，あなたの満足はいつまでたつても得られない」ので，「旦那様の胸に顔をうずめて，「嬉しいわ，とても！　幸福よ，あなた！」」などと呟き，情感が盛り上がってくるまで待つ必要があることなどを教えた[42]。

　さらに 1950 年代後半になると，夫に「オーガズム」を与えてもらうことを妻の権利とする主張が展開されていく。「男女同権とは何も社会問題だけではない。性的快楽において，同じ水準をめざすということであろう[43]」と言明したのは亀井勝一郎の論考である。そして 1956 年にはじまった「人に

---

40)　1946 年 7・8 月合併号からスタートした戦後の『主婦の友』は，戦前と同様，安定した読者数を獲得しつづけた。毎日新聞社の出版世論調査によると『主婦の友』は 1949 年から 1953 年まで最も読まれた雑誌の首位を占めているし，その後の農家向けの『家の光』に首位を取って代わられた後も，50 年代を通して女性月刊誌の中では最も読まれた雑誌であり続けた。発行部数は『日本読書新聞』に記載された用紙配給の数値によると，1947 年毎月 7 万部，1950 年 35 万部，それ以後は 50 万部から 70 万部を堅持している（古河 2007: 24）。
41)　「夫婦倦怠期のホルモン十本」（1949 年 12 月号），「こうすれば夫に愛される」（1950 年 1 月号），「夫の心を捉えておく妻の心得十ヶ條」（1950 年 5 月号），「男心をこうして掴む　二号さんばかりの匿名打ち明け話の会」（1951 年 5 月号）など。
42)　「花嫁さんの秘密手帖」『主婦の友』1952 年 6 月号。
43)　「現代夫婦論（三）快楽を求めて」『主婦の友』1957 年 12 月号。

I　純潔と異性愛

聞くのは恥ずかしい花嫁生活 ABC」という性に関する読者相談欄では,「妻の義務だと思つて,夫の要求に応じている」という投稿者に対して,「そんなことではダメです。義務ではなくて権利です。もつと積極的に,その権利を行使なさるべきです」という回答が掲載された[44]。こうした状況を受けて,誌上には「夫の要求が少なすぎる悩み」(1956 年 9 月),「夫の淡白すぎる行為に不満」(1956 年 7 月),「過労のため要求の少ない夫」(1957 年 5 月)など,自らの性的不満を訴える妻の声が花開くこととなった。

> 夫は,事が終ると,何の未練気もなく,というよりも,むしろ逃げるようにして,私からはなれて行つてしまいます。こちらは,せつかくいゝ気分になりかゝつているのに,(ごめんなさい!)いきなりそれを中断されてしまつて,何ともいえず白けた気持ちにさせられます[45]。

このように夫への不満が掲載されたのに対し,『主婦の友』には性行偽の具体的なプロセスについての記述は見当たらない。『夫婦生活』に描かれていたような,「オーガズム」に至るまでの女性側の役割から読者は免責されていたのである。にもかかわらず「感じさせられる」ことに関しては妻の「権利」として主張するという姿勢は,「感じさせる」という「義務」を担わされた夫へのプレッシャーを強化する。そのことは「夫の不安」が誌面に登場したことに端的に示されている。「花嫁生活 ABC」には,「妻に愛の実証を与え得ぬ夫」(1957 年 1 月)や「初夜の不安と疑問について」(1957 年 9 月)など,男性側からも相談が寄せられるようになったのである。「感じさせねばならない」男の困難が誌面につづられたことは,知識と手段を男性に委ね,常に「感じさせられる」という受動態であらねばならない女の不自由を相殺する。

いや,相殺するどころか,女性が抑圧者となるケースまで誌面には登場した。「私が要求しますので,ほとんど毎夜ですが,満足は与えられません。あまりダラシないので,私が怒りますと,夫はしくしく泣き出します」という読者からの投稿は,妻の欲望を満たせない男は「ダラシない」,すなわち

---

44)「私は不感症でしようか・花嫁生活 ABC」『主婦の友』1957 年 1 月号。
45)「夫の淡白すぎる行為に不満・花嫁生活 ABC」『主婦の友』1956 年 7 月号。

## 第5章 「感じさせられる女」と「感じさせる男」

男らしくないというロジックによって夫を弾圧する。それに対する回答は「夫婦間の生活では，精神的にも肉体的にも，強いものが弱いものを，いたわりながら指導してゆくべきです。強行軍をやらせてはいけません」と妻を諌め，妻が強者に，そして夫が弱者になりうることを明確に示した[46]。女を忘我の境地に導いてしまう男は男らしい。であれば，女を感じさせ得ない男は男として失格であるという命題が成立する。『主婦の友』は後者を強調することによって，支配者ではなく弱者としての男性を演出した。もともと性的弱者である女性を救済するという，男性知識人のパターナリスティックな態度に満ち溢れていた規範を，逆手に取った形である。ここでは，むしろ男に奉仕を要求する女こそが支配者なのである。『夫婦生活』において，女を「感じさせる」ことが男の支配欲を満たすものとして演出されたのと好対照をなしている。男の雑誌世界と女の雑誌世界は，それぞれの読者を強者とする対極的な「感じさせられる女/感じさせる男」規範を提示していたことになる。

しかし，2つの世界は交わらないまま並立していたわけではない。女の雑誌世界は，男のファンタジーへの配慮を見せる。どういうことかというと，夫婦間セックスそれ自体がトピックになるときには，上記のように妻の権利が主張されるのに対して，夫の浮気や避妊の実行など，夫婦の性の周辺に位置する問題が焦点化されるとき，『主婦の友』は論調を大きく変化させるのである。

夫の婚姻外性行為の問題は戦後になって消失したわけではない。1958年に売春防止法が完全施行されるまでは赤線地帯という場所が，その後も男性には常に「風俗」という選択肢があった。男性には婚姻内と婚姻外の2つのセクシュアリティを行き来する自由が許容され続けたのである。したがって，『主婦の友』においても，「それ（夫の婚姻外性行為 —— 引用者）に対抗するためには（略）「貞淑な妻はたつた一人の夫に対して淫婦になることだ。」—— 恥ずかしがらないで，実行すべきですね[47]」というアドバイスが掲載された。「無関心だつた寝室のサービスにつとめ」たら，夫が「家にいる日が

---

46)「夫婦の愛情生活はむさぼるべからず・花嫁生活ABC」『主婦の友』1957年7月号。
47)「夫への不平不満をぶつける座談会」『主婦の友』1953年11月号。

I　純潔と異性愛

多少は多くなりました[48]」と，性的サービスによって夫の浮気を克服した体験談も寄せられた。ここでいう「淫婦になる」「サービスにつとめる」とは，具体的にどのようにすることなのか明示されてはいない。しかし，「夫の要求が多すぎる」ことを悩む投書に対して，「妻が受身にばかり立っていないで，むしろ積極的に出て，大げさなほどの喜びを表現してみせると，夫はそれにつられて，ひどく興奮しますので，質的に充分に堪能し，したがつて回数は少なくなるものだ[49]」というアドバイスがなされている。このことから類推すると，夫へのサービスとは大げさに快楽の表現をすることだったのではないかと考えられる。だとすれば，ここでは妻の「オーガズム」は夫の幻想を満足させる手段でしかない。

　妻の「オーガズム」が夫を満足させる手段として推奨されるもうひとつの場面は，避妊をめぐる議論においてである。避妊をめぐる議論に，なぜ妻のオーガズムが関係してくるのだろうか。まずは「夫はバス・コン[50]がきらい？」と題する1954年の『週刊読売』の記事から，当時の避妊をめぐる状況を紹介したい。記事には1953年6月に東京都内で唯一の受胎調節モデル地区に指定された墨田区墨田町四丁目における一ヵ年の報告資料の内容が転載されている。その報告資料によると，避妊の「"失敗"の原因は五五パーセントまでが「夫の非協力」であり（略）夫が飲酒したうえ，器具，薬品の使用を面倒がって妻に強要した場合が大多数」であったという。そして，「いかに夫たちへ呼びかけるか」が今後の重要課題であるという言葉によって資料は結ばれた。避妊への夫の非協力は『主婦之友』誌上の座談会においても主婦たちの嘆くところとなっていた。例えば，1951年9月号の「主婦と各界権威の安くて確実な避妊法懇談会」では，「この頃は避妊の知識も普及して来ましたが（略）まだまだ男の方の協力が足りないようです」，「私の場合神経質になりすぎるほど真剣です。けれど，どうも主人がいゝ加減で……」，「夫側がもつと理解してくれたら，避妊もやりやすいですのにねえ」という

---

48)「夫の異性関係に妻はどんな態度をとつたか」『主婦の友』1956年9月号。
49)「夫の要求が多すぎる花嫁・花嫁生活ABC」『主婦の友』1956年11月号。
50) バス・コンとはBirth Controlの和製略語。

調子である[51]。すなわち，避妊を実践する上で障壁となっていたのは，知識の欠如でも，避妊具の不適切な使用でもなく，何よりも夫の無理解であるという状況が存在していたのである。

『主婦の友』の避妊特集記事によれば，避妊に協力しない夫側の言い分はこうである。「「コンドームは，今日はきらしてしまいました。」と，すましていられると，つい腹が立つてくる。腹を立てながらの産制（産児制限 ── 引用者）が，うまくいくはずがない。それで妻は一度流産し，二回中絶をしてしまつた[52]」。あるいは，妊娠を恐れる妻の心は「性交時の眼づかいに，姿勢に，言葉遣いに現れてくるので，自然と行為も厭々ながら行われるようになつてしまう[53]」として，ついに買春を行ってしまったという男性の告白も掲載されている。こうした夫側の言い分の理不尽さを批判する前に，『主婦の友』は妻たちに「（男の）得手勝手なところを，上手にリード[54]」してやることを指南した。夫を「上手にリード」しなければ，夫はふてくされて避妊なしの性交を強要するかもしれないし，もしくは，ふてくされて買春するかもしれない。だから，夫をうまくあしらえというのだ。「満足さえ与えてやれば，世の夫は昼間では見られぬやさしさを示す[55]」というわけである。

このとき夫に「満足」を与えるためのひとつの鍵が，妻の「オーガズム」であった。例えば，「一人相撲をとつている虚しさは，不感症の妻をもつ男性以外には，味わい得ぬ深刻なものです」と「不感症」の妻をもつ苦しさを吐露する男性からの投書では，そのことが避妊に積極的になれない理由ともなっていたことが明かされる。「人形を抱くような気持ちの私には，何としても産制（産児制限 ── 引用者）に積極的になれず」，「数度望まぬ妊娠をさせてしまいました」と[56]。この男性はその後『主婦の友』に広告されていた「不感症治療薬」である女性ホルモン剤を妻の膣に注入した。すると妻は「奇跡的に，今までなかつた反応をしめし」たという。「それ以来，妻も私も

---

51) 「主婦と各界権威の安くて確実な避妊法懇談会」『主婦の友』1951 年 9 月号。
52) 「二〇三人の夫の告白　産制について夫はこう希望する」『主婦の友』1956 年 7 月号。
53) 同。
54) 同。
55) 同。
56) 「産制の新しい成功法」『主婦の友』1956 年 8 月号。

I　純潔と異性愛

新しい生活を発見した喜びにあふれ，夫婦協力して産制にも工夫をこらしています」と投書はハッピーエンドで締めくくられている。

妻の「オーガズム」が，投稿者の避妊に対する態度をここまで変えたのはなぜか。そこには投書には直接的に語られていない，時代の暗黙の了解が存在する。当時，男性が女性に「オーガズム」を与えることは，「土地を耕す農夫」[57]，もしくは「楽器を演奏する奏者」[58]の喜びと形容されていた。そして，「前戯」や「性交姿勢」の工夫を伴うこうした喜びは，挿入・射精にとどまらない新たなセックスの楽しみとして，避妊によって減退させられる挿入の快感を補うことになると考えられていたのである。投書の男性は，「楽器を演奏する」楽しみを手にすることによって，はじめてコンドームを装着することを受け入れることができたというわけである。ちなみに「産制にも工夫をこらしています」とあるのは，コンドーム装用を「前戯」の一部として組み込むことだったと考えられる。『主婦の友』では，「時間をかけて，情意の燃焼を高め，夫は妻の性感帯に優しく触れ，妻は夫のそれを愛撫しながら，ゼリーをつけ，静かにコンドームを被せ，なおその上にゼリーをつける[59]」ことが推奨されていた。避妊を成功させたい妻は，単に義務として夫に身体を差し出すのではなく，積極的に性を楽しむことが期待されたのである。

夫の浮気を防止するため，夫に避妊に協力してもらうため，夫のために「感じさせられる女」になる。夫のしてくれることに声を上げて喜び，気持ちがいいからそれを欲しているかのような態度を示す。それはとりもなおさず，快楽による支配という夫の幻想に従属することである。『主婦の友』では，一方で妻の権利として性的快楽の平等が求められながら，他方では夫の満足を優先させる道が用意されていた。男女それぞれの雑誌世界では，ともに「感じさせられる女／感じさせる男」という役割規範をめぐって平等と支配の物語が複層的に配置されていたのである。では，その全体像を見渡すと，どのような構造が立ち上がってくるだろうか。これまでの議論をまとめた上

---

57) 亀井勝一郎「現代夫婦論（三）快楽を求めて」『主婦の友』1957 年 12 月号。
58)「二〇三人の夫の告白　産制について夫はこう希望する」『主婦の友』1956 年 7 月号。
59) 同。

第 5 章　「感じさせられる女」と「感じさせる男」

で，戦後社会の基礎となったジェンダー/セクシュアリティ構造を浮かび上がらせて本章を結びたい。

## おわりに ── セクシュアリティの二枚舌構造とは何か？

　「感じさせられる女/感じさせる男」という規範は，「男性が主導権を握るという役割の非対称性」と「男女がともに快楽を得るという結果の対称性」という 2 つの顔を有している。民主主義と男女平等がキーワードとなった「戦後」という時代に，それは快楽の平等を実現する規範として，男性中心の「封建的」な性秩序から「欧米並み」のそれへという枠組みの中で，男性知識人らによって掲げられた。「結果の対称性」を基盤とした「感じさせられる女/感じさせる男」は，しかし，その受容過程において「役割の非対称性」がクローズアップされることになる。「役割の非対称性」の意味が，男と女に受容されやすい形に仕立て上げられることによって，それは浸透していったのである。

　男性を主たる読者対象とした『夫婦生活』では，妻を「オーガズム」に導かねばならないという新たに課された夫の責任が，男性に受け入れられやすい形で提示された。すなわち，男性の負担が 2 つの方法によって軽減されたのである。第 1 に，受動的とされる役割であっても女性にも何らかの役割が課されていることを強調し，男性のみが奉仕を課されているわけではないとすることによって。第 2 に，ポルノグラフィーを用いて女性に快楽を与えることを，快楽によって女性を支配する快感に変換することによってである。

　反対に女性を主たる読者対象とした『主婦の友』では，性行為において男性に主導権を渡さざるをえないというマイナスが，次の 2 つの方法によって埋められた。第 1 に，「感じさせられる」ことが女性の性的不満の解消に寄与するものであることを前面に打ち出し，受動的立場に置かれたことの不利を不可視化させることによって。第 2 に，女性に快楽を与え得ない男性を非難し，男性の主導権を女性の要求による奉仕であると読み替え，女性こそを支配者とする物語を打ち立てることによってである。

## I　純潔と異性愛

　『夫婦生活』と『主婦の友』における対極的な物語は，「感じさせられる女/感じさせる男」が，読み方次第で男を支配者とする物語にも，女を支配者とする物語にもなりうることを端的に示している。逆にいうと，それ自体にはいかなる支配も本質的には含意されていないのである。むしろ本章の分析が示すのは，支配の物語が，「オーガズム」に至るまでの役割の非対称性によって男女双方に生じる不平等感，あるいは「感じさせる男」・「感じさせられる女」であらねばならない不自由を，相殺するものだったということである。男性にとっては快楽を与えねばならないという重荷を，女性にとっては快楽を与えられる存在であらねばならないという主導権の譲渡を，不可視化したのが支配の物語だったのである。そういう意味で，支配の物語は平等の物語と表裏一体の関係にあった。平等という観点から「感じさせられる女/感じさせる男」という規範が「正しいセクシュアリティ」として強化されればされるほど，支配の物語という解釈の抜け道がついてくるという構造が顕になった。

　しかし，このとき忘れてはならないのが，〈男〉と〈女〉が対称的な位置にあったわけではないことである。男による女の支配の物語は，女による男の支配の物語の優位に立ってきた。『夫婦生活』には女性を支配者とする物語が登場しないのに対し，『主婦の友』では男性の性幻想を優先させる道，すなわち男の支配の物語に従属する道が提示された。それは単なる従属ではない。夫の浮気を防止し避妊への協力を得るという目的を達成するための，いわば「したたか」な従属であった。このことは，当時の妻たちにとっては性的な快感を得ることよりも，一夫一婦制を堅持し，避妊を成功させることの方がより重要度の高い問題として存在していたことを示唆する。

　それにしても，快楽を得る女性の権利は声高に唱えられたのに対し，女性にとってより切実な問題では下手に出るしかなかったというのは，どういうことだろうか。性の男女平等を快楽の問題とし，さらに快楽を「オーガズム」の問題とする枠組みは，すべて男性知識人によって提示されたものであった。たしかに快楽の平等が掲げられたことによって，女性の性的不満に言葉が与えられたことは事実である。しかし，多くの妻たちが自分の真の欲求（避妊・夫の婚姻外性行為の防止）を満たすために「したたか」であらねば

ならなかったのは，彼女たち自身が欲していた平等の形が権威をもち得なかったからに他ならない。妻が夫の性幻想に配慮し，従属することは制度的に強いられたものであった。何を平等で正しいとするかということを決定する社会的権力を有しているのが男性であるがゆえに，必然的に男の支配の物語が，女の支配の物語よりも力をもつという構造こそが，異性愛制度における〈男〉と〈女〉の権力関係を形成したのである。

　平等が容易に支配に読み替えられてしまう危うさを内包するセクシュアリティは，その関係が支配ではなく，平等で愛情あふれる関係であることを，個人的に証明する必要を自動的に産出する。だが，〈女〉が〈男〉の意図をうかがわざるを得ないのに対し，〈女〉の意図をうかがう必要のない〈男〉には自らの意図次第で支配と平等を行き来する自由が与えられてきた。であれば，愛と平等を証明する必要性をより多く生じさせられるのは，女の側である[60]。一方で平等幻想をまといながら，他方では男の支配の物語としても機能する「セクシュアリティの二枚舌構造」の本質はここにある。

　「ワタシと彼のセックスは，果して彼の支配欲を満たすものになっていないだろうか」。「愛があるから大丈夫」。

　平等と支配が隣り合っているということは，逆にいうと，理想的な親密性を手に入れることによって，自分だけは支配から一見免れうることを意味する。だからこそ，女たちはそうした構造自体を破棄するよりも，より強く親密性を希求してきたのではなかったか。その横で，男たちは支配と平等を行き来する特権を維持してきた。そうしたジェンダー／セクシュアリティ構造を擁する異性愛制度を，私たちはいまだに生きているのではないだろうか。

● 参考文献 ●

赤川学 1999『セクシュアリティの歴史社会学』勁草書房.
上野千鶴子 2010『女ぎらい』紀伊國屋書店.
荻野美穂 2008『「家族計画」への道』岩波書店.
─── 編 2002『性と生殖の人権問題資料集成』第 9 巻，不二出版.
川村邦光 1998「避妊と女の闘い ── セクシュアリティの戦後をめぐって」『思想』

[60] これについては，田中（2007）においてより詳細な議論を展開している。

886 号：137-159.
斎藤光編 2001『性と生殖の人権問題資料集成』第 31 巻，不二出版.
渋谷知美 2008「性教育はなぜ男子学生に禁欲を説いたか —— 1910〜40 年代の花柳病言説」井上章一編『性欲の文化史 1』講談社：41-68.
鈴木敏文 1993『性の伝道者　高橋鐵』河出書房新社.
田中亜以子 2007「ウーマン・リブの「性解放」再考」『女性学年報』28: 97-117.
─── 2010「「妻」と「玄人」の対立と接近」『女性史学』20: 53-70.
田中雅一 2010『癒しとイヤラシ』筑摩書房.
橋爪大三郎 1995『性愛論』岩波書店.
古河史江 2007「戦後日本における二つの女の性 ──『婦人公論』と『主婦之友』1946 年〜1950 年代の分析から」『総合女性史研究』24: 19-40.
山本明 1998『カストリ雑誌研究』中公文庫.

# Ⅱ
# 同性愛という概念

# 第6章 戦後日本における「レズビアン」カテゴリーの定着

赤枝香奈子

## はじめに

　現在，女性の同性愛者を指す言葉として「レズビアン」，もしくは「レズ」という言葉が使われている。この言葉をまったく知らない，聞いたことがないという人はいないだろう。しかし，レズビアンに出会ったことがある，身近にいる，テレビで見た，という人はどれほどいるだろうか。レズビアンが「いない」ことにされていること，すなわちレズビアンの不可視化は，メディアや日常生活のみならず，女性のための運動であるはずのフェミニズムにも潜んでいることは，掛札悠子（1992）らによって指摘されてきた。もちろん，レズビアンがこの世に存在しないと思われているわけではない。例えば，本章でもその一部を取り上げることになるが，大衆向けの雑誌で「レズ」を扱った記事などはいくらでも見つけだすことができる。それらはたいてい，なんらかの事件や犯罪，または男性向けポルノ，女性にめくるめく快楽を与えるようなセックスの「テクニック」などと結びつけられている。このようなスティグマ化，ポルノ化された表象と結びついた「レズビアン」，とくに「レズ」という呼称は，そう呼びかけられる当のレズビアン女性たちの多くに蔑称と認識され，自称としては「ビアン」を好む人もいる。「レズ」も「ビアン」も「レズビアン」という語から派生していることは想像できるが，では，この「レズビアン」という西洋にルーツがあると思われる言葉は，どの

ように日本に入ってきて，定着したのだろうか。

　筆者は新聞・雑誌記事を対象として，女性同士の親密な関係が「同性愛」として認識されるプロセスを考察した（赤枝 2011）。そして戦前の日本において「同性愛」は「仮の同性愛」と「真の同性愛」の2種類があるとされたこと，また前者は「エス（S）」などと呼ばれ，女学生であれば誰でも経験しうる関係として理解されていたことを論じた。性科学雑誌などでは，同性愛は「変態性欲」の1つとして，性の異常や病と位置づけられていたが，その理解がそのまま性科学雑誌以外のメディアに受容されていたわけではなかった。またジェニファー・ロバートソンは「同性（愛）心中」「同性（愛）情死」と呼ばれた，戦前の女性同士の心中事件について分析している（Robertson 1998＝2000, 1999）。これらの心中は事件ではあるが，犯罪ではない。むしろ「愛の究極」として理解されていた側面もあった。そのような女性の同性愛に対する認識枠組みは，どのように戦後へと接続されたのだろうか。この問いを解明しようとする際に手掛かりとなるのが，戦前には見られなかった「レズビアン」というカテゴリーの登場である。この，戦後に広まることになる女性同性愛者の表象が浸透するプロセスをたどることで，女性同士の親密な関係がどのようなものとして理解され，社会的に位置づけられたかを明らかにすることができるだろう。序章で述べられている通り，戦前戦後を通して異性愛が「正しい」セクシュアリティとされていることは変わりなくても，その内実は変化したと考えられる。同性同士の親密な関係についても，男女間の圧倒的なジェンダー差を背景に，女性同士，男性同士での時空間の共有が前提とされていた戦前と比較し，男女の平等で民主的な関係が目指され，若い男女がともに過ごす時空間が大幅に増大した戦後社会では，当然，その位置づけが異なってくるに違いない。

　女性同士の親密性という領域は，女性に対するジェンダーとセクシュアリティの規範がもっとも先鋭的に現れる場の1つである。女性が女性たちだけで自足するということは男性たちにとって恐るべきことであり，そうならないために女性のセクシュアリティをコントロールしつつ，女性同士の親密性を規制しようとする言説が用意されるからである。それは裏を返せば，女性同士の親密性という領域は，当該社会における「正しい」ジェンダーやセク

第 6 章　戦後日本における「レズビアン」カテゴリーの定着

シュアリティを踏み越えるような実践が見えてくる場でもある。

　アメリカにおける「女性愛」の歴史をたどったリリアン・フェダマンは，「レズビアン」について次のように述べている。

> 女を愛する女たちを特別な枠組にくくることで，「レズビアン」という存在を構築してこの世に送り出したのは，たしかに性科学者だった。しかし，その定義を取り込んだ女たちは，しだいにそれを自由自在に解釈し，自分たちにふさわしい形に造り変えていった。その結果，レズビアニズムは生き方，思想，そして独自のサブカルチャーや運動体の形成など，性科学者たちが想像すらしなかった幅広い社会現象を指すようになったのだ。(Faderman 1991 = 1996: 7)

　このように「レズビアン」は，スティグマ化された，そうは名指されたくない語であると同時に，抵抗や解放，創造の源泉ともなる可能性を秘めた語でもある。戦後日本において，女性に対する愛情や欲望を自覚した女性たちは，このカテゴリーと対峙しつつ，自らの位置づけやアイデンティティの確立をはかることになる。本章では，戦後の女性同性愛を考える上で最重要と考えられる，この「レズビアン」というカテゴリーが，どのように導入され定着していったのか，文献資料をもとに明らかにしていく。

## 1　女性同性愛者の表象

### 1. 先行研究

　戦後日本の女性同性愛者の表象については，杉浦郁子の一連の研究が非常に重要である（杉浦 2005, 2006, 2008; Sugiura 2006）。杉浦は雑誌掲載記事の中から「女性同士の親密な関係」「レズビアン」「女性の男性化」などに関する記事を収集し，考察を行っている。それによると，「レズビアン」という概念が一般に知られるようになったのは 1960 年代以降という。

## Ⅱ 同性愛という概念

> 「レズビアン」という概念は,1960 年代年前半に一般雑誌に登場し,1960 年代後半に「男役」「女役」を下位概念にもつアイデンティティ・カテゴリーとして広く知られるようになった。<u>当初「レズビアン」は,バーの店員,とくに男装の女性を指す言葉であり,セクシュアルな行為を想像させるような存在ではなかった。</u>しかし,男装のバーテンとの違いを強調された肉欲的な「第四の性」がより「本質的なレズビアン」とされ,性行為で「受け身」側の女性が「レズビアンの女役」と位置づけられ,さらに「女役」「男役」は相互に入れ替えが可能だと見なされるようになると,「性的に奔放な女性」の代名詞として「レズビアン」が流通していくことになった。<u>1972 年以降はこの傾向がエスカレートし,「レズビアン」は男性に消費されるポルノの題材と化していく。</u>(杉浦 2005: 10　下線引用者)

杉浦の研究は,戦後日本のレズビアン表象の歴史をたどった画期的な研究であるが,分析資料を一般雑誌(性風俗専門雑誌と区別される)に絞っており,戦前の女性同性愛にかんする研究や,あるいはマーク・マクレランドの行った 1950〜60 年代の性風俗雑誌におけるレズビアン表象を扱った研究(McLelland 2004)との関連については論じていない。本章では,戦前との連続/断絶,そして「レズビアン」という語の定着を探るという意図から,あえて一般雑誌/性風俗雑誌という区分を設けず,また書籍も分析対象に含めつつ,1940 年代後半から 60 年代までの女性同性愛の表象を見ていく[1]。その際,外来語である「レズビアン」が定着していくプロセスを考察するにあたり,杉浦が「表記の変化に伴い意味の変化が見られるわけではない」との理由により,ひとまとめに扱った「レズビアン」と「レス̇ビアン」についても,その違いにこだわりながら考察したい。現在では「レズビアン」および,その省略形と考えられる「レズ」が広く流通している。あえて「レスビアン」を使用するケースも見られるが[2],非常にまれである。しかし戦後日本において先に使われたのは「レス̇ビアン」あり,それが「レズ̇ビアン」に変わっ

---

1) 資料は,「レズビアン」「レスビアン」「同性愛」などのキーワード検索により収集した書籍(国立国会図書館検索),および杉浦(2005)の記事タイトルリストや中央大学社会科学研究所研究チーム(2004)なども参考にしつつ収集した雑誌記事を分析対象とする。
2) 富岡明美は Faderman (1991) の翻訳にあたって,「サッフォーが女性のための学校を作った島,レスボス島,を記憶に留めるために,あえて「レズビアン」ではなく「レスビアン」とした」と述べている(富岡 1996: 392)。

ていったとすれば，そこにはなんらかの理由があったと考えられる。

## 2．「レスボス愛」

　タイトルに「レズビアン」を冠した書籍としては，1955年刊の北林透馬『レズビアンの娼婦』が最も古いようである。このタイトルから推察されるように，1960年代より前の「レズビアン」には男装してバーで働く女性以外も含まれていた可能性がある。また，レズビアンが「男性に消費されるポルノの題材」だった様子は，1972年よりも前から見受けられる。マクレランドによると，1950年代の「変態雑誌」ではかなりのスペースを「レスボス愛」のトピックに費し，女性読者に自らの経験について投稿するよう促していたという。戦前と異なり，そこでは女性同性愛の肉体的側面がオープンに語られていた。これらの多くはたしかに男性読者の性的関心を刺激することを目的にしていたに違いないが，それでも，女性の経験が可視化された瞬間であったという(McLelland 2004: 27-28)。ただしマクレランドが指摘する通り，これらの変態雑誌がどの程度の社会的な影響力をもっていたかはさだかではない。またこれらの雑誌において「レスボス」は多用されていても，「レズビアン」という語は使われていない。しかし「レスボス」という言葉によって，「レズビアン」という語へのなじみが1960年代より前に形成されていた可能性は考えられる。

　マクレランドは「レスボス」関連記事に登場するセーラー服姿の表象を，もっぱら現代まで続く男性の欲望という観点から解釈しているが，セーラー服は「女学生」の表象として捉えることもできる。例えば，マクレランドが紹介しているセーラー服姿の挿絵の入った記事のタイトルは，「お姉さまの鞭の下」(『風俗草紙』1954年3月)というものだが，「お姉さま」は年上のエスの相手に対する呼びかけの言葉として，戦前からしばしば使われていた語である。つまり，一般に「エス」として知られていた女学生間の親密な関係を「同性愛」として理解していた素地があり，戦後はまず，「精神的な関係」と捉えられていた女性の同性愛が肉欲化 —— ポルノ化 —— される段階がある。そのようなポルノ化された女性同性愛の表象の1つが，「レスボス愛」

といえるのではないだろうか。このあたりの様相を，戦後，1940年代後半の雑誌記事から見ていきたい。

## 2　戦前から戦後へ ── 1940年代後半の雑誌記事

### 1. 戦前との接合 ── エスのポルノ化

　1940年代後半の雑誌記事で同性愛を扱ったものでは，「同性愛＝女学生時代のもの」という，戦前の同性愛観を踏襲したものが多い。以下にいくつか挙げてみよう。

　小糸のぶ「同性愛物語」(『薔薇』1948年8月)では，師範学校の寄宿舎における筆者の経験が綴られている。1つ年上で色が浅黒く，男のような体格で，髪や服装も無造作なKに対する思いが，「同性愛」として回顧されている。それについて筆者は，「恋愛は熱病のやうなもの，一生に誰でも一度は患るハシカのようなものだとか，よく云うけれど，同性愛もそれと同じではないだろうか」と述べ，少女の同性愛は正常視する。だが「近ごろときどき耳にする，大人の女たちの肉欲的の同性愛は，終戦後急に乱れて来た性道徳と，同じ種からその病根を発しているもののようで，性の尊さ，肉体の尊さをふみにじつた，まことに不健康な，吐気を催ほすような厭らしさを感じる」と述べる。「もともと同性愛は異性愛の変形で，正しい，豊かな異性愛を得た場合，霧のように消え去るのが自然で，夫ある女の同性愛など，もう完全な変態であろう」と，大人の女性たちの肉欲的な同性愛を非常にネガティブに捉えている。

　式場隆三郎「青春宝典　思春期の生理(からだ)と心理(こころ)」(『読売時事』1949年9月)には，「同性愛(エス)と友情」という節がある。それによると，思春期には新しい友だちと「熱烈な愛情を結」び，それを妬んだ古い友だちから「同性愛だと噂をたてられがち」であるが，同性愛には2種類あるという。1つは健康的なもので，1つは病的なものであるが，西洋で「サッフォ病」などと呼ばれているものは，病的なものを指している。いつまでも男性を嫌ったり，同性に

だけ愛情を向け，耽溺するような女性は，少し病的ではないかと疑った方がよい。真の同性愛は変質者に起こるもので，相手もまた変質者のことが多く，こういう女性たちは体格も男性的であったり，他にも異常が見られたりする。健康な同性愛は一時的なもので，やがて夢からさめたように淡くなり，男性に惹かれていき，正常な愛が結ばれる。レヴュー・ガールや映画女優に憧れる乙女の心理には，同性愛の形を取りながら，実は異性に憧れているものが多い，といった内容である。

このように，女学生時代の同性愛（＝エス）は無害なもので，やがて異性との恋愛に至る前段階との理解や，それに対し，いつまでも関係を続けようとするものや肉体関係に至るもの，男性化の兆候を示すものは病的，「変態」的と捉える見方，また歌劇のスターへの憧れを同性愛とみなすのも，戦前の同性愛の認識枠組みと同型である。しかし戦前には見られなかったような，エスに肉欲的イメージが重ねられた描写も登場する。例えば以下の記事では，女性同士の親密な関係がはっきり「エス」と明記されつつ，それが突然ポルノグラフィックな描写に移行している。

郡山千冬「Ｓエス　春に目覚める女学生 ── 同性愛」（『OK』1949 年 5 月 5 日）では，女学生の牧子は，「早熟」というあだ名の順子から，「男や女の恥しい身体のことや何かが盛んに書いてある」本を渡される。翌日，順子に誘われ，野山に出かける。腰を下ろすといきなり順子が覆いかぶさるように体を押しつけてきたが，それを押しのける。牧子は「Ｓとか同性愛ということは知つていた」が，その出来事を思い出してそれが「同性愛というものかしらと考える」がわからない。順子ともう 1 度話をしてみることにして，彼女の家に行く。順子はまたもやがむしゃらに飛びついてきたが，今度は彼女のするままにさせておくと接吻をされ，「狂人のように幾度も」唇を求められる，という内容である。

このような，親密な関係のポルノ化という現象は，女性の同性愛だけに限ったことではない。戦後は，それまで抑圧されていた性が「解放」され，露骨な性描写を売りにしたカストリ雑誌[3]が大量に発行された。また『婦女界』

---

3)　山本明はカストリ雑誌の特徴として，発行された時期のほか，内容について「主として戦時中は抑圧されていた性をとりあつかっていること」，「写真・さし絵ともに，女性の裸体，ぬれ場が

などの女性雑誌でも、性生活の調査が行われたり、性に関する告白記事が掲載されたりするようになった。そのような流れの中にエスも組み込まれ、ポルノ化されていったと考えられる。

## 2. 西洋との接合 ――「サッフィスト」と「トリバード」

先の式場の記事では「サッフォ病」という言葉が使われているが、この時期は他にも女性の同性愛を指す用語として、「サッフィスト」や「トリバード」という語が見られる。平河純「女子の同性愛」（『ベーゼ』1948 年 7、8 月）では、7 月の記事が「トリバードの研究」、8 月が「サツフイストの研究」となっている。「トリバデイスムとは女子の同性愛者間の情交に与へられてゐる名称で」、「此の悪習は相当古くから殆ど全世界で行はれてゐる」と始められる前者の記事では、猥せつ誘拐等で東京地検に告発された女医について「明らかにトリバードに属する変体性欲者（ママ）」と述べ、トリバードの特徴を挙げながら、彼女の言動をそれと結びつけている。それによるとトリバードとは、「概ね先天的で幼少より既に女性的な行動を嫌ひ常に男性的な遊びを好む性向を示してゐるもの」を指すという。

続く 8 月の記事ではサッフィストについて、「異性との恋愛の悲運によつて同性愛に陥るに至つたもの」や、「堕落した同性の友達のために誘惑された結果そうなつたといふもので」、「何等男性化された性格を持つことなく、また別に男性に対して反感を持つてゐるものではない」という点で、トリバードと明確に区別されると述べる。では、それはエスのような関係かというとそうではない。「サツフイスト同志の恋愛は［……］、どちらも対等の地位にゐて相互に淫事を交換し合ふ」もので、「此の悪習はトリバードの場合のように先天的ではなく、何か偶然の機会によつてその習癖を得る」という。そして「サツフイストが就中欲求してゐるものは或る特殊の快楽で」、「彼女等のためにその特殊の快楽を起させてくれる者が女であらうと男であらうと問ふところではな」く、その快楽とはすなわち「陰部の刺激等によつて生起

---

大部分」で「エロっぽければいい」ことなどを挙げている（山本 1998: 22-25）。

せしめられる性的快感」であると述べる。

　このように,「トリバード」も「サッフィスト」も女性同士で肉体的快楽を得る関係として説明されている。戦前の「仮の同性愛」「真の同性愛」のように,どちらかが「精神的」でどちらかが「肉体的」という分類ではない。『OK』や『ベーゼ』は「性」を売り物にしたカストリ雑誌に分類される雑誌であるがゆえに,極端にエスをポルノ化したり,肉体関係を強調したりしたとの見方も可能であるが,むしろ,エスのような女性同士の親密な関係にポルノグラフィにつながる要素を見出したと考える方が妥当かもしれない。戦前の女性同性愛に関する記事でも,サッフィストやサッフィズム,トリバードやトリバディズムという記述は見られる[4]。しかし,それらの扱いは決して大きくはなかった。それが戦後になると,女学生同士の関係ではない,特に肉体的側面に焦点を当てる際,これらの用語が使われるようになる。これらはやがて「レズビアン」に取って代わられたようだが,「レズビアン」の導入に先だって,この時期,西洋,とくに「サッフォー」や「レスボス島」と女性同士の親密な関係との関連づけをもたらし,またエスのポルノ化ともあいまって,女性同士の肉体的関係の表象を呼び込むきっかけとなったと考えられる。

## ③ 「レズビアン」の登場 ── 1950 年代

### 1. キンゼイ報告の影響

　1950 年代には変態雑誌以外にも,性のトピックに特化した雑誌として,『人間探求』や『あまとりあ』などが出されている。1951 年 3 月に創刊され,「「黒字続き」のまま,「悪書」として追放され」た（木本 1985: 187）,高橋鐵主催の『あまとりあ』（1955 年 8 月終刊）には,比較的多数の男性同性愛に関

---

[4] 例えば,1929 年に出されたアリベール『同性愛の種々相』（花房四郎訳）には,「サッフィストとトリバード」の章がある。『ベーゼ』の「女子の同性愛」の記述は,ほぼこの章の引き写しである。

する記事に混じって，女性の同性愛に関する記事や記述も見受けられる。そこでは1940年代後半の記事と同じく，同性愛を女学校時代の関係や歌劇のスターへの熱中と結びつけた記述や，サッフィストやトリバードの解説などが載っている。例えば，落合三四郎「ヨーロッパに於ける同性愛」(1951年4月) では，「女学生の間には，かうした同性愛がむかしからさかんであることは誰でも知つて」おり，「宝塚少女歌劇や松竹少女歌劇に，年若い乙女たちが，ふしぎなほどのあこがれや愛情をもつのは，そのあらはれの一つ」で，「これらは単なる男性への思慕の変形にすぎ」ないが，ほっておくと「立派な同性愛主義者となるおそれはある」と述べ，前述の『ベーゼ』の記事にもあった「ナゾの女医告発」事件を，やはり「トリバード」として説明している。

また，大場正史「色情倒錯について（前篇）」(1955年3月) では，次のように「レスビアン」という語が使われている。

> 一般に同性愛はホモセクシュアリティ homosexuality と呼ばれ，異性愛のヘテロセクシュアリティ heterosexuality に対する。[……] 女対女の同性愛はレスビアズム Lesbiasm（ママ）またはレスビアン・ラヴ（これは稀代の同性愛者サッフォを生んだレスビアス島の名に因む）あるいはサッフィズム Sapphism といい，女性が男性の役割を演ずる場合には，トリバディズム Tribadism という。

ここで「レスビア（ニ）ズム」「レスビアン・ラブ」という語が登場した背後には，前年に日本語訳が出されたアルフレッド・キンゼイ『人間女性における性行動』の影響があると考えられる。1950年に翻訳が出され，大きな話題を呼んだ『人間に於ける男性の性行為』に続いて，54年11月，『人間女性における性行動』が出版された（以下，『キンゼイ報告・女性篇』と表記する）。ここでは次のように，「レスビアン」という語が使われている。

> ヘテロセクシュアル（ママ）という言葉は，臨床家のあいだでも，一般に，普通男性間の関係にも使われているので，<u>女性間の性的な関係をいいあらわす場合にはレスビアン，またはサフィックという言葉を使う傾向があらわれてきている</u>。この言葉は共に，古代ギリシャの時代にレスボス島に住んでいたサフォーの同性愛的経歴から出たものである。(Kinsey 1953 = 1954: 13　下線引用者)

この引用部分が含まれている『キンゼイ報告・女性篇』下巻の第11章は，「同性愛的な反応と接触」というタイトルで，80頁以上にわたり，キンゼイたちの行った調査の結果とその分析が記されている。前半部分では，同性間の接触によってオーガズムに至る率や度数が標本の属性別に語られ，それに次いで「同性愛的な接触のテクニック」の節がある。続いて，標本の異性愛的傾向と同性愛的傾向の分析，同性愛の社会的意義，という構成になっている。ここには，「同性愛的な行動」をエスのような「精神的つながり」と解釈する余地はみじんもない。また，先に行われた男性の調査との比較から，女性は「同性間の反応と接触の率と度数」が男性よりもかなり低く，また「完全に同性愛的な女性の数は，男性に比べると，その約二分の一乃至三分の一」と述べ，「同性愛的な反応と完全な接触が，男性よりも女性の場合に多くおこる」という臨床家や大衆の考え，さらには戦前から続いて来た同性愛観を否定している。

　これ以降，女性の方が多いと考えられていた同性愛が，実は男性よりも少ないとの認識が広まっていく。例えば，「裸にされた『女性の性行為』」（『あまとりあ』1955年2月）は，『キンゼイ報告・女性篇』に対する分析と批判であるが，そこで「キンゼイは［……］女性は男性に比較して，あらゆる種類の性的倒錯に陥ることが非常に少いことを発見した。例えば，同性愛の関係などは女性の場合に少いのである。このことは，男色より女子同性愛を多しとする巷間の通念を実質的に粉砕したことを意味する」と述べている。

　キンゼイ報告は，女性の同性愛に関する説明としては，ここまで見てきた戦後～1950年代前半の雑誌記事に比べ，はるかに影響が大きかったと考えられる[5]。キンゼイ報告が入ってくるまで，女性の同性愛はリヒャルト・フォン・クラフト＝エビングやハヴロック・エリスの説を援用し，説明されていた。特に女学校におけるエスについてはエリスがしばしば引用され，同性愛

---

5）　望月衛「現代病　同性愛」（『知性』1955年9月1日）でもキンゼイを引用し，「同性愛は，女学校のSなどが有名で，むしろ女に多いと常識では考えられていたが，キンゼイ報告などによると，断然男に多いようである」と解説している。また五島勉「おんなが女を恋する愛のかたち」（『週刊大衆』1967年12月21日）でも，「レスビアンたちが「愛しあう方法」」について『キンゼイ報告・女性篇』が引用されている。なお，キンゼイ報告が男性同性愛表象に与えた影響については，本書第8章を参照のこと。

は女学生に特有のもので,それゆえ女性なら誰もが経験する可能性があると考えられていた(赤枝 2011)。キンゼイ報告は,そのような戦前から続いていた女性同性愛の解釈に,パラダイム転換をもたらした。同性愛の主体が女性から男性へと変わっただけでなく,女性の同性愛については,それがエスのような女学生のプラトニックな関係から,大人同士のもっと「本格的な=肉体的な」関係を意味する状況へと変化した。そして,そのような主体や関係が「レスビアン」と呼ばれるようになった。以後,女性同性愛に関する専門的解釈を求める際には,エリスではなくキンゼイが参照されるようになる。

## 2.「レスビアン」と「レズビアン」

　日本における「レスビアン」という語の浸透に,この『キンゼイ報告・女性篇』が果した役割は大きかったと推察されるが,それだけでは「レスビアン」という語の定着は十分には説明しきれない。「レスビアン」が広まるきっかけとして,当初それが「フランス」と関連づけて紹介されたことも,初期の「レスビアン」イメージの形成に影響を及ぼしたと考えられる。

　少し先のことになるが,「レスビアン」ではなく「レズビアン」が広まる大きなきっかけとなったのは,1967年1月に出された,奈良林祥『レズビアン・ラブ』である。この書の「はじめに」で奈良林は,「女性同性愛者を意味するレズビアン(LESBIAN)という言葉は,従来,一般に,レスビアンといわれているが,これは,ズと濁って発音するのが正しいいい方なので,この本では,レズビアンとする」と記している(奈良林 1967: 3)。のちに『HOW TO SEX』(1971)で一大ブームを巻き起こすことになる奈良林は,1964～65年,結婚カウンセラーとしての訓練のため,ニューヨークに滞在する。そこで指導教官から「同性愛とその家庭環境」(ホモセクシュアリティー)という研究テーマを与えられ,「明けても暮れても,同性愛の文献に親し」む生活を送る(同 36-37)。当時の研究テーマは,広く同性愛であったが,やがて「レズビアン・ラブ」に重点が移ったという。このように,アメリカでlesbianに出会った奈良林が,「レスビアン」ではなく,「レズビアン」が正しいと述べるのは無理もない。しかし日本で「レスビアン」が使われていたのは,間違った発音

が流通していたためではなく，もともとフランス語の lesbien, lesbienne をカタカナ読みしたこと，また「レスボス島」に起因していると考えられる。

　管見の限りでは，戦後もっとも早く「レズ(ス)ビアン」に近い語が登場する記事は，矢野目源一「親しい女友達同志（アムール・レスビエンヌ）―― 未亡人の性対策」（『にっぽん』1948年9月1日）である。この記事は未亡人の「孤閨の寂しさをいかにすべきか」という問題について議論しているものだが，タイトルの「アムール・レスビエンヌ（Amours Lesbiennes）」からうかがえる通り，フランスの事例がごくわずか紹介されており，未亡人の性欲を満足させる方法として「西洋には「親しい女友達同志（アムール・レスビエンヌ）」といふものがあ」ると述べられている。『あまとりあ』でも，女性の同性愛にかんする記事はしばしばフランスと関連づけられてトピックになっていることが確認できる。峯岸義一「フランスの秘密クラブ」（1954年5月）では，「女同志の接触も楽しいものヨ ―― と，［……］貴婦人達のレスボス・クラブが忽ち各国を風靡した」との見出しがつけられ，「アナンドリーヌ」という名前の「婦人同性愛専門のクラブ」が紹介されている。あるいは荘原朱雄「続　佛国好み隠語（あるご）あれこれ」（1954年10月）では，「売春婦と同性愛者に関する隠語の豊富さは，やはりパリの面目躍如たるものがある」との見出しがあり，「離れられぬ二人（アンセパラブル）」「可愛い友だち（プチ・カマラアド）」などの女性同性愛の隠語が紹介されている。このように，フランスと関連づけられた女性同性愛も，たしかに身体的接触に焦点を当てたものである。しかし，「エロ趣味はなにも日本だけの専売なのではなく，フランスにおいても，紳士淑女諸君は，これらの書物を盛んに愛読している」（荘原 同上）とあるように，フランスと関連づけられた肉体関係の表象は，カストリ雑誌に象徴されるような露骨で即物的な「エロ」ではなく，上品で健康的で知的でさえあるような，余裕をもって楽しむような「エロ」であった。

　1968年に『女と女』，1971年に写真集『レスビアンラブ入門』を出版した清岡純子は，「レスビアン」について，「発音してみると，ちょっと優雅なひびきがある。いかにもフランス語調の語感があって，"女性同性愛"などというよりはよほど感じがよろしい」，「英語読みにするとレスじゃなくて，レ・ズ・ビアンが正しいのだそうだが」と，「レズビアン」という呼び方があることも知った上で，響きの好ましさからあえて「レスビアン」を選択してい

## Ⅱ　同性愛という概念

る（清岡 1968: 84）。奈良林の『レズビアン・ラブ』以降，「レズビアン」の表記が増えていくが，このようにあえて「レスビアン」を使い続けるケースもあった。そこには，フランス語風の音の好ましさに加え，「詩人サッフォーが住んだレスボス島に由来する」という，どこか高尚で品が良く，知的なイメージと関連づける意図があったのではないだろうか。

## 4　日本の事例との結びつき ── 1960 年代

### 1.「エス」と「レス」

　1950 年代はまだ，「レスボス」や「レスビアン」に外来語というニュアンスが強く，それゆえ，「サッフォーの住んだレスボス島に由来する」との説明が必ずついた。その傾向は 60 年代も引き続き見られるのだが，50 年代にはこれらの外来語がまだ十分に日本の事例と結びついていなかった。その間は，「レスビアン」にはそれほどネガティブなニュアンスも含まれていなかった。60 年代に入ると，一般大衆誌でも「レスビアン」という用語を使った記事が見られるようになり，そこで「レスビアン」が日本の事例と結びついて語られ始め，やがてネガティブな意味も含まれるようになってくる。ここでは，その結びつきの様子を見ていきたい。

　前節で見てきたように，当初，「レズビアン」ではなく「レスビアン」が使われたことで，60 年代にはその短縮形である「レス」という語も登場する。「レスビアン」が「レス」と呼ばれるようになった経緯は不明だが，男性同性愛者がすでに「ホモ」「ゲイ」とカタカナ 2 文字で呼ばれる状況があったのに加え，「エス」と音や意味内容が類似していたためと推察される。あるいは，「エス」と結びつけることができるからこそ，「レズビアン」ではなく「レスビアン」が使われ続けたとも考えられる。そして「レス」と「エス」が結びついたことで，「レスビアン」を扱った記事で日本の事例，すなわち，女学校におけるエスや歌劇のスターへの熱中などが取り上げられるようになる。

五島勉「秘められたハイ・ミスの性の悶え」(『週刊大衆』1967年9月14日)では，ある女性（29歳）に独身でいる理由を尋ねたところ，それは「彼女にいわせれば"レスの味"であ」り，「高校がミッションだったせいか，十代のころからエスを知り」，「いつも"お姉さま"役だった」のが今も続いているとの話を載せている[6]。また，「レズビアンは倍楽しめます」(『週刊漫画サンデー』1968年5月6日)では，「レズビアン通」「大レス通」で有名な女性カメラマンとして清岡純子がゲストに招かれ，対談している。本文中の小見出しには「"レス"と"エス"の違い」とあり，対談相手らが「レズビアン，なんていうカッコいい言葉を目や耳にするようになったのは，最近ですね」と清岡に確認しつつ，「女学生なんかの"エス"ってのは，レズビアンとは違うのかね」と，エスとの共通性／差異について尋ねている。清岡は，エスは女学生たちが手紙を交換したりする程度のもので，精神的のものが多いようだが，レズビアンは「肉体関係に至る」と述べ，「"エス"から発展してほんものになるというのが多いと思」うと答えている[7]。

## 2.「歌劇」「男役」との結びつき

1940年代後半〜50年代の記事では，歌劇のスターに憧れる少女の心理が同性愛の例として挙げられていたが，60年代の記事でも，歌劇やその男役と関連づけて「レズビアン」が語られている。五島勉「おんなが女を恋する愛のかたち」(『週刊大衆』1967年12月21日)では，「レズビアン。ご存知のように女子同性愛の元祖サッフォーが住んでいたというレスボス島から名をとった流行語。米国人は「サッフォスト（ママ）」という。このレズビアン・バーが，かつてのゲイ・バーをしのぐ勢いで，ハンランしはじめた」と，レズビアン・バーについて解説する。さらに「"ヅカ"の影響ここに」との小見出しがあり，「レズビアン・バーは東京よりも大阪ではるかに発達」しており，さら

---

[6] 同じく五島の「"赤い愛の園"に喘ぐ宝塚の舞姫」(『週刊大衆』1968年4月11日)でも，ある娘役スターの発言として「エスがおレスになるのも悪うないわ」との言葉が紹介されている。
[7] ただし清岡は自著『女と女』では，「Sがそのまま発展して，レズビアンになったという例を私は知らない」と述べている（清岡1968: 100）。

には「大阪よりも芦屋や神戸の方がもっと発達しているという」が，その理由は，「東西の代表的レスビアン数人の"経歴"を調べてみると［……］おのずから浮かびあがってくる」と述べる。続いて3人のバー経営者と客1人の経歴が綴られているが，経営者3人ともが以下のように松竹や宝塚などの歌劇団となんらかの関係を持っており，それがすなわちレスビアン・バーが東京よりも関西で「発達している」理由と理解できる。A（「日本のレスビアンの"草分け"」44歳・大阪堂島でバー『U』を経営）は，「ミッション系の女学校のころから美しい上級生はアコガレをいだき，下級生にもしたわれた」人物で，大阪の松竹少女歌劇団でも男装の麗人として鳴らしたが，まもなく，おなじ男役の上級生から「本格的なレスの味を教えられ，同棲した」という。B（29歳・神戸山の手でクラブ『K』を経営）は「私立の女子高を中退して宝塚歌劇団に入」り，「ヅカ時代，スターにはなれなかったが，スラリとした長身と愁いをふくんだ美貌のおかげで，後輩や一部のフアンから熱愛された」という人物である。C（31歳・東京赤坂でバー『H』を経営）は，「ミッション系の短大出身で，高校時代は下級生の「アコガレの君」」で，「ヅカを受けて落ちたときはひと晩泣き明かした」とのことである。

『女性自身』（1967年6月26日）に掲載された「ある"レズビアン"（同性愛者）と呼ばれる人の男装23年　もう女にはもどれない」で取り上げられているのも，元松竹歌劇団スターという人物である。彼女も大阪でバーを経営していると紹介されている。また『思想の科学』（1968年7月）に掲載された深作光貞「同性愛の思想」では，「レス」を4つ —— 娘時代の結婚するまでの過渡的レス，純粋のレス，レスっ気のある両性的レス，頭髪を短かくし男装したレス —— に分類し，第1のレスについて「昔の女学校などでも「おS」と呼ばれ，伝統をもつ。「宝塚」が少女の憧れの的であることが温床となり，きわめて一般的現象である」と述べ，やはりエスや歌劇と「レス」を関連づけている。さらに「もともとタカラヅカ趣味から独立してレスが確立したのは［……］男性のホモの流行に刺激されたから」と分析している。

　宝塚そのものを取り上げた記事でも，同性愛が話題となっている。「内重のぼる対古城都 —— "おんなの館"宝塚での結婚，恋愛，同性愛はどんなふう？」（『女性自身』1967年2月13日）では，記者が宝塚のスターに「かつて，

あなたにSじみた噂がありましたね?」と問いかけたり,「(宝塚には)同性愛なんかあるでしょ,どう?」と尋ねたりしている。また五島勉「"赤い愛の園"に喘ぐ宝塚の舞姫」(『週刊大衆』1968年4月11日)は,「ヤング・エイジ」のタカラジェンヌたちが「女が女を愛する抑圧された性のかたちを受け入れなくなっている」という宝塚について,その「実体」を取材した記事である。ここでは,「同性愛と異性愛の間の板ばさみ」になった経験などを述べる退団したタカラジェンヌと,「ヅカっていうと,すぐエスが話題にされる［……］だけど,入ってみてそれが誤解だってわかったわ」などと述べる現役タカラジェンヌが対比されている。ただし,これら2つの記事では,「同性愛」という言葉は使われていても,それが「レズビアン」とは言い換えられていない。宝塚などの歌劇団はたしかに同性愛と関連づけられてはいるが,そこに端を発する女性同士の親密な関係を「レズビアン」と称するには,上記の記事からわかるように,もう1つ,(レズビアン・)バーという新たな現象と結びつけられる必要があった。

## 3. レズビアン・バーの流行 ── ゲイ・バーとの結びつき

「レズビアン」はこの時期,新しい流行,ファッションとして捉えられていた。それは,この語が,「レズビアン・バー」という新奇の現象と結びつけられて語られたためである。それらの記事では,「ゲイ・バー」や「ゲイ・ボーイ」の女性版として,「レズビアン・バー」や「レズビアン」が紹介されている。つまり,先だってゲイ・バーやゲイ・ボーイが社会的に認知されていた状況がある[8]。レズビアン・バーの系譜についてはまだ不明な点が多いが,その成立そのものも歌劇との関連が指摘されている。東京にレズビアン・バーが出来たのは1960年代初めごろと考えられる。浅草国際通りにあったゴローという店がその最初期のものとされている。近くには,松竹歌劇団(SKD)が公演を行っていた浅草国際劇場があり,元SKDの男役だった女性が開いていたバーとのことである(外山1999)。その後,レズビアン・バー

---

[8] ゲイ・バーやゲイ・ボーイの系譜については,三橋(2004)や伏見(2004)を参照されたい。

が次々と開店した。1968年に寺山修司率いる劇団，天井桟敷による「星の王子さま（男装劇）」が上演されたが，芝風美子によると，この劇は「幕間に当時のレズバーのオナベが登場し，大騒ぎしたことが有名」で，舞台の協賛には当時のレズビアン・バーが23軒も名を連ねたという（芝 1993: 291）。芝はそのうちの1軒で働いていたが，当時の従業員によると，その芝居の頃は，「レズ・バーはゲイ・バーと同等の人気を誇り，著名芸能人も頻繁に訪れるかなりハイでクレイジーな空間であった」という（同上）。

杉浦が「レズビアン」という語の初出記事として挙げている，「東京同性愛地帯のインテリ女性たち」（『週刊現代』1963年8月1日）も，「繁昌するレスビアン・バー」の小見出しで始まり，レスビアン・バーを「男性の場合の「ゲイ・バー」と同じで，性別を逆にしたもの」で，「ゲイ・ボーイのかわりに，レスビアン（註・女性の同性愛者）がサービスをしている」と，ゲイ・バーの女性版として説明している。そして「ここで働くバーテンは，慎太郎刈りのチョッキ・スタイルの女性」と男装であることが知らされ，ひとしきりバーの説明があったのち，「一つの嗜好癖をもった彼女たちが，これらを結集してもっと強力な組織を考えたのが，"薔薇十字"という秘密結社」であるとされ，その会員と思しき2人の手記が載っている。「薔薇十字」については，「フランスの同性愛的女性がつくる秘密結社と似ており，"薔薇"は女性，"十字"は交わりを象徴しているとか」と書かれているが，一方の女性（女流詩人）の手記でも，「女性がお互いを求め合う傾向」の例として，フランスの作家や歌手の関係が挙げられている。このように，「インテリ」「フランス」など，おしゃれで先端的なイメージを含んでいた「レスビアン」が変質していった背後には，「フリーセックス」ブームがあったと考えられる。

## 4．「フリーセックス」ブームの影響

「フリーセックス」という語の起源を探った斎藤光は，この語が使われ始めた時期や起源などはいまだ不明と述べつつも，1960年代半ば頃に出発点を求めている（斎藤 2004: 206）。当初は，「結婚にこだわらない自由な性交渉・性関係」を意味し，「北欧の国々の性的なあり方を指すものとして，どちら

かといえばやや肯定的に使われたが」,「すぐに，スウェーデンやデンマークといった国々は，フリーセックスの天国として，六〇年代後半の日本の男たちの妄想をかきたてるようになっ」ていったという (同 206-207)。1960 年代の「レス (ズ) ビアン」を扱った記事でも，そのような変化，すなわち自由な性関係という肯定的な捉えられ方から，「乱れた」「アブノーマルな」「ゆがんだ」性というネガティブな捉えられ方へと変化していく様子がうかがえる。「ゆがんだ性の時代を生きる女たち —— 同性愛，人工授精，乱交を実践する女性たちは"愛"をどう考えているか?」(『女性自身』1967 年 2 月 27 日) では，「性のハンランと混乱の時代 ——。秘められた性の変形も多くなっています」との見出しに続き，一番に取り上げられているのが，「女が女の体を愛するなんて，でも…… レズビアン・ラブに陶酔する順子と啓子の告白」である。この記事にはフリーセックスという語は出てこないが，60 年代後半にレズ (ス) ビアンを取り上げたルポ・ライター五島勉による『週刊大衆』の記事は，すべて「フリーセックス」の連載記事の一部となっている[9]。

1940～50 年代の肉欲的な女性同性愛は，サッフィズム，トリバディズムと呼ばれていたが，それらはまだ日本の事例と十分に結びついておらず，それゆえ具体性を欠いていた。それがここにきて「フリーセックス」と結びつくことで，肉欲的な女性同性愛が (メディア上で)「レズビアン」として実体化されたといえよう。

この時期, 女性の同性愛が「赤い関係」と呼ばれるケースも見られる。「女の同性愛心中にみた隠微な関係 —— 正常な愛に背く"赤い関係"の周辺をさぐる」(『週刊大衆』1967 年 10 月 26 日)，「同性と結んだ私の赤い愛の関係 —— 倒錯の世界にのたうつ隠花植物の告白」(『週刊大衆』1968 年 2 月 29 日) がそれである。前者は東京で起きた同性愛心中に関する取材記事であるが，心中した女性の一人が過去に婦女暴行教唆罪で有罪判決を受けていたことから，心中事件というよりは，犯罪事件の印象を感じさせる。一方，後者は特

---

[9] 「同性の肉体に酔うルーム・メイト」(67 年 8 月 24 日),「秘められたハイ・ミスの性の悶え」(同 9 月 14 日),「女子工員たちの閉ざされたセックス」(同 11 月 9 日) は,「フリー・セックス時代の日本女性」の連載記事であり,「おんなが女を恋する愛のかたち」(同 12 月 21 日),「"禁男の家"女子学生寮の真夜中」(68 年 2 月 15 日),「"赤い愛の園"に喘ぐ宝塚の舞姫」(同 4 月 11 日) は,「日本のフリー・セックス地帯」の連載記事である。

に何か犯罪や事件と関わりがあるわけではないが，明治神宮の神前で女2人だけの結婚式を挙げたことを「神の掟に背いて」と語り，その結婚式以来，筆者は「倒錯の世界に棲む一匹の牝と化し」，「次から次へと，同性に惚れ，アプローチし，同棲し，壮絶な刺激を求めて，血の匂いのする密室で，赤い愛の関係にのたうつ一匹のけだものになった」と，女性同士の関係の異常性を際立たせるような記述がなされている。実は1960年代まで，「レス（ズ）ビアン」や「レス（ズ）」と「同性愛」は完全な同義語ではなかった。「レス（ズ）ビアン」や「レス（ズ）」はサッフォー，そして彼女の住んだレスボス島と関連づけられた外来語であり，また「ゲイ」の対比語だった。それに対し，「同性愛」は「異性愛」と対になる言葉である。50〜60年代にかけて，「同性愛」はこれら「赤い関係」の記事に見られるように，エスを指すような戦前の「同性愛」から次第に離れ，「心中」，しかも戦前のようなロマンティシズムを欠いたそれや，非常にネガティブなイメージがつきまとう言葉へと変質していた。70年代にはやがて「レズビアン」はそのような「同性愛」と一体化することで，異常性が強調されていくことになるのである。

## おわりに

　本章では，戦後日本における「レズビアン」というカテゴリーの定着プロセスを見てきた。そこでは大きく分けて，1950年代半ばの『キンゼイ報告・女性篇』の刊行以前／以後で変化があったことが確認できる。キンゼイ報告以前は戦前との連続性が強く，「同性愛」といえば女学生のエスや歌劇のスターへの熱中として，すなわち若い女性同士の精神的な関係として捉えられていた。ただしエスのポルノ化という新たな表象や，「サッフィスト」と「トリバード」という肉体関係に焦点を当てた分類も見られた。「サッフィスト」については語の由来がサッフォーやレスボス島と関連づけて語られ，他にも女性同性愛を指す言葉として「レスボス愛」という表現も見られた。またこの時期，女性同性愛はフランスと結びつけて語られ，たとえ肉体関係に焦点を当てたものであっても，上品で「健全な」エロスの範疇に含まれて捉

えられていた。キンゼイ報告以後は，肉体関係があることが女性同性愛の指標となり，そのような関係が「レズビアン」と呼ばれるようになる。ただし，戦前からの「女性の同性愛＝エスや歌劇のスターへの熱中」という認識枠組みが完全に消え去ったわけではない。これらはのちのち，「レズビアン」と日本の事例を結びつける重要な要素となる。すなわち，1960 年代半ば頃から「レズビアン」は，①「エス」との関連づけ，②歌劇，とくにその男役との関連づけ，③ゲイ・バー，ゲイ・ボーイとの関連づけ，④フリーセックスとの関連づけ，により日本の事例と結びつき，定着していった。

最後に，「レズビアン」のカテゴリーから排除されていった（いくことになる）要素を確認しておきたい。先述の芝風美子は，祖母の遺品である 1966 年の『女性自身』グラビア頁に皇后の 12 時間という記事があるのに続いて，「ピーターとマコ ── 恍惚と反逆の"愛"に賭けるこういう青春」と題された，「レズ・カップル」を扱った記事が出ていることに驚いた体験から，1960 年代のレズビアン・ブームの話を始めている（芝 1993）。正確には，この記事のタイトルには「ピーターとマコ」の前に「女どうしの夫婦」とついている。女性同士で「夫婦」を作るような「男役」と「女役」の分化は，70 年代にレズビアン・フェミニズム言説が登場して以降，ヘテロカップルの模倣として批判され，「男役」は次第に「レズビアン」のカテゴリーから排除されていく（Sugiura 2006）。つまり本章で見てきた時期は，「レズビアン」カテゴリーにまだ「男役」が包摂されていた時期である。

もちろん「男役」の否定は，レズビアン・フェミニズムの影響のみによるものではない。戦前の同性愛言説においても，そこで中心的に議論されていたのは女学校における親密な関係であり，「男性的女性」は周縁化された存在であって，その状況は戦後も変わらなかった。1960 年代の「男性的女性（オナベ）＝レズビアン」という認識も実のところ，レズビアン・バーのブームと結びついた一過性のものだった。そういう意味では，日本は女性から男性へのジェンダーの越境が非常に難しい社会であり，「女性だったら，〜であるべき／〜すべき」というジェンダー規範 ── その規範の内容は変化するとはいえ ── が厳格な社会といえる。そこでは，セクシュアリティはジェンダー規範の核にありつつも，それに従属，あるいはそれを強化しているよ

うに見える。しかし，そのような社会においてもなお，女性が「夫」になって「妻」をもつような，ジェンダー規範を「撹乱」するセクシュアリティの実践があったことを確認した上で，それがどのような社会的条件のもとに可能となり，また抑圧されるかを検証することが，今後の課題となるだろう。

• **参考文献** •

赤枝香奈子 2011『近代日本における女同士の親密な関係』角川学芸出版.
中央大学社会科学研究所研究チーム「セクシュアリティの歴史と現在」(編集責任 石田仁)2004『異性装・同性愛書誌目録 —— 戦後日本〈トランスジェンダー〉社会史Ⅵ』中央大学社会学研究所.
Faderman, Lillian, 1991, *Odd Girls and Twilight Lovers: a History of Lesbian Life in Twentieth-Century America*, New York: Columbia University Press.(= 1996 富岡明美・原美奈子訳『レズビアンの歴史』筑摩書房.)
伏見憲明 2004『ゲイという [経験] 増補版』ポット出版.
掛札悠子 1992『「レズビアン」である，ということ』河出書房新社.
木本至 1985『雑誌で読む戦後史』新潮選書.
Kinsey, Alfred C., Wardell B. Pomeroy, Clyde E. Martin and Paul H. Gebhard, 1953, *Sexual Behavior in the Human Female*, Philadelphia and London: W. B. Saunders Company.(= 1954 朝山新一・石田周三・柏植秀臣・南博訳『人間女性における性行動』コスモポリタン社.)
北林透馬 1955『レスビアンの娼婦』あまとりあ社.
清岡純子 1968『女と女 —— レスビアンの世界』浪速書房.
——— 1971『レスビアンラブ入門 —— 心に愛を唇に乳房を』池田書店.
McLelland, Mark, 2004, "From Sailor-Suits to Sadists: "Lesbos Love" as Reflected in Japan's Postwar "Perverse Press"," *U. S.-Japan Women's Journal* 27: 27-50.
三橋順子 2004「ゲイボーイ，シスターボーイ，ブルーボーイ」，井上章一＆関西性欲研究会『性の用語集』講談社現代新書.
奈良林祥 1967『レズビアン・ラブ』コダマプレス.
Robertson, Jennifer, 1998, *Takarazuka: Sexual Politics and Popular Culture in Modern Japan*, Berkeley, Los Angeles, London: University of California Press.(= 2000 堀千恵子訳『踊る帝国主義』現代書館.)
———, 1999, "Dying to Tell: Sexuality and Suicide in Imperial Japan," *Signs* 25(1): 1-35.
斎藤光 2004「フリーセックス」，井上章一＆関西性欲研究会『性の用語集』講談社現代新書.
芝風美子 1993「エッセイ　昭和六〇年代レズビアン・ブーム —— あの頃，レズはオッシャレーだった」，柿沼瑛子・栗原知代編著『耽美小説・ゲイ文学ブックガ

イド』白夜書房.
杉浦郁子 2005「一般雑誌における「レズビアン」の表象 —— 戦後から 1971 年まで」『現代風俗学研究』11: 1-12.
―――― 2006「1970, 80 年代の一般雑誌における「レズビアン」表象 —— レズビアンフェミニスト言説の登場まで」, 矢島正見編著『戦後日本女装・同性愛研究』中央大学出版部.
―――― 2008「日本におけるレズビアン・フェミニズムの活動 —— 1970 年代後半の黎明期における」『ジェンダー研究』11: 143-170.
Sugiura, Ikuko, 2006, "Lesbian Discourses in Mainstream Magazines of Post-War Japan: Is *Onabe* Distinct from *Rezubian*?" In Diana Khor and Saori Kamano (eds.) *"Lesbians" in East Asia: Diversity, Identities, and Resistance*, New York: Harrington Park Press.
富岡明美 1996「訳者解説」(Faderman 1991＝1996 所収).
外山ひとみ 1999『MISS・ダンディ —— 男として生きる女性たち』新潮社.
山本明 1998『カストリ雑誌研究』中公文庫.

# 第7章 パンパン,レズビアン,女の共同体
── 女性映画としての『女ばかりの夜』(1961)

菅野優香

## はじめに

　連合軍による日本の占領終結から9年,赤線が廃止されて3年が経過した1961年に,映画『女ばかりの夜』は公開された。梁雅子の原作『道あれど』を田中澄江が脚色し,田中絹代が監督したこの映画は,元パンパンの邦子を主人公に,かつて遊廓や赤線で働いていた女性たちの更正を主題とした映画である,ととりあえずは要約することができよう。

　「皆さまご承知のように売春防止法案が昭和三十三年成立致しましてから各地の赤線の灯は消えましたが,その後……」というナレーションと共に映画が幕を開けると,スクリーンには,街角に立つ女たちや,旅館で抱き合う男女,ガード下にたむろする女たちが次々と警察によって護送車に押し込まれ,連れ去られる様子がテンポよく映し出されていく。オープニング・クレジットの後,物語の舞台となる白菊婦人寮を捉えたショットが挿入されると,次いで画面は,その光輝く美しさを画面全体に放射する寮長・野上(淡島千景)へと転換する。婦人寮というホモソーシャルな空間における野上の存在感が,その威厳ある語り口と凛とした美しさのなかに明示される場面である。アシスタントとして野上の側に寄り添っている北村(沢村貞子)と,野上を取り囲む婦人会の女性たちをカメラが捉えると,そこへ寮生の邦子がお茶を運んで来る。冒頭からすでに,この映画を貫くテーマのひとつである共同体

153

内部における女性たちの差異が凝縮された形で刻印されている。監視する者とされる者、外からこの空間に入り込み、「私たち」と「彼女たち」とを峻別する者。婦人寮には、元パンパンの邦子をはじめ、赤線や遊廓で働いていた女性たちが寝起きを共にしているが、婦人会の面々が施設内を歩き始めると、さらに「監視される者」である寮生たちの中にある差異が浮かび上がってくる。白菊婦人寮は、性病の有無によって女性たちの間に境界線が引かれた空間でもあるのだ。

婦人保護施設を舞台に、元売春婦の更正というテーマを扱った作品といえば、まず、成瀬巳喜男の『白い野獣』(1948年)が思い出されるかもしれない。この映画が製作された1948年は、パンパン映画ブームが起こった年である(紙屋 2009)。田村泰次郎による同名の原作をマキノ正博が監督した『肉体の門』をはじめ、『夜の女たち』(溝口健二監督、1948年)、『白い野獣』(成瀬巳喜男監督、1948年)などが立て続けに製作されている。パンパン映画ブームをはじめ、文学、カストリ雑誌、ヌードショーで表象された女性身体は戦後の「肉体解放」のシンボルであったとされる。だが、この解放は誰にとっての「解放」だったのだろうか。それは当の女性たちによって、本当に「解放」と感知されたのだろうか。というのも、『肉体の門』のマヤや美乃がその性的欲望ゆえに仲間たちから痛めつけられるように、戦後あらゆる文化領域で表象された女性とその身体は、決して解放などされておらず、むしろ過剰なセクシュアリティの象徴として、最終的には罰せられる存在に他ならないからだ。そして、パンパン映画の隆盛から遅れること13年、「もはや戦後ではない」1961年に、映画『女ばかりの夜』は公開された。

1958年の売春防止法（以下、売防法）完全施行を歴史的背景として持つこの映画の物語の核は、婦人寮に収容されることになった女性たちの連帯と確執であり、邦子（原知佐子）という元パンパンの女性が挫折を繰り返しながら模索する再生への道のりである。白菊婦人寮という非均質的な女性共同体には、亀寿という名のレズビアンさえ登場するが、女性同性愛者がこのように明確な輪郭を与えられて画面に映し出されるのは、当時一般公開された商業映画としてはきわめて異例のことである。本章では、『女ばかりの夜』におけるレズビアン表象に焦点を当てながら、こうした表象実践が生起する場

としての「女の共同体」について考察する。そして，元パンパンとレズビアンとを同一の空間に包含する女性共同体に，こうした表象を生み出したもうひとつの「女の共同体」を重ね合わせることによって，『女ばかりの夜』を「女性映画」として再定位しようと試みるものである。映画という表象装置は，ジェンダーやセクシュアリティに関する文化的想像力の源泉として機能してきたが，戦後の日本におけるセクシュアリティの変遷と親密性の再編においても，映画の果たした役割は決して小さいものではない。ここでは，売防法施行以後という限定的な歴史的，社会的文脈において，女性のセクシュアリティがいかに語られ，想像され，そして構築されたのかの一例として『女ばかりの夜』の分析を進めていくが，それは同時に，誰が，どのような視点から女性のセクシュアリティや女性の親密な空間について語り，表象するのかを問う作業になるであろう[1]。

# 1　レズビアン表象

　この映画におけるレズビアン表象は，きわめて早い段階のものであるだけでなく，その表象の仕方においても特異なものであろう。1960年以前の日本映画，とりわけ一般劇映画の枠組みにおいて，亀寿のような女性同性愛者が明示的に表象されるケースがほとんど見当たらないことは，先に触れたとおりである。もちろん，ピンク映画や成人映画に対象を拡げれば，それらしき表象がないわけではないし，1930年代には，吉屋信子の少女小説を原作とし，「エス」と呼ばれた女性同士の親密な関係を描いた映画も製作されていた[2]。だが，これらの映画は，女性の女性に対する欲望を，肉体と精神に

---

[1]　この映画については斉藤綾子氏にご教示いただいた。記して感謝したい。斉藤氏は以下の論文において，『女ばかりの夜』を監督した田中絹代について，「女性」のテーマを中心に扱った女性映画監督として正当に評価されるべきだと論じている。（斉藤綾子「ゆれる，女たち ── アジアの女性映画監督，その歴史と表現 ── 」，『社会文学』27号，2008年。）なお本章は，2012年にボストンで開催されたSociety for Cinema and Media Studies学会において発表した英語原稿を大幅に改稿したものであることも付記しておく。

[2]　前者の例としては，修道院を舞台に，尼僧のレズビアニズムを描いた『汚れた肉体聖女』（土居通芳監督, 1958年）があり，後者には『乙女シリーズその一　花物語　福寿草』（川手二郎監督,

## Ⅱ　同性愛という概念

分断し，女性同性愛を性行為としてのみ表象するか，「友情」という名の精神的なつながりとしてのみ描くかのどちらかであった。

　日本映画におけるレズビアン表象を語るには，多くの困難と不自由さとが伴う。レズビアニズムが女性の欲望を描きつつも，異性愛主義的な眼差しに奉仕する形で視覚化されてきた経緯に加え，何をもって，女性の女性に対するエロティックな欲望や関係の「証拠」とみなすのかという厄介な問題もある。「いかなるパフォーマンス，実践においても，セクシュアリティは十全に表現されえない」と，ジュディス・バトラーは語ったが（Butler 1993: 315），そうしたセクシュアリティ表象の困難さを十分に自覚した上でなお，この映画に表出された同性愛的欲望や関係性への切望について考えてみたい。

　日本に限ったことではないが，女性同性愛をめぐる映画表象は二極化する傾向がある。一方にあるのが視覚的暗示や共示だとすれば，他方にあるのは過剰な視覚性である。D. A. ミラーは，ヒッチコックの『ロープ』の読解において，曖昧に共示されるだけの同性愛は記号的機能不全の領域に押しとどめられており，その場合の共示は同性愛を不可視のものにとどめておくホモフォビックな意味作用であると述べている（Miller 1990）。実際，日本の多くの文化作品においても同性愛に関する言説やイメージは，サブテクストという名のもとに，多くの場合「二次的な」ものとして読まれてきたし，また，映画においても，女性の女性に対する欲望は，友情など別の形へと転位され，隠蔽され，抑圧されるのが常である（Kanno 2011）。

　他方の極には，過剰な視覚性，すなわちスペクタクルとしてのレズビアニズムがある。ここでいうレズビアニズムとは，性的な行為によってのみその欲望が表象され，性器的な身体接触によって定義されるレズビアニズムである。親密性や情緒的な交わりを欠いた性行為が，映画の語りやテーマに何ら関与することなく突如視覚化されるなど，その多くは異性愛プロットに従属し，添え物となるための存在にすぎない。『女ばかりの夜』が我々に差し出すのも，このように過度に視覚化され，明白すぎるほど明白に示されたレズビアニズムであるかのように見える。浪花千栄子という希代の演技者を得て，

---

1935 年）がある。

亀寿のキャラクターは演劇的な誇張によって戯画的な造形を施されており，その結果，このレズビアン的人物に我々観客が情緒的つながりを持つことは困難であろう。

あるいは，亀寿の振る舞いがレズビアン的な欲望とまったく無関係であるという解釈を誘導するような語りの仕掛けも，このテクストにはある。彼女に与えられた梅毒罹患者（脳梅毒）という語りのポジションによって，そのエキセントリックな行動や言動はすべて説明されうるし，それによって，亀寿の同性愛的な欲望はあくまでも梅毒の効果として物語的には回収されてしまうかもしれない。『白い野獣』にも脳梅毒で発狂する女性が登場するように，梅毒を介してパンパンと狂気を結びつけるのは映画表象における１つの型であるが，女性同性愛もそこから遠くはない。『女ばかりの夜』の冒頭，婦人寮を視察に来た婦人会のグループに対して寮母・北村は，頭を指した指をくるくるまわしながら，亀寿は「病気のせいかときどき発作を起こすのだ」と語っている。あたかもレズビアニズムは病いからくる発作であるかのようだ。

だがこの映画において視聴覚的に構築された亀寿という人物は，きわめてクィアな読みを呼び込まずにはおかない。その立ち振る舞いや言動によって強調されている亀寿の奇妙さ，異様さは，この人物が時間的空間的逸脱者としてこの映画に存在していることと密接に結びついている。亀寿が画面にはじめて導き入れられた後，婦人会の１人がすかさず北村に尋ねるように（「あの方，お若いんですの？　お年寄りですの？」），亀寿は時間的混乱を体現するかのような人物である。体調の悪さを更年期のせいではないかと疑う亀寿と，更年期はとっくの昔に過ぎたとする北村との会話や，三つ編みのお下げ髪といった少女的記号もまた彼女の時間的他性を露にする。はるか年下のよしみに「年甲斐もなく」執着している亀寿が，彼女の側を片時も離れず，その髪をとかしたり，トイレにも連れ立って行こうとするように，『女ばかりの夜』は，その「女学生」的振る舞いをことさら強調する。子どもじみた仕草や身振り，落ち着きなく動きまわってはしゃべり続けるといった一連の行動が，一層幼さや未熟さを印象づけ，59才で寮の最年長者であるという亀寿の語りの位置との大きなギャップを感じさせる。

聴覚的にも，亀寿は関西弁の使用によって差異化されている。他の女性たちのことばが何ら徴づけられていない点からみても，亀寿は明らかに言語的他者としてこの空間にある。59才という年齢がすでに婦人寮には「場違い」な亀寿。女学生風の身なりでお下げ髪を垂らし，はるか年下のよしみをしつこく追いかけまわす亀寿。関西弁でまくしたてる亀寿。彼女のこうした特異性は，時間的・空間的逸脱としてのクィアネスを刻印する。ジュディス・ハルバシュタムはクィアをセクシュアリティのみならず，時間的，空間的特性において概念化し，「非良識的な」時間的思考と実践を行い，想像的な生のスケジュールをもつ奇妙な時間的存在者をクィアとみなしたが，亀寿のエキセントリシティもまた，規範的な時間と空間に抵触するその存在の仕方と無関係ではない（Halberstam 2005）。

だが，こうした時間的空間的逸脱者としての視聴覚的構築にも拘わらず，「白菊婦人寮」という女性共同体にあって，亀寿は異質でこそあれ完全な他者ではないという点に注意したい。亀寿の執拗な身体的接触に嫌悪を表すでもなく，緩慢な受動的態度で応答するよしみや，からかい半分であってもホモフォビアを感じさせない寮生たちの反応は，亀寿の異質性が「大食いの松子」や「規律違反常習犯の雪子」と同じように，この共同体を構成する一要素であることを示しているのではないだろうか。一見すると，ネガティブなレズビアン・イメージを背負っている亀寿だが，『女ばかりの夜』は，その異質性をも女性の間にある差異のひとつとして受け入れる共同体，それ自体が非常に非均質な共同体を映画内共同体として出現させる。

## 2　女性共同体

### 1. 映画に描かれる女性共同体

『女ばかりの夜』には，いくつもの共同体が重層的に存在しており，その複数性や非均質性が多様な女性同士の絆を形作ることになる。この映画に描かれる第1の共同体は「白菊婦人寮」であり，そこには監視し更生へと導く

第 7 章　パンパン，レズビアン，女の共同体

女性たちと，監視の対象であり更生を促される側の女性たちのふたつの集団が，境界を曖昧にすることなく存在している。もっとも白菊婦人寮は視察の婦人会が訪れることもあれば，寮生が脱走を繰り返しては再入寮するなど，流動的で開かれた空間でもある。また，寮生たちの間でも性病の有無によって空間が仕切られているなど，ひとつの共同体と別の共同体とはときに重なり合い，ときに断絶しながら，様々な関係性で結ばれている。邦子の就職先である町工場もそうした共同体のひとつであるが，そこでは女工たちが恋人を交換したり小遣い稼ぎのために体を売っていることを邦子はやがて知る。自分たちの言いなりにならない邦子に腹をたてた女工たちによるリンチは，無理矢理脚を開き，ろうそくで性器に火傷を負わせるというレイプまがいのものやレイプそのものである。そして，リンチの最中に主犯格の女性が浮かべる恍惚とした表情は，このシーンの性的特質を十全に表現しているであろう。

　このように『女ばかりの夜』が描く共同体は，ユートピア的世界からはほど遠い。自立更生の後押しをし，強い絆で結ばれている共同体もあれば，差別と暴力が支配する共同体もある。連帯と排除の緊張関係が常にこの映画空間を満たしているのだ。だが，邦子が海女となって他の女性たちに囲まれている映画のラストが明らかにするように，女の共同体でどんなに酷い目にあっても，彼女は最後の最後までそうした共同体への希望を捨てないのである。

　『肉体の門』や『夜の女たち』に描かれるパンパンが「ナワバリ」をつくり，互酬の原理に基づいた強い絆で結ばれていたように，1940 年代後半に隆盛を誇ったパンパン映画にも女の共同体は存在していた[3]。だが，『女ばかりの夜』は家父長的人物の表象においてそれらの映画とは決定的に異なっている。パンパンや赤線，婦人更正施設を扱う映画に必ずといってよいほど登場する家父長的男性キャラクターは，多くの場合，女性を庇護する父か，あるいは恋愛の対象として潜在的な恋人となる。前者の例には『夜の女たち』

---

3) 天野正子によれば，戦後の日本において，家族や学校などの「旧」中間集団から排除された人々のつくった「新」中間集団のひとつがパンパンであり，彼女たちにとって，ナワバリは「警察と役所という公権力に対する，境遇を同じくする女性たちの結束」を意味していた。天野正子編『「つきあい」の戦後史　サークル・ネットワークの拓く地平』吉川弘文館，2005 年。

の病院長がおり，後者には『白い野獣』の寮長がいる。ところが，『女ばかりの夜』には，父なり恋人なりの役割を担う家父長的男性キャラクターが完全に欠如しているのである。食料品店主から工場長にいたるまで，男性たちは優柔不断で，頼りがいがなく，打算的な人物として描かれており，映画の後半，邦子の異性愛ロマンスの相手として登場するバラ園の技師・早川（夏木陽介）にさえも，テクストは母親や周囲の反対を押し切って恋愛を貫く「男らしい男」になるチャンスを与えない。

　こうした男たちと対照的に描かれるのが女性の「長」たちが持つ強さ，厳しさ，優しさである。邦子がリンチされた後，白菊婦人寮の野上と北村がさっそく工場に駆けつける場面では，事を穏便に済ませたい臆病な男性工場長を尻目に，女工たちを叱りつつも庇い，必死に赦しを請う女性現場監督（菅井きん）などもその一例である。だが，この映画において最も印象的に家父長的ポジションを代理=表象するのは，淡島千景演じる寮長・野上であろう。もともと原作の『道あれど』には登場していた男性寮長の姿が，田中澄江による脚本では跡形もなく消去されている。映画の冒頭から，その凛とした美しさで画面を輝かせる淡島は，厳しさのなかにも深い愛情を持った長として寮生や寮母たちの尊敬と信頼を集めている。そして，ある意味で，亀寿のレズビアニズム以上にクィアな親密性を感じさせるのが野上と邦子の関係であろう。ふたりの強い絆は，異性愛を含めた，この映画のいかなる親密な関係性をも圧倒する強度を有している。いつまでも現在を浸食する「パンパン」としての過去から逃れられず，更生の失敗と挫折を繰り返す邦子が一貫して心の拠り所とするのが野上であり，彼女たちを結びつけているのが，途絶えることのない手紙の交換なのである。

## 2. 映画を描く女性共同体

　この映画に「描かれる」共同体とともにあるのが，「映画を描く」女性たちの共同体，すなわち原作者，脚本家，監督から成る共同体である。『女ばかりの夜』はこの3人の「作家たち」による共作にほかならないのだ。例えば，大久保清朗は成瀬巳喜男の傑作と評される『浮雲』(1951)について，そ

の映画的特性が原作者・林芙美子と脚本家・水木洋子の共作関係の中にあるとし，映画を多角的な視点から検証する「複数的思考」を説いているが（大久保 2008），『女ばかりの夜』においても，そうした映画の創造に関わる複数の主体性を思考することが不可欠であろう。大久保が語るところの「「創造」と「媒介」との緊密な聯繫」，あるいはその相補的な関係において『女ばかりの夜』を捉えることによってのみ，この作品におけるレズビアン表象と女性共同体の関係が了解できるのではないだろうか。

映画の原作となった梁雅子の『道あれど』には，映画をはるかに上回る女性同士のホモエロティシズムが描かれている。乳房を握る，キスをするといった邦代（映画では「邦子」）とチエコの間の身体的で官能的な親密性を強調する小説の始まりに呼応するのは，行方をくらましたチエコを探し求める邦代の痛切な思いを吐露する小説の最後である。邦子とチエコの友情については，その精神的な部分のみに焦点化し，原作において友情が分有していたエロティックな要素ついて，映画は黙して語らない。また，映画のなかでは亀寿ひとりに凝縮されているレズビアニズムも，原作では，3人の年老いた元娼婦が新入りの若い「美奈」に入れあげ，内職代と引き換えに肉体関係を結ぶ様子が直截に描かれている。主人公の邦代をリンチする女工たちの性的興奮についても，原作の表現は赤裸々である。稲垣足穂によって「本質的な新しさと強靭さ」を持つと評された梁の硬質な文章は，『道あれど』における女性同士の親密な関係を「どすんと肉体主義」的なものにする。

だが，原作にあるホモエロティックなもの，性的なものが，映画において完全に消去されてしまったわけではない。それは脚色という作業によって媒介され，形を変えて映画『女ばかりの夜』に流れ込んでいるのだ。『道あれど』に内在していたホモエロティシズムがその強度を失ったことは確かに否定しえない。だが，野上と邦子の関係に見られるように，原作にあった邦代とチエコの肉体的な親密性が後退するとき，映画では小説にはない新たなエロティシズムが生み出され，前景化されもするのだ[4]。

このように映画と原作を媒介することによって創造の行為体となった人物

---

[4] また，原作では邦代が広島で被爆し，岩国でオンリーしていたという設定になっているが，こうした政治的含意も映画では薄められている。

が,『めし』『稲妻』『晩菊』などの脚本家として知られる田中澄江である。田中絹代監督とは『乳房よ永遠なれ』(1955) ですでに共作しているが,この映画においてもまた,女性の社会的かつ性的主体性を表現する果敢な試みがなされている[5]。先に触れたように,原作で存在していた男性寮長が姿を消し,映画では野上が寮長となった背景には,田中澄江による女性空間の創造がある。映画のラストで邦子が新たに参入していく海女の共同体もまた原作には存在しない。こうした創作は,脚本家である田中が女性同士の絆を強調しようとした証左であろう。

ただし,『女ばかりの夜』において,元パンパンや遊廓,赤線で働いていた過去をもつ女性たちに注がれる田中澄江の眼差しは決して優しいものではない。斉藤綾子によれば,口うるさく,元パンパンの邦子を露骨に見下す食料品店主の妻 (中北千枝子) は田中澄江の自画像であるらしいが[6],実際,邦子がしなをつくって食料品店主を誘惑する場面や,街をうろつきながら,過去を回想して男の肉体を懐かしむモノローグには,邦子のパンパンとしての過去を個人の性的過剰やその奔放さに結びつける視点が見え隠れする。確かに,田中澄江はそうした女性たちに同一化することはないが,かといって,他の特定の階層や職業,年齢の女性たちに同一化するわけでもない。女性の女性に対する差別や排除,更正を阻む社会の冷淡と偏見などに対する田中の明敏な認識は,無批判に女性やその共同体を理想化せず,また欠点を粉飾することもなく,内部の多様性や非均質性を描くことに向かうのである。だからこそ,ある共同体から暴力的に排除されてもなお,別の女性共同体へと参入していく邦子を描く映画のラストは,女の共同体の可能性についての重要な問いかけとなっていくのだ。

監督の田中絹代は1924年,15才で映画デビューした後,松竹の看板女優ひいては日本映画を代表する女優となったことはよく知られている。スランプを挟みながらも大女優として揺るぎない地位を築いていった田中が監督業

---

[5] 斉藤綾子は「ダブル田中」と題された講演において,『乳房よ永遠なれ』『女ばかりの夜』の2作における田中澄江と田中絹代の協力関係について論じている。(Ayako Saito, Asian Spectrum: Japanese Cinema Special Lecture, 14th International Women's Film Festival in Seoul, April 20, 2012.)

[6] 斉藤,上記の講演による。

に進出するのは，1953年『恋文』をもってである．木下恵介が脚本を担当したこの映画は，戦後の渋谷を舞台に，森雅之演じる主人公が，米兵のオンリーだった女性たちのために送金の催促をする手紙を代筆するというものであるが，ここですでに，オンリーやパンパンが主題として扱われている点に注目したい．監督第5作目にあたる『女ばかりの夜』で再び元パンパンを主人公に，売春防止法後の女性の更正を主題として取り上げた田中にとって，戦争の記憶は常にこうした女性たちと分ち難く結びついていたと思われる．

　田中絹代に限ったことではないが，女優という職業は常に性的な眼差しに晒され，その投影によって性的な存在として構築される．250本以上もの映画（後にはテレビ）に出演し，50年にわたる女優としてのキャリアをもつ田中絹代が，「女性であること」の問題に常に直面してきたことは想像に難くない．そして，女優にとって「女性であること」の問題は，他者によって「性化」されることと地続きである．これまでの批評言説において，田中はしばしば非＝性化あるいは脱＝性化されるという逆説的な方法で，性的に構築されてきたといえる．過去から現在にいたるまで男性批評家が口にする田中絹代の色気のなさや「中庸の美」は，女優を性化する眼差しのもとに田中が置かれてきたことを明らかにしている．

　ところで，パンパンと呼ばれる女性たちと田中絹代との結びつきを考える上で重要なのは，1950年1月，日米親善芸術使節として渡米した田中が帰国した際の出来事である．小袖姿で日本を出発し，ホノルル，サンフランシスコ，シカゴ，ニューヨーク，ロサンゼルスの各都市を訪問して帰国した田中は，その凱旋帰国パレードでは打って変わり，アフタヌーン・ドレスに銀狐のコートを羽織り，赤いハイヒールにサングラスの出で立ちで登場，オープンカーから観衆に向かって投げキッスをし，「ハロー」を連発したことが新聞で報じられた．田中を「アメション女優」と呼び，そのアメリカかぶれを猛烈に批判するメディアの反応は，鮮やかな赤い唇と派手な服装で米兵を相手にしていたパンパン女性たちの「アメリカニズム」に対する視線と軌を一にしている．他者によって性化されることをその職業の重要な要素として持ち，「アメリカ化する日本女性」として非難された田中の女優としての経験は，占領下の日本で，あたかも「アメリカ」と交わり，あるいはアメリカ

に浸食された身体を持つ者として性化され，セクシュアリティの過剰さや快楽主義という言説に包み込まれ，表象された女性たちと明らかな接点を持っている。つまり，田中絹代とパンパンと呼ばれた女性たちは，占領下の日本という歴史的状況において，「アメリカ」を介して性化される女性としての経験を共有していたのである。

　「田中絹代には歴史がある」と川本三郎は言う（川本 2007: 20）。田中の女優としてのキャリアには，戦前と戦後をつなぐ連続性があり，この連続性こそが共同体的な一体感を観客に呼び起こすのだと川本は指摘するのだ。そして，女優として「女性であること」の問題に向き合ってきた田中絹代が，今度は監督として性化される女性の問題を梁雅子や田中澄江と共に共同体的な視点から問いかけたのが『女ばかりの夜』だったのではないだろうか。

## ③ 女性映画

　では，一体どのような意味において『女ばかりの夜』は「女性映画」なのか。そして，「女性映画」をめぐる議論が下火になって久しい現在，「女性映画」を論じること自体にどのような意味があるのだろうか。こうした問いに答えるために，まずは「女性映画」についての論点を整理し，ついで，フェミニスト映画理論において長い間議論されてきた「女性映画」と日本の「女性映画」との違いを明らかにしていきたい。

　英語圏を中心とする映画研究の場において，「女性映画」という概念が登場してくるのは 1970 年代前半である。フェミニスト映画理論の嚆矢とされるローラ・マルヴィの「視覚的快楽と物語映画」(Mulvey 1975) は，主流物語映画の快楽を拒否し，制作と受容の両面においてラディカルな「女性映画」の実践を提起した論文として名高い。だが「女性映画」を考える上でマルヴィと等しく，あるいはそれ以上に重要でありながら，あまり顧みられることのない理論家がクレア・ジョンストンであろう。1973 年，ジョンストンが映画祭用のパンフレットのために寄稿した「カウンター・シネマとしての女性映画」はマルヴィとは対照的ともいえる立場から女性映画の可能性を主

張したものである (Johnston 1973)。『カイエ・デュ・シネマ』の批評家たちによって先導された批評的革新の影響下で，ジョンストンは映画が政治的ツールであると同時に娯楽でなければならないとし，政治的思想と娯楽映画が相互に依存するような双方的な関係をもつ映画の重要性を強調したのである。そして，欲望を通じて共同体的なファンタジーを解き放つことこそが女性映画 (women's cinema) であるというジョンストンの定義に従えば，『女ばかりの夜』を，その商業性と政治性，共同性という観点から女性映画として再定位することが可能となるのではないだろうか。

アジアの女性監督と女性映画について考察した論文の中で，斉藤綾子は，映画業界で長年女優として活躍してきた女性が撮影所システムのなかで映画監督となると，形式的には主流商業映画の作りを踏襲しながら，内容的には「周縁的で私的な生活圏に関わる」テーマを扱う傾向があると指摘する (斉藤 2008)。田中絹代もまた，メジャーな言語たる一般商業映画の枠内で，形式的には「作家性」をことさら主張することなく，また多くの女性映画に見られるようなモダニスト的なスタイルの革新性や前衛性を誇示することもなく，周縁化された女性に寄り添ったテーマで作品を撮っていった監督のひとりであろう。

さらに，他者によって性化されるだけの存在から，他者によるアイデンティティ付与を拒否し，自らの生を選び取る社会的存在へと生成する女性を描いた点で，『女ばかりの夜』は「女性の言説」を提示する映画の一例ともなっている。「女性の言説」とは，ジョンストンが，ハリウッドで活躍した女性監督ドロシー・アーズナーについて論じる際に打ち出した概念であり，女性を絶えず対象化する（男性的）視点に批評的に並置された女性の視点を意味している (Johnston 1975 = 1988)。アリソン・バトラーはこの言説という概念が，一定の表現形態をもたず，テクストを通じて組織化された形では作用しないこと，美学的であるよりはむしろ意味論的，イデオロギー的，あるいは社会的な表現を通して非連続的にフィルムに散りばめられていることを論じ，「フォーマリズム」への対抗手段であると述べている (Butler 2002)。

フェミニスト映画理論のパラダイムを観客論へと転換した重要な論文「女性映画再考」のなかでテレサ・デ・ラウレティスが提起したのも，まさにこ

うした美学と女性映画をめぐる問題であった。デ・ラウレティスは、女性に特有の形式的、主題的、あるいはスタイル上の徴があるかを問うこと、女性映画に特有の言語があるのかを問うこと自体が「主人の家」に囚われ続けることに他ならないと語る (de Lauretis 1987: 131)。映画作品に関する価値判断は、ある種の枠組みを前提としているが、この枠組みがすでに性差のヒエラルキーによって構造化されていることを疑うという作業は、日本の映画研究において長らく放置されてきたといえる。堀ひかりがいうところの「男が作り、批評してきた日本映画の言説空間」(堀 2002b)における監督・田中絹代についての語りは、年齢によって転換期を迎えた女優の転身といったものであり、作品に見るべきところがあるとすれば、それは彼女を演出してきた巨匠たちの影響によるもの、あるいは彼女を取り囲む有能なスタッフの功績であって、田中自身は非力で凡庸な監督として、まともな批評や分析の対象とされてはこなかった[7]。だが「主人の家」にいながら、田中の作家論や作品論を展開したところで結果は同じだろう。「フェミニスト理論が美学や形式上の知識そのものを新たに定義し直すときがきている」と、デ・ラウレティスが30年前に行った提起は、いまだ果たされぬ約束である。だが、『女ばかりの夜』を分析し批評すること、すなわち、この作品を見直す（＝Re-vision[8]）作業は、少なくとも、日本映画の文脈において、「男が作り、批評してきた言説空間」のあり方を問い直す行為となるはずである。

日本映画において、「女性映画」ということばは「松竹」という名前と不可分の関係にあり、このジャンルは、いわば「松竹女性映画」を指すものとして、すでに1920年代から存在していた。厳密な定義こそ困難であるものの、堀によれば、女優を売りに、ささやかな日常を描く松竹蒲田の特徴を体現していたのが「女性映画」であるという。すなわち、「瑣末」で「軟弱」な主

---

[7] その批評的無関心および不在にあって、唯一ともいえる例外が斉藤綾子による監督・田中絹代とその作品の再評価であろう。

[8] 「リ・ヴィジョン (Re-vision)」はもともと批評家であり詩人のアドリエンヌ・リッチのことばである (Rich 1979: 35)。「振り返って見ること、新鮮な目で、古いテクストに新たな批評的方向から取り組むこと」を意味するこの行為は「女性にとっての生き残るための行為」であり、デ・ラウレティスはリッチによるこの概念を重視し「女性映画再考」の中で引用している (de Lauretis 1987)。

第7章　パンパン，レズビアン，女の共同体

題をもつ映画を言い換えたものが女性映画であり，「松竹「女性映画」というのは，「女々しい」というジェンダー化されたジャンルの名称と理解できる」のだと（堀 2002: 61）。

　日本の女性映画をめぐる言説をもう少し見てみよう。ミツヨ・ワダ・マルシアーノによれば，それは日活と松竹という2つの映画撮影所が競い合う歴史的偶発事象の中で，「地域特有の近代性」(vernacular modernism) を具現化したジャンルとして出現したものであり，映画という公共空間において「女性主体が自分たちの空間＝位置を獲得した刻印」であるという（ワダ・マルシアーノ 2009: 170）。木下千花は「女性映画」が，1930年代後半，日本映画界が地理的・階級的な「周縁」への関心を深め，かつては蔑視や排除の対象だった観客層とジャンルを取り込んでナショナルな文化として日本映画を構築しようとする運動の中で浮上したものであると述べている（木下 2011: 207）。また女性映画を「女性観客のための映画」とするワダ・マルシアーノに対し，「菊池もの」（菊池寛の小説を映画化した作品）を女性映画の嚆矢と位置づける志村三代子は，1920年代後半に製作されたそれらの映画群が「女性を対象とした，女性が主人公の映画であるにもかかわらず，多様な観客層の視線を常に意識して製作されている」と論じている（志村 2007: 78）。

　日本の近代性とナショナリズム，消費文化とオルタナティブな公共空間との関係において日本の女性映画を位置づけるこうした一連の研究に共通するのは，このジャンルの定義の中心に女性観客を置いている点であろう。これはもちろん，日本に限ったことではない。女性観客の存在は，英語圏における1980年代以降のフェミニスト映画理論にあっても「女性映画」の核であり続けてきた。代表的「女性映画」論者のひとりであるメアリー・アン・ドーンは，サイレント時代から1960年代はじめまで制作されたこのハリウッド映画の一ジャンルは，女性を主人公に「女性的」と一般にみなされている諸問題を扱っているが，決定的に重要なのは女性観客を対象にしているという点であると指摘する（Doane 1994）。

　しかしながら，日本の女性映画に関する研究は，主にジャンルとしての成立期とされる1920年から30年代に限定され，それ以降の変遷や発展についてはほとんど考察されてこなかったといえる。さらに，上記の一連の研究

においても,「女性映画」という用語自体の内容については十分に検討されているとはいい難く,英語圏でいうところの woman's film と不用意に同一視されてきた感がある。だがフェミニスト映画理論においては,woman's film とは似て非なる women's films や women's cinema といった概念が差異化され,理論化されてきた経緯があり,それらはときに重なり合いつつも,固有の意味を担ってきたのである。

　英語圏における女性映画の概念的整理を行ったジュディス・メインに従えば,(1) woman's film とは女性の形象が「視覚的かつ物語論的体制に奉仕する」(Silverman 1988) ハリウッド的商品であり,(2) women's film は女性監督による作品,(3) women's cinema は「視覚的かつ物語論的体制を問題化するような」作品である (Mayne 1990)。「女性」が単数の woman と複数の women とに区別されているのは,『アリスの否定』でデ・ラウレティスが行った表象において構成された女性 (＝woman) と歴史的主体としての女性 (＝women) との区分がもとになっている (de Lauretis 1984)。では一体『女ばかりの夜』とはどのような女性映画なのか。

　この映画は女性監督による作品であり,その意味では women's film としての性格をもつ。しかも,原作も脚色も女性が担当した『女ばかりの夜』は複数の女性による共作としての women's film である。だが前述したように,この創作の共同体は映画に描かれた共同体同様,一貫性も同質性も欠いた差異の共同体である。と同時に,この作品は既存の視覚的かつ物語論的体制を問題化する women's cinema でもある。家父長的存在の描き方や女性共同体の強調によって,『女ばかりの夜』は,『肉体の門』,『夜の女たち』,『白い野獣』といった過去のパンパン映画における女性および男性表象に対する鋭い批評性を持ち,「父」や「(男性の)恋人」に依存することなく社会において主体となるべく模索する主人公を語りの中心に置く。すなわち,クレア・ジョンストンが述べたところの「女性の言説」をもつ「女性映画」なのである。

第 7 章　パンパン，レズビアン，女の共同体

## おわりに

　「元パンパン」の更正や自立を主題とする『女ばかりの夜』が公開されたのは，「パンパン」映画ブームもとうの昔に過ぎ去った 1961 年であった。だが，このアナクロニズムは，同時代感覚に溢れるリアリズムも，女性の経験を美学化するフォルマリズムもはじめから放棄したところにある時間的な「ズレ」なのだ。つまり，他者によって過度に性化されてきた女性たちを異なる視点から見直し，表象し直すための時間的逸脱なのである。個人的な物語にあっても，より大きな異なる他の物語を反響させるような文学，脱領土化されたグループから生じ，たとえ「アクティブ」なコミュニティの不在にあっても「共同性」を想起させるそうした文学の典型をカフカに見出したドゥルーズ，ガタリがその文学を「マイナー文学」と名づけたように，アリソン・バトラーは「マイナー映画」としての「女性映画」に共同体の投影を見る (Butler 2002: 20)。邦子や亀寿といった女性たち個人の物語に戦後日本という物語を反響させ，社会的な存在たろうとする女性たちの共同体への希望を描く『女ばかりの夜』は，そうした「マイナー映画」としての「女性映画」と呼ぶのがふさわしいのではないだろうか。

　この映画の核心ともいうべき「女性の共同体」とレズビアン表象との関係について最後にもう一度触れておきたい。「通常の映画にあって，女性の共同体はレズビアニズムを抑圧する形で働く」とジュディス・メインが述べるように (Mayne 1990: 117)，女性が共同体を構築する映画においては，そこから周到に同性愛的欲望を取り除き，ジェンダーによる同一化の絆で結ばれた女性たちを描くのが慣習である。それに対して，『女ばかりの夜』はレズビアニズムを女性共同体から生じる，あるいはその内部にあるものとして描き出すことによって，いわば，女性同士の絆の一形態としてのレズビアニズムを表現する。亀寿という女性同性愛者を共同体から完全に排除することなく，性的主体であると同時に社会的主体として生きていくことの困難と可能性とを観客に問いかける映画として『女ばかりの夜』はあるのだ。女性たちの親密な関係を可能にする場所と空間こそが，同時に彼女たちを分離すると

いう共同体の振幅を映し出しながら，多様な差異と経験をもつ個人が「女性であること」によって直面する性化の問題を通して共同性を獲得するような，そうした女性の共同体の可能性を描いたのがこの映画なのだといえないだろうか。とすれば，『女ばかりの夜』は，女性が女性に向けて女性について語る，そうした「女性映画」としてあるのではない。多様な女性たちとのつながりのなかで，他者によって定義された「わたし」から社会的主体への転成を図る物語を「わたしたち」という共同性を想起させる物語として語るその行為によって，この映画ははじめて「女性映画」となるのだ。戦前から戦後にいたる女性のセクシュアリティは，貞節や純潔から，解放や過剰への変遷として語られてきた。だが，『女ばかりの夜』は「戦後の女性のセクシュアリティ」を「共同性」の視点から捉え直すことによって，他者の性化の眼差しに抗する女性たちとその共同体を語り，想像し，構築したのである。

### ●参考文献●

大久保清朗 2008「作劇と情熱 —— 水木洋子の『浮雲』脚色」『表象』2: 224-244.
紙屋牧子 2009「占領期「パンパン映画」のポリティックス —— 1948年の機械仕掛けの神」『占領下の映画　解放と検閲』岩本憲児編，森話社：151-186.
川本三郎 2007『今ひとたびの戦後日本映画』岩波書店.
木下千花 2011「メロドラマの再帰 —— マキノ正博『婦系図』(1942年) と観客の可能性」『観客へのアプローチ』森話社.
斉藤綾子 2008「ゆれる，女たち —— アジアの女性映画監督，その歴史と表現」『社会文学』27: 101-114.
志村三代子 2007「菊池寛の通俗小説と恋愛映画の変容 —— 女性観客と映画界」『家族の肖像　ホームドラマとメロドラマ』森話社：75-102.
新藤兼人 1986『小説　田中絹代』文藝春秋.
堀ひかり 2002a「映画を見ることと語ること —— 溝口健二『夜の女たち』(1948年) をめぐる批評・ジェンダー・観客」『映像学』68: 47-66.
——— 2002b「ジェンダーと視覚文化　1930-50年代　日本における女性と映像を中心に」『RIM』4-2: 41-56.
テッサ・モーリス＝スズキ 2004『過去は死なない —— メディア・記憶・歴史』岩波書店.
梁雅子 1960『道あれど』三一書房.
ミツヨ・ワダ・マルシアーノ 2009『ニッポン・モダン —— 日本映画1920・30年代』

名古屋大学出版会.

Butler, Alison. 2002. *Women's Cinema: The Contested Screen*, London and New York: Wallflower.

Butler, Judith. 1993. "Imitation and Gender Insubordination," *Lesbian and Gay Studies Reader*, ed. by Henry Abelove et al., New York: Routledge: 307–320.

de Lauretis, Teresa. 1984. *Alice Doesn't: Feminism, Semiotics, Cinema*, Bloomington: Indiana University Press.

―――. 1987. *Technologies of Gender: Essays on Theory, Film, and Fiction*, Bloomington and Indianapolis: Indiana University Press.

Deleuze, Gilles and Felix Guattari. 1986. *Kafka: Toward a Minor Literature*, trans. Dana Polan, Minneapolis and Oxford: University of Minnesota Press.

Doane, Mary Ann. 1987. *The Desire to Desire: The Woman's Film of the 1940s*, Bloomington and Indianapolis: Indiana University Press（松田英男監訳『欲望への欲望　1940年代の女性映画』勁草書房，1994年）.

Dower, John W. 1999. *Embracing Defeat: Japan in the Wake of World War II*, New York: W. W. Norton（三浦陽一・高杉忠明訳『増補　敗北を抱きしめて』岩波書店，2004年）.

Halberstam, Judith. 2005. *In a Queer Time and Place: Transgendered Bodies, Subcultural Lives*, New York: New York University Press.

Johnston, Claire. 1973. "Women's Cinema as Counter Cinema," *Notes on Women's Cinema*, ed. Johnston, London: Society for Education in Film and Television: 24–31.

―――. 1975. "Dorothy Arzner: Critical Strategies," *The Works of Dorothy Arzner*, London: BFI (reprinted in *Feminism and Film Theory*, ed. by Constance Penley, New York: Routledge, 1988).

Kanno Yuka. 2011. *Queer Female Networks in Japan's Visual Culture*, PhD diss., University of California, Irvine.

Mayne, Judith. 1990. *The Woman at the Keyhole: Feminism and Women's Cinema*, Bloomington and Indianapolis: Indiana University Press.

Miller, D.A.. 1990. "Anal Rope," *Representation* 32: 114–131.

Mulvey, Laura. 1975. "Visual Pleasure and Narrative Cinema," *Screen* 16(3): 6–18.

Rich, Adrienne. 1979. *On Lies, Secrets, and Silence: Selected Prose, 1996–1978*, New York: W.W. Norton.

Silverman, Kaja. 1985. "Lost Objects and Mistaken Subjects: Film Theory's Structuring Lack," *Wide Angle* 7 (1–2): 14–29.

# 第8章 戦後日本における「ホモ人口」の成立と「ホモ」の脅威化

石田 仁

## はじめに ── 本章の目的

　『もしも世界が100人の村だったら』という本が日本で売り出されたのは，2001年の12月だった。この本はクリスマス商戦の中で飛ぶような売れ行きを見せ，年が明けたら社会現象になっていた。「その村には……，57人のアジア人，21人のヨーロッパ人，14人の南北アメリカ人，8人のアフリカ人がいます」という有名な言葉から始まる『100人の村』は，多様性と分配の問題を，人口比で平易に表現してみせたところが新しい。

　この本は同性愛についても触れている。「89人が異性愛者で　11人が同性愛者」とするそのくだりは，同性愛者の見積もりが大きすぎるという批判もあったが，性的マイノリティの存在を可視化するという意味で，日本の性的マイノリティの団体からはおおむね好意的な反応が寄せられた。問題とされたのは見積もりの多寡であり，「○○人が同性愛者」という表現自体は受容されていたわけである。

　ところで『100人の村』において，「性の多様性 (sexual diversity)」を徹底させようとするならば，どのような表現になるのだろうか。例えば「異性も同性も愛する人」に光を当てようとする場合は，どう表現することになるのか。おそらく新たに一行，「○○人が両性愛者」との記述を加え，その両性愛者の数だけ，異性愛者と同性愛者の人数を減らすことになるのだろう。「性

Ⅱ　同性愛という概念

の多様性」に対するこうしたとらえかたは,「多様な性」それぞれを,相互に排他的な現象ととらえる見方を強化するだろう。『100人の村』式の理解のしかたでは,「異性愛者」であって同時に「同性愛者」であることは許されず,「両性愛者」という第3項をつくって専有させる形になる。このような考え方のもとでの「性」という現象は,柔軟で流動的なものではなく,それぞれ一定程度の人口を占める異質な人々がそれぞれに備える何かであることになる。これは現代のセクシュアリティ論の教科書における「性の多様性」の説明とも通底する考え方である。セクシュアリティ論の教科書においての「性の多様性」とは,「異質な個々人」の言い換えであることを確認しておこう。

> 異質の個人が異質のままで尊重される社会が実現すること……性の多様性が認められ,受け容れられるとは,そのような意味においてです。(STN編 2003: 202)

『100人の村』の受容に象徴されるような,同性愛を「人口比」と関連づけて理解する方法は,日本でいつ頃から人々に定着したのだろうか。それは,「同性愛者」という概念の成立と同時期なのだろうか。古川誠は,日本において「同性愛者」という概念が,「個人の内的・精神的な性のあり方を説明する」「アイデンティティ」を意味するものとして1920年代に成立したということを歴史資料から明らかにした。また,こうした概念は「1980年代」の「現在にいたるまでわたしたちの同性愛への認識を規定している」とも論じている (古川 1994: 50, 2001: 90-91)。では成立は1920年代ということになるのだろうか。

おそらくそうではない。というのも筆者は,エロ・グロ記事を売りにしてきた「変態雑誌」という雑誌群の戦後発刊分を研究してきたが,「変態雑誌」の編者・読者の大勢は,「同性愛」を,もっぱら「同性愛者」がするものとしてではなく,性的関係を結ぶ者たちの間でならば起こりうる,流動的で可変的な,行為もしくは関係性のあり方の1つとしてとらえていたことを明らかにしているためである (Ishida and Murakami 2006)。したがって「個人化さ

れた同性愛」——あるいは人格[1]としての同性愛——が大正期前後に成立した後，現在にいたるまでその考え方が連綿と人々を規定しつづけてきたとは考えづらいことになる。「変態雑誌」が下火になるのは1960年代半ばである。それならば，人口の一定程度を占める人々の属性として「同性愛」をとらえるようになったのは，それより後の時代になるのではないか。

そこで本章では，戦後日本において同性愛を人口の比率としてとらえる言説が，いつどのように成立したのかを明らかにする作業を行いたい。第1節ではその言説を準備する引き金となった言説を紹介し，続く第2節では，同性愛の人口言説がいつ，どんな語り方を契機に成立したのかを明らかにする。そして第3節ではこの人口の言説が，同性愛に関するさらに新たな言説をどのように招いたのかについても述べていく。こうした作業を通じて最終的には，現在にも存在する同性愛への差別的感情の出どころに迫りたいと考える。

なお，本章では男性同性愛に限って扱うことになる。理由は，第6章でも説明され，本章第2節でも示すように，「同性愛」として言及される対象が，戦前の女性から戦後は男性へと移っていき，結果，人口比と同性愛の言説も圧倒的に男性の言説が多くなったためである。

検討する言説は，戦後日本で有力なメディアであった雑誌（月刊誌，週刊誌）に掲載されていた同性愛・異性装の記事に限定した。戦後の新聞では「変態性欲」があまり語られなくなったこと，ラジオ・テレビの報道は記録として残っていないか，残っているとしても資料の利用がきわめて困難なため除外した。単行本も含めなかった。参照する範囲が膨大になりすぎるという便宜的な理由から，原則として取り上げない。本章はそのため雑誌記事に限定した言説分析になるものの，参照した記事数は総数1,822件に及んでいる。記事の検索は冊子体の『大宅壮一文庫雑誌記事索引総目録』を用いた。文献収集の方法論およびテクスト・コーパスは（石田責任編集 2004）に詳述してあ

---

[1] 赤川学は，性が人格の中核にあり，モノのようには扱うべきではないとする考え方を「性＝人格論」と呼んだ。赤川はこの「性＝人格論」が，欲望を男女間に作用する本能だとみなす「性欲＝本能論」と車の両輪のように作用することで，同性愛やオナニーなどを，逸脱した性欲（変態性欲）として人々に認識させた（赤川 1999: 160, 166, 376）という。

## Ⅱ　同性愛という概念

るのでそちらを参照してほしい。

# 1　群れる ── 1945 年〜1960 年代

## 1．戦前と戦後の不連続性

　戦後日本の同性愛に関する言説は，戦前の言説を踏襲するところからはじまっている。占領期資料「プランゲ文庫」に残っている記事を見れば，同性愛の記事の多くが女性について書かれたものであることが確認できる[2]。戦後の同性愛の雑誌記事は，しかしながら戦前の単なる引き写しにとどまらなかった。新しいモチーフと素材を得たようである。

　その新しいモチーフとは「群れ」であった。三橋順子は，性愛の場について論じた井上章一（1999）の『愛の空間』を引きながら，戦後直後の上野駅から上野公園一帯は，人や物資が集散する場所に森があったために，絶好の野外性交渉の場であり，男娼の群れが形成されていたと述べる（三橋 2008: 179-180）。この「群れる男娼」という描写は盛んに行われ，さらに上野以前にも，大阪の釜ヶ崎で男娼世界が形成されていた（漫画読本 1956/09: 195）とする語りももたらした。この「群れ」というモチーフは，後述の，同性愛を人口比として語る方法を成立させる，重要な引き金となる。

　今ひとつは，戦時期には許されなかった新たな素材を雑誌が手に入れたところにある。それはアメリカ合衆国のキンゼイ研究所が明らかにした性のレポート（『キンゼイ報告』）における，同性愛の数値であった。戦後初の同性愛の雑誌記事は ── 大宅壮一文庫の目録にしたがえば ── 家族心理学者・望月衛によって書かれた「同性愛 ── 社会現象としての」（婦人公論 1950/03）である。ここで望月は，日本の同性愛・同性愛者についてはよくわかっていないと留保しつつも，アメリカに関しては『キンゼイ報告』を引用し，「男性の八〇％は同性接触の経験をもっている」と述べた。5 年後の『知性』

---

[2]　例えば「同性愛物語」『薔薇』1948 年 8 月号，「同性に愛情を抱く人々」『婦女界』1949 年 11 月号，「女子の同性愛」『ベーゼ』1948 年 7 月号などは女性の同性愛である。

(1955/09)で望月は,「同性愛は,女学校のSなどが有名で,むしろ女に多いと常識では考えられていたが」と戦前の言説の特徴(古川 1994: 45, 赤枝 2011: 119-121)を述べたあとに「キンゼイ報告などによると,断然,男に多いようである」(知性 1955/09: 136-137)とし,その不連続性を指摘する。

『キンゼイ報告』はよほど衝撃的であったようで,その後長期間,多くの雑誌が取り上げることになる(週刊文春 1959/06/15: 55, 別冊事件実話 1962/11/01: 108, 週刊大衆 1966/10/27: 26, 時 1968/06: 236, 他多数)。この性レポートでは男性篇がまず訳出された(Kinsey 1948=1950)ことも,日本での同性愛の言説対象が女性から男性へと組みかえられていく1つの契機として働いたのだろう。

## 2. 群れて増える

60年代に入ると,男性同性愛の「群れ」に関する新たな表現が生まれた。「隠花植物」である。

今でこそ「隠花植物」の名付け親は,セクシュアリティ論周辺でも『隠花植物群』(1966)を著した東郷健(1932-2012)と見なされることが少なくない。しかしそれに先立つ60年と65年に,すでに男娼を隠花植物と表す記事(週刊サンケイ 1960/04/11: 75, 漫画娯楽読本 1965/05/11: 94)が存在した。この語の名付け親はおそらく,『ゲイ』(1956, 東京書房)を著した画家・ルポライターの富田英三である。67年の『週刊漫画TIMES』(1967/09/16: 70)で富田自身が,「隠花植物とは,ぼくが十年前の著書(ゲイ)に用いた言葉」と説明している。その書物『ゲイ』では次のように書かれている。

> ゲイ酒場に咲くゲイ・ボーイという名の隠花植物は,どこに根をおろしても,群生しなければ呼吸ができないのだ。(富田 1956: 18)

「隠花植物」はゲイ・リベレーションの胎動する80年代終盤まで継続して使われる,息の長い表現であった。「隠花植物」という比喩は,暗く,薄気味悪く,人知れず増殖するイメージを人びとに与えた(例,週刊大衆 1967/02/16: 34)。また雑誌記事はこの語を「男娼」「オカマ」「ゲイ・ボーイ」,

そして"新語"の「ホモ」にもあてはめていった。したがって「隠花植物」とは、男と男が隠微に群れている"状態"や"関係性"を説明する語句であったが、と同時に、男に愛情を寄せ、男と性交渉をする男を指す"人"を表す言葉としても用いられた。

## 3. "新語"の「ホモ」

ところで現在のゲイ・スタディーズは「ホモ」は侮蔑語であり使用を避けるべきだと主張している。「ホモ」が異常心理学などで用いられた病名 homosexual の短縮形であるというスティグマの歴史を鑑みれば、その主張は当然であり用いるべきではない。しかしこの語がいつから日本で広く用いられるようになったのかについて、明らかにされてこなかったのも事実である。今回の作業からわかったのは、「ホモ」は60年代後半に"新語"として登場し、70年代中盤に普及したということである。次に引用する67年の記事において、「──」(ダッシュ)に導かれた形で「ホモ」が説明されている点に注目してほしい。

> ホモ ── 男の同性愛者は、大都会の陰の地帯に、類は友を呼んで集まり、陰湿な性の楽しみにふけっている。(週刊大衆 1967/02/16: 34)

この記事にあるように、ダッシュもしくは丸括弧を用いて定義する表現は、『週刊大衆』の別の号 (1966/10/27: 26-27) や『週刊読売』(1971/01/08: 34) においても確認できる。ここから、1960年代後半から70年代初頭の当時の人々にとって、「ホモ」とは説明を要する聞き慣れぬ言葉であり、ようやく知れわたりはじめた"新語"だったと言えるだろう[3]。

なお、当時の「ホモ」の用法で非常に重要なことは、先の「隠花植物」同様に、"人"に対して用いられる現在主流の用法 (例文「あの人はホモだ」) だ

---

[3] 新語を " " で括った理由は、1950年代の「変態雑誌」や書籍などにはすでに男性同性愛者という人そのものを指す用法として「ホモ」の語が使われているためである。戦後最初期の記事として、性科学者・高橋鐵による用例 (『人間探究』1951年10月号、『あまとりあ』1952年3月号)、書籍では『第三の性』(妙義出版, 1957年) の太田典礼の用例がある。赤枝香奈子氏・前川直哉氏のご教示に感謝する。

けではなく，"行為"や"関係性"を表す言葉としても頻繁に用いられてきたことである（例文「ホモにいそしむ」「二人はホモの間柄だった」……現在めったに言わない用法である）。しかし第2節で述べていくことになるが，「ホモ人口」という言葉が普及すると，「ホモ」の用法はだいたいにおいて"人"を指す言葉へと収斂していく。

## 4.「本当のホモ」

「新語・ホモ」がいったん普及すると，言説は新しい段階に入っていく。今度は，一般的に想起される「ホモ」像が，「実際のホモ」は異なるとする語りを生むことになった。その最初期の記事を引用しておく。

> ホモは，一般に信じられているように外見上見分けがつくものではない。彼らの多くはレビュー・ガールのような歩き方もせず，スペインの王様のような，おかしな口のきき方もしない。ホモはトラックの運転もやるし，フットボールももちろんやる。1家の父親である場合さえある。われわれ女性は，彼らの母であり，姉妹であり，妻であるかも知れないのだ。そして，われわれの最良のボーイフレンドの幾人かもまた，おそらくは同性愛者なのだ。（週刊プレイボーイ 1967/04/25: 21）

67年のこの記事はアメリカの女性誌『NOVA』誌の翻訳記事であり，アメリカの「ホモ」を述べたくだりである。2年後には，日本国内の「本当のホモ」について述べる言説が登場することになる。その69年の『週刊文春』(1969/04/21: 148) 記事では，「本当の同性愛者は女のカッコウしたものは求めません。ここ〔大阪・天王寺のゲイバー〕へくる人はふつうの人とかわりません」と言われた。"正しい"「ホモ」の知識を講ずる言説は，70年代初頭から本格化する。例えば，『週刊女性』において，「本来のホモ族というのは，一見普通の正常な男性として，外見上は一般人と同じ社会生活を営んでい」る (1975/06/17: 138) と言われたりした。

Ⅱ　同性愛という概念

## 2　「ホモ人口」の成立 ── 1970年代前半

### 1．都市に集まる

　1971年は，レズビアン/ゲイ，クィア・スタディーズにおいて重要な年とされてきた。東郷健の参議院選挙出馬，同性愛専門誌『薔薇族』の創刊，レズビアン「若草の会」活動開始の3つが71年の出来事として並び，これらが現代日本の同性愛史の原点とされてきたためである（クィアスタディーズ編集委員会 1996: 19，伏見編 2003: 49，等）。

　しかし言うまでもなく71年のこれら3つは，現代の私たちが歴史を編むために呼び出した"史実"である。だが（少なくとも）雑誌における"現実"では，出馬や刊行，活動がリアルタイムで取り上げられてきたわけではない。

　1972年の秋に，『週刊ポスト』が当時の男性同性愛事情をかなり詳しく報じたことがある。「ホモの世界を扱って，ここが抜けたらピンボケ」という読者からの電話に応じ，11月3日号・11月10日号と2週にわたって，満員電車や公園，映画館や旅館・サウナならびに，そこで何が行われているのかについて詳細に記事化した。こうした記事が書かれた背景にはおそらく『薔薇族』の創刊もあったのだろうが，この記事では『薔薇族』や東郷健，「若草の会」には言及していない。例えば一般雑誌における『薔薇族』への言及は73年が初出となる。すなわち，71年から73年初頭までは，記者・読者の関心はむしろ，都会における匿名的な性交渉の場（いわゆるハッテン場）にありつづけた。とりわけ72年に『週刊ポスト』と『週刊大衆』との間で行われた報道は，ハッテン場の取材合戦と呼べるものに終始した。この貪欲な取材の結果人々は，大都会には男性同士が愛を確かめあうための特定の満員電車や旅館・サウナが多数あり，そこにいけば同じ目的の男たちに出会えることを知ることになった（石田 2010: 380）。

　同じ時期，「ホモのメッカ」という表現も定着した。この表現がはじめて登場したのは69年であるが（平凡パンチ 1969/11/10），多用されだすのは72年からである（週刊ポスト 1972/11/10，アサヒ芸能 1973/01/25 等）。73年の『週

刊文春』(1973/01/01: 50) では，新宿のことを「イスラム教信者にとっての
メッカと同じ意味で日本全ホモの聖地であり，大本山である」と説明した。
「X は Y のメッカ」という表現は，ある場所 X に Y という"人々"が集まる
という印象をあたえた。

　ところで前節の (4) で述べたように，"本当のホモは隠れていて見えない"
という言説が日本人についても語られだすのは 70 年代初頭からであったが，
この時期はハッテン場の取材合戦や「ホモのメッカ」と言われ出した時期で
もある。例えば『週刊文春』(1973/01/01: 51) は，「知らず知らずのうちに」
通勤電車やパチンコ屋，ゴルフ場で「東京では，平均一日五人のホモと顔を
合わせている」と書いた。『アサヒ芸能』(1973/08/09: 34-5) では，「妻は僕が
HOMO だということはいまでも知りません」とことわって取材に応じた
「大学教授」が，つまりは職場で「だれかが HOMO だということです」と
言い切り，これを受けて記者は，「「HOMO インベーダー」とでも言うべき
か」と嘆息した。この時代，知らず知らずのうちに読者の生活世界を侵犯す
る"存在"として，「ホモ」が男性誌で描かれはじめたのである。

## 2. エビデンス

　前節 4 でみたように，キンゼイ報告の最初期の報道は，主にアメリカ人男
性の同性愛経験者"率"について述べたものであった。しかしこのデータを
元に日本人男性の状況を推察しはじめると，掲げられる数字は"人数"へと
変質していく。それは時期的には 70 年代前半から中葉にかけてのことであ
る。73 年には「新宿ホモ・クラブのマスター」である前島英雄が「全国の
ホモ愛好者は一千万人近い」と言い（アサヒ芸能 1973/09/06: 134），次いで 74
年には『薔薇族』編集長の伊藤文学が「日本では，25〜30 人に一人つまり
200 万から 300 万がホモの自覚をもっていると思います」（女性自身
1974/05/04: 171）との見解を寄せる。これらの記事に見られる「数」は，当
初は「愛好者」や「ホモの自覚」を持つ者の数だったが，次第に「ホモ人口」
へと変わっていく。それは 74 年から 75 年の間に定着しだし，75 年以降
には 200 万人から 300 万人の「ホモ人口」がいるとする説が定着する（週刊大

衆 1975/04/03: 133，月刊 PLAYBOY 1975/12: 108，週刊プレイボーイ 1976/03/02: 142，週刊女性 1978/02/28: 62，他多数）。

　なぜこの時期に，この数として定着するのだろうか。おそらくそれは，東郷健の出馬と，『薔薇族』の刊行部数の語りに関係がある。しかし急いでつけくわえたいのだが，筆者は出馬・出版という"史実"にその理由を帰すためではない。言説を分析している以上，出馬・出版がどのように語られたのかにあくまで着目すべきだろう。そこで，東郷健の出馬について語った71年と74年のふたつの記事をここに比較したい。

> 〔「ホモ」の国としてアメリカは進んでいるが〕日本の場合は，中くらいといえるでしょう。このあいだの参院選に出た人（東郷健のこと ── 引用者）は，二百五十万票とるといっておりましたが，バカな男もいたものです。〔三悪追放協会会長・菅原通斉談〕（週刊ポスト 1971/08/06: 44）

> 　二万三千三百九十三，と出た。今回の参院選でその結果がひそかに注目されていたある全国区候補者の得票数である。/これでは地方区どころか，村長選挙でもお呼びじゃないほど。もちろん，惨敗，下位落選とはなった。……二万三千三百九十三票をかき集めたこの候補者こそ，誰あろう，ホモの復権を叫んで孤軍奮闘した，かのオカマの東郷健サンなのだ。……ホモがふえている ── 感触として伝えられる巷間の噂をうなずかせるには十分の数字，といえよう。（週刊ポスト 1974/07/26: 44-45）

　ともに『週刊ポスト』であるが，論調の変化が確認できる。71年のものは，「二百五十万票とる」と予想した東郷健を「バカな男」と一蹴する菅原の見解が目を引くが，74年になると，東郷は2万3千余票で確かに「惨敗」したものの，「ホモ」の増加という巷間の噂を首肯するには「十分な数字」だと論じるようになった。翌年の『週刊大衆』(1975/04/03: 133)では，『薔薇族』の出版部数と，この得票数を関連づける語りが登場する。「ホモの人数は全国で二百万人にものぼる」とする伊藤文学の語り[4]を提示し，「その人

---

[4] なぜ伊藤文学は「ホモ人口」を200〜300万人であると推測していたのだろうか。彼は次のように試算していた。まず，女好きの男性が絶対買うはずのない『薔薇族』の3万部という発行部数を「ホモ人口」の最小値とみなし（月刊プレイボーイ 7512: 108），雑誌を買えないでいる層がその10倍，ことによると100倍いると考えたのである。後年，伊藤はこの積み上げ法と逆向き

たちが連帯せずに孤立しているというのは，例の東郷健氏の得票数を見れば一目瞭然である」と分析するようにもなる。ここにきて「ホモ人口200-300万人」は，「ホモ」の「孤立」という現象を論じるための"エビデンス"にさえなる。

こうして「ホモ」に「人口」が接続され，またその「ホモ人口」が別の現象を論じるためのエビデンスとして機能しだすと，「ホモ」は，人口の一定程度を占める，ある「性」を特徴とする「人々」を指す言葉として，ますますとらえられるようになる。それではこの「ホモ人口」という表現が成立した後は，どんなイメージを新たに人々へ喚起させることになったのだろうか。

## 3. 拡散のモチーフ

かつて，「群れる男娼」という新しいモチーフからはじまった戦後の男性同性愛の記事では，「隠花植物」という比喩のもとに，男たちが都会の映画館やサウナに集結すると，まことしやかに描かれたのだった。「隠花植物」は前節でみたようにさまざまな指示対象と意味内容を持ったが，しかしなお，群棲するというイメージに拘束されて，それらは集まる場所が"限られている"とも考えられていた。「ホモ・ゾーン」はもっぱら「大都会に発生」するという識者の見解を載せた記事（週刊ポスト 1972/11/24: 85）や，「おかしなことにホモの連中は，あつまる場所やキャッチする場所が限られているんだよ」と吐露する警官の発言（週刊ポスト 1972/03/24: 176）が，それを物語る。

だがひとたび「ホモ人口」という表現が定着すると，男性同性愛に関するまったく新しい語り方が切りひらかれることになる。それは，馴染みのあった「群れ」のモチーフに新たに加わる「拡散」というモチーフであった。

70年代中葉までの動きをまとめよう。70年代中葉までに雑誌では「ホモ人口」という表現が多用される。このことで「ホモ」は人そのものを指す用

---

の推論も行っている。伊藤はまず，キンゼイ報告からアメリカ成年の10%が同性愛者であるという数字を基本的数値とみなし，日本の人口1億人のうち，男性が半数，成年人口がその6割の3千万人，さらにその10%の300万人を「ホモ人口」と考えていた。「ホモ人口300万」はこのような双方向の推論に支えられていた。

法へと収斂していき，異性愛の実践者とは異質な「存在」としての「男の同性愛者 ── ホモ」が強調される。それだけではない。群れとして可視化された「同じ性」をもつ「人々」が，次の段階においては社会のあちこちに散らばり，日常世界に匿名的に遍在するイメージをもたらすことになったのである。

　この新しい「拡散」のモチーフは，「群れ」のモチーフと一見，相殺するように思えるがそうではない。「群れ」と「拡散」は共鳴し合うダイナミズムとしてとらえられ，人々に「脅威」を感じさせることになる。それが70年代の後半からのことである。

## 3　影響 ── 1970年代後半〜1980年代

### 1. Save our……

　60年代終盤に登場した「ホモは通常の男性と見分けがつかない」という言説は，74年頃を境に新たな位相へと移る。「一見，見分けがつかないホモ」は，新しい言説では「よく見ればわかる」と言われるようになった。この言説を担ったのは主に女性誌である。

　それは，彼や夫，あるいは彼らと仲のよい男性が「ホモ」であることを見抜くために必要とされたためである。彼らの「ホモ度」を測る検査が大いに奨励され，Yes/Noクイズやロールシャッハといった工夫を凝らした心理テストが雑誌をにぎやかすことになった。これらの記事を，『微笑』（1976/05/15）のタイトル（「最近激増　ホモ不能男性を鑑別する！」）にならって，鑑別記事と呼んでおく。『女性セブン』（1974/01/23）の鑑別記事では，「ホモ」を「純ホモ/両刀使い/潜在ホモ」に三分して，「両刀使い」と「潜在ホモ」を見破る必要があるとした。『週刊女性』（1975/08/05: 60-62）の鑑別記事では「ホモ」を「ウールニング」〔女役を担う側〕と「ペデラスト」〔男役の側〕に二分して，お見合い結婚を望む女性は注意し，「ペデラスト」の男性を看破するよう呼びかけた。鑑別記事は78年以降，本格化していく。78年の『週刊女性』

の記事では,「キッカケしだいで同性愛になることも。あまり深追いしない方が無難」と「両刀遣い」の男性との交際を警告した(週刊女性 1978/02/28: 67)。

　このように女性誌が注意を促した相手とは,可視的な「女性的」同性愛の男性(「純ホモ」「ウールニング」)ではなく,女性を愛することもできる不可視の「両刀使い」「潜在ホモ」「ペデラスト」だった。というのも,一大特集を組んだ『婦人公論』によれば,夫が実は「ホモ」だということになれば,「幸せだった私の家族」は「一瞬のうちに」崩壊するうえに,妻は夫と「離婚もできずに」悩むことになるためである(婦人公論 1979/03: 164)。

　この鑑別記事とほぼ時期を同じくする頃,おもに男性誌で,アメリカ合衆国フロリダ州デイド郡の,ある住民運動の攻防についても頻繁に報道がなされていた(例,週刊明星 1977/06/26,週刊朝日 1977/07/15,週刊プレイボーイ 1977/09/20,諸君! 1978/06 等)。この攻防とは,同性愛を理由とした雇用や住宅の差別を禁じたデイド郡の条例が,77年1月に同郡の議会を通過したことに端を発する。同性愛否定派の歌手のアニタ・ブライアントは「Save Our Children」という会の長になり,条例撤廃のキャンペーンを張った。他方で,同性愛者たちは条例存続のための運動を行った。『MORE』(1977/11: 27)の分析によれば,この住民投票はアニタ側の勝利に終わったとはいえ,「ホモ」たちが運動に参加するために大移動し,敗北によってかえって結束力を強める結果をもたらすことになったという。つまりこの攻防の報道をきっかけに,全米に拡散している強い結束力を持った「ホモ」たちが,機会あらば「群集する」という可能性を人々の間に植えつけることになった。

　以上からすると,70年代後半の日本の雑誌では,"私たちに挑戦する脅威"をさかんに取り上げていたということになる。女性誌は鑑別記事という手法を用いて「ホモ」の脅威から私たちの家庭を守れとキャンペーンし,男性誌はアメリカ事情を伝える形で,「ホモ」の脅威から私たちの子どもを守れと叫ぶアニタ・ブライアントのキャンペーンを紹介していたのである。この2つの言説に内在する「拡散」と「群れ」のダイナミズムは,人々に「ホモの脅威」を煽る作用をもたらした。

Ⅱ　同性愛という概念

## 2. 漠とした不安

「群れ」と「拡散」のダイナミズムがもたらした「ホモの脅威」の言説には，80年代前半にもう1つ，予期せぬ形で"新型"が加わることになる。

1981年1月下旬，アメリカの男性同性愛者たちを描いた映画「クルージング」(1979年) が，日本でも東宝映画によって封切られた。この映画は「半数も女性客を呼び込んですごい話題」（週刊ポスト 1981/02/13: 169）になるなど日本で成功をおさめ，その後の「ホモ」や「ゲイ」のイメージをつくる重要なきっかけとなる。

「クルージング」を紹介する雑誌記者は，映画の内容だけでなく，馴染みのうすい言葉としながらも「ハード・ゲイ」という新語を盛んに使った。そしてその物珍しい容姿と行動を丹念に描写した。いわく，彼らは筋骨隆々の身体にレザーの上下をまとい，鎖や鋲をうった首かせ・手かせをアクセサリーにして，「群舞」する，目印のバンダナには興奮剤がしみこませてあって，強烈なキスやSMプレイ，フィストファックを行う（週刊女性 1981/01/06 = 13 合併号：205-206）というようにである。とりわけフィストファックは目新しいセックスとして紹介され，「これはショック」（週刊女性 1981/01/06 = 13: 206），「すさまじいものだ」（週刊プレイボーイ 1981/02/23: 43）の活字が躍った。

「クルージング」が封切られた当初は，アメリカの「ハード・ゲイ」に対比して日本の「ホモ」を「ソフト・ゲイ」と呼んだこともある（週刊女性 1981/01/06 = 13: 205）。「ホモ」という呼称ではなく「ゲイ」がすんなり通ったのは，その時「ソフト・ゲイ」として表象された人々が，バーや「男トルコ」のボーイであり，それまで「ゲイ・ボーイ」と呼ばれていた接客業の者たちだったからなのかもしれない。

しかし「男とオトコの愛の構造はエスカレートするばかり」とされ，「ソフト」が「ソフト」にとどまらないと予測される（平凡パンチ 1981/02/23: 32）と，アメリカ人をハードに，日本人をソフトに配分する試みは瞬く間に風前の灯火になる。近い将来日本でも「ハード・ゲイ」が跳梁するであろうという不安を，男性誌は煽った（アサヒ芸能 1981/01/08: 194，週刊プレイボーイ 1981/02/23: 42）。

第 8 章　戦後日本における「ホモ人口」の成立と「ホモ」の脅威化

男性誌の漠然とした"不安"には，翌年，ほとんど偶然に，"脅威"として人々に確信されだす。それは 82 年からはじまる「奇病」の報道においてであった。

## 3. 感染者数

1982 年 2 月，「ホモの天敵現わる」と題されて，「ホモ」はガンや肺炎にかかりやすいというワシントン発の記事が出る（週刊宝石 1982/02/06: 96）。次いで 5 月，同じ『週刊宝石』(1982/05/15: 72) が，「男性同性愛嗜好者」は肛門のガンにかかりやすいとする記事を載せる。『週刊文春』(1982/06/10: 92) も，「ホモ行為」をするとカボジ肉腫という皮膚ガンにかかるとの医学的記事を載せる。新ヶ江明遠によれば，新聞での第一報は雑誌より早かったものの（朝日新聞 81 年 7 月 5 日号），その後 2 年弱にわたって報道が途切れ，第二報は 83 年 4 月 9 日号の『産経新聞』まで待つことになる。この謎めいた病気に対し，学術が「AIDS」の名をつけるのは 82 年 7 月だが，日本のマスコミがそれを紹介したのは 83 年 6 月 17 日号の『週刊宝石』が第一報となる（新ヶ江 2005: 100-102）。この頃はウィルス説が有力視されながらも病原体が同定されていなかったせいもあり，発病の理由として多くの憶測を生んだ。「ホモ行為」そのものを原因とする見方，「ホモ行為」に用いる「物質」（ハシシやポッパーの主成分の亜硝酸）が免疫力を低下させるという見方（現代 1982/08: 182），ウィルスではなく細菌が原因であるとする見方（週刊ポスト 1983/08/12: 51）などが紹介された。とはいえ，こうした諸説は特定の"人"のみが罹患する「ホモの」奇病という同じ枠組みのもとにあった。

この枠組みに確かさを与えたのが，その前年に日本でたまたまブームとなった「ハード・ゲイ」の知識だった。「ハード・ゲイ」は薬を用いたり，激しいアナル・セックスやフィストファックをするという知識を，人々は簡単に思い出せた。『週刊ポスト』(1983/08/26: 55) は「全米ゲイ連合」が作成した「エイズ免疫自己点検表」を引用する際に，「直腸・こぶし」を用いたセックスが「AIDS 危険度・大」であるとする記述を見逃さなかった。『文藝春秋』(1983/10: 181-185) は「はげしいホモ」の「言葉通り血のにじむよう

Ⅱ　同性愛という概念

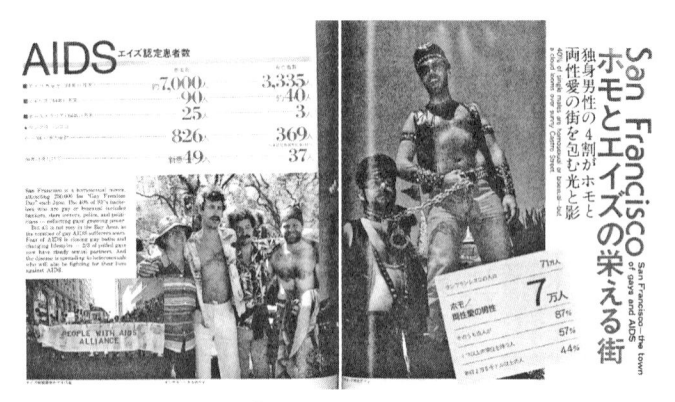

図1　『The 21』1985/02: 50-51

な交わり」を危険視した。

　このような扇情的な記事を少しでも批判的にとらえていたのは『噂の真相』(1983/10, 1985/10) や『創』(1985/08) といった非・新聞系の，ごく限られた雑誌だった。『創』の主張を信じるとすれば，当時のエイズ報道は新聞と雑誌で記事の書き方の棲み分けができており，新聞は「小見出しにさえも「同性愛」の文字を入れたものはなく」，他方で雑誌は，「ホモ」ばかりに焦点を合わせていたということである (創 1985/08: 158)。新聞系雑誌における"新聞の建前"と"雑誌の本音"の両面作戦は，エイズを「ホモ」の病気だとする語りの信憑性を高め，人々の信念を強化させる働きをした。風間孝は後にこの状況を「エイズのゲイ化」と表現する (風間 1997)。図1は，「ホモ人口」とエイズ患者数を見開きで配置し，読者が容易に関連づけられるようにした記事である。

　日本で「エイズ・パニック」は2度，1度目は82〜83年に病名が付された時に起こっている。2度目の方は日本ではじめてエイズ患者が認定された85年に起こっている。そして「日本上陸」と表現されたこの2度目のパニックの時，「エイズ患者」の本当の推計として「ホモ人口」が利用されることになる。

　『薔薇族』編集長・伊藤文学は『週刊文春』で，次のように真のエイズ患者数を推測する──「日本のホモ人口は推定三百万人，うち積極的な行動派

は三十万人」，「今回の〔エイズ患者の〕認定では二人だけになっていますが，私は二ケタはいると見ています」。こうした語りを引きながら『週刊文春』編集部は，神託を下すことになる ──「男性百人のうち，六，七人はホモであるという説に従えば，今までエイズ患者が日本に出ないほうが不思議だったのだ。ついに恐れていた事態が起きた」(週刊文春 1985/06/13: 34-35, 37) と。

公称値以上のエイズ患者が日常社会に拡散して潜伏しているはずだとする考えは，『週刊現代』(1985/06/20) の記事タイトル ──「そう，あなたの隣に!? ホモ仲間を洗え 野放しエイズ患者戦慄の足跡」── のような形でも現れ，「仲間」の告発を奨励した。年末にはこの『週刊現代』が，「日本のホモ人口約三十万人のうち約二万人」が「エイズウイルスの感染を示す抗体保有者」であるとする記事 (1985/12/14: 44) まで著すことになったのである。

## おわりに ── 本章の意義

本章の目的は，『100人の村』における同性愛者の数のように，人口の一定比率を専有する者が具備する性としての同性愛という見方が，日本で，どのような言説の地ならしのもとで，いつ成立したのか。また，その考え方がどのような言説的影響をもたらしたのか，こうしたことを明らかにするところにあった。まず，1970年代前半までは「群れ」のモチーフ (男娼世界，隠花植物，ハッテン場) が，形を変えて表現されてきた (第1節)。続いて70年代前半に提示された2つの数 (東郷健の得票数，『薔薇族』の部数) の報道が，間接的にではあるが「群れ」全体の概算を可能にさせた (第2節)。こうして70年代中葉に成立した「ホモ人口」という表現が，日本全土に「ホモ」が遍在・潜伏しているとする「拡散」のモチーフを生んだ。ここで，「ホモ」が「人口」という表現に接続され，「群れ」と「拡散」のダイナミズムで語られることによって，「ホモ」とは性的な異質者を指す言葉であり，かつ結婚生活などの日常を侵犯する脅威であるといった言説を呼びこむことになった (第3節)。ただし，「ホモの脅威」に関するすべての言説が，「ホモ人口」の定着がもたらした必然であったわけではない。むしろ80年代の脅威化は，

エイズ報道の前年に映画『クルージング』のヒットがたまたまあったために，日本でエイズがいともたやすく「ホモ」の病気とされていったという歴史の偶然性をも示したつもりである。

これらのことを序章に書かれている本書全体の目指す内容に今一度引きつければ，次のようになる。

ひとたび成立した「ホモ人口」という言説は，男性の同性愛「者」を「発見」して家庭と対比させ，「正しいセクシュアリティ」の周縁へ周縁へと位置づける作用をもたらした。しかしそれだけにとどまらず，「ホモ人口」の成立は，「性そのもの」のとらえ方を少なからず変容させた（序章の第1・第5の論点）。多様な性という現象を，柔軟で可変的な関係性や行為としてではなく，相互排他的な"異質な他者"同士の寄せ集めとしてとらえる見方を強化させたと実証的にいえるのである。

本章の要諦はここまでであるが，これで終わりでなく，むしろ解かねばならない課題は多く存在する。そのうちの1つは，セクシュアリティに潜むジェンダーの問題である（序章の第4の論点）。第1節では，戦後の同性愛の言説は女性から男性へと切り替わったと述べた。とはいえ当然に，戦後も女性同性愛の言説は存在している。「レズビアン人口」の言説はあまり見られないものの，「レズビアン」を脅威視する言説は生起している（この言説に関しては，先行する杉浦郁子の注目すべき研究（2005, 2006）がある）。脅威に関する「ホモ」と「レズビアン」の言説に，非対称性があるのかどうかのジェンダー分析は，今後の作業の課題としたい。

今ひとつは，本章は一般雑誌の論調を明らかにしたものの，幸せな家庭を破壊する脅威として析出された男性同性愛者の当人たちが，女性との家庭生活をとらえていたかの検討が欠けている。ただし，この論点については，前川氏の次章が興味深い示唆を与えてくれるはずである。

したがって，本章にはいくつかの考察が不足していることは確かである。ただ筆者は，本章の作業を通じて，「ホモ人口」言説の成立によってもたらされた男性同性愛者への差別の生成メカニズムを明らかにしたいという裏の主眼もあった（これは，異性愛主義というイデオロギーの形式の解明であり，序

第 8 章　戦後日本における「ホモ人口」の成立と「ホモ」の脅威化

章の第 2 の論点にあたる)。現代の日本社会には，とりわけ男性同性愛者に対する偏見やからかいがいまだ満ちている。男性同性愛を研究する各論者は，このことをひとしく認めている（伏見編 2003: 3，平田 2007: 22，風間・河口 2010: 144，前川 2011: 165-169，他）。男性同性愛に対するそうした抜きがたい差別的感情が，どのような言説の効果として，いつ成立したのかということについて，本章は 1 つの歴史的解答を試みたものである。

最後に，狭義の言説分析を超えるものであり，推測に属することを述べておこう。「ホモ 300 万人説」は，そもそもが脅威を煽るために言われはじめたのではない。ならばなぜ，言う必要があったのだろうか？　筆者は，得票数や雑誌部数を伸ばすためのブラフだったと理解している。またそれは候補者や編集長の利己心からだけではなく，「仲間」を可視化し，もって同性愛者の地位を向上させる集合的・政治的な意図もあったと理解している。しかしこの「300 万人」が「エイズウィルス」の真の感染者数として利用されていったことは皮肉である。すぐ後の時代，80 年代終盤から，エイズ化されたゲイへの露骨な差別に対し，ゲイ・リベレーションが胎動するが，見える―見えない，群れる―拡散する，増える―潜行するといったダイナミズムのもとで膨らんだ同性愛への差別的感情に，ゲイ・リベレーションは戦わざるをえなくなった。その負の遺産は現在も返しきれていない。

### ● 一般雑誌記事（年代順）●

『婦人公論』1950/03「同性愛 ── 社会現象としての」: 114-119.
『知性』1955/09「現代病・同性愛」: 136-139.
『漫画読本』1956/09「日本カマンチ族」: 194-201.
『週刊文春』1959/06/15「「日本花卉研究会」── 世にも不思議な社交クラブ」: 54-55.
『週刊サンケイ』1960/04/11「春風に散った狂い咲きの"ひかげ花"」: 75-76.
『別冊事件実話』1962/11/01「都会の夜が生み出した奇形児」: 108-111.
『漫画娯楽読本』1965/05/11「隠花植物 ── ショッキング映画小説」: 94-98.
『週刊現代』1965/10/28「性転換した 10 人の"女"の体験報告」: 128-132.
『週刊大衆』1966/10/27「ホモ族 ── その陰微な知的遊びぶりをのぞく」: 26-29.

Ⅱ　同性愛という概念

『週刊大衆』1967/02/16「"禁色の世界"男の同性愛を語る」: 34-37.
『週刊プレイボーイ』1967/04/25「第3の性ホモセクシュアリティの美学」: 20.
『週刊漫画 TIMES』1967/09/16「第三の性　隠花植物＝ゲイと呼ばれる女たち」: 69-77.
『時』1968/06「第三の性となるか？　ホモセックス」: 232-239.
『週刊文春』1969/04/21「同人三千のホモ綜合誌『清心』を主宰する男」: 148-150.
『平凡パンチ』1969/11/10「ニューヨークの公衆便所でホモたちは何をしているのか」: 40-42.
『週刊読売』1971/01/08「"ホモの町"実現へ激しい選挙戦」: 32-37.
『週刊ポスト』1971/08/06「「同性愛は国を滅ぼす」「とんでもない暴論だ」── 菅原通済氏（三悪追放協会会長）の"告発"と 200 万愛好者の"反発"をどうみる」: 43-45.
『週刊ポスト』1972/03/24「"男の処女権"30 万円　恐喝されたホモ男の清算書」: 174-176.
『週刊ポスト』1972/11/10「カルーセル麻紀に日給 8 万円!?　銀座ネオン戦争」: 42-45.
『週刊ポスト』1972/11/24「ホモ・ハンターが"うっとり"，サウナの"熱気"」: 83-85.
『週刊文春』1973/01/01「東京の OKAMA10 万人の生態 ── 文明の病患か？　異常増殖する隠花植物地帯をゆく」: 50-55.
『アサヒ芸能』1973/01/25「激増する隠花植物群を相手に「10 万部達成」を豪語するホモ社長」: 132-135.
『アサヒ芸能』1973/08/09「男同士の愛の「書簡集」」: 33-36.
『アサヒ芸能』1973/09/06「ホモ族全員集合！　大ホールで同好の決起を意図する男の道」: 132-135.
『女性セブン』1974/01/23「女性に燃えないその心理分析」: 151-156.
『女性自身』1974/05/04「判決「ホモは正常である」── どうしよう，女が要らない時代が来るかもよ！」: 170-172.
『週刊ポスト』19740726「アメリカ精神医学会が 5,845 票対 3,810 票で「ホモは正常」と決めた背景 ── ホモ人口 1,000 万といわれるアメリカでのいかにもアメリカ的な多数決の論理」: 44-47.
『週刊大衆』1975/04/03「雑誌『薔薇族』ホモもわいせつ！」: 132-133.
『週刊女性』1975/06/17「ホモ　このあなたにとって危険な男たちの正体！」: 137-143.
『週刊女性』1975/08/05「恋人がホモだと発見した M 子さんの驚き ── 激増するホモ男性を見分けるコツ！」: 60-63.
『月刊 PLAYBOY』1975/12「やってみよう……ホモセクシュアル・テスト」: 108-111.

『週刊プレイボーイ』19760302「仮性ホモ　きみもそのひとりか!?」：140-143.
『微笑』1976/05/15「最近激増ホモ不能男性を鑑別する！── 処女妻のまま離婚した増田貴光夫人の悲劇！　事前に見抜く秘法教えます！」：51-54.
『週刊明星』1977/06/26「アメリカに広がるホモホモ大戦争！」：168-169.
『週刊朝日』1977/07/15「全米のホモパワー立ち上がる差別に抗議」：148-150.
『週刊プレイボーイ』1977/09/20「この怖るべきホモ・パワーの実態をあばく！」：148-151.
『MORE』1977/11「「ホモ反対」を叫ぶ米国女性歌手の事情」：27.
『諸君！』1978/06「マイアミの暑い夏」：230-241.
『週刊プレイボーイ』1978/06/20「ただひとつ新宿が誇れる"ホモ"ファッショナブル・ゾーン」：42.
『微笑』1978/07/15「異色テスト！　あなたの彼の潜在ホモ度が分る」：87-90.
『婦人公論』1979/03「許せないが，かけがえのない亭主（手記　ホモに亭主を奪われて）」：164-167.
『週刊女性』1981/01/06「衝撃映画『クルージング』に見るハード・ゲイの実態」：204-206.
『アサヒ芸能』1981/01/08「本格ハードゲイ映画『クルージング』にみる本場アメリカ『男たちの世界』」：192-195.
『週刊ポスト』1981/02/13「新宿に出現！「男VS男トルコ」の「あゝ狂うじんぐ」」：169-171.
『平凡パンチ』1981/02/23「衝撃　ハード・ゲイ，そのエスカレート・レボリューションの実体 ── ヒステリック・ウーマンリブにウンザリ……」：32-37.
『週刊プレイボーイ』1981/03/17「騒音がホモを生む！」：44.
『婦人公論』1981/10「〈ゲイの告白〉男同士で学んだもの」：186-90.
『週刊宝石』1982/02/06「ホモの天敵現わる ── ワシントン発」：96.
『週刊宝石』1982/05/15「常識的結論」：72.
『週刊文春』1982/06/10「ホモに多い皮膚ガン」：92.
『現代』1982/08「海外異聞 ── ホモ族，ご用心！」：182.
『週刊ポスト』1983/07/29「沖雅也を愛した雄琴トルコ嬢(22)の衝撃の告白」：50-53.
『週刊ポスト』1983/08/12「衝撃！「エイズ闘病完全記録」」：51-53.
『週刊ポスト』1983/08/26「「エイズを解明する鍵は精液にある」NYニューヨーク発エイズ闘病記（第2報）」：52-55.
『文藝春秋』1983/10「AIDS（エイズ）ここが恐ろしい」：180-186.
『噂の真相』1983/10「エイズ騒動の渦中にあるゲイ・タウン新宿二丁目徹底ルポ」：36-41.
『The21』1985/02「San Franciscoホモとエイズの栄える街 ── 独身男性の4割がホモと両性愛の街を包む光と影」：50-51.

『週刊文春』1985/06/13「渦中のホモ患者"恐怖の告白"が暗示する「エイズの爆発」」: 34-37.
『週刊現代』1985/06/20「そう，あなたの隣に!?　ホモ仲間を洗え　野放しエイズ患者戦慄の足跡」: 30-33.
『創』1985/08「ゲイ差別を増幅するかエイズパニック」: 136-145.
『噂の真相』1985/01「恐怖のAIDS騒動以後の日本ゲイ事情を探る!」: 84-90.
『週刊現代』1985/12/14「「エイズ感染者と接せよ」でBまでされちゃった」: 43-45.

### ●参考文献●

赤枝香奈子 2011『近代日本における女同士の親密な関係』角川学芸出版.
赤川学 1999『セクシュアリティの歴史社会学』勁草書房.
古川誠 1994「セクシュアリティの変容 ── 近代日本の同性愛をめぐる3つのコード」『日米女性ジャーナル』17.
─── 2001「「性」暴力装置としての異性愛社会 ── 日本近代の同性愛をめぐって」『法社会学』54.
伏見憲明編 2003『同性愛入門［ゲイ編］』ポット出版.
平田俊明 2007「同性愛者へのサポートを考えるキーワード ── 医療とホモフォビア」藤井ひろみ他編『医療・看護スタッフのためのLGBTIサポートブック』メディカ出版.
井上章一 1999『愛の空間』角川書店.
石田仁（責任編集）2004『異性装・同性愛書誌目録 ── 戦後日本〈トランスジェンダー〉社会史 VI』中央大学社会科学研究所　調査研究資料集第3号.
─── 2010「ハッテン場」井上章一・斎藤光・澁谷知美・三橋順子編『性的なことば』講談社.
Ishida, Hitoshi and Murakami Takanori, 2006, "The Process of Divergence between 'Men who Love Men' and 'Feminised Men' in Postwar Japanese Media," *Intersections,* Issue 12, translated by Wim Lunsing, Perth: Murdoch University.
風間孝・河口和也 2010『同性愛と異性愛』岩波書店.
風間孝 1997「エイズのゲイ化と同性愛者たちの政治化」『現代思想』25(6).
Kinsey, Alfred, et al., 1948, *Sexual Behavior in the Human Male*, Philadelphia and London: Saunders Company＝1950, 永井潜・安藤画訳『人間に於ける男性の性行爲』（上・下）コスモポリタン社.
前川直哉 2011『男の絆 ── 明治の学生からボーイズ・ラブまで』筑摩書房.
McLelland, Mark, 2005, *Queer Japan: from the Pacific War to the Internet Age*, Rowman and Littlefield.
三橋順子 2006「性転換の社会史(1)(2)」矢島正見編『戦後日本女装・同性愛研究』中央大学出版部.

――― 2008『女装と日本人』講談社.
クィア・スタディーズ編集委員会 1996『クィア・スタディーズ '96』七つ森書簡.
新ヶ江明遠 2005「日本におけるエイズの言説と「男性同性愛者」」『インターカルチュラル』3.
STN 編 (セクシュアル・マイノリティ教職員ネットワーク編) 2003『セクシュアル・マイノリティ ―― 同性愛,性同一性障害,インターセックスの当事者が語る人間の多様な性』明石書店.
杉浦郁子 2005「一般雑誌における「レズビアン」の表象 ―― 戦後から 1971 年まで」『現代風俗学研究』11.
――― 2006「1970, 80 年代の一般雑誌における「レズビアン」表象 ―― レズビアンフェミニスト言説の登場まで」矢島正見編『戦後日本女装・同性愛研究』中央大学出版部.
富田英三 1956『ゲイ』東京書房.
東郷健 1966『隠花植物群』宝文書房.

## 第9章 1970年代における男性同性愛者と異性婚
――『薔薇族』の読者投稿から

前川直哉

## はじめに

創刊3年目を迎えた『薔薇族』1973年1月号に，23歳の男性読者から次のような投稿が寄せられている。

> いまのぼくには結婚できそうにありません。だけど形式でもいいから結婚をしたいのです。世間態(マテ)も考えます。年を取ってしまった先のことも考えます。それに赤ちゃんも欲しい。年をとった母の手に赤ちゃんを抱かしてあげたい。ぼくはどうしても結婚をしたいのです。
> 　　　　　（本木末雄「早く結婚したい，のだけど……」『薔薇族』1973/01: 22.
> 　　　　　以下，『薔薇族』からの引用は誌名を省略する）

男性同性愛者である投稿者は，セクシュアリティを理由に自分が「結婚できそうにない」と述べつつも，「形式でもいいから結婚したい」「赤ちゃんが欲しい」と綴る。この時期の『薔薇族』には，女性と結婚すべきかどうか，あるいは結婚生活がうまくいくかどうかといった悩みを吐露する投稿が，数多く掲載されている。

男性同性愛を専門とする初の商業誌『薔薇族』が創刊された1970年代の日本は，一定年齢になれば結婚することが当然とされていた社会，いわゆる皆婚社会であった。一例を挙げれば1970年の30～34歳男性の未婚率は

Ⅱ　同性愛という概念

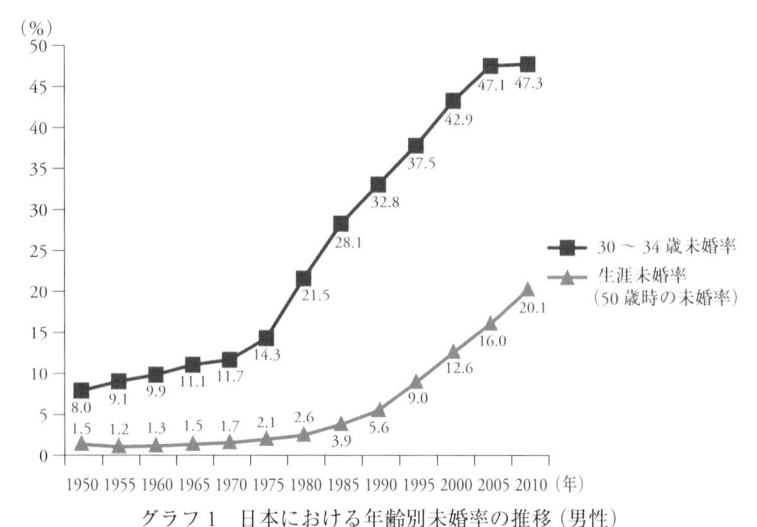

グラフ1　日本における年齢別未婚率の推移（男性）
（国立社会保障・人口問題研究所 HP　http://www.ipss.go.jp/ より作成。2012年9月30日アクセス）

11.7％（2010年は47.3％）であり，男性の生涯未婚率（50歳時の未婚率）は1.7％（2010年は20.1％）であった［グラフ1］。

　異性と結婚することが当然とされる社会の中で，同性愛者であると自認する男性たちは結婚についてどう考え，何を語っていたのだろうか。本章では1971年の創刊から「薔薇族と百合族のお見合い会」が企画された1981年までの『薔薇族』の記事および読者投稿を史料とし，そこで模索された男性同性愛者の異性婚のあり方（異性と結婚しないという選択も含む）について検証する。

　日本の男性同性愛者と異性婚についての歴史的研究は，これまでほとんど行われていない。戦後日本の男性同性愛を対象とする歴史的研究はMcLelland（2005），石田（2006），Mackintosh（2009）などがあるが，いくつかの記事が断片的に取り上げられることはあるものの，異性との結婚を中心に論じてはいない。また伏見（2002）は後述する『アドニス』の結婚特集を取り上げているが，投稿された会員の意見を紹介するのみで，本格的な考察には至っていない。戦前についても前川（2011）が大正期の性欲学雑誌『変態

『性欲』の読者投稿について分析した際に触れたものがあるくらいである。

　だが『薔薇族』など男性同性愛者向けメディアでは結婚に関する特集がくりかえし組まれるなど，この問題は当時の多くの男性同性愛者にとって，非常に大きなテーマであった。そして本章で見ていくように，『薔薇族』読者の多くは「異性婚と同性愛の両立」を図り，「男性との浮気は，女性との浮気に比べ罪が軽い」と強弁する者も少なくなかった。ここからは，同性愛者というマイノリティであると同時に，男性というマジョリティとして，その特権を享受しようとしていた当時の男性同性愛者の姿が浮かび上がってくる。

　第8章では戦後日本の言説空間という広い見取り図の中で，男性同性愛（者）がどのように見られてきたかの推移が提示された。本章では『薔薇族』という男性同性愛者たち自身が手にしたメディアの中に分け入り，そこでの当事者たちの語りに耳を傾けていく。そして結婚という，ジェンダーの非対称性が顕著に現れるライフイベントに関する男性同性愛者たちの語りに着目することで，第8章とは違った側面から，戦後日本における同性愛解放運動の遅れ（あるいは，欧米との差異）について光を当てることができると考えている。

　戦後日本の男性同性愛者向けメディアとしては，『薔薇族』などの商業誌に先行して『アドニス』（1952〜62年）などの会員制同人誌があり，『アドニス』第28号（1956年）が巻頭に「同性愛と結婚について」という8ページの特集を組むなど，これらのメディアも男性同性愛者と結婚というテーマをたびたび取り扱っている。ここに掲載された読者からの投稿は，当事者男性たちが結婚について吐露した初期の語りとして貴重なものだ。ただ同時に会員制という制約のため，非常に狭い限られた範囲でのみ流通した言説であったことも確かである[1]。本章では「当事者男性による，より広範な議論の場となった」「女性など，当事者男性以外の意見も掲載した」という2点を重視し，商業誌『薔薇族』の記事と読者投稿を史料とする。

　なお本章では男性同性愛者という語を，同性に対する性的な欲望を自認す

---

1)　『薔薇族』の創刊号は1万部がほぼ完売し，1977年2月号の編集後記は当時の発行部数を約3万部と記載する。一方『アドニス』の会員数は200名前後であった。

Ⅱ　同性愛という概念

る男性，という意味で用いる。

# 1　異性婚と同性愛の「両立」

## 1．異性と結婚した動機，結婚を希望する理由

　『薔薇族』創刊期から，異性との結婚に関する記事は散見された。早くも第9号（1973年1月号）には「特集・結婚」が組まれている。
　結婚を希望する理由（あるいは結婚した動機）として語られる内容は，やはり「世間体」や「親を安心させる」といった周囲からのプレッシャーに関するものが多い。また本章冒頭に挙げた投稿のように，「老後が心配」「子どもが欲しい」という意見も少なくない。
　当時は現在以上に「結婚」が「社会的信用」と結びついていた時代である。「世間体」についての言及は，結婚した者，結婚を希望する者，そして一生結婚せず独身を貫くと決めた者からの投稿などにも，広く見られる。例えば一生独身を貫くと決めた読者は「現在の僕にとって，結婚しないということから生じる不都合」は「世間体の悪さということくらい」だと述べた上で，「面とむかって，"お前，かたわじゃねえのか"と言われたこともあります」と記している（R・W「俺はひとりで生きていく」1975/8: 91）。
　一方「精神的安らぎの場」としての結婚・家庭に直接言及する意見は，既婚者からは時折出されるものの，未婚者にはあまり多くは見られない。むしろ「寂しさ」を埋めるものとしては異性との結婚よりも，同性との同居や永続的な関係を希望する声も見られる[2]。
　また異性と結婚した動機として「ぼくが結婚を決意したのは，（中略）"結婚すればホモがなおるんじゃないか"という淡い期待のためだったんだ」（皆川常雄「結婚なんてするもんじゃない」1973/1: 16）といった期待の存在を挙げる声も少なくない。「ホモが治る」「足を洗う」といった表現で，こうした期

---

[2]　例えばA生「年をとったらどうしよう」1974/12: 40。

待感を示す声はこの後の誌面にもたびたび見られる。ただしその後,「しかし無理だった」と続くのは,男性同性愛者向けの雑誌である『薔薇族』読者の声であるから,ある意味当然のことなのであろう。

注目すべきは異性との結婚に関して,経済的な観点から言及する意見がほとんど見られないことである。これは,結婚相手である女性に対して収入を稼ぐ役割を期待せず,専業主婦的な役割を暗黙裡に想定している投書が多いというだけに留まらない。異性との結婚に賛成・反対の立場を問わず,結婚と経済的なものを結びつける発想自体がほとんど見られないのである。ここには結婚に対する意識のジェンダー差が,強く反映されていると言える。

## 2. 求められた結婚のかたち① 妻に隠れて同性と交際

ところで同性愛者を自認する男性たちが女性と結婚した場合,結婚後は男性との性的な関係を一切断っていたのだろうか。むしろ『薔薇族』に掲載される既婚男性の投稿では,結婚後も男性との性的な関係を持つことが当然視されている。読者同士の「出会いの場」であった文通欄「薔薇通信」でも,自らが既婚者であると明記する投稿は少なくない。中には「所帯持ち」には事情があるのだから,連絡が遅れたり頻繁に会えなかったりしても理解してほしいといった率直な投稿もある(I「所帯持には必ず事情が」1979/11: 51-53)。あるいは若者の座談会で「結婚している中年」が同性を求めることに対し,否定的な意見と同時に「(既婚者のほうが)考え方に幅が出てくる」「清潔感がある」といった肯定的な意見も見られる(「新宿プレイ・ヤングのブッチャケ座談会」1980/2: 64-65)。

こうした価値観の前提には,男性が結婚外の性的関係を結ぶことに対して社会が寛容であるという,性規範のダブル・スタンダードが存在しているのは言を俟たない。と同時に,男性との浮気は女性相手の浮気よりもマシだ,とする認識も広く見られる。例えば次の文章はその典型である。

> そしてまた,そのうち男性への性愛がきざせば,そのときはまたそのときで,男遊びをすればいいのである。男の肉体を追求し,男とつきあったって,世

## II 同性愛という概念

間なみの浮気と事ちがい,それで妻君が不幸になるわけじゃない.
(農上輝樹「『薔薇族』は結婚すればいい」1979/12: 59)

女以外のもうひとつの欲望 —— 男が好きというほうも,「生理的な趣味」として適当に,かつあっけらかんと,あんまりウジウジしないで発散していったらいいではないか.「性のグルメ」であればよいのである.(中略)

自分の肉体的・生理的「趣味」として,スポーツの一種として,理性的に発散し,合理的に処理すればいいのです. (同前:65)

この文章は1979年に発表されたものだが,既婚者が同性との性関係を求めたり,得意気に告白したりする文章は,『薔薇族』創刊当初から数多く見られた.「男性との浮気は女性との浮気よりもマシ」という認識は,とりわけ男性同性愛者を自認する既婚者たちの間には広く共有されていた(あるいは現在も共有されている)と考えられる.

なぜ「男性との浮気は女性との浮気よりもマシ」なのか,『薔薇族』においてその理由がはっきり語られることはない.考えられるのは,男性との浮気の場合は「浮気相手が妻と直接のライバル関係にならない(同性同士では結婚できない)」「妊娠の可能性がない」といったところだが,それに加え,同性への性的な欲求を「やむを得ないもの,自分の力ではどうにもできないもの」と見なす,性欲学由来の「(生来の)同性愛者」観が根底にあると想定される.

大正期に流行した性欲学雑誌において,自らを男性同性愛者と規定する読者たちは,投稿において先天的な「変態性欲」を持つ「同性愛者」という概念を積極的に利用した(前川2011).自分は「先天的の不具者」なのだから妻は我慢してほしい,自分たち「自然の継子」も自己の欲望を満たす権利があるのだから同性愛の相手探しをしたい,といった具合である.こうした「(生来の)同性愛者」という概念は,戦後に入り広く普及し,『アドニス』などの会員制同人誌や,同性愛・SM・フェティシズムなどを扱う変態雑誌などの媒体を通じて,多くの当事者たちにも受容されていく.『薔薇族』のような男性同性愛専門誌は,まさにこのように,自らの同性愛を変更不可能なものとして捉え,「(生来の)同性愛者」というアイデンティティに依拠して

欲望の充足を図る当事者たちが生み出したメディアであった。そこでは男性同性愛は「生理」に属する事柄とされ，家庭内において充足することができない以上，家庭外の男性との浮気によって「発散」「処理」することは，女性との浮気に比べやむを得ないこと，罪が軽いことと見なされたのである。

## 3. 女性からの反論

　こうした生き方・考え方に対しての批判は『薔薇族』読者である男性同性愛者の間にも存在した。また編集長である伊藤文学も，発覚した際に妻である女性が苦しむことに触れた上で「奥さんや子供のいる読者のみなさん。どうかみつからないようにして下さい」とくり返し呼びかけている（伊藤文学「伊藤文学のひとりごと」1975/6: 41）。もちろん中には「ばれなければ問題ではない，妻は不幸ではない」という意見が，読者などから表明されることもある[3]。

　こうした中，読者に衝撃をもって受け止められたのが1976年10月号に掲載された既婚女性からの投稿「結婚してはいけない」であった。

　投稿者である「東京都・一女性」は27歳の既婚女性で，「主人が陰で読んでいる薔薇族」により伊藤文学のことを知り，編集部に手紙を出したという。彼女は『薔薇族』を隠れ読む自分の夫が同性愛者であると確信しつつも，自分がそれを知っていることを夫に打ち明けられない苦悩を綴る。「私がこのことを知って，愛がだんだんと薄れていったら幸いだと思うのですが，理想的な主人ですし，優しいし，別れることはできません」「ふっと一人になった時，涙が出てしまいます」「そして自殺も考えた」と記した上で，次のように語る。

　　でも結局，私はダマされたのです。ダマしたのではなく，日本の社会の機構が，周囲の人の手前……とおっしゃりたいのでしょうが，結局，結婚したということは，世間体のためだったのです。

---

3) 例えば次のような意見。「ぼくの妻は不幸でしょうか。ぼくはそう思ってはいません。誰かが蔭でぼくの悪口を言っていたとしても，ぼく自身まったく気付かなければ，少しも傷つきはしない。それと多少似たことなのだと思います」（黒田泉「君はどちらの道を選ぶ」1976/7: 87）。

## II　同性愛という概念

　　　私が言いたいのは，この世界の人は絶対に結婚してはならないということ
　　です。この精神的苦痛は，浮気したとか，家庭を捨て駆け落ちをしたとかより，
　　もっともっと重いものなのです。私も，相手が女性だったら少しは気が楽に
　　なれるでしょうに……。(中略)
　　　世間体も気にせず，独りで生きた人こそ本当の男らしい人間だと思うので
　　す。陰で妻に知れなかったら……と考えている人は卑怯だと思います。
　　　　　　　　　　　　　　　(一女性「結婚してはいけない」1976/10: 17-18)

　この号の「編集室から」で伊藤文学は，この投稿について「じーんと胸につきささるような文章」と評し，「これから結婚する人たち，よくよく考えてからふみきってください」と述べている。そして実際，この投稿は少なからぬ読者に衝撃を与えた。翌11月号には早速，将来異性との「平凡な結婚」や「暖かい家庭」を夢見ていた未婚男性が，先の投稿を読み「私の今までの夢は，音をたててくずれ去ってしまった」と吐露する文章が掲載されている。この投稿者は，次のように続ける。

　　　私はどうしても家庭を築きたいのです。誰がなんと言おうと結婚はしたい
　　のです。子供を，自分の子供がほしい。でも，あなたの立場になるであろう，
　　私の将来の妻のことを考えてみると……。結婚することは一人の女性を，不
　　幸にすることなのだろうか？　私は，結婚してはいけないのだろうか？と考え
　　てしまうのです。(中略)
　　　今まで，この誌面でとりあげたものの中には，"この世界は明るいものだ"
　　"胸をはって……堂々と……"そういうものばかりでした。でも，それは，男
　　同士で叫びつづけてきたにすぎない空しいものだと言うことがよくわかりま
　　した。　　　　　　　　　　(A生「結婚してはいけないのか」1976/11: 17-18)

　この後も，すでに「いたずらに結婚はすまじ」(1976/9)という記事を掲載していた鞍獄三馬が「再び"いたずらに結婚はすまじ"」を発表し，そこで「一女性」に対し同感の念を表すとともに夫への理解を求めたり (1976/12)，それに対し「一女性」こと「X子」が応答したり (「主人の淋しい横顔が」1977/1) と，反響は続いた。

　この時期の『薔薇族』は，積極的に女性からの投稿を掲載していた。そこには「僕はぜったいに女性を敵に回してはいけないと思うのです」と述べ

る，編集長・伊藤文学の姿勢が強く表れている（「編集室から」1976/11: 154）。読者やスタッフの中に賛否両論がありつつも，1976年11月号から女性読者のページ「百合族の部屋」が掲載されている[4]。また1977年3月号では女性同人誌グループ「緑のカーネーション社」メンバーとの座談会を掲載し，男性同性愛者の結婚に対する彼女らの厳しい意見も載せられている（「独身女性座談会　女を愛さない男たちを女はどう見ているか？」1977/3: 34-43）。

## 2　「理解ある妻」の物語

### 1．求められた結婚のかたち②　告白と理解ある妻

　一方，女性からの投稿を読んで「結婚してはいけないのか」と悩む未婚男性に対し，「Aさん結婚しなさい」と呼びかける43歳の既婚男性からの投稿が1977年2月号に掲載された。彼は「十五年近い結婚生活を営む先輩」として「女性を愛せること」「結婚後，当分の間はホモであることを忘れること」など4つの条件を挙げた上で，これらを満たすならば「積極的に結婚すべきです」と語る。また「一女性」からの投稿「結婚してはいけない」に対しては，「浮気の方がいいといってますがこんな乱暴な話はありません。男性の浮気によってどれだけの家庭が崩壊しているか，彼女はもっと落ち着いて考えるべきでしょう」と批判する。

　その上で彼は，自身と妻の関係について次のように語るのである。

　　私の家内は私が薔薇族を読んでいるのを知ってます。「イヤーネェ」などといいながらも結構楽しそうにパラパラめくって拾い読みしています。
　　口には出しませんが，結婚後，約十五年（八年間の交際がありましたから，知りあって二十三年になりますかナ），"甲斐性ないわネェ，たまには浮気ぐらいしたらどうなの"といわれながら，ニヤニヤして他の女には見むきもし

---

[4]　「百合族」という言葉はコーナー開設当初，必ずしも女性同性愛者のみを指していたわけではなく，薔薇族を読む女性，男性同性愛者の立場を理解しようとする女性一般を指すなど，定義がはっきりしていなかった。詳細は赤枝（2010）参照。

なかった私の理由がようやく判ったようです。
　十三年間，ホモを忘れていた私に最近久しぶりに，本当に久しぶりに可愛い弟（息子かナ？）ができました。（中略）
　横浜のＡさん，いろいろ書きましたが，私のいいたいこと理解されましたか？周囲の雑音には余り気をとられず，自分の思う道を行きましょう。
　　　　　　　　　　　　　　　　（K「Ａさん結婚しなさい」1977/2: 99-101）

　このような「妻は知っていて許してくれる」という記述は，ある種の「理想像」として記事や読者投稿にくり返し登場する。神経痛で歩けない夫にかわって『薔薇族』を買いに行き「私は馬鹿だから」と話す妻について触れた記事（伊藤文学「光を求めて」1974/11: 38）のほか，先述の「結婚してはいけない」論争のさなかにも「女房と二人で"薔薇族"を！」と題する34歳既婚男性からの投稿が掲載されている。

　私が薔薇族の愛読者であることは，妻は良く知っております。最初，寝室で読んでいるところを見つかり，しまったと思ったが，後の祭り。妻いわく「お父さん，HOMOだったの？　知らなかった。でも，子供がいるんだから家の中には，持ち込まないで」と。
　女に浮気されるより，よっぽどましだと言われ，私の方がびっくりしてしまった。時々，男同士ってそんなにいいものなの？　わからないなあと首をひねります。
　今は女房と二人で薔薇族を読んでおります。この文も，女房が書け書けと言うので書いた次第です。
　　　　　　　　　　　　　　　　（誠「女房と二人で"薔薇族"を！」1976/12: 56）

　また少しさかのぼるが，1975年8月号の「小特集　結婚を考える」に掲載された33歳の既婚男性からの投稿（橋本哲「妻と子供を守って」）では，次のような体験談が紹介されている。

　投稿者は妊娠中の妻に隠れて特定男性とのデートや性行為をくり返し，妻は外泊続きの夫へのストレスもあり流産する。投稿者は退院した妻に離婚を切り出す。「やはり子供を死なせた私の不始末は，許してもらえないのですね」と泣き崩れる妻に対し「この女性にだけは本当のことを知ってもらおう」と決意した投稿者は全てを告白する。2週間後，妻は「あなたが少しでも私の

ことを思ってくれる気持がある間は，別れたくありません。私はあなたのことが好きなのです」「あなたは何度かそのことをやめようと，努力したといいました。あなたを信用します。どうしてもやめられないなら仕方ありません。でもこれからもできるだけやめるよう努力して下さい」と語り，投稿者は「その夜から私たちは真の夫婦になれたのかもしれません」と語る。

その後3人の子供が生まれるが，その間も投稿者は男性との交際を続ける（相手は時々かわる）。妻はそれに対し一定の理解を示し，投稿者は交際相手の男性を「何度か連れて帰って一緒に食事をしたり，子供を連れて遊園地に行ったりしたので妻もよく知っている」と語る。投稿文は次のようにしめくくられる。

> 月2回ほど逢える私より一つ上の兄貴と，時々電話をくれる三年前の気持に仲をもどした若い弟と，それと妻と家族を守って長くない人生を，自分に正直に生きたいと思います。
> 
> （橋本哲「妻と子供を守って」1975/8: 92-97）

この投稿に対し伊藤文学は「ほんとうに嬉しく読みました」「どれだけ迷っている若い人たちの力になることか。こんなになまなましくすばらしい感動的な手紙を薔薇族にのせられることを光栄にさえ思うのです」と絶賛している（伊藤文学「結婚，それは賭け」1975/8: 88）。「奥さんも偉いけれど，橋本さん，あなたも偉かったと思います。どんな夫婦だって，お互いに信頼すること，がまんしあうこと，それ以外にないと思うのです」とさえ述べる（同前）。どう読んでも筆者には，妻に我慢を強いて自分だけ美味しいとこどりをしている，酷い話としか思えないのだが。

なぜこんな話が「美談」になるのか。それはこの投稿者が「隠れて浮気」するのではなく，「妻に打ち明けた上で」浮気をしているからである。と同時に，妻がそのことに対して一定の理解を示しているからであろう。

「隠れての浮気」には，妻をだましているという罪悪感，後ろめたさがつきまとう。この場合，妻に対して「自分が同性愛者であること」と「自分が浮気をしていること」の2つの秘密を持っていることになるため，余計に大きな後ろめたさを感じる場合もあろう（同時に，浮気が発覚した場合は同時に

2つの秘密が暴かれるという恐怖感もある)。

　これに対し「自分が同性愛者である」ことを妻に告白し，それが受け入れられた場合，「同性との交際」は「家庭内では充足できない欲求なのだから，やむを得ない」と黙認されやすいという認識が，読者の間である程度共有されていた。そのため「一つ上の兄貴と，若い弟と，それと妻と家族を守って」生きていこう，という文章が何の後ろめたさもなく記され，「美談」として称賛されるのである。ここでも「生来の同性愛者(自分の力では変えられない，自分も苦しんできた)」という性欲学由来のカテゴリーを，自分にとって都合よく最大限に利用する既婚男性同性愛者の姿が観察される。夫の同性愛を「不治の病」のようなものと理解し，夫と男性との交際に協力する妻への感謝を綴る投稿(文福茶釜「私は妻に告白した」1978/10: 47-49)などは，その典型であろう。告白した夫に対して「ごめんなさい。長い間つらかったでしょう」「あなたがこんなに苦しんでいたなんて……。男ってやっぱり心が広いのね」と妻が答えたという体験談の投稿(「ごめんなさい。長い間，つらかったでしょう？」1978/2: 58-59)も，同じ物語を共有している。

　「結婚」と「男性との交際」を両立でき，しかも後ろめたさを感じることのない状態。このような「理解ある妻」の物語は，多くの『薔薇族』男性読者にとって，1つの理想像として共有されていたと思われる。

## 2. 告白の失敗

　だがもちろん，「妻への告白」がいつも良い結果に至るとは限らない。むしろ『薔薇族』では，妻に告白したことを後悔する投稿も目立つ。

　先の「美談」に触発され，婚約前に相手女性に「僕がホモであること，同性を愛したこと」を全て打ち明けた男性は，結婚後，妻が「僕が告白した言葉に不安を持つようになり，友人からの電話がくるたびに不機嫌になるようになった」「夫婦喧嘩のたびに遠回しに同性愛のことをいうようにな」ったと記す。彼は「僕は婚約したときから大きな間違いをしたような気がします。薔薇族の読者に声を大にして叫びたい。みなさんはわかっているでしょうけど，絶対に自分がホモであることを人に打ち明けてはならない，ということ

を。まして，結婚相手には絶対に，ということです」と述べて投稿をしめくくっている。「自分ではいけないと思いながら，いまだに同性愛を続けている」というこの投稿者の後悔は，「結婚すべきではなかった」ではなく，タイトル通り「隠し通すべきだった」である（悔んでいる 28 歳の男「隠し通すべきだった」1977/6: 33-34）。

また，告白していない既婚男性からも，「妻には決して告白しないこと」といったアドバイスが寄せられることが多い。例えば 53 歳既婚男性からの投稿では「人を苦しませる正直（告白）より，人を楽しませる嘘は許されると思います。自己満足のためにあせってはいけないのです」と述べられている（石井忠「口が裂けても妻に告白するな……」1976/3: 54-55）。実際，先に挙げたような女性からの反応も掲載されていたため，「結婚後の妻への告白」にはかなりのリスクが伴うと認識していた読者が多かったのではないかと推測される。

## 3　女性同性愛者との結婚

### 1. 求められた結婚のかたち③　女性同性愛者との結婚

本章の冒頭で記したとおり 1981 年 1 月に「薔薇族と百合族のお見合い会」が開催されるのだが，女性同性愛者と男性同性愛者の結婚をテーマにした『薔薇族』の記事や投稿は，もっと早くから見られた。最も早い例は創刊 1 年後の 1972 年 9 月号に掲載された清水純子「私は異性を愛せない女　求む！男性」である。投稿者は自身の同性との同棲経験や性関係について触れた上で，次のように男性読者に呼びかける。

> 今の私は，親孝行をしたいとつくづく思います。
> それは結婚することだと思います。
> でも私は普通の男性を愛することができない女になってしまいました。私と同じ，同性愛の男性でないと，私はうまくやって行く自信がないのです。（中略）

## Ⅱ　同性愛という概念

　　　肉体関係を持たない友達のようでいられる夫婦ってあり得ないでしょうか？
　　私はそれが理想です。
　　　欲望の処理は，お互いに自由にやればいいのではないかと思います。こん
　　な変わった夫婦のケースがあってもいいと私は思っています。
　　　　　　　　　（清水純子「私は異性を愛せない女　求む！　男性」1972/9: 31）

　この文章の末尾には「読者の皆さんへ」と題して「清水さんとの交際をご希望の方，伊藤文学宛に略歴書，写真同封でお手紙ください」という編集部注記が添えられている。その後の記事によれば，交際希望の手紙が実際に複数寄せられたようである (1973/1: 22)。

　この後も同種の呼びかけは男性・女性双方からのものが掲載された。また文通欄「薔薇通信」にも毎号のように，「レズ女性と結婚を希望」といった男性同性愛者からの呼びかけが掲載されている。「女性との結婚」と「男性との交際」を両立することができ，しかも妻である女性を騙す後ろめたさのない女性同性愛者との結婚は，未婚の男性同性愛者にとって魅力的に映ったのであろう。

　だが編集長の伊藤文学は早い段階から，同性愛者同士の結婚は不成功に終わる確率が高いという持論を展開していた。先述の「独身女性座談会」において「ホモの人とレズの人が結婚すれば，どっちもうまく行く」のではという参加者の意見に対し，伊藤は「それは最初僕もそう思っていた。実際「薔薇族」の読者の中でも，ホモとレズの結婚が二組ほどいたんですが，両方共別れちゃった」「男の方が割り切れないんだ。女の方が割りきっちゃってるんだね」と答えている (前掲「独身女性座談会」1977/3: 40)。

　一体どの辺りが「割り切れない」のか。それは例えば自分がお金を出しているのに「飯の支度」や「朝の見送り」をしてくれない，病気の時も看病してくれない，といった不満であるという。つまり男性が女性同性愛者との結婚に際し，単に「世間体」や「親を安心させる」といった要素のみでなく，家事の担当や家庭の暖かさなどを女性側に期待しており，そこに齟齬が生じたのだろう。座談会に参加している間宮浩は「元々そういうことで成り立っている関係ではないのだから，それを願うのはわがまま」と男性側を批判している (同前: 40-41)。読者からの投稿を見ても，「百合族の部屋」コーナー

で「私と契約結婚を！」と題する女性からの投稿 (1976/12) が載ることもあれば，すぐ翌月の同コーナーに「擬装結婚なんて甘いな」という批判 (1977/1) が掲載されることもあった。

## 2.「薔薇族と百合族のお見合い会」

　このような状況の中，伊藤文学は 1981 年 1 月に「薔薇族と百合族のお見合い会」を開催することを決断する［図 1］。開催を提案したのは伊藤の経営する男性同性愛者の談話室（喫茶店兼バー）「祭」で客の話し相手を務める「お話おじさん」だった（「「祭」の片すみから」1980/12: 114-115）。

　伊藤は上記のように，男性同性愛者と女性同性愛者の結婚は難しいと判断していた時期もあった。「お見合い会」開催を告知する際も，過去に知るこうした結婚が「すべてうまくいかなかった」と率直に記した上で，「それ（女性同性愛者と愛もセックスも友情もない結婚をすること —— 引用者）よりも，だますわけではないけれどなんにもしらない女性と結婚した方が，確率からいったらいいのではないか，そんなふうに個人的には考えているのです」と述べている（伊藤文学「伊藤文学のひとりごと」1980/12: 116）。

　それなのになぜ，今になって「お見合い会」なのか。1 つには，やはり「妻に内緒」は良くない，しかし「結婚後に告白」もうまくいかないことが多い，ということが誌面に掲載される読者投稿からも判明するにつれ，結婚前にお互い事情が分かった上での結婚が望ましいと考え，その 1 つの方法として「女性同性愛者との結婚」に再び注目したという事情があるだろう。「お見合い会」直前に記された伊藤の文章「伊藤文学のひとりごと」(1981/2: 129) からも，そうした意図が読み取れる。

　また，伊藤の中に「女性同性愛者の方が大変だ」という意識があったことも見逃せない。「レズの人にくらべたら，ホモの人は天国です」（伊藤文学「編集室から」1980/11: 272）「女性の側にはわれわれの想像もつかない周囲の圧力があるのでしょう」（伊藤文学「伊藤文学のひとりごと」1981/3: 107）といった記述からもそれは読み取れる。「お見合い会」は男性同性愛者だけではなく，結婚プレッシャーにさらされている未婚の女性同性愛者や，既婚男性同性愛

Ⅱ　同性愛という概念

図1　「薔薇族と百合族のお見合い会」告知(『薔薇族』1981年2月号, 130頁)

者以上に苦しんでいる既婚女性同性愛者に対する支援になるのではないかという思いがあったのではないかと推測される。

　そして伊藤が「お見合い会」開催に踏み切ったもう1つの理由は，この時期，未婚・既婚男性読者から相次いで寄せられていた「自分は女性とセックスできない/たいへん苦痛だ」という声の存在だった。それまでも同種の意見は寄せられていたが，1980年2月号に掲載された読者投稿「真赤な薔薇は結婚するな！」では，「完全に女に性的欲求を感じない，愛情も湧かず，一〇〇パーセント男にのみ愛を感じるという人たち」を「真赤な薔薇」という比喩で表現し，女性に対しいくらか性的欲求を感じられる人たちとは違い，「真赤な薔薇」の人たちは「結婚してはいけない」と断ずる。そして投稿者自身が「真赤な薔薇」でありながら結婚生活25年を迎えることを振り返り

「苦しかった。今も苦しい。つらい。泣きたい時が多い」と述べ，新婚初夜に「私のものは全然エレクトしなかった」「夜がくるのがこわかった」「とうとう一年間，セックスはできなかった」と告白するのである（O・K「真赤な薔薇は結婚するな！」1980/2: 124-127）。

同じ号で伊藤は，この投稿について「よく熟読してほしい一文」と述べ，傾聴すべき意見であると主張している（伊藤文学「編集室から」1980/2: 272）。実際，この投稿は「真赤な薔薇」という秀逸な比喩とともに，多くの読者から反響を呼んだ[5]。そして「お見合い会」を提案した「お話おじさん」も，「結婚の問題」を「どんなに頑張っても女性とセックス不可能な方たちに共通の，将来必ず予想される悩み」としてとらえていた（「「祭」の片すみから」1980/12: 114）。

「妻に内緒」にしても「結婚後に告白」にしても，そこには夫婦間の性行為の存在が暗黙の前提とされている。結婚というカタチは得たいが，女性とのセックスはしたくない（または，不可能だ）。こうした悩みは『薔薇族』の発刊以前，『アドニス』の結婚特集の時点から何度も語られており[6]，いまだ解決されていないジレンマとして『薔薇族』読者の前に横たわっていた。「薔薇族と百合族の結婚」は，この困難な注文を叶える1つの方法と見なされたのであろう。こうして伊藤は誌面でくり返し，「お見合い会」への男性・女性双方の参加を大々的に呼びかけた。

## 3.「お見合い会」の失敗

だが結局，このお見合い会は失敗に終わった。30名近い読者から履歴書が送られ，当日会場には20人の男性読者が集まったものの，女性は1人も出席しなかったためである。伊藤は「これからが僕らの戦い」であると述べ（前掲「伊藤文学のひとりごと」1981/3: 107），当日の男性参加者のうち5名による座談会を改めて開催し「読者告白座談会　どうしても結婚したい！」

---

5) 例えば愛知県・MY「女性も十人十色」1980/7: 58。
6) 例えば『アドニス』28号（1956年）「特集：同性愛と結婚について」に掲載された「B　既婚者の場合」。

(1981/4: 44-63) として誌面に収録したが，結局「お見合い会」が再び開かれることはなかった。

なぜ女性の出席者がゼロだったのか，誌面からはその理由は分からない。もちろん，そもそも読者の大半が男性同性愛者であったこと，『薔薇族』があくまで「男性同性愛者のため」の雑誌と認識されていたことが，大きな原因であったのは確かだろう。

「お見合い会」が失敗に終わった直後の1981年4月号から，文通欄「薔薇通信」に「結婚コーナー」と「百合族コーナー」が設けられた。それまで他の投稿と混在していた，異性との結婚希望や女性同性愛者の文通希望が，目立つように別コーナーとして設置されたのである。その後もこのコーナーは常設欄として続くが，「『薔薇族』で結ばれた男女も相当数いると思うが，その結果を報告してくれる読者は少ない」と伊藤はのちに述懐している（伊藤 2001: 91）。

## おわりに

本章では『薔薇族』誌上の記事や読者投稿を分析しつつ，そこで語られた男性同性愛者が求める「結婚のあり方」を検証してきた。多くの男性同性愛者から求められたのは「異性との結婚」と「同性との交際」の両立であり，男性との交際や，その前提となる「自分が男性同性愛者であること」を妻に黙っておくべきか告白すべきかが，1つの対立軸となっていた。

現在の視点から振り返った時，本来目指すべきであったと思われる「答え」は，実は伊藤の発言の中にすでに存在していた。それは「独りでいても，誰も何も言わないような世の中にしなきゃいけない」という皆婚社会・異性愛主義への批判（前掲「独身女性座談会」1977/3: 41）であり，「男と女が結婚しなければならない，この世の中がいけない」「早く愛する男同士，女同士が一緒になれる世の中がこなければおかしいのです」という同性婚実現を求める意見であった（伊藤文学「伊藤文学のひとりごと」1981/7: 181）。だが，こうした社会変革に向けての運動を，この時期の『薔薇族』や伊藤が積極的に主

導したわけではない。例えば同じ 1970 年代，結婚制度に疑問符を突き付けたウーマン・リブ運動[7]に対し，『薔薇族』が共闘の姿勢を見せたこともなかった。

　『薔薇族』読者の中には「どんな理由，弁解があろうと，女性を犠牲にした結婚をするのは人間的に間違い」であると断じ，「ホモが世間体の結婚をしないこと，それが一大ホモ革命だと言っても過言ではないと思う」と主張する者もいた。30 代後半で独身であるこの投稿者は「同じ苦労するなら，人間的に正しい独身の道で苦労」すべきだと主張し，「独身者同士連帯感を持って互いにいたわり，助け合う精神のもとに生きあう」という相互扶助の必要性を説く（独身者「ホモであることを悩むより，ホモとしてどう生きていくかを悩もう」1978/5: 44-46）。このように男性同性愛者は独身を貫くべきだという意見も，常に一定程度存在していた。単に結婚した方がつらいといったネガティブな姿勢のみからではなく，中にはこの投稿者のように独身であり続けることに「ホモ革命」としての意義を見出し，前向きな「連帯」を求める声も見られたのである。ただし，こうした「独身を貫く」という宣言をする『薔薇族』読者の投稿に，男性の経済的・社会的特権性への自覚，すなわち独身生活がさして困難でないのは，自分が男性だからだという自覚は見られなかった。

　そして 1980 年代以降の『薔薇族』にも，既婚者からの交際相手募集の呼びかけや投稿は，変わらず掲載され続けた。「結婚しつつ，妻に内緒で男性とも交際する」というあり方が，現実的に最も多くのものを得られるライフスタイルとして，多くの男性同性愛者に支持され続けたのであろう。

　本書は単なる歴史研究に留まらず，セクシュアリティ研究全体に対してもインパクトを持ちうるものとして構想されている。そうした視座の中に位置づけるとき，男性同性愛者と異性婚というテーマは，親密圏と公共圏の関係を正面から問う素材であると同時に，セクシュアリティとジェンダーとの関係についての洞察が得られる主題であることに気づかされる。そしてこの点において本章で明らかになった歴史的経緯は，これまで日本で行われてきた

---

[7]　例えば 1973 年に創刊された『女・エロス』の創刊号は「婚姻制度をゆるがす」を，第 2 号は「反結婚を生きる！」をそれぞれ特集していた。

## Ⅱ　同性愛という概念

セクシュアリティ研究（とりわけ男性同性愛についての研究）や，セクシュアル・マイノリティをめぐる社会的通念に対して，一定の変容を迫るものだ。

　これまでわが国においてなされてきた男性同性愛に関する研究では，ジェンダーの問題について十分な検証がないまま行われたものも少なくなかった。そこでは男性同性愛者は「同性愛者」というマイノリティの部分ばかりが強調され，ジェンダーにおける強者である「男性」としての側面についてはあまり注意が払われてこなかったのである。だが同性愛というテーマを取り上げる際，ジェンダーの非対称性の問題を抜きにしては十分な考察が得られないことは，もはや本章の読者には明らかだろう。そしてこれは，現時点における日本の同性愛解放運動の「遅れ」が，ジェンダー非対称の根強い残存と深く関わる問題であることをも意味している。

　1969 年にニューヨークで起きた「ストーンウォールの反乱」を大きな契機として，北米および西欧諸国では 1970 年代から同性愛解放運動が本格化していった。もちろんそれらの国々においても，全ての同性愛者が解放運動に参加したわけでは決してない。だが大勢の当事者たちがクローゼットから出て権利要求の声を挙げ，その結果として同性婚やパートナーシップ法の実現に代表されるような同性愛者の権利を獲得していった欧米諸国と比較した時，日本における同性愛解放運動は，今もって「遅れている」ないし「不活発である」と言わざるを得ない。

　このような差異の背景には，日本の男性同性愛者の多くが，男性としての特権を維持しながら同性愛の欲望を充足するという，クローゼットを利用した美味しいとこ取りばかりを希求し，そのための方法を模索しつづけた歴史的経緯があると，筆者は考えている。本章で見てきたような『薔薇族』における結婚をめぐる言説は，その典型であろう。日本における同性愛解放運動の「遅れ」を考察する際，こうした男性同性愛者の選択への検証，すなわち男性同性愛者が「同性愛者」というマイノリティであると同時に，「男性」というマジョリティとして何を選び，何を得てきたのか，戦後日本社会のどのような状況が男性同性愛者にそうした選択を促したのか，といった問いに対する検証が，今後も不可欠である。

•参考文献•

赤枝香奈子 2010「百合」井上章一ほか編『性的なことば』講談社現代新書,277-286.
伏見憲明 2002『ゲイという[経験]』ポット出版.
石田仁 2006『戦後日本における「男が好きな男」の言説史』未公刊博士論文.
伊藤文学 2001『編集長「秘話」』文春ネスコ.
Mackintosh, Jonathan D., 2009, *Homosexuality and Manliness in Postwar Japan*, Routledge.
前川直哉 2011「大正期における男性「同性愛」概念の受容過程」『解放社会学研究』24: 14-34.
McLelland, Mark, 2005, *Queer Japan From The Pacific War To The Internet Age*, Rowman & Littlefield.

※引用文の中には不適切な表現も含まれているが,歴史的史料であることを考慮し,そのまま引用した。

# Ⅲ
## メディアにおける性愛の表象

第10章 | Kissのある日常
――『週刊マーガレット』におけるキスシーンの定着過程

日高利泰

## はじめに

　戦後日本の子供向けのマンガにおいて初めてキスシーンが描かれたのは1949年，手塚治虫『拳銃天使』においてのことであったとされる（中野1993等）。『拳銃天使』の場合，マンガそのものが子供に悪影響を与えるメディアとして社会的にバッシングを受けていた時期でもあり，当然の成り行きとしてさらなる批判的反応を引き出すことになった。これは非難の手紙が寄せられた[1]という手塚自身の言葉のみならず，このシーンが初出時のものから改稿されているという事実からもうかがい知ることができる。初出時においては少女の方がキスの行為主体としてより積極的な態度を見せていたのである[2]［図1］。

　また手塚は1954年に少女マンガ[3]としては初のキスシーンを描いてい

---

1) 手塚治虫『拳銃天使』（手塚治虫漫画全集324巻，講談社，1993, p. 201）「あとがきにかえて」より。
2) この点については，日本マンガ学会第12回大会での報告に際しての池川佳宏氏の指摘によるものである。なお，オリジナル版の当該シーンについては『占領下の子ども文化：1945-1949 メリーランド大学所蔵・プランゲ文庫「村上コレクション」に探る』（ニチマイ，2001, p. 116）でも確認できる。このほか国立国会図書館国際子ども図書館でプランゲ文庫マイクロフィルム資料による閲覧が可能である。
3) ここで使用する「少女マンガ」は，出版・流通上のカテゴリとして少女向け雑誌とされているものに掲載されたマンガ作品のことを指す。

Ⅲ　メディアにおける性愛の表象

図1　手塚治虫「拳銃天使」[4]

る[5]。キスシーンといっても人工呼吸にかこつけたものだが、それでも当時の状況からすれば大胆な演出であった［図2］。しかし、50年代の少女マンガは全体としては「母娘もの[6]」のメロドラマ[7]が主流であり、男女の恋愛を正面から描けるものではなかった。手塚の導入したロマンス要素もすぐには定着していない。そもそも少年マンガと少女マンガのコンテンツとしての分化もそれほど明瞭ではなく、掲載される少女雑誌も戦前からの文化的伝統の延

---

4)　『拳銃天使』手塚治虫漫画全集324巻，講談社，1993年，p.49.
5)　『少女の友』(実業之日本社) 1954年9月号～10月号掲載の「ロビンちゃん」においてのこと。なお同作でキスシーンが描かれるという点については、GCOEの本プロジェクト研究会での今田絵里香氏の指摘によるものである。
6)　生き別れの母娘が度重なる苦難の末に再会を果たす、等のプロットで少女の幸福（この場合は母親と再会し一緒に暮らせるようになること）を主題化した一連の作品群を指す。こうした少女マンガが多く作られた背景には、大映の「母もの映画」の流行も影響するものと考えられる。
7)　現在の一般的な感覚では恋愛ものと結びついた形で理解されるが、特に日本映画では大映「母もの映画」のような忍従や犠牲精神が前面に出たメロドラマが多く、単に「お涙頂戴の大衆的通俗劇」というくらいの意味で用いられることもしばしばである。

図 2　手塚治虫「ロビンちゃん」[8]

長上にあり「少女」に与えられる情報の種類には制限があった。こうした状況の変化にはさらに 10 年間待たねばならなかった。

　この時期の変化について検討する前に 1950〜60 年代のマンガおよび少年少女雑誌をめぐる状況について概観すると，「悪書追放運動」に代表されるマンガへのバッシングと雑誌におけるマンガ比重の増加というふたつの傾向によって特徴づけられる（堀江 2003, 増田 2004, 米沢 2007）。「マンガは俗悪だ」という非難がいくらなされても，マンガを増やした方が雑誌は売れるし内容も派手なものの方が読者の反応がよい。すると出版社はますます「俗悪な」雑誌を作ることになる。そうした循環が繰り返される中，60 年代に入ると比較的若いマンガ家によるマンガ擁護だけでなく，教育者や言論人からのマンガ擁護もみられるようになり（小山 2007），マンガを読むという行為自体の社会抵抗が徐々に低減される。1963 年の創刊時点では雑誌本体に占めるマンガ頁の比率が 30％だった『週刊マーガレット』（集英社）も，1964 年に入るころには 55％前後まで本体マンガ率を上昇させる。現在のマンガ雑誌の水準[9]と比較すれば少ないが，他の少年・少女週刊誌もおよそ同様の傾向

---

8)　『化石島』手塚治虫漫画全集 73 巻，1979 年，p. 149.
9)　小説や読み物を含まずほぼマンガのみで構成されている現在のマンガ雑誌でも，広告や読者投稿等のマンガ以外の頁が多少含まれており，雑誌本体のマンガ頁比率は 90％前後である。

を示し，マンガを中心とした雑誌へと移行しつつあった（滝沢 2009）。また，少女マンガ特有の表現様式も 1958 年頃から顕在化しはじめ，ジャンルとしての自律性を高めつつあった（藤本 2007，吉村 2011）。

　こうした変化と並行して，少女マンガは徐々に少女の恋愛を主題とするようなものに変化していく。主題の水準での恋愛要素の導入が漸次図られていたことは疑う余地がない。しかし，「結婚」をテコにした異性愛の論理はもっと早い段階からその存在を指摘できるだろう。広い意味での異性愛主義は，少女小説において描かれる家族の物語や王子様とお姫様の結婚といったおとぎ話においても既に成立している。そこで本章では，少女マンガそのものの成り立ちや少女マンガにおける「恋愛」あるいは「結婚」の起源[10]よりも，具体的な行為の描写に特に注目して議論を進める。さしあたりここで確認しておきたいのは，結婚という事実が描かれていたとしても，それが男女の親密さを表現するような具体的な描写を伴わないことである。ある時点までは結婚式の誓いのキスのようなものでさえ表現上排除されていることからも，これは明らかである。よって本章では，男女の仲睦まじさを表現するものとしてのキスシーンに焦点をあわせる。つまり，ラブストーリーそのものよりも，ラブストーリーを展開するための道具立てにあたるキスシーンがいかにして定着していったのかに着目し，少女マンガと呼ばれるものが現在われわれの知る形に近づいていく過程を歴史的に解明することを目指す。

　では少女マンガにおけるキスシーンの定着を明らかにすることが一体何になるのか。まず，男女の身体的接触が具体的な描写として描かれるようになるというのは，文化史的に非常に大きな変化である。男女別学の制度下では学校空間での男女の接触は著しく制限されるのに対して，戦後の男女共学化によって 10 代の男女をめぐる状況は一変した。こうした制度的変化に伴い，新しい秩序編成原理が求められる。たとえば中高生を対象としたメディアでの「男女交際」の登場については，本書の第 3 章が詳細を明らかにしている。セクシュアリティという観点からすると，個別の男女の付き合いにおいて妊

---

[10] 同じく「起源」を求めることには意義を見出さない立場からの，揺籃期の少女マンガについての研究として，岩下朋世「「カナリア王子さま」から「リボンの騎士」へ――"ストーリー少女マンガ"の成立過程」（『ナラティヴ・メディア研究』2 号，2010）参照。

娠という具体的なリスク要因が生じうるのかという点が，小学生と中高生の間でのかなり大きな差異だろう。したがって，男女の付き合いにおけるコードシップの形成（ノッター 2007）という点からすれば共通する部分もある一方で，より低年齢向けの少女雑誌に恋愛要素が導入される過程は，より高年齢向けのメディアにおけるそれと必ずしも同形の推移をたどるとは限らず，改めて個別に検討する必要がある。

　また，戦後日本において少女マンガがジャンルとして存在感を高めていく時期というのは，逆に欧米においては女の子向けのコミック文化が衰退していく時期に相当する[11]。「少女マンガ」は日本に固有の現象とはいえないまでも，戦後日本という歴史的文脈と切り離せない特異な存在であり，特に1970 年代以降「恋愛」を描くことが第一義的な特性であるとされていることと合わせて考えると，戦後日本のセクシュアリティという問題系に連なるテーマのひとつとして検討すべき課題である。狭義の「少女マンガ」から「レディースコミック」，また「やおい」「ボーイズラブ」へと派生的にジャンルコードを確立していった女性向けのマンガの歴史を，素朴な発展史観によって肯定的にとらえ，女性による性的表現の解放ないし主体化の歴史として描き出すことには慎重であるべきだが，女性向けのジャンルが別様の展開をたどるという事実は比較文化論的観点からも意義深いテーマであることは間違いない。

　以上のような問題意識の下，本章では『週刊マーガレット』とその前身雑誌である『少女ブック』について 1960〜65 年の期間に限定して，その中で描かれるキスシーンを中心的に検討する。少女マンガにおける恋愛の前面化を歴史的に跡付ける先行研究の中で取り上げられる頻度が最も高い[12]ことから，さしあたり調査対象を『週刊マーガレット』とし，必要に応じて同一出版社発行で対象年齢層の少し低い『りぼん』も参照する。なお，より総合的

---

[11] フランスにおける少女向けジャンルの衰退については，猪俣紀子「フランスの少女向け媒体におけるBD」（ジャクリーヌ・ベルント編『〈国際マンガ研究 1〉世界のコミックスとコミックスの世界』，2010）参照。

[12] 米沢（2007）や藤本（2008）はともに『週刊マーガレット』掲載の西谷祥子作品を取り上げ，少女マンガにおける「恋愛」について論を展開している。特に米沢（2007）は，1970 年代以降主流となる「学園ラブコメ」という様式に先鞭をつけたという点で西谷作品の画期性を強調する。

な理解のためには『少女フレンド』（講談社）や『少女』（光文社）といった他誌の状況もあわせて考える必要があることは言うまでもない。

## 1 キスシーンはいかにして可能か

### 1. 少女雑誌の中の「性」

　これまでの少女文化研究の蓄積[13]をふまえるなら，戦前の少女雑誌においては異性愛的なモチーフが忌避され，そうした傾向は基本的には戦後にも引き継がれていた。しかし，海外文学の翻案や童話のような形で男女の結婚は描かれたし，少女同士の関係を描くエス小説のような非常に限定的な人間関係に焦点化するものであっても，家族という形で広い意味での異性愛的モチーフは混入してくる。忌避されていたのは「異性愛」ではなく，むしろ「性愛」であると考えるべきではないだろうか[14]。換言すれば，それがヘテロセクシュアルであるかホモセクシュアルであるかという対立軸ではなく，そもそもセクシュアルな情報一般について「少女」に与えるべきではないという社会通念に基づく判断があったのではないか，ということである。

　小学生を中心とし，せいぜい中学生くらいまでを読者層と想定する雑誌においては，「生理」のような文字通りの生理現象であっても，少女の性的身体を強く意識させるものととらえられたためか忌避される傾向にあった。例外的に『少女サンデー』（小学館）は創刊当初の1960年頃から月経の話題を積極的に取り上げていたが，全体的な状況としては1963年でもまだタブー視されていたようである[15]。ところが集英社は63年の夏から秋にかけて『り

---

[13] 詳しくは今田絵里香『「少女」の社会史』（勁草書房, 2007）等参照。

[14] 本章において詳述する余裕はないが，『少女画報』（東京社）では1939年に男女の恋愛を描く作品が既に登場しており，戦前の少女雑誌における異性愛の忌避という先行研究の見解を私自身は支持しない。

[15] 『りぼん』1963年4月号の「おかあさまのページ」ではナプキンの広告がとある少女雑誌に掲載されたことに端を発する一連の議論が展開される。「生理」に関する話題を過度に忌避する姿勢を暗に非難するような編集長の見解が既に示されており，母親に対したある種の啓蒙を垣間見ることができる。

ぽん』『週刊マーガレット』において月経の話題を立て続けに取り扱い，主人公の少女の初潮が描かれる作品[16]も登場する．同じころ『週刊少女フレンド』（講談社）でも初潮を扱った小説作品が現れる（横川1991）ことが指摘されており，「生理」の前景化は少女雑誌全体にかかわる傾向性の変化として位置付けられる．こうした変化が1963年に集中した原因は明らかでないが，1961年11月に使い捨ての紙ナプキンが初めて発売されるなど「生理」そのものをとりまく環境の変化が背景にあったものと考えられる[17]．

　このような性をめぐる対立状況の中でキス[18]という行為は微妙な二重性をはらんでいる．それは家族の親愛を表す欧米的習慣であると同時に，非常に性的なニュアンスをもったものでもある．特に日常的な場面でのキスの習慣のない多くの日本人にとって，むしろ後者の性的な秘め事としての側面が強く意識されるのは当然の帰結である．ただし，当時盛んにテレビ放映されたアメリカのホームドラマの影響か，欧米の，とりわけアメリカの家族像を理想として描き出す作品が，1960年代の少女マンガには少なからず存在した．この中では家族の親愛を表す慣習としてのキスが描かれることもしばしばであった．占領期にGHQが奨励した「接吻映画」での対等な男女関係の象徴という意味づけ（平野1998）とはやや異なる文脈だが，男女の二者関係の延長上にある家族という見方をとるならば，両者を類比的にとらえることは可能だ．このとき，キスは家族成員間のスキンシップの一形態として，新しい，より民主的で平等性のある家族像のひとつの象徴として機能する．むろん一般的にこうした考えが受け入れられていたというわけではないが，少なくともそれが大義名分として機能するような認識枠組みが製作サイドにおいては共有されていたのではないか[19]．

---

[16] 望月あきら「わたしは……東京っ子！」は，読者からの投書をもとにしたエピソードを1話単位で毎週連載し，1人の主人公が（別々の読者投稿に基づく）さまざまな問題に直面しそれらを解決し成長していくという形式であった．

[17] この時期の少女雑誌における「生理」をめぐる問題については別途論じる必要があると考えている．

[18] 本章で用いる「キス」は，口と口との接触に限定せず，唇と相手の体のどこか（おでこ，ほっぺた，手など）が触れている状態，また文脈上そのように推移することが明白である状態すべてを指す．

[19] 事実，1965年までの段階ではキスの行為主体はほとんどが外国人（フランス人，アメリカ人

## 2.『週刊マーガレット』におけるキスシーンの登場

『週刊マーガレット』におけるキスシーンは，早くも創刊号の時点で登場する[20]。これは親子間のものであり，もちろん恋愛要素でないことは明確である。ちなみに『週刊マーガレット』の前身雑誌に相当する月刊少女雑誌『少女ブック』についても，1960年以降を調査したところ，キスシーンは2例確認された。ひとつは「こまどり姫」（つのだじろう）だが，ここではギャグの一種として演出されている。登場人物の意図のレベルでは父親から娘へのキスであったが，娘とサルとの入れ替わりにより，結果的に未遂に終わる。このような顛末はいかにもマンガ的なおかしみを第一とした古典的な手法であるといえる［図3］。もうひとつは「プリンセスローズ」（わたなべまさこ）で，ここではキスによって王子にかけられた呪いが解けていることがセリフにも明示されているので，キスしていることは間違いないのだが，当該コマを見てもはっきり描かれていないため，視覚的にはそのようには見えない［図4］。

1960年代初頭の『少女ブック』においてはキスシーンこそほとんど確認されないものの，物語のプロット・設定のレベルでは既に恋愛要素が導入されはじめていた。1960年1月号の段階では，月刊少女誌といっても未だマンガよりも小説の類の方が多くのページを占めており，マンガも小説も母娘ものがメインで，ほかには若干のスリラー活劇という構成であった。これが次第にマンガの比率を高め，同年中にはマンガと小説の頁数が逆転する。1961年に入ると雑誌本体でマンガは小説の3倍程度の頁数を確保する。マンガの量的な拡大が急速に進行するのみならず，内容的な変化としては1962年になると有名映画のプロットをそのまま引きうつしたようなマンガ作品が登場するようになる。例えば横山光輝「とびだしたマリ」は，家出した伯爵令嬢が新聞記者の下へ身をよせるというもので，『ローマの休日』[21]を

---

など）であり，日本人同士のキスシーンはかなり少なかった。しかし，そうした設定レベルでの差異に対して，図像的に外国人かそうでないかの判別は必ずしも容易ではないため，こうした差異をさほど重視する必要はないとも考えられる。
20)『週刊マーガレット』1963年1号 (5/12号) p.122 (関谷ひさし「チャッコ」)
21) 1953年のアメリカ映画で日本公開は翌54年。なお1963年には『りぼん』(9月号別冊付録)

図3　つのだじろう「こまどり姫」[22]

図4　わたなべまさこ「プリンセスローズ」[23]

連想させる設定である。登場人物たちは子供ではないが，恋愛らしき様子は何ひとつ描かれない。ラブロマンスに発展してもよさそうな設定でありながら，それは単純に設定のレベルにとどまっており，それらの要素は具体的には展開されずラブストーリー未満の状態に留め置かれている。このほか登場人物が子供である場合のアレンジ例として，寺田ヒロオ「にらめっこ」などがある。向かい合う八百屋の息子と娘が家の事情で仲良くできないというの

---

で水野英子によるコミカライズもある。
22) 集英社『少女ブック』1960年7月号，p. 58.
23) 集英社『少女ブック』1962年お正月大増刊号，p. 49.

は『ロミオとジュリエット』的だが，当然ロマンティックな展開にはならない。

当時のマンガ製作状況においては，現在の著作権概念に照らせば盗作や剽窃に相当するような作品も数多く存在した。水野英子は1964年の作品を振り返って以下のように述懐している。「当時は映画や小説などを元にまんが化することが大流行し（編集さんが強力に勧めたのです）誰もが何がしかの作品を描かされました。つまり著作権に関わる行為だったのです[24)]」。

このように盗作・剽窃に対する規範意識は今よりも薄く，過去の作品からの影響がより直接的に表れていたと考えられる。こうした状況の下，徐々に増加傾向にあった女性作家だけでなく，男性作家もラブストーリー映画の設定の部分だけを取り出したような作品を量産していた。男性作家たちは「女の子が好みそうなものを描いてくれ」という要求に対して，必ずしも自らの経験や感覚に頼って描くことができるわけではない。その意味で彼らは女性作家以上に，過去の映画や小説といったものを参照し，アレンジを加えるという作劇方法への親和性が高い。初期の少女マンガにおいて恋愛要素が導入されるとき，これらの男性作家が果たした役割は意外に大きかった。

## 2　キスシーンの定着・展開

### 1. キスシーンの類型化

『週刊マーガレット』創刊号においてキスシーンが確認されることは先に述べたが，『少女ブック』時代とは異なり，その後も相当な頻度で登場し，また親子間でのものに限定されない新たなタイプも出現する。そこで，登場するキスシーンを，親子か/そうでないか，視覚的に見えるか/見えないか，という観点から以下の4タイプに分類した。親子/非親子，見える/見えない，で4象限を作った場合，親子×見えないパターンが存在するが，実際の使用

---

24) 水野英子『こんにちは先生（ハロードク）下』ふゅーじょんぷろだくと，2004年，p. 172

表 1　キスシーンの 4 類型

| | |
|---|---|
| タイプ I | 親子間（主に娘から父母へ）のもの |
| タイプ II | （年少、年長を問わず）同年代の 2 者が行うようなキスのうちで、物語のレベルで未遂に終わっている様子が表現されるにとどまるもの |
| タイプ III | キスはしているものの遮蔽物で隠される、問題の部分がコマからフレームアウトするなどして読者からは見えないもの |
| タイプ IV | キスシーンが視覚的にはっきりと表現されるもの |

例が確認されないことに加え、見えない場合の意図の違いを重視し、非親子×見えないパターンを II と III のふたつに分けた［表 1］。

表 2 では、創刊号から 1964 年 46 号（11/8 号）までの掲載作品から抽出したキスシーンを上記の 4 分類で表にした。調査に際しては大阪国際児童文学館所蔵の史料を用いたが、欠号も多くデータとしては完璧ではない[25]。しかし、『週刊マーガレット』全体の流れを見る上では十分と判断し、以下考察を進める［表 2］。

全体的な傾向としては、1963 年の間はタイプ I を中心としながら徐々に用例が拡大し、1964 年に入ってタイプ IV、つまり普通のキスシーンが定着していることがわかる。先述のとおり、キスシーンの存在そのものはかなり以前から確認されている。しかし、従来は散発的な試みであり、これほどの頻度で出現することはなかった。1960〜63 年 4 月（3 年強）における『少女ブック』の事例が 2 例にすぎないのと比較して、『週刊マーガレット』では 1 年半の間に 20 例が確認されている。月刊と週刊という刊行ペースの違いを差し引いても出現頻度には大きな差がある。このような飛躍的な増加をもって、『週刊マーガレット』におけるキスシーンの定着は 64 年ごろにな

---

25) 欠号は以下の通り。1963 年は欠号なし。1964 年は 22 号、41 号、47〜53 号（計 9 冊）が欠号。なお、表の作成にあたって 1964 年の 46 号までを対象とする理由は 2 点ある。ひとつは 64 年分が 47 号以降連続で欠号になっていることに加え、65 年分は約半数が欠号で必要なデータが十分にとれないためである。もうひとつの理由は、キスシーンの問題はさておいたとしても、1965 年に入ると明確に「恋愛」を意識させる作品が著しく増加していることである。例えば 1965 年 5 号の「青空はどこに」（赤松セツ子）では、あらすじ紹介に相当する部分で主要男性キャラクターが主人公の「恋人」と明示されていたり、8 号から連載される「アイ・ラブ・アリス」（わたなべまさこ）のように、コメディ作品ではあるもののタイトルに「ラブ」と銘打ったものが登場したりする。

Ⅲ　メディアにおける性愛の表象

表2　『週刊マーガレット』におけるキスシーンの登場作品

| | タイプⅠ | タイプⅡ | タイプⅢ | タイプⅣ |
|---|---|---|---|---|
| 63年1号 | (1) 関谷ひさし「チャッコ」 | | | |
| 63年10号 | (2) わたなべまさこ「ミミとナナ」 | | | |
| 63年18号 | (3) わたなべまさこ「ミミとナナ」 | | | |
| 63年24号 | | (4) 水野英子「すてきなコーラ」 | | |
| 63年26号 | | | | (5) 水野英子「すてきなコーラ」 |
| 64年4・5号 | | | (6) 望月あきら「わたしは…東京っ子!」 | |
| 64年10号 | | | | (7) 野呂新平「いたずら王子」 |
| | | | | (8) 水野英子「セシリア」 |
| 64年11号 | (9) わたなべまさこ「従妹マリア」 | | (10) 水野英子「セシリア」 | (11) わたなべまさこ「従妹マリア」 |
| 64年12号 | | | (12) 水野英子「セシリア」 | |
| 64年13号 | (13) わたなべまさこ「従妹マリア」 | | | |
| 64年14号 | | | | (14) 野呂新平「いたずら王子」 |
| 64年23号 | | | | (15) 水野英子「こんにちは先生」 |
| 64年29号 | | | (16) 野呂新平「いたずら王子」 | |
| 64年32号 | | | (17) 水野英子「こんにちは先生」 | |
| 64年35号 | | | | (18) 今村洋子「ハッスルゆうちゃん」 |
| 64年36号 | | | | (19) 水野英子「こんにちは先生」 |
| 64年46号 | | | | (20) 今村洋子「ハッスルゆうちゃん」 |

カッコ内の数字はキスシーンの整理番号

図5 わたなべまさこ「従妹マリア」[26]

されたと結論づけてよいだろう。

　以下，それぞれの事例についてもう少し詳細に検討していく。まず，創刊号に登場する「チャッコ[27]」（関谷ひさし）のキスシーンは，娘から父親に対して感謝の意を示すものとして用いられている。日本を舞台として，登場人物はすべて日本人であるにもかかわらずこうしたシーンが描かれるのはかなり珍しいパターンである。タイプⅠの親子間のキスとして一般的なパターンは，わたなべまさこ作品に典型的なヨーロッパ・アメリカを舞台とする華やかな設定の下で，純粋に欧米的習慣として描かれるものである［図5］。この時期のわたなべ作品にはヨーロッパ風の上流社会を舞台としたものが多い。また日本が舞台になる場合でも海外滞在歴が長期にわたる青年実業家といったキャラクターが登場し，西洋的なイメージへの志向性が強い。

　ところでキス以前の身体的接触はどうだったのか。キス以外のスキンシップについても日本人の生活習慣の中では必ずしも一般的ではない。まして1960年代にあってはなおさらである。ところが少女マンガにおいては，既

---

26) 集英社『週刊マーガレット』1964年11号, p. 27.
27) 町工場社長の娘である「チャッコ」を主人公とした，生活ユーモア作品。「かっこいい現代っ子」というアオリ文句が印象的。

に 1960 年の段階である程度一般化しているようだ。特に父娘間でのスキンシップが目立つが，こうしたシーンの出現頻度についていえば，作家の男女による違いはさほど見られない。今回の調査ではこの点をさかのぼって確認していないので断定的なことはいえないが，程度の軽いスキンシップから段階的に導入されることで，地ならしがなされていき，その上で親子間のキスが継続的に描かれるようになったのが 63 年のことと考えてよいのではないかと思う。

## 2. 用例の拡大と意味づけの変化

　さて，タイプⅠ以降の展開であるが，タイプⅡからⅣについては直線的な移行がみられるわけではないので，順次用例が拡大したという説明の仕方はやや語弊がある。ただ表だとわかりにくいものの，タイプⅣの最初の登場から次の登場までは約 4 ヵ月半の期間が空いているのに対して，それ以降は間断なく高い頻度で現れている。よって，「すてきなコーラ」（水野英子）が先行する形で既成事実を作り，その後におけるタイプⅣの定着につながったと見るべきである。これと対応する作家自身の発言も存在する。

　　　これ（「こんにちは先生（ハロードク）」── 引用者）は「すてきなコーラ」あたりから始まったロマンチック・コメディ路線の決定版となったようです。カラリと明るく元気なコメディ。もちろんテーマは"恋（ラブ）"ですよ。少女物にはぜーったいに欠かせません！という流れを作っちゃった作品だと思っています[28]。

　もちろん，少女マンガにおける恋愛，ラブストーリーの前面化をこの時期の水野作品にのみ還元することはできない。水野による「ロマンチック・コメディ路線」，すなわち洋画を下敷とした新しい流れ以外にも，従来型の母娘ものメロドラマからの発展型という別の系統も同時に存在していた。両者が並行して展開していたのがこの時期であり，少なくとも『週刊マーガレット』においてはこのふたつの系統が両輪となってラブストーリーの前面化が進行したといえる。

---

28) 水野英子『こんにちは先生（ハロードク）下』ふゅーじょんぷろだくと，2004 年，p. 172

第 10 章　Kiss のある日常

図 6　望月あきら「わたしは…東京っ子！」[29]

　作品内の出来事として行為自体が完遂されないタイプⅡ[30]に対して，タイプⅢは行為としては完遂するものの，何らかの形でそのシーンが読者の目に触れない間接描写である。このタイプであってもやはりキスの行為主体は日本人でない場合が多い。表 2 中のタイプⅢのうちで唯一行為主体が日本人であるものは，1964 年 4・5 合併号掲載分の「わたしは……東京っ子！」（望月あきら）に登場する，主人公少女の担任の先生の結婚式における誓いの口づけである［図 6］。
　タイプⅢについてはタイプⅢのみで見るよりもタイプⅣとあわせて検討した方がよいだろう。興味深い点は，「セシリア」「こんにちは先生（ハローセンセイ）」（水野英子）においてタイプⅢとタイプⅣが交互に登場するような混在状況がある点である。作劇上のテンポづくりという側面もあるだろうが，キスシーンを描くにあたって，間接表現を織り交ぜながら，徐々にそれを導入していく慎重さを読み取ることができる。しかし一方で，むしろ視覚的な演出効果の上では，タイプⅢの方がよりロマンティックなものである場合も少なくない。批判を受けた時のための予防線として「描いていません」と言い張れるようなタイプⅢは，高い演出効果と隠れ蓑的な機能を両立できるものであった。

29) 集英社『週刊マーガレット』1964 年 4・5 号，p. 124.
30) タイプⅡについていえば，未遂に終わるものは今回の調査範囲では 1 例しか確認されていない。直前で第三者による邪魔が入るなどでうまくいかないこのタイプは，ラブコメディの演出技法のひとつとして現代でもしばしば用いられるもので，もう少し早くから使われ出した可能性もあるが，現時点ではよくわからない。この点は今後の課題としたい。

Ⅲ メディアにおける性愛の表象

図7 わたなべまさこ「従妹マリア」[31]

　ここまで順番に見てきて，タイプⅣでようやく「ふつうのキスシーン」が描かれる，と言いたいところだが，これには若干の留保が必要である。そもそもタイプⅠ～Ⅳは形式による暫定的な分類であり，行為の意味づけは考慮されていない。事実，タイプⅣも導入の初期段階にあっては，必ずしもラブストーリーの中でのロマンティックなシーンとして描かれたわけではない。若い男女のものであってもコメディ的な場面でのキス，夫婦間のキス，同性の友人同士でのキス［図7］などがあり，意味的にはタイプⅠの家族間の親愛を表現する挨拶としてのものの延長線上にあるようなキスシーンも，タイプⅣの中に含まれてしまう。したがって分類について再検討する必要がある。そこで恋愛感情の有無という行為の意味づけの軸を設定し，親子・家族かそうでないかとのふたつの軸で4タイプに分類する［図8］。
　ここで改めて登場したキスシーンを整理すると，表3のようになり，左下の挨拶型から右上の一般型への移行がよりクリアに見てとることができる。ただし，行為の意味づけという軸を設定すると，どちらか判別しにくいとか，主観的な解釈が入り込むとかの問題が生じてしまう。よって当面は，形式分類Ⅰ～Ⅳと意味分類A～Dを併用することが望ましいと思われる［表3］。

---

31）集英社『週刊マーガレット』1964 年 11 号，p. 23.

第 10 章　Kiss のある日常

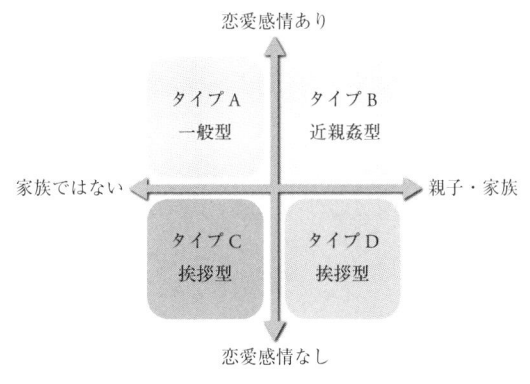

図8　キスシーンの行為類型

（図中ラベル：恋愛感情あり／恋愛感情なし／家族ではない／親子・家族／タイプA 一般型／タイプB 近親姦型／タイプC 挨拶型／タイプD 挨拶型）

表3　タイプ別のキスシーン登場作品

|     | I | II | III | IV |
| --- | --- | --- | --- | --- |
| A   |   | 4 | 6, 10, 12, 16, 17 | 5, 8, 14, 15, 19 |
| A/C |   |   |   | 7, 20 |
| C   |   |   |   | 11, 18 |
| C/D | 2, 13 |   |   |   |
| D   | 1, 3, 9 |   |   |   |

20 例のキスシーンを分類。表中の数字はキスシーン整理番号（表 2 参照）。
B 行は今回用例がないため削除した。なお夫婦間のものは状況に応じて A ないし C に分類する。
また行為の意味づけが曖昧なものは中間型（A/C および C/D）に分類する。

## 3.『りぼん』におけるキスシーン

　同じく集英社から刊行されている『りぼん』は，『週刊マーガレット』よりも少し対象年齢の低い雑誌と位置付けられている。両誌で重複して連載を持つ作家も少なくなく，読者の連続的な移行が前提とされているものと考えられる。よって，このふたつを比較することで出版社の戦略や対象年齢層に対する考え方などが確認できるだろう。

　今回調査した中では，「キッス」という単語が登場する一番古い事例は1962 年 9 月号の「ひとりぼっちのすずらん」（野呂新平）であった。いわゆる

Ⅲ　メディアにおける性愛の表象

図9　わたなべまさこ「まいごのミチル」[32]

投げキッスであり、コマ内部の画像からもキスシーンと呼べるものなのか疑問だが、「こまったモダンおばあちゃまじゃ！　すずらんにキッスをおしえたもうた」というセリフがそえられていることから、キスという行為が「モダン」と称され、欧米的・近代的イメージと結びついていることがわかる。

　単語だけでなく作中人物の行為描写としてのキスシーンが登場するのは1964年お正月大増刊号のことである。「まいごのミチル」（わたなべまさこ）では寸止めのタイプⅢ（タイプA一般型）［図9］、「さよならナネット」（青池保子）ではタイプⅣ（タイプA一般型かタイプC挨拶型か判別不能）［図10］のキスシーンが出現する。『週刊マーガレット』のタイプⅣの出現時期と比較しても2ヵ月程度の差しかない。それまでⅣ以外のタイプもほとんど登場しなかった『りぼん』におけるこうした変化は唐突でさえある。増刊号ということで実験的な意図もあったのだろう。アオリや作中のセリフなどにおいて

---

32）集英社『りぼん』1964年お正月大増刊号，p. 35.

第 10 章　Kiss のある日常

図10　青池保子「さよならナネット」[33]

も「愛」や「恋」あるいは「失恋」といった単語が登場し，あすなひろし「みどりの花」や高橋真琴による絵物語「ポールとビルジニィ」など，ラブストーリー的な作品も多く掲載されている。以降，多少のトーンダウンはあるものの，64年2月号に「美しい愛のものがたり」というキャッチコピーの下に「港のジョニー」(望月あきら)が掲載されるなど，ラブストーリーへの傾斜は続く。『週刊マーガレット』よりも対象年齢の低い『りぼん』でのこうした変化は，対象年齢層の高低という要素が，この時期の少女マンガにおける恋愛要素の前面化に対して，それほど強く作用していたわけではないという印象を与える。

　青池保子は1948年生まれで，このとき15歳である。「さよならナネット」が彼女のデビュー作であった。既に第一線の人気作家となり，ここまで確認したようにキスシーンの導入を段階的に進めていた水野英子は1939年生まれで55年に雑誌デビュー，わたなべまさこは1929年生まれで57年に雑誌デビューしており（貸本では52年），青池と比べると両者ともかなり年上である。年長作家は徐々に足場を固めながら状況を変化させる慎重さを持ち，新人がそうした流れに乗って自分の好きなようにやっているという構図を読み取ることも不可能ではない。しかし，事はそう単純ではない。「さよならナネット」におけるキスシーンは，落してしまった大切なブローチを拾って

---

33) 集英社『りぼん』1964年お正月大増刊号，p. 205.

くれた少年に対するフランス人少女からの「お礼の」キスであり，この2人の間にほのかな恋心があったとしてもキスそれ自体は明確に恋愛感情に帰することができない微妙な曖昧さを含んでいる。キスという行為の持つ両義性を最大限に生かした描写であり，ギリギリのところで逃げ道を用意しているしたたかさが垣間見える。これが作家自身の創意によるものかどうかはわからないが，そもそもマンガの製作環境には，作家・編集者との共犯関係が前提として存在することを考えるなら，どちらかの意図と特定することにそれほど意味はないだろう。先行世代の作家，彼ら・彼女らの作品を読んで育った戦後世代の新人作家，新しい消費主体として少女達を取り込もうとする編集サイド，この三者のせめぎあいの中で変化がもたらされたのである。

## おわりに

これまで少女マンガにおける恋愛の主題化は，男性作家の退潮とパラレルな女性作家の台頭に起因するものとして理解されてきた。そうした側面は完全には否定できないが，本論で明らかになったのは，ハリウッド映画的なラブストーリーを下敷きにした設定の導入・定着での横山光輝ら男性作家による貢献である。この時期の洋画志向自体は米沢 (2007) が既に指摘しているが，水野英子を筆頭にあげ，男性作家の役割は顧みられていない。また『週刊マーガレット』誌上で初めて月経（初潮）を扱う作品も男性作家である望月あきらによるものであったことも確認した。このように，恋愛の前景化および少女の性的身体の前景化において男性作家が果たした役割は決して小さくない。これらの事実は，作家の男女比率の変化（女性作家の増加）と少女マンガにおける恋愛の主題化の間の関係が，相互に独立した事象であり，これまで因果的な連関の下にとらえられてきたものは単なる共変関係にすぎない可能性を示唆する。この点については別途詳しく検証が必要だが，1950～60年代の少女マンガ文化を考える上で新しい視角を提供するものだろう。

「姉の結婚」もそれがラブストーリーという形で提示されるようになれば，もう立派なロマンティックラブ・イデオロギーの伝達装置である。恋愛と結

婚が結びついて描かれるだけでなく，キスシーンという道具立ても含めて，1963年には一通り出そろったことになる。またこの年，月経という題材が全面展開されるようになる。読者である少女の性的身体を明確に意識させる諸要素の登場は，恋愛と結婚と性のすべてが結合した形で少女マンガの中に表れるための条件整備を意味する。

では，週刊少女雑誌の創刊というメディア環境の変化，月経という性的身体を意識させる要素の登場，キスシーンの定着という複数の変化が1963年から翌64年に集中していることをいかに理解すべきだろうか。1960年代の子供文化・若者文化における変化というのは，1947～49年生まれの団塊世代の成長と関連づけて説明されることが多い。大きな消費者集団として影響力があったことは否定できないが，例えば1959年の週刊少年誌創刊とは異なり，週刊少女誌創刊の場合1963年時点での団塊世代の年齢と雑誌の対象年齢の間では明らかなずれがある。よって，上記のような変化の説明要因としては，団塊世代の成長とは別の外的要因を考慮する必要がある。

しかし，本書所収の純潔教育を扱った章でも1960年代に入ってからの状況は必ずしも明らかになっておらず，現時点ではこの時期の少女（のセクシュアリティ）をめぐる種々の条件については不明な点が多いので，有効な回答を示すことはできない。東京オリンピックの前年にあたり，諸外国特に欧米の生活習慣を範として国際的な「標準」というものが強く意識された時期であったことは確かだが，これも直接的な影響関係については詳らかでなく，様々な周辺事情も含めて今後の課題となるだろう。

少女マンガにおける恋愛の主題化は，単に物語の中で恋愛が描かれるようになったということのみを意味するものではない。少女マンガというメディアは，ある局面では男性支配的な既存のジェンダー秩序に基づく「正しい」セクシュアリティの有り様を規範的に提示するものであり，また一方でそうした抑圧から逃れる女性自身の主体的な表現形式でもありうるような，多義的な存在である。この中で男女の恋愛が中心的なテーマとなることによって，「自由な」男女の恋愛が促進されたかもしれないし，そうした関係に対する女性自身の欲求の発露ないし表明が可能になったのだと肯定的に意味づけることもできるだろう。しかし，若い男女の恋愛関係が盛んに描かれ，そうし

た娯楽メディアが消費される中で,「してもよい」はいつの間にか「しなければならない」に転化し, ある種の暴力として抑圧的に働くことも否定できない。このような自由と不自由の絡まりあう不思議を考えるために, 本章の考察がその一助となれば幸いである。

### ●参考文献●

猪俣紀子 2010「フランスの少女向け媒体における BD」ジャクリーヌ・ベルント編『〈国際マンガ研究 1〉世界のコミックスとコミックスの世界』: 173-184.
今田絵里香 2007『「少女」の社会史』勁草書房.
――― 2011「戦後日本の『少女の友』『女学生の友』における異性愛文化の導入とその論理 ―― 小説と読者通信欄の分析」『大阪国際児童文学館紀要』24: 1-14.
岩下朋世 2010「「カナリア王子さま」から「リボンの騎士」へ ――"ストーリー少女マンガ"の成立過程」『ナラティヴ・メディア研究』2: 1-21.
小野清美 2000 (初出 1992)『アンネナプキンの社会史』宝島社文庫.
加藤秀一 2004『〈恋愛結婚〉は何をもたらしたか』ちくま新書.
木本至 1985『雑誌で読む戦後史』新潮選書.
小山静子 2009『戦後教育のジェンダー秩序』勁草書房.
小山昌宏 2007『戦後「日本マンガ」論争史』現代書館.
滝沢ひろし 2009「週刊少年誌と少女週刊誌のマンガ率の差」『ビランジ』23: 38-45.
中野晴行 1993『手塚治虫と路地裏のマンガたち』筑摩書房.
ノッター, デビッド 2007『純潔の近代』慶應義塾大学出版会.
平野共余子 1998『天皇と接吻』草思社.
藤本純子 2005「戦後期少女メディアにみる読者観の変容 ―― 少女小説における「男女交際」テーマの登場を手がかりに」『出版研究』36: 75-93.
藤本由香里 2007「少女マンガの源流としての高橋真琴」『マンガ研究』11: 64-91.
――― 2008 (初出 1998)『私の居場所はどこにあるの?』朝日文庫.
堀江あき子 [編] 2003『乙女のロマンス手帖』河出書房新社.
増田のぞみ 2004「少女向け雑誌における娯楽化傾向の推移 ―― 1930 年代から 1950 年代の『少女倶楽部』分析より」関西大学大学院『人間科学』: 社会学・心理学研究 60: 1-16.
横川寿美子 1991『初潮という切札』JICC 出版局.
吉村麗 2011「少女マンガにおける「花」の表現」学習院大学大学院 人文科学研究科 身体表象文化学専攻 修士論文.
米沢嘉博 2007 (初出 1980)『戦後少女マンガ史』ちくま文庫.
早稲田大学「占領下の子ども文化「1945-1949」展」実施委員会編集 2001『占領下の子ども文化: 1945-1949 メリーランド大学所蔵・プランゲ文庫「村上コレク

ション」に探る』ニチマイ.

# 第11章 1970〜1990年代の『セブンティーン』にみる女子中高生の性愛表象の変容

桑原桃音

## はじめに

　戦後，女子中高生の性は常に危惧の視線にさらされてきた。テレビや雑誌，新聞などのマスメディアは，放縦さゆえの逸脱性，あるいは未熟さゆえの危険性をもったものとして「女子中高生の性」を取り上げる。第1章で言及されるように，1950年代頃にはすでにこのような危惧の視線が女子中高生の性に向けられていた。近年になると1990年代では「ブルセラ」，「援助交際」という用語が，最近では性感染症，HIVの増加が，そして時代に関係なく中絶，望まない妊娠が女子中高生の性に危惧の視線を注ぐ根拠となってきた。このような危惧の視線は，女子中高生が問題となるような性行動を起こし，つぎにメディアがその行動を取り上げて社会問題になるという前提をもって注がれているのである。このような前提によって「女子中高生」というカテゴリーが形成され，彼女らの性行動は逸脱して危険だとみなされる。

　本章はこのような前提に対して，メディアの側が彼女たちに向けて女子中高生の性行動のあり方を表象していたという前提に立ち，実際に女子中高生に提示されていた性行動の表象はいかなるもので，それはいかに変容していたのか，そこで構築されるセクシュアリティはいかなるものだったのかを明らかにする。本章では，戦後の女性ティーンズ誌における性行動の表象，特にキスやセックスなどの表象を分析し，女子中高生の性が語られる場で形成

## Ⅲ　メディアにおける性愛の表象

される性行動のあり方や規範，セクシュアリティを浮き彫りにする。このように女子中高生らに提示されていた性行動をセクシュアリティの問題として分析することは，「女子中高生」というカテゴリーにはられたレッテルを見直すためにも重要である。

　女子中高生のセクシュアリティを論じた論考としては，中高生の性行動に関する研究（須藤 2002，木原 2006，羽淵 2006，日本性教育協会 2007），女子中高生の「売買春」，「援助交際」に関する研究（宮台 [1994] 2006；[1997] 2000，圓田 2001）などがある。だが，前者の論考の多くは性交の経験率といった性行動の実態調査である。後者のような社会学的研究はあるものの，工藤が指摘しているように中高生を対象にした社会学的研究はさほど多くない（工藤 2010: 1-7）うえに，中高生の性行動の表象とその時系列的な変容を論じた社会学的研究はほとんどない。また，これらの論考の多くは女子中高生の性行動の逸脱性や危険性を軸に論が進められており，「未熟な」女子中高生が性行動をすることの危険性の指摘，あるいは「援助交際」といった恋愛関係外の逸脱した性行動への注目のように，女子中高生の性を危惧の視線からとらえている。この危惧の視線が前提となっていると，ネガティブな意味が付与された性行動ばかりが分析の対象となってしまう。

　女子中高生のセクシュアリティは，決して脅威・排除すべき性行動の表象によってのみ構築されているわけではなく，快楽・包摂すべき性行動の表象によっても構築されているといえる。第3章が検証したように，1950年代には少女向けの雑誌において，異性との「正しいおつきあい」が語られるようになっている。この少女向けの雑誌の後継といえるティーンズ誌でも，女子中高生たちの前に「正しい」異性愛行動が提示されていたと考えられる。つまり，女子中高生の性行動が常に問題視されるなか，どのような性行動が理想的なのかを，ティーンズ誌は表象していた可能性がある。したがって，女子中高生に性愛の理想を示して性行動を推奨するような，つまり女子中高生の性行動にポジティブな意味を付与するような表象もあるはずである。本章では，女性ティーンズ誌における性行動の表象の変容過程をみていくわけだが，そのなかで女子中高生の性行動への危惧が，またその反対に性行動の理想がいかに描かれていたのかに分析の視点をおき，そこにおいて，いかな

第 11 章　1970～1990 年代の『セブンティーン』にみる女子中高生の性愛表象の変容

るセクシュアリティが構築されたのか，その一端を明らかにしたい。この目的は，「女子中高生」たちに提示された「正しい」セクシュアリティと関係性に迫る点で，序章で提示された，「正しい」セクシュアリティ，「正しい」親密な関係性に関わるイデオロギー形成を検証しようとする第 2 の論点と，さらに，セクシュアリティとジェンダーの関連のあり方を検証しようとする第 4 の論点と問題意識を共有している。

　この目的のために本章は女性向けティーンズ誌『セブンティーン』を分析資料とする。『セブンティーン』を分析する理由は，第 1 に，戦後のティーンズ誌のなかで最も長く刊行されているため，性行動の変容過程を分析するのに適しているからである。第 2 に 1970 年代以降にもっとも女子中高生に読まれたティーンズ誌であるため，そこで提示される性行動の表象が女子中高生にとって，ほかの雑誌と比べると一般性を有していたからである。『セブンティーン』は 1968（昭和 43）年 5 月に 10 代半ばの女子中高生を対象に集英社によって創刊され（口絵参照），現在も刊行され続けている女性ティーンズ誌である[1]。集英社社史によると，『セブンティーン』は創刊当初「愛，友情，ボーイフレンド」の 3 つのモチーフを掲げた編集方針が受け入れられ，競合誌であった主婦と生活社の『ティーンルック』（1968～1970）を凌駕していく。以降，『セブンティーン』は「漫画，実用ファッション，芸能」の 3 本柱を堅持して安定期に入り，1987 年にはファッション中心のグラビア誌への一新により読者を拡大した。小学館の『プチセブン』（1978～2002）と人気を二分するが，『セブンティーン』はファッション中心の編集方針を徐々にシフトして「ティーン世代のライフスタイル・マガジン」へと移行し，安

---

[1] 『セブンティーン』は週刊誌として創刊されたが，1987 年 12 月に月 2 回刊に発行形態を変更し，ロゴも『SEVENTEEN』と一新した。2008 年 9 月から月 1 回の月刊誌となり，ロゴは『Seventeen』に変更し，2012 年 6 月号で通巻 1492 巻となる。本章では，誌名を『セブンティーン』の表記に統一する。また，性愛記事の書誌情報を示す場合は，（西暦/月/日）のみを記載し，記事表題は割愛する。創刊の翌年に『別冊セブンティーン』（1973 年に『月刊セブンティーン』と改題，1986 年に廃刊）が創刊されるが，この雑誌は長編漫画，読み切り漫画を中心とする編集方針である。『セブンティーン』でも 1987 年の誌面刷新まで漫画を掲載しており，異性愛における性行動を描写していた。漫画を分析対象にする場合は分析方法や視点が異なるため，今回の分析資料に含んでいない。少女向け漫画の異性間の性描写の導入については，第 12 章の分析を参照されたい。

定した読者層を獲得するようになる（集英社社史編纂室 1997: 105-106）。2002（平成 14）年に競合誌『プチセブン』が廃刊となった結果，その後『セブンティーン』は一番人気の女性ティーンズ誌となる[2]。

『セブンティーン』を用いて女子中高生の性行動の言説を調べるために，分析対象は以下の抽出方法で収集した。まず，発行数が膨大であるため，『セブンティーン』が週刊誌として創刊された 1969 年から，隔週刊行を経て月刊誌となる 2009 年の 41 年間の 4 月刊行号を抽出した。4 月刊行号は新学期での新たな出会いが想定され，恋愛特集が組まれやすい。2010 年代は歴史的変容を分析するには数年しか経っておらず，直近すぎるため分析から外した。その結果，115 冊が抽出できた。次に，この 115 冊の目次に目を通し，タイトルから恋愛や性に関する記事を選ぶとともに，タイトルでは記事の内容が判別できない記事を抽出して，記事本文に目を通し，恋愛や性に関係のない記事を除外した。こうして 165 件の記事を得た。これらの記事を本章では性愛記事と呼ぶ。性愛記事の内容をみてみると，2000 年代以降は他の年代と比較すると，セックスに関連する記述がほとんどないことがわかった[3]。2000 年代の性愛記事でセックスに関連した記述があったのは 34 件中 3 件であり，内容をみてもセックスについて詳しく書かれたものではなかった（2000.4.1: 79-81；2002.4.1: 106-107；2004.4.1: 142）。したがって，以下では 2000 年代を除いた，1970 年代から 1990 年代の 131 件の性愛記事を分析していく。

---

[2] 日本雑誌協会が公表した 2008 年から 2011 年までの 3 ヵ月単位の印刷部数をみると，『セブンティーン』の印刷部数は，ほかの女性ティーンズ誌が 10 万部から 20 万部であるのに比して，30 万部から 40 万部弱となっている（社団法人日本雑誌協会，2012）。

[3] このように，『セブンティーン』において性愛言説が排除されたことは興味深い。セクシュアリティ研究の先駆者であるフーコーは，ひとつの時代に実際に語られたこと，実際に語られる可能性があったにもかかわらずいわれなかったこと，以前は語られていたのに排除されたもの，それにとって代わって語られるようになったものは何かをさぐるのが重要だとする（Foucault 1969 = 1999: 219）。この点からも，この変容過程については，当時の法律，各種条例，メディアへの規制などもふまえて分析する価値があるが，本章の課題を超えるので，今後の課題としていきたい。

第 11 章　1970〜1990 年代の『セブンティーン』にみる女子中高生の性愛表象の変容

# 1　ドラマ化される「ある少女」の性愛体験談 ── 創刊年 1969 年〜1979 年

　創刊当初の『セブンティーン』には女子中高生にとって「性」とは何かを考えようとする傾向があった。また，男女の恋愛における性関係は愛を伴うためすばらしいが，「こわさ」も同時に伴うという性行動の両義性が常に意識されている。『セブンティーン』の最初の性愛記事は，創刊号に掲載された，作家石坂洋次郎が著した「若い人の交際」(1968.6.11: 32-33) である。そこで男女の性愛が語られるうえで特徴的なのが，知識人によって性行動の両義性が「真剣に」考えられていることである。石坂は近頃の「若い人の交際」は「自由」でうらやましいのだが，「自由」には責任が伴うとする。石坂によって意味づけられる性行動のポジティブさは，「男女交際」が互いに充実した成長をもたらすこと，異性の実態を知ることができるため結婚相手を選びやすくなることであり，ネガティブさは「自由」をつつしまないと「自分を汚す」結果をもたらすことである。

　このような自由な男女交際はすばらしいが，危険であるというジレンマゆえに，創刊から 1973 年までの性愛記事タイトルにおいて，「考える」という言葉がたびたび登場する。例えば医学博士の藤井尚治が著した「美しい愛と性を考える」(1970.4.7，4.14)，読者体験を記事にした「あなたと一緒に考える愛の報告書」(1970.4.14, 4.21, 4.28) などの連載，「親子の対話をとおして，あなたも"セックス"について考えよう」(1972.4.11: 52-57) などの特集である。「美しい愛と性を考える」では，「性のこわさと美しさを正しく理解し，堂どうと生きてほしい」(1970.4.14: 177) と藤井が読者に呼びかけ，「親子の対話…」では，中高生の娘をもつ母親たちがキスやセックスに慎重さを求め，女子高生たち（母親たちとは他人である）が「本当に好きならキス，セックスをしていい」と性行動について議論している (1972.4.11: 52-57)。

　『セブンティーン』の創刊当初からこのような性行動の両義性が記述されているのだが，留意しなければならないことは，性愛への欲望と性規範との間でゆれ動く物語として「ある少女」の性行動が記述されていることである。この物語のなかで少女たちの性行動は「愛」の象徴であることが強調さ

Ⅲ　メディアにおける性愛の表象

図1　「ティーンズ・ラブ・レポート　卒業前後」

れる一方で，その帰結として起こる処女性の欠如と妊娠が憂慮される。その代表的なものが，1970年から1978年まで長期連載されていた，「ある少女のレポート」(1973〜1974)，「ティーンズ・ラブ・レポート」(1977〜1978)などと題される読者の恋愛体験告白記事（以下，「体験記事」と略記）である[4]。ここでは編集者へ送られてきた手紙のなかから選ばれた「ある少女」の体験が記述される。手紙をもとに編集者が構成したその文章は，情景・心情の説明，セリフから構成され，まるで小説のようである。さらに，「ティーンズ・ラブ・レポート　卒業前後」（図1，1978.4.4: 170，大宅壮一文庫所蔵）をみるとわかるように，この体験記事では，モデルの少女（ときに少年も）が登場人

---

[4]　これらの体験記事の連載タイトルは「あなたと一緒に考える愛の報告書」(1970)，「ある少女のレポート　愛と性のめざめ」(1973)，「ある少女のレポート —— ティーンズラブ＆セックス」(1974)，「愛と性の悩み体験レポート」(1976) などと変更されている。また，その後2年ほど間をあけ「シリーズ・ラブ・インタビュー」(1981) という同じような体験記事が連載されている。これらの連載記事はいずれも，「あなたの性と愛の体験を，編集部に送ってください」と読者の恋愛体験を募集したうえで，読者の手紙を担当者が構成し物語風に掲載している。

## 第 11 章　1970〜1990 年代の『セブンティーン』にみる女子中高生の性愛表象の変容

物を演じた写真が掲載され,「愛のめばえといまわしい思い出」といった小見出しが,あるいは写真の上下に記事の抜粋が挿入されており,読者の興味や関心をあおりたてるような演出がなされている。その内容も,かけおち (1970.4.14),同棲 (1973.4.24),心中 (1977.4.19),不治の病 (1973.4.17),恋人の死 (1977.4.5, 4.12) など,まるで小説やドラマのような非日常なエピソードばかりである。だが,この体験談のドラマ化は,少女たちの性行動の両義性を重要な問題として表象するのに効果的である。

これらの体験記事では,「処女喪失」を躊躇しながらも,「愛があれば後悔しない」とする「ある少女」たちの声が何度も取り上げられる。「ある少女」シリーズの「出発の詩」(1973.4.10: 174-179) は,つきあっている彼にキス以上の関係を求められてセックスをした少女の体験記事である。彼女はその体験を知った両親や学校に責められるのだが,そこで「あやまちだと思ってません」,「あれが純潔なら,私は彼にあげてよかったと思っています」と反抗し,「燃えるような愛」があれば処女喪失も後悔しないと述べている。同じシリーズの「さくら貝の歌」(1973.4.17: 172-177) では,骨肉腫におかされた恋人の病室で「処女を捧げ」た体験が取り上げられ,少女はそれが「愛の儀式」なので後悔しないと語る。そのほかにも,同棲初日の処女喪失は「新しい出発への感動」の体験であるため後悔しないとする少女 (1973.4.24: 174-179),恋愛関係にある家庭教師に求められ「こわいけど愛があるから」とセックスを許す少女 (1974.4.16: 112-117),彼が大学に合格したら「Cをあげよう」,「彼なら後悔しない」と決意する少女の姿が体験記事において表象されている (1976.4.6: 174-179)。

また,「愛」と「性」の結びつきを強調するために,愛のない相手との性行動に後悔する少女の姿も表象される。例えば,好きな相手への腹いせに愛のないキスやセックスをしたことを後悔する少女 (1976.4.27: 174-179),強引に迫られた相手にキスだけでなく胸まで触られた自分を「こんなによごれている」と涙する少女の姿 (1978.4.4: 170-175) が体験記事で描かれている。いずれにしても,ドラマ仕立ての体験記事においては,セックス,特に初体験に「愛」の象徴というポジティブな意味づけがなされている。

だが,その「愛」の象徴であるセックスに躊躇しながらも,後悔しないと

Ⅲ　メディアにおける性愛の表象

強く主張する少女の姿がなぜ表象されるのか。それは，体験記事において同時にセックスのネガティブな意味づけをするためである。このセックスのネガティブさとは，初体験によって妊娠するリスクを負ってしまうことと処女性が失われることである。処女喪失を「新しい出発への感動」としていた少女は，同棲相手とのセックスがほぼ毎日となり妊娠への恐怖を抱くようになる（1973.4.24: 174-179）。「こわいけど愛があるから」と家庭教師と結ばれた少女は，妊娠へのおそれと相手への「溢れる愛」との間でゆれ動くようになる（1974.4.16: 112-117）。また，体験記事のほかに，「ドキュメント17歳のあやまち」と題して，「8カ月の早生児を産み捨てた高校2年生の少女の未熟な愛と性」として実際にあった事件を報告している（1973.4.10: 50-55）。このように，1970年代の体験記事では愛あるセックスをしたとしても必ず「妊娠」というリスクが伴うことが記述される。

　また「処女」を失う点についてみると，体験記事で気づくことは，「愛があれば」処女喪失を後悔しないという表現からも察せられるように，愛する人のために「けがれ」のない身体を「あげる」ことが，少女にとっての理想とされていることである。処女性の重みの表象が繰り返されることで，最初の性交が少女の相手への愛のバロメーターとなるかのように重要視される。処女性の重視は，初体験を許すほど「愛している」相手にしか「処女をあげてはいけない」という規範の形成と，処女を「あげる」「ささげる」「すてる」という表現によって少女のセクシュアリティの物象化を招いている。愛の象徴というポジティブな意味づけがされながらも，少女の性行動は妊娠や処女喪失のリスクを伴うことが言及され，ネガティブな意味づけに置き換わるように表象されている。さらにいえば，性行動がキスからセックスに進むにつれ「愛」とリスクは重くなるよう表象される。

　この意味，つまり性行動の進展に伴ってポジティブさとネガティブさの意味が強くなることを考えるうえで，『セブンティーン』では性行動が「A，B，C」と表記されていることを考慮する必要がある。『セブンティーン』の記述によるとAはキス，Bは女性の胸を触る，Cはセックスである。そこには「D（妊娠）」（1976.4.13: 190）という表記も登場する。『セブンティーン』には，キスかディープキスか，胸や性器にさわった・愛撫したか，男性器の挿入が

第 11 章　1970〜1990 年代の『セブンティーン』にみる女子中高生の性愛表象の変容

あったかどうかなどの記載はない。そこでは，あくまで性行為の境界をアルファベットで区切ることで，直接的で具体的な性交渉の表現が避けられていた[5]。「愛と性の悩み体験レポート ── 愛の進級（前編）」では，「ふたりが両思いなら，A，B，C と進んでいくことはとうぜんと，わたしは思っていた」，交際 1 年目で「B」，彼の受験が終わったら「C をあげよう」(1976.4.6: 174-179) と述べられている。アルファベットによって段階化されることによって，性行為の段階と少女たちの覚悟の度合いの変化，相手への愛情の大きさの高まりが表象されている。ただし，C の後に続く「D（妊娠）」という表記から，段階ごとに性行動のリスクが大きくなることが表象されていることがわかる。また，処女性も段階によって失われる。「愛の進級（後編）」では「C をあげよう」と覚悟した少女が，恋人から「おれは，おまえを，きれいなままでとっておきたいんだ」とセックスを断られ悲しむという体験が語られている (1976.4.13: 190-195)。体験記事では，これらの「A，B，C」表記によって段階が上がるにつれ愛情もリスクも高くなることが語られ，そのことが，「ある少女」たちのセクシュアリティの両義性をより効果的に表象する手段となっていたのであった。

## 2　コメディー化される男目線のエッチ談義 ── 1982 年〜1987 年

　1970 年代は，体験記事の投稿者である女子中高生が，性愛への欲望と規範との間でゆれ動くドラマの語り主であったが，1982 年から 1987 年は，女子中高生から男子の性行動に疑問が投げかけられ，冗談を交えながら，あえ

---

5）　4 月刊行号の『セブンティーン』のみをみるかぎり，この表現がはじめて登場したのが，1973 年 4 月 23 日号の「ある少女のレポート　愛と性のめざめ」である。この記事では「キスと B（胸）」と，1978 年 4 月 4 日号の記事では「B，胸をまさぐられていた」と補足文が付いていることから，この表現は 1970 年代には一般の女子中高生に浸透していなかったことがわかる。この「A，B，C」表記は 1990 年代の『セブンティーン』までずっと引き継がれる。ただし，1990 年代の時点で，B は胸や女性器を触られるという意味ではなく，キスから男性器挿入までの間の性的行為という意味で使用されている (1991.4.18: 48)。

Ⅲ　メディアにおける性愛の表象

図2　「男の子のためのNANPAカード」

て猥雑にその実態が描写される。「性」を考え，深刻にドラマ化して語りをなす1970年代の性愛記事と比較すると，1980年代はコメディー化されたエッチ談義となっている。また，「男の子のためのNANPAカード」（図2, 1985.4.23: 65, 大宅壮一文庫所蔵）にあるように，笑いを誘うような漫画が記事に挿入され，その絵によってよりコミカルさが引き立つような記事になっている。この頃，女子・男子高校生の性交経験率の上昇はみられなかったが，男子大学生の経験率は1974年には23.1％だったものが，1987年には46.5.％と倍増していた（日本性教育協会 2007: 13）。また，1984年には『セブンティーン』以外の5誌の少女雑誌のセックス記事が国会で取り上げられ，そのうちの3誌が1年以内に休刊に追い込まれる（下川編 2007: 327）。そのような状況のもと，『セブンティーン』では，女子に向けて性行動を表象する際，女子中高生が自らの体験を真剣に語ることが避けられ，男子というフィルターを通してから冗談半分で描写されるようになっていた。この「男子」には，当時，実際に性交経験が身近だった20代前半男性も含まれていた。

　例えば，「男のモヤモヤ」（1983.4.26）や「男の子のためのNANPAカード」（1985.4.23）では，取材を受けた一般の男子中高生・大学生たちが，さらに，

第 11 章　1970～1990 年代の『セブンティーン』にみる女子中高生の性愛表象の変容

　読者の「エッチな」疑問に答える連載記事「エッチ講座」(1986-1987) では，男性アイドルグループのシブがき隊がセックスや男の性について語っている。「男の子のモヤモヤ—女にゃとても信じられん…ムスコよ，ぼくをそんなにこまらさないでおくれ」(1983.4.26: 56-61) では，男子中高生の「モヤモヤした」，「欲情した」体験が，「童貞クンの正しい見分け方」(1984.4.3: 56-61) では，「彼」の行動から「彼」が童貞かどうかを見抜く方法と，童貞であった場合の対策方法などが紹介されている。また，男性アイドルグループのシブがき隊が読者の質問に答える「エッチ講座」は 1 年 2 ヵ月間連載されていた。この「エッチ講座」では夢精で「パンツ汚すってホント？」，「最初にモッコリしたのは？」，「コンドーさん（コンドーム：著者補足）はどーやってはずすんですか」などの質問がシブがき隊に投げかけられている (1986.4.1: 45-49)。このように，1982 年から 1987 年の『セブンティーン』では童貞や勃起，男のオナニー，避妊方法のうまさなどが取り上げられるようになる。
　また，これらの記事では，男子のナンパ時における性行動や，不特定多数との性行動などが語られ，開放的な男性の性行動が記述される。「必殺！女の子にもよくわかる男の子のための NANPA カード」(1985.4.23: 60-65) では，「ナンパ」した相手とどのようにしてセックスにもち込むかが記述されている。そこで，ある高校 3 年男子は，ディスコで知り合った女の子を以下のようにしてセックスに誘う。

　　"眠いねー。眠くない？" といったら，彼女も "うん"。スンナリとラブ・ホテルへ直行しちゃった。ホテルへ入って，すぐガバってのもイヤだったからね。ベッドにたおれて，"眠いよー" と，ざーとらしく寝たフリをしたんだ。そしたら彼女，"あたしも…" と横にやってきた。そのあとは，イッヒッヒー♡さ。(1985.4.23: 64)

　このようにセックスする関係になっても，「ナンパってーのは，ハッキシいって遊び」だとされ，「いくとこまでいったら，それでオレらの目的はおしまい」で，ずっとつきあうことはないため，電話番号は絶対に教えないことも記述されている (1985.4.23: 65)。

255

### Ⅲ　メディアにおける性愛の表象

　シブがき隊の「エッチ講座」では,「男のコがホントにしたくなる女のコのタイプって」という質問に対し,メンバーの布川敏和は「年下年上カンケーなく,色っぽい女の人なら,してみたいネェ,エッヘッヘ。なんせ"ライト布川"と呼ばれてまっから,カルいのなんのー。SEXはスポーツよ,なんちって〜」(1986.4.1: 46)と,また「グループ交際から1対1になるキッカケは？」には「旅行いったときまちがえたフリしておんなじフトンに入ってと。先にからだの関係作っちゃってから,ゆっくりおつきあいするって手もあるよー」(1986.4.22: 49)と答え,「カルくて」開放的に性を冗談めかして語っている。夢精でパンツを汚すことに関する質問に,本木雅弘は「ボクのばーい,パンツよごす前に,自分で出す方法おぼえましたんで」(1986.4.1: 46)と,また「3人の性感帯はどこ!?」には「どこかなぁー。ま,男はやっぱアソコじゃないかと」(1987.4.7: 43)というように,記事では赤裸々にコミカルなエッチ談義がくりひろげられる。

　しかし同時に,冗談めかした記述のなかでも,避妊への配慮,妊娠への注意も示されている。「NANPAカード」(1985.4.23: 65)では,「ナンパに燃えてもクールにヒニン」とあり,セックスを目指しても,「ゼッタイ忘れちゃいけないこと」は「ヒニン」だとされる。そこでは,図2のように,「安全第一」と書かれたコンドームをはめる男子の漫画が描かれている。ナンパした「ン10人」のうちの「3分の1ぐらいの子とCまでいった」高3の男子は,「どんなに燃えたって,いつでもコンドーさんだけは忘れない」,「2枚重ねて使うこともあるんだぜ」と語っている。この記述の後に,「ヒニンはナンパの鉄則だ。それでも失敗するときがあるってことくれぐれもお忘れなく」と女性編集者が意見している(1985.4.23: 65)。シブがき隊の「エッチ講座」でも,避妊方法についての記述がある。Cが終わった後のコンドームの処理方法に関する質問には,3人とも友だちの話と前置きして,片手を肩に回しながら,もう一方の手ではずすというように,セックス後に必ず愛撫し,その時か,後に気がつかれないように処理すると答えている。このように,妊娠だけでなく場の空気への配慮をもって,うまく避妊する方法が記述されている(1986.4.1: 49)。

　シブがき隊は妊娠の質問に関してまじめに返答している。「もし,遊びの

## 第 11 章　1970～1990 年代の『セブンティーン』にみる女子中高生の性愛表象の変容

Ｃで子どもができちゃったら，どうする？」という質問に，本木は「Ｃはふたりの責任だけどさ，やっぱ女のコは受け身の立場だし，男はちゃんと考えてあげなきゃね。お医者さんについてってあげたり，自分でその恥ずかしさを経験しなきゃ」と，薬丸裕英は「そもそも遊びでＣするのがまちがってんだよ。Ｃは愛のあかし！」と，布川はそのようなことのないように「コンドーさん」を使うなどして，「気をつけて！」と答えている（1986.4.1: 47）。赤裸々に開放的な性が語られる「エッチ講座」において，妊娠がテーマになった途端，読者である少女たちに対してセックスを遊びでしてはいけないという禁止が語られる。

だが，1982 年から 1987 年までの 4 月刊行号をみてみると処女性に関する記述は 4 件しかなく，「エッチ講座」の記述をみると処女性については意見が分かれている。読者からの「男のコはけっこー遊んでても，結婚のときに処女を選ぶのはなぜ？」という質問に対し，一方の布川は「おめーはよ～，オレいつもいってるだろ！　処女じゃなくてもいーって」と，本木は「オレもへーき。ぜんぜん遊んでてもいいよ。自分がしばられんのキライだから」と処女を希求しないと答え，他方の薬丸は「でもよー，ほかの男のモノが自分の好きな女のコの中に……と，思うとな。まあ，あんまり過去にふれるのも悪いけど，処女にこしたことはないね。やっぱし好きなコは，自分の腕で育てあげたい！」と処女であることを彼女の条件としてあげている（1986.4.1: 48）。好きな相手への愛の象徴として処女を捧げることが理想とされていた 1970 年代と比べると，人気アイドルが「処女じゃないくてもいい」と男性の立場から語ることによって，『セブンティーン』では処女性の価値が弱くなりつつあったことがわかる。

1982 年から 1987 年までの『セブンティーン』では性行動をコメディー化して語ることによって，性行動の生々しさや，セックス体験すること，処女であることの〈重さ〉が払拭されている。しかし，それは女子中高生の性愛の規範的言説がその規範性を失ったことを意味しているのであろうか。この時期の『セブンティーン』では少年少女の性の二重規範が暗に想定されているといえる。性愛記事の〈軽さ〉によって性の解放を是認されていたのは，あくまで「男のコ」たちだけである。彼らの交際外の遊戯的な性行動や，不

Ⅲ　メディアにおける性愛の表象

特定多数との性関係，童貞，自慰などが快活に提示されることで，解放された「男のコ」の性が浮かび上がってくる。だが，不まじめさのなかでもまじめに語られていたのが避妊への配慮，妊娠への態度である。処女性の価値が失われつつも，「男のコ」の性が解放したゆえに，妊娠というリスクが女子中高生の問題として重くのしかかってくる。そこで，妊娠という問題の〈重さ〉を払拭しながら，セックスのリスクを提示するために，「男のコ」の避妊のうまさ，避妊への配慮が記述される。つまり，この頃の『セブンティーン』では「男のコ」の性の解放が表象されるゆえに，避妊への配慮の高さも同時に表象されているのである。

## ③　ドキュメント化される読者みんなの性愛報告 ── 1987 年〜1994 年

「エッチ講座」に続いて性愛がまとまって語られる記事は，1987 年から 1993 年まで 1 年に 1 回特集されていた「女のコ白書」と，1994 年に短期集中で連載された「エッチ初体験─わたしの場合」である。1980 年代後半から 1990 年代は，女子高校生の性交経験率が高くなる時期であり，経験者は 1981 年には 8.8％，1987 年には 8.7％であったが，1993 年には 15.7％，1999 年には 23.7％と増加傾向にあった（日本性教育協会 2007: 13）。そのような性交経験が身近になりつつある状況のもと，「女のコ白書」と「エッチ初体験」は特集された。これらの記事では，1970 年代の体験記事のように写真が挿入されることはなく，イラストのほかに，図 3 のように笑いを誘う漫画が挿入される（1993.4.1: 74，著者所蔵）。「女のコ白書」は全国の『セブンティーン』読者を対象に調査票調査[6]をした結果を特集したものである。特

---

6)　この調査は全国の女子中高生を対象に実施されたものである。共学，女子校，居住地域，対象年齢の人口比率をもとにかたよりのないようサンプル数を調整している（SEVENTEEN 編集部 1990: 11）。1988・89 年は 3,000 人，90〜92 年は 5,000 人。標本抽出法は無作為抽出法ではなく，アンケートに答えたい読者が応募し，そのなかから 5,000 人選ぶというものである（1990.4.18: 10-11）。特集の内容は恋愛，性行動だけでなく，ファッション，美容，好きなタレント，生活，学校などであり，調査結果を円グラフ，ランキングの形式で提示し，さらに自由回答の結果への

第 11 章　1970〜1990 年代の『セブンティーン』にみる女子中高生の性愛表象の変容

図 3　「'93 女のコ 10000 人白書 —— 大発表!!
　　　私たちのエッチ偏差値」

集ではファッションや好きなタレントのほかに，性行動に関する調査結果も掲載されている。図 3 をみるとわかるように，この特集では性行動の経験率が円グラフで示され，小見出しと記事が Q ＆ A 方式で記述されることで，性行動の「一般性」が描写される。「エッチ初体験」は「あなたの C 体験を募集します」という募集に応じて送られてきた読者の手紙を，編集者が物語形式で構成したもので，毎回 2 人分の初体験が紹介される。

　このふたつの特集の特徴は，女子中高生の性行動の実態を記録した点にある。一方の「女のコ白書」では全国の女子中高生の普遍的な性行動の実態が調査結果として記録されており，他方の「エッチ初体験」では初体験時のセックスの状況が具体的，かつ詳細な記録として次のように報告されている。「そしていよいよ彼の手がアソコに伸びてきて……。すっごい怖かったから，

---

　解説も記述されている。

### Ⅲ　メディアにおける性愛の表象

気持ちいいとか，感じるなんて余裕はまったくなかった。思わず足にグッと力を入れて，棒のようになっちゃった」（1994.4.1: 115）。「エッチ初体験」における初体験時のこのような具体的かつ身体的な表現は，『セブンティーン』の4月刊行号に限ってみれば，これ以前にもこれ以後にもみられないものである。

　このように「女のコ白書」と「エッチ初体験」は，セックスの両義性をより普遍化し，具体的，かつ詳細に表現する記事であった。ただし，これらの記事は女子中高生にセックスの技法をつたえる記事ではない。もちろん，「女のコ白書」では性行動の経験読者から未経験読者へのアドバイスの様相を呈しており，具体的な行動が記述される場合もある。しかし，ここで細かくアドバイスされているのはキスの仕方ぐらいである[7]。「エッチ初体験」では愛撫やセックスについては，「スムーズに入るってほどじゃなくて，結局，力で押しこむって感じで」，「少しずつ，少しずつアレが入ってきた」（1994.4.1: 116, 119）というように，記事の「女のコ」が受け身な態度で描かれるのみで，その際の女子高生たちの初体験についての心情が具体的に記述されているのである。

　いずれにせよ，このような性行動の表象の仕方は，1970年代と異なるものだった。かつて，女子中高生の性行動は，「ある少女」によって語られ，ドラマ化された特殊なものだったが，「女のコ白書」では統計という手法によって，「○○するのが普通」，「みんなは○○している」，「多いのは○○」と「普遍性」を帯びたものとして描かれる。「エッチ初体験」にあっては，読者体験記事という1970年代と同じ構成であるが，初体験のきっかけ，場所，どのようにペッティングから挿入に至ったのかという具体的な経緯が詳細に描かれる。このようなドキュメント化された読者みんなの性愛報告は，女子中高生の性行動のポジティブな意味づけとネガティブな意味づけを，より普遍的で現実的なものとして表象するのに効果的である。

　このように表象される女子中高生の性行動は，愛の象徴であるが妊娠のリ

---

[7]　たとえば，「'92女のコ白書」では「成功する初Aマニュアル」として，「目をつぶるタイミングを教えて」，「手はどうしていればいいの」「何秒くらいするものなの」，「終わったあとどうすればいいの」など，キスの具体的な仕方が詳細に記述されている（1992.4.18: 56-55）。

スクがあるという 1970 年代と共通した両義的な意味づけがされる。例えば，1989 年の「女のコ白書」では，初体験後の感想として「"幸せ♡"という印象は，みんなに共通」と記述されている。同時に，「B」経験者への質問の回答として，「59％のコが C に進めないネックに」，「妊娠」をあげているとも記述されている (1989.4.18: 30-31)。だが，1970 年代の記事においては，「愛があれば後悔しない」という表現によって初体験にポジティブな意味づけがされていたのに対して，この時期の記事では，初体験後にお互いの親密さと愛情が深まるという表現によって，初体験のポジティブな意味づけがされている。例えば「女のコ白書」では，初体験のあと「彼のことをもっと好きになった」(1991.4.18: 49)，「これで彼とひとつになれたんだって思って感動しました」(1992.4.18: 58) と，「エッチ初体験」では「なんかエッチしたことで，変な距離感がなくなった感じ」(1994.4.1: 116) という表現によって，初体験にポジティブな意味づけがされている。

「女のコ白書」では，初体験時の性行動が普遍化され，理想化されて読者に提示される。つまり，アンケート結果で初体験時の年齢や状況が提示されることで，普遍性をもった，いわば，あたり前であり理想的でもある初体験が表象されるのである。「女のコ白書」における初体験のアンケート結果を整理すると，初体験の適齢期は 18 歳で，つきあいはじめて 3 ヵ月目くらいの夏休みかクリスマス，誕生日など特別な日の特別なデートのときにすることが多く，その場所は彼の部屋がほとんどといったものである。

だが，この時期には，このような女子中高生の初体験の理想形が提示されると同時に，「妊娠」よりもネガティブな意味づけをする初体験の表象が提示されていた。1990 年代に入り女子高校生の性交経験率が上るに伴い，実際に初体験のリスクを経験した女子高校生が身近になっていた。それゆえに，『セブンティーン』では女子中高生の初体験に対して普遍性を反映させた新たなネガティブな意味づけがされるようになる。妊娠のリスクへの不安は「B から C に進めない理由」として提示されるくらいである。妊娠のリスクよりも，むしろ実際に女子中高生が初体験時に経験するリスクとして提示されていたのは，初セックス時に経験する「痛み」であった。つまり，はじめて男性器が挿入される際に，女性が内性器で感じる「痛み」が非常に大きい

ことが暗に示され，それが初体験にネガティブな意味を付与する。例えば，「Cの感想」は「ダントツで「痛かった」，64％のコがそう答えてる」(1988.4.18: 58)，「入れるときは，やっぱ痛くて，なかなか入んなかった」，「体中にビビィーって電流が通ったみたいに痛かった」(1994.4.1: 115, 116)，「痛くて大声で叫んでしまった。終わったあと一歩一歩,歩くたびにあそこにひびいた」(1991.4.18: 49)，「（痛さで：筆者補足）体がまっぷたつに分かれるかと思った」(1993.4.1: 74) など，その「痛み」がいかに大きいかが事細かく説明される。もちろん「痛くなかった」という意見も紹介されるが，いずれにせよ，「痛み」という初体験のネガティブな意味づけは，妊娠のリスクを避妊で回避したとしても，身体的に請け負わざるをえないリスクがある可能性を表象するためのものであった。

しかし，そのような初体験のネガティブな意味づけも，しょせん，女子中高生の初体験を承認しなければ表象しえないものであった。同時に，「やっぱ痛かったけど，なんかうれしかった。それからはなんでも彼に話せるようになった」(1990.4.18: 43) というように，この「痛み」という初体験のネガティブな意味づけを乗り越えたからこそ，愛情の深まりというポジティブな意味づけが際立って表象されることすらある。

## おわりに

ここまでに，『セブンティーン』の創刊年である 1969 年から，そこで性行動言説が排除されるまでの約 25 年間の性愛記事に描かれた，性行動の表象とセクシュアリティを概観してきた。そして，この女子向けティーンズ誌において，性行動の表象の仕方や，そこに付与される意味は決して一定ではなかったことを確認した。

そこで女子中高生に提示されていた性行動の表象は，以下のようにまとめられる。創刊当初の 1969 年から 1979 年までの性愛記事では，女子中高生の初体験が，愛の象徴として理想化されつつも，同時に処女性の欠如や妊娠というリスクを招くものとして描かれる。しかし，そこでは少女たちの性行

第 11 章　1970〜1990 年代の『セブンティーン』にみる女子中高生の性愛表象の変容

動の理想とリスクは対立的には描かれない．そこでは，少女たちがリスクを冒してでも，「処女」を捧げるからこそ，「初体験」は愛の象徴だとされ，それゆえに，愛する人のために「けがれ」のない身体を「あげる」ことこそが理想だとされていた．だが，裏を返せば，処女を「あげる」「ささげる」「すてる」という表現によって少女たちのセクシュアリティは物象化され，初体験を許すほど「愛している」相手にしか「処女をあげてはいけない」という規範が形成されていた，ともいえよう．そこでは，「愛」の象徴という初体験へのポジティブな意味づけと処女性の欠如や妊娠というネガティブな意味づけが同時に表象されることで，互いの意味が強められ，その結果，女子中高生にとって「後悔しない相手」との初体験が重要だという少女への処女性規範が構築されていた．

　だが，国会で少女向けティーンズ誌のセックス記事が問題化される一方で，男子大学生の性交経験者が 2 人に 1 人になる 1980 年代になると，『セブンティーン』の性行動の表象も変容する．1982 年から 1987 年の性愛記事では，性行動が冗談を交えて，〈軽く〉て自由に語られるようになる．だが，性愛記事のなかで〈軽さ〉によって性の解放を是認されていたのは，あくまで「男のコ」だけである．そこでは，処女の重要性がなくなりつつあるものの，少年たちが性の自由さを得たために，少女たちにとって妊娠がより現実味を増した問題として提示される．そのために，そこでは少女の妊娠リスクの高まりと同時に，避妊の重要性や少年らによるそれへの配慮が語られる．つまり，そこでは，少年の性解放というポジティブさから引き起こされる，少女の妊娠リスクというネガティブさが表象されることによって，少年少女における性の二重規範が提示されていたのである．

　それが，女子高校生の性交経験率が上がる 1990 年代頃になると，性行動の表象はまた異なるものとなる．1987 年から 1994 年の性愛記事では，全国の女子中高生たちの性行動が，調査結果を通してより普遍的なものとして，あるいは体験談を交えてより具体的なものとして描かれる．そこでは，恋人との初体験を終えた少女たちの喜びの声と同時に，初体験時に生じる身体的な痛みが語られていた．この「痛み」という初体験へのネガティブな意味づけは，妊娠のリスクを避妊で回避したとしても，彼女たちが請け負わなけれ

ばならない身体的リスクがある可能性を示している。だが，そこでは，むしろ初体験に伴う「痛み」を乗り越えたからこそ，初体験のあとに「彼」との愛情や親密性がより深まることが表象される。つまり，そこでは，初体験時のネガティブさを少女たちが請け負ったからこそ，その結果，ポジティブな関係性を得られることが表象されているのである。ここから，少女たちは初体験時の身体的苦痛を受け入れなければ，恋人との間に強い情緒的絆を形成できないというセクシュアリティ規範をみることができる。

　以上のように，『セブンティーン』において，女子中高生の性行動の表象がいかに変容していたのかを確認することができた。そこでは，少女の性行動に付与される意味内容が，とくにネガティブな意味づけが，処女性の欠如，妊娠への不安から，少女の妊娠リスクの高まり，それによる避妊の徹底，さらに初体験時の身体的苦痛へというように変容していたことを確認することができた。だが，その背後で，時代を通して常に描かれていたのは，性行動という愛の理想とそれに伴う身体的リスクとの間をゆれ動く，つまり性行動のポジティブさを受け入れながらも，そこに付随するネガティブさに不安を抱える女子中高生の姿である。そして，身体的リスクと愛の理想との間でゆれ動く女子中高生像が時代を超えて常に登場することによって，少女たちのセクシュアリティが効果的に表象されるのである。序章で提示された第2の論点に沿って，この結果を考察すると，『セブンティーン』において形成されていたセクシュアリティや親密な関係のあり方は，女子中高生に対して初体験への欲望を喚起しつつも，初体験のリスクを常に念頭に置いて「愛のある」性的関係を築かせようとするイデオロギーだったことがわかる。

　『セブンティーン』の性愛記事では常に性行動の両義性が表象され，しかも，この両義性の組み合わせは，女子中高生のセクシュアリティを成立させるために不可欠なものだった。そこでは，対立すると思われる性行動の両義性が，常にセットで表象されることによって，相互の意味をより強くさせていたのである。序章で提示された第4の論点に沿って，『セブンティーン』で示されていたセクシュアリティとジェンダーの関連のあり方を検証した結果を考察すると，次のようになる。『セブンティーン』で構築されていたセクシュアリティとは，愛による処女性の重視と物象化，性が解放された少年

と，それゆえに妊娠リスクが高まる少女への性の二重規範，少女の身体的苦痛の受け入れと，それと引き替えの相互の情緒的絆の規範化などであったことが明らかになった。本章を通して明らかになったのは，『セブンティーン』の性愛記事では，性行動の両義性の相互連関が，女子中高生の性行動に関わるセクシュアリティとそこに関連するジェンダーの形成に役立っていたということである。

• 参考文献 •

木原雅子 2006『10代の性行動と日本社会 —— そしてWYSHの教育視点』ミネルヴァ書房．

工藤保則 2010『中高生の社会化とネットワーク —— 計量社会学からのアプローチ』ミネルヴァ書房．

下川耿史編 2007『性風俗史年表 昭和［戦後］編 —— 1945-1989』河出書房新社．

社団法人日本雑誌協会 2012『日本雑誌協会HP —— 印刷部数公表』http://www.j-magazine.or.jp/，最新更新日 2012.4.27，閲覧日 2012.5.1．

集英社社史編纂室編 1997『集英社70年の歴史』集英社．

須藤廣 2002『高校生のジェンダーとセクシュアリティ —— 自己決定による新しい共生社会のために』明石書店．

SEVENTEEN編集部 1990『女のコ白書最新版』集英社．

日本性教育協会 2007『「若者の性」白書 —— 第6回青少年の性行動全国調査報告』小学館．

羽淵一代 2006「青年の恋愛アノミー」岩田考・羽淵一代ほか編『若者たちのコミュニケーションサバイバル —— 親密さの行方』恒星社厚生閣：77-90．

Foucault, Michel. 1969 "La naissance d'un monde" *Le monde*, 7558: Ⅷ．（廣瀬浩司訳 1999「ある世界の誕生」『ミシェル・フーコー思考集成Ⅲ』筑摩書房：218-222．）

圓田浩二 2001『誰が誰に何を売るのか？ —— 援助交際にみる性・愛・コミュニケーション』関西学院大学出版会．

宮台真司［1994］2006『制服少女たちの選択 —— After 10 Years』朝日新聞社．

―――［1997］2000『まほろしの郊外 —— 成熟社会を生きる若者たちの行方』朝日新聞社．

『週刊セブンティーン』集英社 1968年創刊号，1969-1986年4月刊行号（ただし，1979年4月10日号，1980年4月15日号，4月22日号，4月29日号が欠号）．

『SEVENTEEN』（月2回刊行）集英社 1987-2008年4月刊行号．

『Seventeen』（月刊）集英社 2009年4月刊行号．

## 第12章 楽しむものとしての"性"はいかにしてもたらされたか
―― 1970〜1980年代の『少女コミック』の場合

トジラカーン・マシマ

## はじめに

　1990年代半ばから2000年代前半，少女マンガ雑誌で性描写が掲載されていることがメディアで大きく取り上げられ，問題視された[1]。こうした記事は女性向けマンガが批判の対象だったということを示している一方，視点を変えてみると，批判されても一部の少女マンガ雑誌において性描写が娯楽として定着し，盛んに消費されていたということでもある。

　そもそも，中高生の少女向け雑誌にどのようにして「禁忌」であるはずの性描写[2]が導入され定着していったのか。この疑問は誌面の変化に関わる問いであると同時に，少女たちの性的主体性獲得プロセスを考察する上でも重要である。作品内の性描写は作り話にすぎないが，読者を主人公に同一化させ，セックスを仮想体験させるという機能も持つからだ。もちろん，この仮想体験のみが，読者の性的指向を決定するわけではない。男女の性描写を含

---

[1] 例として「レイプ，近親相姦……小学生まで読んでいる，少女マンガの凄い中身」『週刊朝日』2002年10月17日号がある。

[2] 本書収録の第10章でも触れられたように，60年代まで少女マンガにおける性的表現は不適切なものとして批判されてきた。あの手塚治虫でもキスシーンを描くことでバッシングを受けた。その後，「少女マンガ」と限定せずとも，悪書追放運動が起こる度に，幾度も性表現が問題視されてきた。これらの悪書追放運動における性描写批判に関してまた別の機会に詳しく論じたい。

む作品を読んだから，異性愛女性になったとはいえない。しかし，性的に未分化な状態にある「少女」がヘテロセクシュアルな女性として自分を確認し，ヘテロセクシュアルな女性という明確に分化した状態へ移行する上で，マンガなどで提供された仮想体験は一定の役割を果たす。こうした装置としての性描写を含む作品群の成立過程を考えるのが本章の目的である。

　本章は，1968年以降小学館によって発行される少女マンガ雑誌『少女コミック』に着目し，当雑誌において性に関する文字情報や視覚情報がどのように導入されていったかを検討する。なぜ『少女コミック』なのか，その答えは極めて単純である。他の少女マンガ雑誌が性的表現を敬遠しがちな状況の中，『少女コミック』だけが，80年代から積極的に性表現を取り入れ，90年代に入ると，ひとつの様式を繰り返すような作品群が雑誌全体を独占した時もあった。冒頭で触れたようにこれらの作品は「悪書」などと批判な目でみられるが，その反復性は裏返せば，それだけ，性描写を含む作品が『少女コミック』誌面において制度化されたといえる。

　10代の女性たちにとって禁忌とされていた"性"が，いかにして楽しみへと変わっていったのか，ひとつのモデルケースとして『少女コミック』誌面の変化を見てみよう。

# 1　1970年代の女性向けマンガにおける「性」

### 1．はじめてのベッドシーン

　先行研究で少女マンガにおける「最初のベッドシーン」として紹介されるのは1973年の作品である。米沢嘉博（1980）が「ふたりの棲書」（しらいしあい，『週刊セブンティーン』1973年）を挙げる一方，藤本由香里（1998）は「ラブ・ゲーム」（一条ゆかり，『りぼん』1973年）を取り上げている。裸体の男女が体を重ねる様子を隠さずに描いた作品という意味であれば，両作品がベッドシーンの先駆といってよいだろうが，セックスというモチーフ自体はすでに1971年から取り入れられていた。代表的な例として「年ごろだもの」（安

藤玲子,『なかよし』1971年)がある。レイプ未遂事件を描いた本作品では,主人公の少女を自分のものにしてしまいたいという恋人の欲望が,花吹雪の中に描かれる男女の輪郭という神秘的な表現によって示された。これら先駆的な作品に続き,セックスを扱う作品はしばしば少女マンガ雑誌に登場するようになった。しかし,これら作品の掲載誌・掲載時期は散発的であるため,各雑誌や作品の間の影響関係を確認することは難しい。

これまでの研究では70年代の作品群の共通要素として,レイプシーンが挙げられる。「しあわせという名の女」(もりたじゅん,『りぼん』1971年),「ラブ・ゲーム」(一条ゆかり,『りぼん』1973年),「ベルサイユのばら」(池田理代子,『マーガレット』1974年),「赤い糸の伝説」(津雲むつみ,『週刊セブンティーン』1974年)など,先行研究で取り上げられた代表的作品の多くはレイプを含むものであった。レイプシーンの持つ意味について藤本由香里は次のように述べている。

> まだこの時代の女の子たちにとっては性というものが恐れと色濃く結びついていて,処女喪失ということと絡んですごく大きなハードルだったんです。それはやっぱりルンルンで乗り越えられるものではなくて,ためらいと恐れを感じながらちょっとづつ乗り越えていくみたいな,そういう文脈だったんだと思います。
>
> だからレイプというのは,"そういうこと"がその先にあるんだよという,いわば露払い。主人公にやがてくる「性」というものを認識させるために描かれている。それは好きなひと本人によってである場合もあるし,そうではなくて別の男からの脅かしである場合もあるんだけど,そういう,やがて入っていくべき性の世界の前哨戦というか露払いというか,それがレイプ表現として表れてくるわけです。
>
> (藤本2001)

このように,セックスの恐怖を表すレイプシーンは70年代の性描写を特徴づけるものとして語られている。だが,性経験の少ない少女マンガ読者が性に対して憧れと恐怖を抱くのはいつの時代でも共通しており,レイプシーンが「露払い」として使われるのは70年代特有のことではない。また,70年代の作品群に限って考えた場合,「レイプ=恐怖」という図式は分かりや

すいが，その分かりやすさによって見えにくくなったこともある。この時期の作品において，レイプシーンとセットで，相思相愛の相手との幸福なセックスが物語の終盤で用意されることを考えると最終的に強調されるのは必ずしも恐怖ではないことが分かる。

　レイプが先にくるという点を重要視する場合，上記の「露払い」としての機能が目立つ。だが，レイプ後の展開も合わせて考えると，愛のないセックスと愛のあるセックスの対比構造があり，クライマックスに配置される幸福なセックスの方が構造上重要である。これらの作品における「愛のある」とは，言い換えれば，女性の合意の上でという意味である。強制されたセックスが女性を傷つける〈悪いセックス〉であるのに対し，合意の上で行われたセックスは幸福をもたらす〈よいセックス〉という構図が存在していた。〈よいセックス〉の条件として女性の合意が強調されることが，セックスにおける女性の主体性への第一歩だといえる。

　この段階での，幸福なセックスにおける女性の具体的な行動は，恋愛感情を抱いた相手に対し，「イエス」と返事をするという形で描写され，女性が自らの願望を積極的に主張するような表現はまだなかった。また，恋愛を女性にとっての幸福なセックスの条件と設定することによって，女性の性欲や性的幸福感は肉体的なものではなく，精神的なもの捉えられ，「愛していなければ，女性は相手に対して性欲をもたない」と女性の性欲と恋愛の強い結びつきが形作られた。「お互いが愛し合っていないセックスは正当なセックスではない」といった，少女マンガにおける恋愛至上主義的な神話の第一歩もまたここから始まった。

## 2．1970年代の『少女コミック』における性描写

　『少女コミック』でも，1971年にはすでにセックスを連想させる描写があった。ただし，当時の『少女コミック』ではベッドシーンの率直な視覚描写が避けられていた。例として，セックスを連想させるシーンが複数あった1971年4月9日号の掲載作品を見てみよう。

　最初の例は，とある男子中学生が同級生に対し，男女の恋愛と性関係につ

いて演説めいたことをしたシーンである（和泉洋子「14歳はめざめている」）[図1]。この男子生徒は明らかににセックスに言及しているが，ここでは直接的な描写は一切なく，「だから，おやじとおふくろが仲良くしているからって不思議がることはない」という文字情報と，ハートが夜の空間を飛ぶという視覚情報の組み合わせによってそのことが提示される。

　もうひとつの例は牧野和子の「すみれとアッキー」でのレイプを暗示するシーンである。愛していない婚約者にドライブに連れていかれたヒロインが途中でレイプされてしまうのだが，この一連のエピソードが2号に渡って続いた。散る花を背景としてヒロインが押し倒されたシーンで4月9日号が終わる。次の号では森らしき場所が映るが，ここに興味深い演出がある[図2]。コマ単位で順番に説明すると，①ヒロインが無理やりキスされたコマでスタート②遠いところから車を俯瞰したコマ③2人が車で移動する場面となっている。車で移動中のコマでは，男が満足そうに笑っているのに対し，ヒロインが泣いている。問題は②の車を俯瞰したコマである。停車中の車が描かれただけの一見無意味なコマは何を表しているのか。森に来ていることはすでにわかっていることなので，車が森の中にあることをわざわざ改めて表現する必要はない。つまり，このコマは，コマ内に描かれた図像に内容的な意味があるわけではなく，そこにコマがさしはさまれているということにこそ意味があるのだ。マンガにおいて，コマは時間経過を表す機能も持っているため，このコマは一定の時間経過を表している。さらに，移動シーンの男性の満足した表情も，車が止まっていたコマで何かが行われていたことを暗示している。レイプを連想させる演出ではあるが，着衣の乱れすら描かれない。

　このように，1970年代前半の『少女コミック』は，作品内でセックスが言及されるようになっており，（大人限定ではあるが）男女の性行為を自然なものとするなど「性」に対して肯定的な態度がみとめられる。その一方，セックスの具体的な描写は忌避されていた。『少女コミック』に明白なベッドシーンが登場するのは1970年代後半のことである。1976年に連載が開始する竹宮恵子「風と木の詩」を『少女コミック』における性描写の始まりとして位置付けることが半ば「常識」となっている。しかし，本作の性行為はあくま

Ⅲ　メディアにおける性愛の表象

図1　和泉洋子「14歳はめざめている」

図2　牧野和子「すみれとアッキー」

でも男性同士のものであり，この点を丁寧に検討すべきであろう。

　これまで，少年同士の性描写を含む70年代の作品は少女マンガにおける「性」の革命といった文脈で高く評価されてきた。例えば，永山薫はこれらの作品について次のように述べている。

> 　男女間のリアルな性ではなく，「描き手も読み手も直接関係のない男性同士の愛だから」というエクスキューズを置いたと否定的に見るべきではない。ここで注目すべきは，たとえエクスキューズ付きではあっても，作者と読者が性表現に踏み込み，性描写に触れ，性描写に対するアレルギー，フォビア（忌避，恐怖）が格段に緩和されたということである。
> 　24年組から始まる「性と文化の革命」が，JUNE/耽美/やおい/BL同人誌の隆盛，商業誌へのアンダーグラウンド化という止めようのない潮流となるとは誰が予測しただろうか？
> 
> （永山 2006: 50）

　「風と木の詩」を含む少年愛作品群がのちに新しいジャンルへつながることは間違いない。しかし，性描写に対する恐怖が緩和されたといえるのはなぜか。少年同士の性描写が慣れ親しまれたからといって男女間の性描写に対する恐怖や忌避の姿勢が緩和されるとは限らない。男性的ヘテロセクシュアルが支配的になっている社会では，性行為の主体の組み合わせによって性描写の意味や印象が大きく異なる。そのため，男性同士，女性同士，男女の性描写の成立や受容を分けて考える必要がある。むしろ1980年代にBLがひとつのジャンルに成長するのと同時に，別の現象として男女の性描写もまた変化していったと考えるべきである。時期的に連続している，または重なっているからといって，同性間の性描写の変化と異性間の性描写の変化を因果関係のあるものとして捉えるのはやや短絡的である。

　少なくとも短期的には，「風と木の詩」が『少女コミック』の性描写の扱いに劇的な変化をもたらした事実はなかった。大胆なベッドシーンを描く「風と木の詩」とは対照的に，異性間セックスの明白な描写を避ける姿勢が堅持されていた。例えば，1977年に掲載された夜這いシーン（『少女コミック』1977年12月11日号　平田真貴子「異国物語」）では，男女がキスした後場面が暗転し，「ふたりが結ばれた」という文字情報のみで性行為が示される。

少年愛の性描写の登場が，直接的に男女間性描写の劇的な変化をもたらしたわけではないとすると，男女間の性描写が成立し，誌面に定着するには，まだいくつかの過程を経る必要があった。こうした70年代の状況から，90年代の過激な性表現の間に一体何があるのか。次節では，1980〜1983年の『少女コミック』において男女の性描写がいかにして成立し，変容していったかを具体的に考える。

## ❷　読者投稿コーナーで語られる「性」：Cがしたい！

　『少女コミック』において性に関する情報が本格的に提供されるようになったのは1979年のことである。その情報提供の重要な場として機能したのは「悩み相談室」コーナーである。これは1978年の12月号からスタートしている。具体的な質問として生理や自慰，恋人との性関係についての質問があったが，1980年を境に掲載される投稿内容にも大きな変化があり，特集という形でセックスの問題が大きく取り上げられることもあった。
　読者投稿コーナーを考える際，それらの投稿が本当に読者から送られてきたものなのかという疑問が常に付き纏う。しかし，投稿自体が生の声かどうかとは関係なく，それが読者からのものとして掲載されたということにこそ意味がある。まず，読者投稿という体裁を取ることによって，誰かがすでに体験したこととしてその内容が既成事実化される。投稿内容は自分にも起こり得る体験，または自分と同じ少女の意見として提示される。さらに，「悩み相談室」では投稿に対して，医学博士などの肩書きをもつ者が答える。専門家からの回答は唯一の正解という形で読者に提示されるのである。読者投稿記事のこうした機能に支えられて，「性」に対する肯定的な姿勢が『少女コミック』に持ち込まれた。
　では，『少女コミック』の読者投稿コーナーでは「読者の性体験」についてどのような評価がなされていたのか。1979年と1980年に掲載された質問を比較してみると，両者の間には大きな変化がある。

> 彼とはAまでの関係ですが，時どき，彼はわたしを力いっぱい抱いてわたしの服のボタンをはずそうとして，ハッとやめます。(中略) この際，彼にすべてを許して，結婚という責任を押しつけようか……とも思います。先生，どうしたらいいでしょうか？
>
> (『少女コミック』1979 年 4 月 20 日号：高校二年生の投稿)

> わたしは 14 歳の女の子です。わたしはAくんと交換日記をしています。(中略) ある日，日記の中にわたしとCをしたいとかいてあったのです。(中略) わたしは大変びっくりしましたが，Aくんのこと，大好きだからCをしてもいいと思います。これは，たんなる興味やふざけではありません。AくんとA・B・Cをしたいと思っています。でも，もしCをやって妊娠でもしたら……という心配があります。どうすれば，Cをしても妊娠しないですむのですか？
>
> (『少女コミック』1980 年 1 月 1 日号：14 歳の女の子からの投稿)

　このふたつの投稿を比較すると 3 つの興味深い相違点がみられる。1 点目は投稿者の年齢である。高校 2 年生から 14 歳に下がった。2 点目は，セックスの先に何があるのかという想定である。1979 年の投稿では，主に社会的な側面が強調されている。セックスをした後，その先に想定されるのは相手との結婚である。一方，1980 年の投稿では生物的な問題の妊娠のみが言及されており，結婚という社会的問題が存在しない。3 点目の違いは，性関係に対する投稿者の積極性である。1979 年の女子高生は性関係をもつことを自ら進んで選ぶのではなく，あくまでも彼に許すという受動的な立場である。それに対して，1980 年の 14 歳は相手とCの関係（セックス）もしたいのは自分の希望だと明記している。

　これら 3 点から分かることは，投稿で示されている女子像が大きく変わっていることである。1971 年のマンガ作品で「おやじとおふくろ」のこととして説明されたセックスが 1979 年には高校生，1980 年には中学生にとっての想定範囲内とされる。女子中高生がよりセックスに対して積極的になっている。好きな相手とセックスをしたいと自分から主張しながらも，セックスをした相手との結婚をかならずしも意識しない女子像がそこにあった。1980 年の投稿によって女の子として「あり得る」姿のひとつとして性的に積極的な 14 歳の女子が提示された。わずか 1 年の間に，女の子の性に対する欲望

の存在のみならず，それを主張することが許容されるものとなった。

　このふたつの投稿に対する医学博士[3]の回答においても大きな違いがある。1979年の回答の中では，セックスが「破滅につながりかねない」「ルール違反」であると厳しく批判し，相手との関係を深める手段として恋愛感情を育てるようにすすめる。ところが，1980年の投稿に対する回答では次のように説明している。

> 　C．つまりセックスの意味を知っていますか？　セックスには，赤ちゃんをさずかるということと，彼に愛されているという性的な快楽を生むことにあります。
> 　あなたは赤ちゃんができると困るわけだし，性的な快楽を望んでいるとも思えません。ただ，ばく然と彼が好きだからたいせつなものをあげようとしているだけ。
> 
> （『少女コミック』1980年1月1日号）

　ここで，「愛される」・「快楽」・「好きだからたいせつなものをあげたい」という女の子にとって魅力的な記述で性的な快楽が言及される点に注意すべきである。投稿者のセックス願望に対してもやんわりした説得にとどまっている。この回答で示される「愛される快楽」という説明は，この後の『少女コミック』における性描写にも共通する要素となる。

　1981年に「夏休み後の恋やセックスの悩み特集」という特集が組まれた。ここで，男性マンガ家のあだち充も回答者として登場し，性関係を持った恋人が冷たくなったという相談に対して，男性目線という立場をはっきりと表明した上で回答している。

> 　男って，基本的に子どもっぽいものだと思うんだよネ。だからほしいモノが手に入ればもう……ということもあると思うし，単純にセックスが目的で女の子に近づく男だっているんじゃないかな。ただ，キミの彼がどういう男の子なのかはボクにはわからないけど。(中略)ここではキミが冷静になって，"男の子ってガキだよなあ……"ぐらいの気持ちで，彼を見守ってほしいな，とボクは思う。少し離れてみれば，彼の本心だって判断できるはず。それで

---

[3]　1979, 1980年ともに医学博士の松原英多が回答者を務めた。

## 第12章　楽しむものとしての"性"はいかにしてもたらされたか

　万が一ダメだとわかったら……そんな男の子は相手にしないで，ほかの男の子を探したほうがいいよ!!

(『少女コミック』1981年9月21日号)

　あだちの回答の中で，男性の性的欲望がかならずしも恋愛とは関係ないというメッセージが提示されており，男というものはそういうものなのだと投稿者の了解を求める。あだち充によって導入された，強い性欲を持ったヘテロセクシュアルな男性像は，今後の性描写が定着するにあたって重要な要素となる。

　1982年の4月に，お悩み相談コーナーに取って代わる形で，読者投稿コラム「ワイワイプラザー」の一部に「私の愛とセン性」というコーナーが新設された。このコーナーはわずか4ヵ月で終わってしまうが，重要な役割を果たした。その名のとおり，女子生徒が男性教員に対する性的ファンタジーを語るためのコーナーであり，編集部が次のような告示で投稿を呼びかけた。

　　このコーナーでは，先生との熱烈なラブコール・実体験の告白や，先生との愛をテーマにした，小説を募集中!!　P334に載った，香川県のMさんの作品は，小説ふうにまとめてあって，「少女版・微笑」という感じ!!　このコーナー誕生をきっかけに，『学園ポルノ小説』なーんつう感じでせまってみない？　おっ，ヨダレをたらすな，清純なオトメたち。ドキドキワクワクするおたよりをお待ちしてますよ！

(『少女コミック』1982年4月20日号)

　この新コーナーにおいては編集部が一方的に情報提供するのではなく，読者が自分の体験・妄想を自由に語る。この段階に至り，セックスを語る権限は専門家に限定されず，「相談」という名目も必要とされなくなった。読者にとってなじみのある学校空間を舞台として指定することによって，「ポルノ」という言葉自体がもつマイナスイメージが軽減されるとともに，性的な体験が日常の一部として提示される。セックスは，日常生活を送る中で「想像して楽しめるもの」となった。それは，心理的なレベルで性的に積極になることを読者に呼びかけるものであり，性的な描写の受容の拡大を意識したものである。1982年8月の「私の愛とセン性」コーナー終了後，1979年か

Ⅲ　メディアにおける性愛の表象

ら続いたセックスにまつわる記事は『少女コミック』の誌面からほとんどなくなった。1983 年以降マンガで性に関する描写が拡大することから考えると，基盤作りとしての文字情報がその役割を終えたといえる。

## 3　マンガで描かれる「性」：日常の中のちょっとしたエロから愛撫まで

　1979 年，性にまつわる文字情報が提供されるようになったのとほぼ同時に，性にまつわる情報を扱うマンガ作品が出てくる。極限状態を伴った 1970 年代のパターンとは対照的に，1980 年代の『少女コミック』のマンガで描かれた男女の性は笑いを伴うものである。こうした特徴の原型を作った先駆者は，しらいしあいとあだち充である。

　しらいしあいは，元々『セブンティーン』で活躍しており，様々な作品で若い男女の性関係を描いた実績がある作家である[4]。1978 年に，しらいしは『少女コミック』で「リンゴちゃん」シリーズを描きはじめる。この作品は不定期連載の読み切りで，78〜79 年の間全 9 回掲載された。各回ひとつのテーマ，例えば「胸が大きくなりたい」や「男の子になりたい」などが設定され，そのテーマを軸としてヒロインが一通り騒いだ後，やはり自然に任せた方がいいという結論に達して終わるコメディー作品である。

　テーマ設定からみると性教育マンガを連想させる本作品に教育的な側面があることは間違いない。ただし，それは「性教育」というよりも，セックスにまつわる物語を読むための「予備知識」を与えるものつまり，セックスと関連する記号や神話を読み解くコードを伝達するものである。性的なことについてほぼ無知であるヒロインとそれを知っている彼氏のすれ違いによって問題が起こり，読者はその状況を楽しむとともに「予備知識」を習得する。

---

[4]　この点に関して，マンガ評論家米沢嘉博はしらいしあいを高く評価している。「そういった問題（セックス：引用者）にもっとも敏感であったのはしらいしあいであった。イラストメルヘン的に描かれた「ふたりの棲書」が発表されたのは，なんと『セブンティーン』の昭和四十八年なのである。同棲中の二人の生活をイラストポエム風に描くこの作品はその SEX のリアリティーとショックであった」（米沢 1980 初出，2002: 302）。

第 12 章　楽しむものとしての"性"はいかにしてもたらされたか

　作品の中で，エロ本，男性器やラブホテルといった性的な記号が登場するが，実際にそれらがどういうものかというよりも，誇張された表現ばかりがなされる。また，男子も女子も性欲をもつ生き物であり，性的関心を持つことはお互いに対する愛情の根拠であるという神話がシリーズ全体をまとめたメッセージとして最終回で描かれている。この作品において顕著な，性にまつわるものをギャグとして扱う姿勢が，その後の『少女コミック』の変化を方向づけるものとなった。

　裸体やエロ本など性的記号をコミカルに描くという点では，あだち充もらいしと共通する。しかし，「リンゴちゃん」シリーズが極端なギャグとして位置付けられていたのに対して，あだちの作品において性的な記号は「日常風景の一部」として一般的文脈で描かれる点が決定的に異なる。こうした手法がはじめて登場したのは 1980 年 1 月 5 日号「陽あたり良好！」の連載初回である。物語が開始して早々，ヒロインが男の子と風呂場にて真っ裸で初対面を果たし，自室でエロ本を読む男子の様子も描かれる。あだちのこの試みによって，セックスの意識される日常がはじめて『少女コミック』誌面で成立した。

　こうした手法を可能にしたのは，性的な事件に動じない発想の導入である。例として，上記の風呂場でのご対面シーンを用いて説明しよう。お互い裸で男性主人公と対面したヒロインは驚きのあまり固まってしまい，一方，男性主人公はしらん顔でそのまま風呂に入る。ヒロインの悲鳴を聞いて他のキャラクターたちが駆け付けたが，話の一部始終を聞いた彼/彼女らも大して驚くことはなかった。つまり，当事者の男子（男性主人公）や事件を聞いた第三者はみなこれを問題視せず，風呂場での対面という性的な事件に動揺したのは結局ヒロインひとりである。

　それまでの少女マンガなら深刻な事件に発展しかねない状況に，「性」に対して冷静な視点を持つキャラクターを投入する。まったく動じないキャラクターがいる限り，事態は深刻な事件に展開せず日常が持続されるし，その状況で，「女性らしく」大げさに慌てたり，赤面したりするヒロインを眺める客観的な視点も生じる。こうした発想の導入によって，やっと「性」は極限状態という条件から離れ，日常的な文脈の中でのコメディーとして成立す

279

る。「陽あたり良好！」において，男子の性的ファンタジーを楽しむ行為や覗き行為は，日常茶飯事で，男子の性的な欲望とそうした欲望に対して動揺する女子の姿による笑いが繰り返される。この時「健全」な性欲を持った男性が少女マンガに登場したのである。レイプに及ぶような深刻な脅威が取り除かれ，男子の性欲は女子にとって安全な範囲で無害化されている。

1981年に入ると，多くの女性マンガ家がこの手法を応用しはじめ，読み切り作品を中心に，裸体，エロ本や下着ネタを扱う作品が定期的みられるようになった。エロチックなことに興味を持つのが「健全」な男子という男性像もまたひとつのお約束として継承されていた。

これによって，単なるコミカルな「性」に対して「かわいらしさ」が加わる。作中の女の子はあだちが描いたような大人っぽい女性の体を持つヒロインではなく胸のふくらみもさほどない子供っぽい体型の持ち主である。こうした図像の蓄積によって，夢のようなかわいらしいベッドシーンの作風が生み出されることになる。

ラブコメディーの文脈での男女の本格的なベッドシーンがはじめて描かれたのは，「抱きしめてミッドナイト」（すぎ恵美子，『少女コミック』増刊号1981年11月15日号）だった。1982年1月に「だあんまり仮面」（野崎ふみこ，『少女コミック』1982年1月5日号）で，同様のベッドシーンが本誌にも登場する。これらのベッドシーンの特徴は，女性キャラクターの幸福な気持ちが中心となっており，具体的な描写がほとんどないことである。主人公の身体は細く，エロチックな雰囲気とは程遠い。大胆に見開きページを使っておりインパクトは大きいが，花やリボン柄が多用されているのも手伝って体の露出度は決して高くない [図3]。

ベッドシーンや性的な表現が読み切りという枠から飛び出し，長編作品に進出するのは1983年2月の「青春白書」（上原きみこ，『少女コミック』1983年2月20日号）の最終回まで待たなければならなかった。ベッドシーンが長編に進出したことは，性描写に特化する今後の『少女コミック』の方向性が本格的に顕在化したことを意味する。

キャラクターの内面描写を中心とした「青春白書」のベッドシーンのわずか1ヵ月後に，愛撫シーンを含む具体的なベッドシーンが「ジョージィ！」

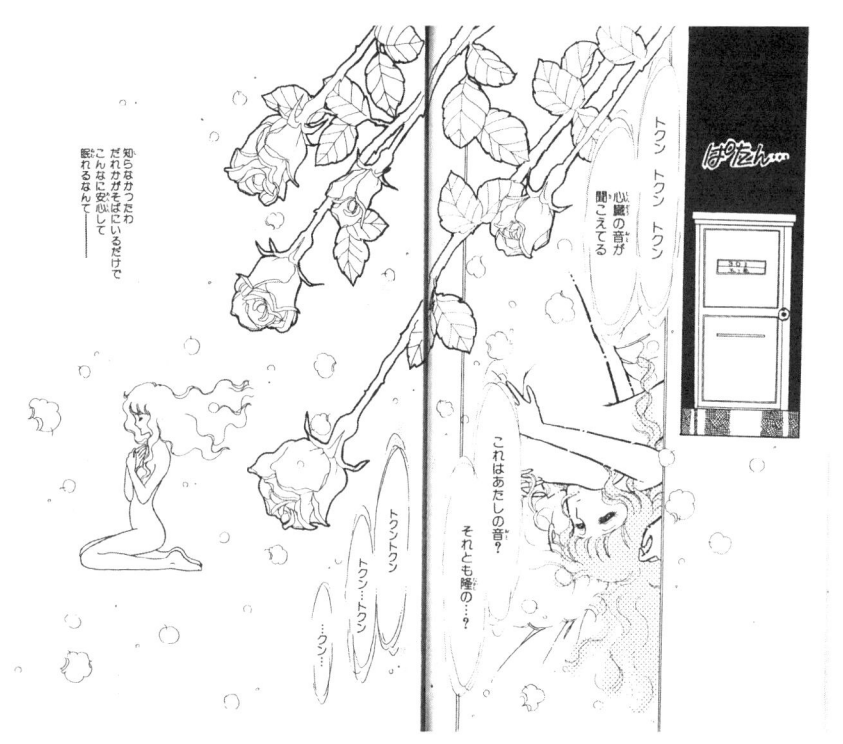

第 12 章　楽しむものとしての"性"はいかにしてもたらされたか

図3　すぎ恵美子「抱きしめてミッドナイト」

という長編作品で掲載された（いがらしゆみこ，『少女コミック』1983 年 3 月 20 日-4 月 5 号）。見開きを大きく使ったそれまでのベッドシーンとは対照的に，「ジョージィ！」のベッドシーンでは複数のコマが配置され，ヒロインが相手に押し倒されてから愛撫される様子までが細かく描写されている。女性の乳房が露に描かれているこのベッドシーンは，その直前までのものと違って，性的興奮を刺激するものである［図4］。快楽としての性描写を追求する 80 年代後半以降の『少女コミック』の路線はこのシーンによって示されているといってよい。

Ⅲ　メディアにおける性愛の表象

図4　いがらしゆみこ「ジョージィ！」

## おわりに

　本章では、『少女コミック』における具体的な性描写の導入プロセスを検討した。そこで明らかになったことは段階的な変化だった。1979年から性的な情報が文字・視覚的に掲載されるようになり、読み物とマンガがお互いに対応しているかのように連続して変化を遂げた。その結果、1970年代の末までは避けられていたベッドシーンが1983年頃には細かく描かれるようになった。この時期の変化のキーパーソンとして、性の諸問題を「笑い」に変えたしらいしあいとあだち充があげられる。特にあだちの「陽あたり良好!!」によって「日常生活の中のちょっとしたエロ」というそれまで少女雑誌にはなかった路線が切り開かれ、女性作家によって継承されていく。
　具体的なベッドシーンが長編へと進出したことは性描写の条件を大きく変えた。長編では時間をかけて主人公同士の関係を描くことができるため、一定期間にわたる交際の先にあるものとしてセックスを位置付けることが可能

になり，セックスシーンにより多くページ数を割くことができる。それは読者が「性体験」をじっくり楽しめる作品作りが可能となったことを意味する。実際，初の愛撫シーンが登場した直後，1983年4月20日号以降は，長編作品の利点を生かした形で若者の恋愛と性を積極的に扱う，すぎ恵美子による長編作品群が登場し，1983年から1990年初頭まで継続的に『少女コミック』で掲載される。

　学園ラブコメディーであるすぎ恵美子作品の特徴は性に対して好奇心を持ったヒロインたちである。ヒロインが率先して知識を得ようとしたり，恋人をその気にさせたりと試行錯誤した末にやがて初体験を迎えるという基本構造が共通する。「笑い」の要素が引き継がれる一方，キスからセックスに至るまでの「仮想体験」としての役割が強化されていったといえる。注目すべき点は，すぎ恵美子の作品群は初体験をテーマとしながらも，幸せなセックスを描くために対比としての「レイプ」はもはや必要とされないことである。性体験を笑いに変え，男子の性的欲望を無害化する，しらいしあい，あだち充によって開拓された表現の系譜によって，読者が安心して感情移入できる表現がもたらされたのである。

　『少女コミック』という1つの雑誌単位で観察された変化は，単に特定の雑誌の特徴や特定のジャンルの趨勢の変化を意味するものではない。それらが置かれた環境の変化，社会の変化によってもたらされたものであるが，またそれらは逆に環境の変化へと接続するものでもある。一方的な因果関係や影響関係ではなく，循環的に相互に影響し合うものである以上，メディアにおいて表現されるものと社会の実相との関係は，もはや関係として簡単に記述できるものでもない。さらに，それが読者に対してどのような影響を与えたのか，という段になるとますます不透明である。マンガに影響されて真似をするということは往々にしてあることだろうが，それがどの程度の数的な広がりを持ってなされるのか，また質的にも「影響」や「真似」の程度はいかほどか，という点を考えるなら，みんながみんな直接的に影響を被っているとは言えない。では，逆に，マンガで描かれる内容が現実の若者たちの生態を直接的に「反映」しているかと言えば，そんなことも言えない。両者は全く無関係ではないにせよ，つまり，読者に対してある程度のリアリティを

感じさせる程度には地続きであるにせよ，やはりあくまでフィクションとして受容されるものであって，両者の結び付きにはある種の断絶が存在している。

　こうした点を踏まえたうえで，10代の女性読者が性表現を楽しむこと，これは歴史的に何を意味するのかを問うてみれば，これが若者の性の乱れといった「社会問題」と直接的につながるものではないということは明らかである。実態としての「性の乱れ」が原因となって表現が変化したわけでもないし，表現の変化が「性の乱れ」を引き起こしたというわけでもない。未成年が手にするマンガで性が表現されること自体を批判するのは簡単だが，その状況は種々の前提条件なしでは成立しえない。男女の営みの断片的な情報，学校での性教育，テレビ，映画さらには教育といった公共メディアにおいて性的な情報が発信される環境がなければ，そもそも年の若い読者にとって「性」は未知の領域のままだっただろう。性表現が公然と年少者にとっての「娯楽」となり得たことは，戦後日本のメディアの変化によってもたらされた事態というよりも，むしろメディアの在り方，ひいては公共性そのものの在りようの変化であった。そのうえで，以上のような変化が現実のセクシュアリティに対していかなる規範性を有したのか，この点が今後検討すべき課題の1つとなるであろう。

• 参考文献 •

谷川健司ほか 2010『サブカルで読むセクシュアリティ ―― 欲望を加速させる装置と流通』青弓社.
谷本奈穂 2008『恋愛の社会学 ――「遊び」とロマンティック・ラブの変容』青弓社.
田代美江子 2008「「レディースコミック」に描かれる〈恋愛〉――「恋愛＝支配・暴力」の構図」『セクシュアリティ』36: 36-45　エイデル研究所.
中野晴行 2004『マンガ産業論』筑摩書房.
――― 2009『マンガ進化論』ブルース・インターアクションズ.
永山薫 2006『エロマンガスタディーズ「快楽」としての漫画入門』イースト・プレス.
はいぽく 2000「めがねのままの君が好き～恋愛少女マンガの思想と構造(1)」
http://www.tinami.com/x/review/06/page3.html (2012年9月29日に最終アクセス).
藤本由香里 1999『快楽電流 ―― 女の，欲望の，かたち』河出書房新社.

## 第 12 章　楽しむものとしての"性"はいかにしてもたらされたか

――― 2008（初出 1998）『私の居場所はどこにあるの?』朝日新聞出版.
――― 2001 TINAMIX INTERVIEW「少女マンガのセクシュアリティ〜レイプからメイドへ〜」（前半・後半）
http://www.tinami.com/x/interview/10/page1.html（2012 年 7 月 19 日に最終アクセス）.
堀あきこ 2009『欲望のコード —— マンガにみるセクシュアリティの男女差』臨川書店.
水間碧 2005『隠喩としての少年愛 —— 女性の少年愛嗜好という現象』創元社.
守如子 1998「女性向けポルノグラフィー ——〈レディースコミック〉から浮かび上がるセクシュアリティ」『Sociology today』9: 114-126　お茶の水社会学研究会.
――― 2010『女はポルノを読む —— 女性の性欲とフェミニズム』青弓社.
米沢嘉博 2007（初出 1980）『戦後少女マンガ史』筑摩書房.

第 **13** 章　マンガにおける農村の「性」とジェンダー
──「むら」のファンタジー

一宮真佐子

## はじめに ── 農村という空間のイメージ

　「農村の性」といわれて，人はどのようなものをイメージするのであろうか。牧歌的でおおらかな交歓，夜這いや若衆宿のような古い性的慣習，土俗的な色の濃い儀式・儀礼，セクシュアルなシンボルを掲げる奇祭……およそ，あまり「現代的」とは思われないものだろう。近代以降，教育でも行政でもそのような「古臭い因習」は改めるよう指導されてきた。都市－農村の格差は，少なくともその面では確実に小さくなっている。
　しかし，本当にセクシュアリティやジェンダーは日本国内で「均一」なものになっているのだろうか。日本社会や文化はその同質性，均一性がしばしば取り沙汰されるが，地域差は本当に無くなったのだろうか。本書は戦後日本社会が対象となっているが，「日本」の中でもやはり地域差はあるのではないか。実態において均質化が進んでいるとしても，社会に流通するイメージにおいて農業者や農村に対する蔑視（または幻想）として，地域差は根強く残っているのではないだろうか。
　欧米の社会学や地理学の分野では，実態だけでなく表象も含めてセクシュアリティやジェンダーの地理的偏向，言い換えれば，都市部とそれ以外の地域 ── 農村を含む地方（田舎） ── との格差が存在していることが指摘され

ている[1]。しかし，現代日本社会の農村におけるジェンダーに関する研究は存在するが，農村における「性」，セクシュアリティについてはほとんどが女性史や民俗学における近代以前（もしくはその名残り）の性習俗研究であり，ほとんど研究されていないのではないか[2]。

赤松啓介の研究，例えば赤松・上野（1995）では戦後においても前近代的とされる性風俗が都市・農村とも残っていたことが語られている。本書4章でも，雑誌『平凡』で農村の恋愛や結婚などに残る習俗が問題視される記事が，農政における生活改善事業のような施策面でも克服すべき課題となっていたことと関連付けて分析されている。これらの研究に見られるように，戦後においても古い性習俗が残り，また都市部に比べて農村部でより後年まで残っていたであろうことは明らかである。しかし，これらはほぼ本格的な高度経済成長期に入るまでの事例（1960年代以前）であり，高度成長期以後の農村でのセクシュアリティに関する研究は寡聞にして見当たらない。

これは，現代日本においては，交通・情報網の発達や開発・インフラ整備によって都市－農村に明確な線引きができなくなっているという空間的な条件や，都市的生活様式と価値観の浸透によって，セクシュアリティに関する地理的偏向がほぼ消失している，ということかもしれない。しかし，現実には農家の後継者問題，過疎高齢化などによって都市部に比べて恋愛・結婚に関する不自由さは残存している。一方で，若者がスキー場や離島などに解放的な「出会い」を求めて出かけ，最近では山での出会いを求める「山婚活」というような現象も起きており，少なくとも「農村（田舎）の性」に関するイメージ（セックス・ファンタジー）は未だに残っているのではないだろうか。

様々なメディアによって提供されるイメージが，現実のセクシュアリティ

---

1) 英国農村社会学においては，90年代以降，Philo (1992) を嚆矢として，農村表象では白人・男性・異性愛が中心で，「他者」である非白人・女性・同性愛，貧困などが排除されていることが指摘されている。また，ビニー＆バレンタイン (1999：2000) は，ヨーロッパと北米のセクシュアリティの地理的偏向に関する研究についてレビューしている。
2) 近いところでは，菊地 (2009) があり，これは漁村におけるエロティックなイメージとそれを生み出すメディアの形成についても論じた，非常に興味深い論文である。農村一般の性イメージではないが，海女は戦後に至っても近代以前の遺物である珍しい被写体であるとされている。

やジェンダーの規範，あり方に与える影響は決して少なくはないであろう。例えば先述の農村におけるジェンダーの研究の中で，渡辺（2009）は，農作業における「男性／女性向きの仕事」という性別役割分業がジェンダーのイメージから作られていることを実証している。このように農村におけるジェンダーについてはステレオタイプ・イメージが存在し，それが現実世界に影響していることまで明らかにされており，セクシュアリティについても同じことが言えるのではないか。

本章はマンガを分析対象とし，設定，描写や物語に着目して，高度成長期以降の農村におけるセクシュアリティについて，どのようなイメージが形成されているのか，そして，それに変化が見られるのかどうかを明らかにすることを課題とする。また，そのセクシュアリティのイメージとジェンダーとの関連についても考察を行いたい。

## 1 農村マンガにおける性描写

### 1．分析対象と視点 —— 農村マンガについて

日本のマンガは大ヒット作品を除いて，TV番組や映画・小説に比べてコンテンツやオーディエンスの数では総体的には及ばないと考えられるが，近年はメディアミックスでマンガ原作のアニメーション，ドラマ，映画なども増加しており，社会に流通するイメージの形成・発信源としては有力なメディアとなっている。また，描画や物語における極端なデフォルメ（カリカチュアライズ）によって，ステレオタイプの要素が端的に示されることで，イメージ研究上の利点を持っている。虚構性が強いためにファンタジーや極端なイメージが提供されやすいという点に，マンガを取り上げる意義がある。

直接的な性描写という点では，成人向けマンガ，いわゆるエロマンガがあるが，資料検索・収集の制約により今回は分析対象から除外した[3]。本章で

---

3) 成人向けマンガについて米沢（2010）によると，74年前後に地方めぐりや村娘の告白手記を題材とした作品など「田舎を舞台にした艶笑譚が急増した」（P.139）とある。米沢は「ディスカバー

は，さしあたって①高度成長期（1970 年代）以降，②成人指定の入らない少年・青年 / 少女・女性向けマンガ雑誌で発表されて単行本化されており，③農村を舞台とする，④セクシュアリティに関する描写のあるストーリーマンガ作品に限定している。

そもそも農村を舞台としている，または農業者が主人公となるマンガ作品（本章ではこれを農村マンガと記す）はあまり多くはないが（一宮 2008），それらの作品群には男性・異性愛中心のジェンダー規範が強い傾向がみられる。Ichinomiya（2009）では，1970～90 年代にかけてシリーズとして発表された 3 作品を対象として農村女性のステレオタイプについて検討したが，出産・育児と労働可能な身体を持つ，つまり化粧っ気がなく頑健な女性は望ましい「農家のヨメ」とその予備軍として「むら」[4]に残ることができる（包摂される）が，そこから外れる場合には死や他出などにより「むら」から完全に排除されてしまうか，差別対象として「むら」の中にありつつ排除されている「異物」として生きることになるという傾向が見られた。

一宮（2008）で取り上げた作品群をみても，「農家のヨメ」に限らず「むら」の規範に反する「他者」は物語上，登場しても排除される傾向があり，セクシュアル・マイノリティなどは近年まで登場することすらなかった。ステレオタイプな「むら」の規範が作品中の論理に反映されているといえるだろう。本章でも，このような物語からの排除（または包摂）という観点から，マンガに描かれた農村におけるセクシュアリティとジェンダーの考察を進めていく。

## 2．農村マンガにおける性描写のパターン

先述のように戦後のマンガには農村が舞台となる作品はあまりないが，その中で「性」が描かれる際には，主に 2 つのパターンが見られる（表参照）。

「恋愛・日常生活」をテーマとし，農村での恋愛・性交渉や結婚（「嫁不足」

---

ジャパンブームに乗って，しかも『フーテンの寅』人気にあやかってといった感じだが」（同）としている。
4)　本章では「むら」は，単なる農村空間というのみではなく，その農村の社会を指している。

第 13 章　マンガにおける農村の「性」とジェンダー

表：農村を舞台にセクシュアリティを描写している作品

| 作品名 | 作者名 | 発表年 | 掲載誌 |
| --- | --- | --- | --- |
| ◆奇子 | 手塚治虫 | 1972-73 | ビッグコミック（小学館） |
| ◆「妖怪ハンター」シリーズ | 諸星大二郎 | 1974- | ジャンプ系少年・青年誌（集英社） |
| ◇新・おらが村 | 矢口高雄 | 1988-92 | 地上（家の光協会） |
| ◇牛のおっぱい | 菅原雅雪 | 1993-96 | モーニング（講談社） |
| ◇じゃじゃ馬☆グルーミンUP | ゆうきまさみ | 1994-2000 | 週刊少年サンデー（小学館） |
| ◆愛しのアイリーン | 新井秀樹 | 1995-96 | ビッグコミックスピリッツ（小学館） |
| ◆「宗像教授」シリーズ | 星野之宣 | 1995-99, 2004, 2004-10 | コミックトム（潮出版）, ビッグコミック（小学館） |
| ◆木島日記 | 大塚英志・森美夏 | 1997-2003 | ニュータイプ, エースネクスト, エース特濃（角川書店） |
| ◆たちからお | 毛利甚八・吉開寛二 | 2000-01 | モーニング（講談社） |
| ◆花園メリーゴーランド | 柏木ハルコ | 2001-2002 | ビッグコミックスピリッツ（小学館） |
| ◇薔薇姫 | 西炯子 | 2001 | プチフラワー増刊（小学館） |
| ◇ハートを打ちのめせ！ | ジョージ朝倉 | 2001-02, 02-03 | Zipper comic, FEEL YOUNG（祥伝社） |
| ◇あの山越えて | 夢路行 | 2002-連載中 | For Mrs.（秋田書店） |
| ◇マニマニ | 宇仁田ゆみ | 2002-03 | FEEL YOUNG（祥伝社） |
| ◇彼女の告白 | 石川雅之 | 2002 | モーニング（講談社） |
| ◇STAYリバース 双子座の女 | 西炯子 | 2003-04 | 月刊 flowers（小学館） |
| ◇COME！（コメ！） | 日高トミ子・松本タカ | 2004-05 | ヤングマガジン（講談社） |
| ◆かむろば村へ | いがらしみきお | 2007-08 | ビッグコミック（小学館） |
| ◇雨無村役場産業課兼観光係 | 岩本ナオ | 2007-2010 | flowers 増刊凛花（小学館） |
| ◇限界集落（ギリギリ）温泉 | 鈴木みそ | 2009-2012 | コミックビーム（エンターブレイン） |
| ◇欲しがりません収穫までは | 舟斎文子 | 2010 | MAGAZINE BE×BOY（リブレ出版） |

筆者作成。「恋愛。日常生活」は◇,「ホラー・オカルト・ミステリー」は◆を付した。作者名が連名の場合，原作者・作画者の順に記載。

問題を扱う作品と，土俗的モチーフや性習俗によって引き起こされる怪奇現象や犯罪を扱う「ホラー・オカルト・ミステリー」に分類される作品である[5]。これらは写実かファンタジーかの違いはあるが，「都市ではありえない

---

5) 性描写を含むホラー・オカルト物は都市舞台の作品も数多くあるが，基本的に都市伝説 Urban Folklore をモチーフとしており，土俗・民俗系のモチーフの場合には農村から来た登場人物や器

Ⅲ　メディアにおける性愛の表象

ことが起こる空間」として農村が描かれている点では共通している。インターネット普及以前，ほとんどのメディアは都会から発信され，都市的な視点から生み出されるものであり，さらに離村向都現象によって多くの読者にとって農村が「非日常」となったことを背景に，農村は都市に対する「異文化」，「異界」として描かれているのである。

　時系列的に見ると後者の方が先に，青年向け雑誌で登場している。米沢（2010）は戦後の成人マンガの分析をカストリ雑誌のエロ・グロ・ナンセンス，猟奇的記事から始めている。「農村」の性をマンガで描く作品もその流れの中で登場し，さらに1970年代前半に起きたオカルトブームに乗って，土俗性，近代化以前の性習俗が残っているというセックス・ファンタジーをモチーフに「異界」としての農村が描かれたことによると思われる。続いて嫁不足や過疎化のような社会問題をモチーフに用いてより写実的に農村が描かれ，さらにその後，少女・女性向け作品の恋愛ものにみられる農村での日常生活を描く作品が登場する，という流れが見られる。

## 3.「ホラー・オカルト・ミステリー」パターン

　こちらの作品群では，農村は「異常なことが起こる場所」として描かれ，猟奇的，暴力的なセックス・ファンタジーが展開される。
　超常現象こそ起こらないが猟奇性が強く，前近代的，土俗的な性習俗や犯罪など現代日本社会の規範に反する事態が生じる作品として，『奇子（あやこ）』，『愛しのアイリーン』，『花園メリーゴーランド』がある。
　『奇子』(1972〜73年) は，因習の残る青森県の旧家で終戦直後から昭和40年代にかけて起きた，殺人，不義，監禁，近親姦などの事件を描いている。

---

物が起因とされる作品が多いと考えられる。例えば，(マンガではないが) ドラマ・映画化された小説『リング』シリーズは，ビデオテープにより死が齎されるという基本設定から見ても都市伝説的要素が強く，最終的にはコンピューターウィルスにまで発展している。しかし，物語は箱根 (都市から離れたリゾート地) から始まり，中心人物である貞子も伊豆大島，つまり離島出身者である。この点に関して，本章の草稿発表時に，都市伝説系と土俗・民俗系は，人や人工物の怖さや身近なものが一変する驚愕を伴う恐怖か，それとも自然や天然物による予測不可能な恐怖，異質・未知のものへの恐怖を描くかで異なっているのではないかという指摘を頂いた。

奇子は当主と長男の妻の間にできた不義の子である。二男は GHQ の指令で殺人事件に加担し，その証人である知的障害を持つ娘を殺してしまう。そこに居合わせた奇子は，家ぐるみで証拠を隠滅するために 20 年以上も蔵の中に幽閉され，その間に実の兄である三男と肉体関係を持ってしまう。遺産相続をめぐって長男は妻を殺害，その後，蔵から出された奇子は東京で暴力団組長となっている二男の下へ逃げる。最終的に奇子と当主の妻を残して旧家は滅び，奇子も行方をくらましてしまう。明らかに罪を犯していない当主の妻以外は，物語上「むら」から排除されてしまうという結末になっている。

『愛しのアイリーン』(1995～96 年) は，山間の村 (作者は信州を想定) に住む 40 過ぎで独身の主人公・岩男が，職場 (町のパチンコ店) の事務員の中年女性に童貞を奪われ，別の離婚歴のある子持ちの女性に恋をするエピソードから始まる。しかし母親はそのような女性を一人息子の「嫁」として認めない。岩男は職場の社長の勧めで，母の反対を押し切ってフィリピンへ渡り，アイリーンと国際結婚する。しかしアイリーンは，言葉が通じないために愛情を確認できず，性交を受け入れることができない。母親は猛反対し，理想的な「嫁」候補を探し始める。紆余曲折の末に岩男とアイリーンは愛を誓い直すが，それでも性交は完遂できない。その後，母親によって売春組織に売られそうになったアイリーンを取り戻すため，岩男は「ひき屋」(売春組織のスカウト役) の男 2 人を殺してしまう。性交が完遂できない苛立ちに加え，組織による執拗な嫌がらせによる焦燥から，岩男は他の女性たちとも性交してしまう。岩男は錯乱の果てに山中で事故死し，母親も後を追うように死ぬ。最終話でアイリーンは別の男性と再婚しているが，長子・岩子は主人公の子である。

『花園メリーゴーランド』(2001～02 年) では，主人公はだまし取られた家宝の刀を取り戻すために父の故郷を訪ねるが，「厄落とし」や若衆宿のような通過儀礼，夜這いなど，秘密裏に存続してきた「むら」の性習俗に巻き込まれていく。村では奇祭が行われ，超常現象こそないがオカルティックな雰囲気を醸し出す描写もある。村人から追われる立場になった主人公は，逃げる際に家宝の刀で恩人の少女 (ヒロイン) を傷つけてしまう。通過儀礼を経験して「男」になったという説明はできるが，その結果，現代法の下ならば

Ⅲ　メディアにおける性愛の表象

図 1　穢れを男に食わせる異類婚で出来た
娘「うつぼ舟の女」

傷害事件とされる事態を引き起こしている。

　超常現象が起こるファンタジー世界を描き，よりオカルト・ホラー色が強い作品として「妖怪ハンター」シリーズ，「宗像教授」シリーズ，『木島日記』，『たぢからお』などが挙げられる。

　諸星大二郎の「妖怪ハンター」シリーズは，1974 年に少年誌である週刊少年ジャンプで連載を開始しているが，性的描写が入ってくるのはジャンプ系青年誌に移動した後の 1990 年代である。「うつぼ舟の女」(1991～92 年) では漁村での異類婚が描かれており，それによって生まれた娘が，逃げようとする男に馬乗りになって「穢れ」(彼女にとっては食料) を無理矢理に食わせている場面がある (図 1　諸星大二郎 2005．『妖怪ハンター　水の巻』集英社：153)。この場面では男女とも全裸であり，図 1 の 4 コマ目は騎乗位での性交のように見える。「穢れ」を食わせるだけなら脱衣している必要はなく，性交を暗示しているものと思われる。異類婚で生まれた娘は，最後に強制的に「異界」へと追い返される。「産女の来る夜」(1994 年) では，雪深い山村の旧家で行われる「カムドイ神事」で超常現象 (時間遡行) が起こる。旧家の言い伝えにある異形の神と契る女性 (図 2　同上：28) が目撃され，その女性が変化したと思しき妖怪・産女も出現する。産女はご神体とされていた我が子を取り戻し，消える。おそらく産女はその子もろとも成仏したのだろうが，

第 13 章　マンガにおける農村の「性」とジェンダー

図 2　カムドイ神事で異形の神と交わる女
性「産女の来る夜」

どちらの場合も異形の者はその場から追われる結末となっている。
　星野之宣「宗像教授」シリーズでは明示的な性描写はほとんどないが，民俗学者である主人公らが，作中起こる事件を説話になぞらえることで性的関係を暗示したり性習俗と関連付けて説明するエピソードがいくつかある。例えば「女たちの神」（1996 年）では，巨木信仰やオシラ講と関連付けて，若い未婚女性の嬰児殺しが描かれている。かつての担任だった女性が気づき，彼女に自首を勧め，事件が発覚する。このシリーズでは超常現象で幕が引かれる回もあるが，土俗的な説話になぞらえられる犯罪者たちは，基本的に処罰されるか死を迎えている。
　『木島日記』（1997～2003 年）は，戦前の物語で都市を舞台としたオカルトエピソードが多いが，岡山で実際に起こった「津山三十人殺し」を題材とした回では，隔絶した山村での母子の近親姦とその母親殺しを含む大量殺人，人肉食が描かれている。猟奇的犯罪を行った少年は，生き延びはするものの，秘密組織の被検体のちに暗殺者として裏社会で生きることになる。
　『たぢからお』（2000～01 年）では，東京から来た主人公が村の守り神に憑依され，村を狙う悪徳業者や政治家に対して大神楽（実態は防衛戦争）を行い，村人たちと共に戦っている。大神楽のシステムは治水施設や道具を利用した現実的なものだが，憑依された人間からツル状の植物が生えて人間離れした力を発揮するなど，超常現象も描かれている。大神楽には公安が介入するが

村人たちは機動隊を壊滅させ，主人公をはじめ関わった者たちは死亡もしくは傷害罪や殺人罪として法によって裁かれている。

　オカルトの要素を含む作品として，『牛のおっぱい』（1993〜96年）では主人公が生き物を「気持ちよく」させる特殊能力を持ち，オーラと思われる描写が多数登場する。ジャンルとしては恋愛・日常生活もので暴力性や過激な性描写はないが，スピリチュアルなモチーフを含み，「ホラー・オカルト・ミステリー」のヴァリエーションといっていいだろう

　また，『かむろば村へ』（2007〜08年）では，村の守り神「おがむろ様」の化身である老人とその孫が登場する。孫は立腹や母親の貞操の危機に際してファフロツキーズ（怪雨）を発生させる。この現象は大量の生物（魚など，作中ではザリガニ）や色つきの雨が降ることを指し，竜巻や鳥を原因とする科学的説明も試みられているが，作中では孫が自在に起こせることになっている。老人は物語終盤で死亡するが，村長の子として転生を果たす。このようなオカルト要素に加え，この作品で着目すべきは，「むら」で生き続ける犯罪者やセクシュアル・マイノリティが描かれていることである。後者については 2 節で論じるが，前者については指名手配被疑者や殺人者が村長や温泉旅館の板前として村で生活を続けており，村内での不倫関係などもある。主人公は「金アレルギー」（金属アレルギーではなく，紙幣・貨幣に触れるとおう吐や失神に至る）で都会から逃げてきた青年で，人妻との不倫未遂，女子高生への強姦疑惑，暴力沙汰など騒ぎを起こしながらも村に居つき，「何も買わない　何も売らない　ただ生きていく」をスローガンに次期村長として立候補する。ここで「かむろば村」は，性規範だけでなく現代法，資本主義といった現代日本社会のロジックから外れた空間として描かれているのである。

　「かむろば村」は特異な空間であるが，他の「ホラー・オカルト・ミステリー」パターンの作品では，「むら」の外界（近代以降の規範）とのコンフリクトを起こした登場人物は物語からの「排除」の対象となり，処罰を受け，あるいは死に至る。ただし，『愛しのアイリーン』，『たぢからお』，『花園メリーゴーランド』では，主人公とヒロインとの間に子供ができ，「親になること」が救済の条件となっている。

第13章　マンガにおける農村の「性」とジェンダー

図3　ヒロインの発言とその意味に気づく
主人公『花園メリーゴーランド』

　『愛しのアイリーン』では，主人公は殺人を犯し，浮気をした果てに不慮の死を迎えることになる。連載はヒロインが2人の間にできた子供に愛を叫ぶ場面で終わっているが，2011年刊行の復刻版でエピローグが追加され，地獄にいる主人公とその母が現世のヒロインと子供を見せられて合掌しながら感激し，涙している姿が描かれている。作者は復刻版のあとがきで，連載中自身に子供ができたことによる心境の変化と最終話への影響を語っているが，さらに救済を明示するエピローグを加えているのである。『たぢからお』の主人公は判決を受けて服役するが，大神楽の儀式の際に村の巫女との間に子供ができており，出所後「むら」に戻って妻子と暮らすという結末が用意されている。『花園メリーゴーランド』の主人公は数年後に「むら」を訪れ，結婚して子持ちになっているヒロインを隠れ見ることになる。長子が結婚相手の子供ではない，というヒロインの発言（図3の1コマ目　柏木ハルコ 2003,『花園メリーゴーランド』第5巻．小学館：258）によって主人公はヒロインが自分の子を宿していたことに気づく（図3の2コマ目）。その彼女の表情は照れ臭そうではあるが明るく屈託のないものであり，働いている食堂の客（図3の3コマ目）にも公言してはばからないからこそ，主人公は彼女へ

の思いを肯定し，この後，彼女に言葉をかけることができた。この結末も罪の浄化を暗示している。

　これらの3作品は現代的な性道徳・規範や法から外れる存在をも描いているが，物語の結末においては子供ができる（親になる）こと，つまり生命の再生産，生殖の義務を果たすことで，規範の内への復帰の道，救済が用意されているのである。


### 4.「農村の不自由」を描く作品群

　農村では，恋愛にも不自由が付きまとう。周囲の人々の目が常にあり，遊ぶ場所はもちろんホテルなど性交渉のための場所も限られてくる。

　『じゃじゃ馬☆グルーミン UP』(1994〜2000 年) は，高校を中退して牧場で働き始めた青年と牧場主の娘の恋愛を描くが，交際を始めた後も周囲の目を気にして中々関係を進められず，暴風雨の夜に厩舎で2人きりになって，ようやく性交に至る。その後も逢瀬の場に苦心する描写が出てくる。この作品は少年誌での発表であったが，恋愛・妊娠・結婚，その後の生活まで描いた作品であり，エロティシズムは感じさせるが性描写自体は控えめである。

　『ハートを打ちのめせ！』(2001〜03 年) では，中学生の男女が親の目を盗んでビニールハウスで性交を繰り返す。同級生の別のカップルが人気のない夜の果樹園で，やもめの教師と生徒が車内や旅行先で，という場面などもある。『マニマニ』(2002〜03 年) では，Uターンした女性が幼馴染の青年と夏祭りに行った帰りに，軽トラックの中で迫られる。女性が「こんなトコで絶対イヤ」と拒否すると，あぜ道に点々と設置された看板を辿った先にあるラブホテル（モーテル）に軽トラのまま連れ込まれるというリアルな状況が描かれている。女性の方はホテルに連れ込まれたこと，しかも軽トラのままであることに動揺するが，青年は「軽トラバカにすんな」と意に介さない。その後，2人は交際して結婚が決まるが，女性の方は田舎で暮らし続けることに対する不安をぬぐえないというエピソードもある。

　『COME！』(2004〜05 年) では，東京で大学に通う青森県の農家の息子とホステスをしていた秋田県の元農家の娘が出会い，青年の実家で無農薬栽培

第 13 章　マンガにおける農村の「性」とジェンダー

を目指す。青年はヒロインに憧れているが，彼女は秋田に戻ってしまい，遠距離でのアプローチを続けるがなかなか進展しない。『限界集落（ギリギリ）温泉』（2009〜12 年）では，過疎の村で傾いた温泉旅館の主人とネットアイドルの少女が肉体関係を持ってしまうが，少女が村おこしに一役買っているがために，その恋は公にできない。

　このように，恋愛対象が見つかり交際に至ることができたとしても地理的・社会的要因から不便な状況を強いられるが，そもそも過疎化によって相手が見つからない，若い女性との出会いすらないという問題もある。「嫁不足」による外国人花嫁問題を題材とした作品として，『新・おらが村』（1988〜92 年）と先に取り上げた『愛しのアイリーン』がある。前者は農家向け雑誌である『地上』に掲載された作品であるが，マンガ雑誌で長期連載されたシリーズの続編であるので取り上げておく。40 歳手前で父親と 2 人暮らしの男性が，ついに外国人花嫁を迎えることを決めた夜，散歩と称して外出，茂みに飛び込んで自慰行為を行う場面はかなり切羽詰まった状態を表現しており，問題の深刻さを写実的に描いている。

　先に見た「ホラー・オカルト・ミステリー」パターンの作品群での性描写では，前近代的な因習や「むら」の閉鎖性で起こる猟奇性や暴力性が強調されていた。こちらのパターンでは，農村での恋愛や結婚は性規範から大きく逸脱することはないが，「むら」の空間によって生じる物理的な条件が大きな障害として描かれており，都会と比べて不便，出会いが少ないというイメージが強調されている。

## 2　農村のセクシュアル・マイノリティ

### 1. マンガに登場したセクシュアル・マイノリティたち

　1990 年代までの作品の中では，農村で生きるセクシュアル・マイノリティは登場していなかった。これは欧米の農村表象において「他者」として排除されていた，という研究とも一致する。しかし，90 年代に入って地方・農

Ⅲ　メディアにおける性愛の表象

村舞台の作品においてセクシュアル・マイノリティが登場するようになった。

　前出の『愛しのアイリーン』では，「ひき屋」の 2 人[6]は同性で性交している場面がある。彼らは都市から来襲した主人公たちの敵であるよそ者，「他者」という位置づけだった。アイリーンを追ってきた岩男を殺そうとする上司を止めようと部下が愛の告白をした直後，岩男に銃で撃たれてもろともに死を迎えることとなる。

　西炯子は読み切り作品「薔薇姫」（2001 年）で園芸農家の孫と同級生の男子の恋を描いている。少女マンガ誌『プチフラワー』の増刊に掲載された，性描写のない，いわゆる"ぬるめのボーイズ・ラブ（BL）"作品であるが，死によって 2 人の恋は成就しない。村で同性カップルが誕生することがなかったという点で，"異端の排除"の力が働いているといっていいだろう。

　その後，西は『双子座の女』（2003〜04 年）で，性同一性障害の高校生男子を副主人公に据えている。彼と双子の弟との近親相愛，少女マンガらしくぼかした表現ではあるが性交場面もある。この作品は鹿児島市周辺が舞台だが，冒頭部は海辺のサマースクールの場面から始まり，双子が結ばれるのは祖母の家がある海際の温泉地で，農村とは言えないが田舎として描かれている。

　また，石川雅之は読み切り作品「彼女の告白」（2002 年）で，村で暮らす女性同性愛者のカップルを登場させているが，「おなべ」と自称する"夫"（FtM，女性から男性へのトランスジェンダー）は薄く髭を生やし，3 人いる子供たちも気付かないほどに徹底して女性であることを隠し通していた。カミングアウト時の一コマには女性同性愛の隠語である「百合」の字が書かれた掛け軸と百合の生け花が飾られた床の間が描かれているが，"夫"はあくまで男性として生活している。その事実を知ったのは 1 人だけであり，そこで物語は終わっており，その後どうなるかは描かれていない。

　ここまでは農村からの排除の傾向が見られるが，農村で生きるセクシュアル・マイノリティが登場する作品も描かれるようになっている。

　『あの山越えて』（2002 年〜）ではレギュラークラスの脇役として MtF（男

---

[6]　この 2 人のうち上司は日本人だが親に捨てられ，部下は日本人の父とフィリピン人の母の間の子だが，母は父に捨てられている。

性から女性へのトランスジェンダー），前出の『かむろば村へ』では同性愛者の男性が「むら」で暮らしている。また，田舎の農業高校での恋愛を描いた，舟斉文子『欲しがりません収穫までは』(2010年) というBL誌作品もある。

舟斉作品は男子寮中心に話が展開し，共学であるにもかかわらず，教室や実習場面でも女子がほとんど登場しておらず，また周囲も同性であることを問題とせず，当然のことのように主人公たちの恋を応援している。主人公たち以外の男性同性愛カップルがいることも書かれている。BLとその源流と言える「少年愛」「やおい」と呼ばれる作品ではよく見られる，社会から隔絶され，女子まで排除されたクローズドな空間が設定されている。

特殊な状況設定がない限り，多くの作品で，セクシュアル・マイノリティは「他者」，「異端」の存在とされ，農村では生きにくく，暮らし続けることができなかった。そのようなステレオタイプ・イメージを打ち破り，『あの山越えて』と『かむろば村へ』では，「むら」の中で生きていくセクシュアル・マイノリティが描かれている。

## 2. 村で生きるか，出ていくか

『あの山越えて』の場合，6巻 (2005年発表) で登場するMtFの百合子は，東京で水商売をして性転換手術費用をためようとしながらも，実家への仕送りを続けていた。彼女は酪農家の父親が腰痛で働けなくなったことを契機に，家業を継ぐためにUターンしようとする。父親は彼女を受け入れられず猛反対するが，母親は納得している。周囲の助言もあって父子は和解し，彼女は村で生活を始める。後日，村の青年会主催のお見合いパーティに呼ばれるというエピソード (2009年) が出てくる。彼女は髪を結いあげてワンピースとショールで着飾り (図4の1コマ目　夢路行2009『あの山越えて』第14巻. 秋田書店：200)，アクセサリーやネイルアートなども施して派手に装い (図4の2コマ目)，「"賑やかし"役」という自分の役割も理解している。1コマ目の顔の横にかかれた書き文字には「ひさしぶりに完全武装しちゃった」(普段は牛の世話のために作業着で，アクセサリーなどもつけていない) とあり，この機会を楽しんでいることがうかがえる。

Ⅲ　メディアにおける性愛の表象

図4　MtoF の百合子『あの山越えて』

　このエピソードでは，彼女が主人公たち数人の個人レベルではなく，青年会という組織地域，ひいては地域社会に受け入れられていることが示されている。そこで彼女に期待されているのは，女性に優位だとされるコミュニケーション能力である。図4の2コマ目にある「もと水商売」という書き込みは，東京で接客業（ホステス）をしていたから得意だろうということを暗示している。この他にも，彼女は他の女性キャラクターたちから女"同志"とみなされていると思われる場面が出てくる。また，9巻（2006年発表）では，息子を両親に預けて自分は別居し，「おかまバー」で女装して働いている男性（離婚歴あり）も登場した。この人物は父親としての自信を持てないでいたが，幼馴染と再婚，帰郷して「父親らしく」生きることを決意している。
　『かむろば村へ』では，男性同性愛者の「みんちゃん」が登場する。彼は村の温泉旅館の厨房で働いていたが，職場の男性と同棲を始めたことが発覚し，女将から退職を進められ，それに従うことになる。しかし，その後も村で暮らし続けている。彼は，家庭料理ではプロの料理人にはなれないという宣告を板前から受けていた。しかし，「プロじゃなくてもいいや，オレが作っ

第 13 章　マンガにおける農村の「性」とジェンダー

図 5　男性同性愛者「みんちゃん」の目　『かむろば村へ』

たもの食べてみんな喜んでくれればって」（いがらしみきお 2008『かむろば村へ』第 3 巻．小学館：32）と，村の中の祖母の家で，村人たちに物々交換で食事を提供するようになった（モグリの食堂ということになり，法的な問題をクリアするために金銭による代価は受け取っていない）．

　普段は眼鏡で隠されている彼の目（図 5 の 2 コマ目　同上 2007．第 1 巻：94）や，プロの料理ではなく家庭料理を提供するということも女性的なものを連想させる．みんちゃんの目は大きく，まつ毛がびっしりと描き込まれてアイラインを引いたようで，まるで近年流行りの少女マンガや人形のようなアイメイクに見える．これは，美女に用いられている記号である．続くコマで主人公は「メガネとるとかわいい」，「男のメガネキャラ」と発言している．「メガネキャラ」というのは男女問わずメガネをかけた人物を指す言葉だが，わざわざ「男の」と付けていることから，いわゆる"萌え[7]"の対象としての"メガネっ娘"の意味で用いられているのであり，主人公がみんちゃんに強く女性性を感じていることが表れている．家庭料理は「おふくろの味」といわれるように，女性の表象である．みんちゃんはゲイであるという点で「異端」であるとしても，ステレオタイプの女性的な存在に転化されることで，

---

[7]　オタク（マンガ・アニメ愛好者）用語で，人物や物に対する強い愛着，情熱，欲望などを表す．

## Ⅲ　メディアにおける性愛の表象

「むら」にいることが保証されているとも読めるのである[8]。

　これら2作品と違い,「むら」から出て行ったセクシュアル・マイノリティが描かれる作品もある。『雨無村役場産業課兼観光係』(2007～10年)では,同性である主人公・銀一郎に恋愛感情を抱く澄緒という青年が副主人公として登場する。澄緒は作中で上京して俳優として成功をおさめ,将来的に村に戻るとは約束しているが,それは老後(少なくとも年齢的に性愛が大問題にならなくなってから)であろうことが暗に示されている。

　結局,澄緒は村では居場所を得ることができず,離郷するという結末になっていることが重要である。澄緒は東京でいきなりスカウトされ,オーディションに受かってしまうなど,少なくとも容姿のレベルは相当に高く,人に好かれる性格でもある。アイドル的扱いを受けていても村から浮いていたという描写も特にない。本人が特に希望したわけでもなく,それにも拘らず,成り行きで離郷してしまう。「成り行き」,つまり本人の意思ではない,「物語」の構造上の力による排斥が働いたととらえてもいいのではないか。

　澄緒については,女性的な要素を持っているという描写は特に見られない。澄緒の同性への恋愛感情は,好意を寄せた相手である銀一郎と澄緒に好意を寄せるメグしか知らないため,村でそのまま生きていくこともできたかもしれない。しかしそれには,最も付き合いが深くなるはずの同世代の2人に知られていることが大きな障壁になったと推測される。作中,銀一郎への好意が表面に出るたびに澄緒は行方をくらませてしまい,そのことは澄緒の持つ葛藤の大きさの暗示ともとれる。

　現に,メグが自宅で同級生女子と銀一郎を引き合わせている場所に同席させられた際,彼はうつむいて視線をそらし,汗を表す記号が頭部周辺に多数描き込まれ,激しい動揺が示されている(図6, 1, 3コマ目　岩本ナオ 2008.『雨無村役場産業課兼観光係』第1巻. 小学館：67)。これは,自分が"いてはいけない場所"に踏み込んでしまったという自覚ではないか。同級生女子から将来の夢を問われ,「……今すぐこの世から消えることです」(第1巻 P. 67)と

---

[8]　実はみんちゃんの同性愛の相手は後の村長(指名手配被疑者)だが,彼には神の化身である老人の娘との間に子供(怪雨を起こす孫)があり,さらに妻との間にも子ができ,これも「親になる」ことが救済になるケースである。

第 13 章　マンガにおける農村の「性」とジェンダー

図 6　いたたまれなさを感じている澄緒
『雨無村役場産業課兼観光係』

答えるコマが続く（図 6，4 コマ目）。このコマは小さく，描かれているのがメグの家の遠景であることと，その台詞は重要である。いたたまれなさから来る声の弱さを示すように，コマは見開き（2 ページ）の左下（同席エピソードのシークエンスの最終コマ）に小さく収められている。そして，台詞は人物ではなく，その場の空間，村の中にある民家にかぶせられている。直接にはその場にいることがいたたまれず，「穴があったら入りたいほど恥ずかしい」という意味だと思われるが，この時点で澄緒にとっての「この世」は，このコマが象徴する，小さな「雨無村」に他ならないのだ。

　マンガ作品において，連載打ち切りなどにより作者の意図から外れた結末になるケースは少なくない。しかし，この作品の場合は当初の予定より連載が長期化しており，また，きちんと最終回が書けるか不安だったが「あっさり終わってしまいました」（同上 2010．第 3 巻：185）というあとがきでの作者

の言葉からも，この結末は作者にとっては納得のいくものであったということも推測できる。この結末は「むら」で育った作者の中のイメージに即したもの，少なくとも大きく外れるようなものではなかったと考えられるのである[9]。

## おわりに ── 「農村の性」に残り続けるジェンダー規範

　高度成長期以降のマンガ作品では，「ホラー・オカルト・ミステリー」の作品群に見られるように前近代的な「解放的」または「乱れた」性習俗，因習や土俗的宗教によって引き起こされる猟奇性を帯びたセックス・ファンタジー，または「恋愛・日常生活」ものでの「むら」の空間的・物理的な条件に由来する「不便さ」「出会いのなさ」などが強調され，どちらにせよ都市・都会ではありえないような「農村の性」のステレオタイプ・イメージが提供されてきた。

　そのイメージでは，「むら」の規範から外れる「他者」は物語からの排除という結末を迎えるか，そもそも描かれないかのどちらかである。現代的な性道徳・規範，法から外れる存在が「子供ができる」ことで救済を与えられる（物語からの排除を逃れる）ことがあるのは，異性愛の規範に基づいて「親になる」ことで「むら」に包摂されるからだと考えることができる。

　1990 年代に入ってからは，それまで描かれていなかったセクシュアル・マイノリティが作品に登場するようになる。「少年愛」ものの少女マンガ作品のように，外国や都市（歴史ものであれば都）を舞台とする作品では，1970 年代にはすでにセクシュアル・マイノリティが描かれていた。それらに 20

---

[9]　単行本 3 巻あとがきに，編集者からネーム（マンガの下書き段階）へのダメ出しはほとんどなかったとある。編集者の連載開始前の提案（単行本 1 巻あとがき）から，青年誌のような社会派の「問題作」を狙ってはいない（村おこしが題材であっても問題提起や社会批判が主題ではない）ことが推測される。そうであれば，衝撃的な結末よりも「むら」らしさ（これは読者の受け止め方も意識されてはいるだろうが，結局は作者や編集者にとっての「らしさ」ということになる）を壊さない結末を認めた，と考えるのが妥当だろう。この作品は作者自身の出身地をモデルとしているため，より強力に，作者にとっての「むら」のリアルが反映されていると考えられる。

年以上遅れる形で，農村マンガにも登場したのである。この時間差はセクシュアリティのイメージにおける都市−農村格差の表れであろう[10]。

さらに2000年以降の作品である『かむろば村へ』や『あの山越えて』では農村で生きるセクシュアル・マイノリティが描かれるようになった。少なくとも従来のステレオタイプなイメージ上では保守的で異性愛中心とされる農村を舞台に，同性愛者やトランスジェンダーが決して排除されないものとして描かれるようになったという点では大きな変化であろう。

しかし，その描かれ方をみると，そのキャラクター造形（外見）や物語内での役割において女性的な要素を持つ存在が，料理能力やコミュニケーション力などの女性ジェンダーを引き受けており，ステレオタイプ的性別役割が反映されている。マンガに描かれた，「むら」に生きるセクシュアル・マイノリティたちは，その性的指向においては「異端」であるとされるが，実はジェンダー規範に即した振る舞いを取ることで「むら」での居場所を確保し，そうでない場合には村を出ていくという結末が用意されている。日本においても農村表象は男性・異性愛中心であり，周縁的存在であるセクシュアル・マイノリティたちは「脇役（≠主人公）」として，かつ，周縁的な「女性」として振る舞うことで「むら」に包摂されているのである。

本章ではマンガに描かれるイメージについて考察してきたが，序章で提示された論点のうち，第1の「私的なものとしての性と社会のあり方との関係」，第2の「「正しい」セクシュアリティや関係性の定着と普及，異性愛中心のイデオロギーの形成」，第4の「セクシュアリティとジェンダーの関係」について述べて終わることとしたい。

まず，第1，第2の論点について，私的領域である性を描くに当たっても，人物設定（役回り）や物語の展開に「むら」社会の規範や近代社会（法）の規範が強く影響し，そこから逸脱する者は排除され，逆説的に「正しい」性や人間関係のあり方が示されている。「親になる」ことが逸脱者への救済の道

---

10) これはコンテンツ数が少ないことに起因するのではないかという反論があるかもしれない。しかし，農村におけるマイノリティの存在がそもそも着目されていなかったこと，表象から排除されていたことは欧米での先行研究でも指摘されており（注1参照），日本でも同様なのだといえるだろう。

Ⅲ　メディアにおける性愛の表象

として描かれるのも，その表れである．近年になって「むら」から排除されないセクシュアル・マイノリティが描かれるようになったことは，現実社会での「正しい」性規範の変化（少なくとも，マイノリティ差別は「正しくない」という規範）の反映である一方で，少なくともイメージ上では「農村は遅れている」「古いまま，変化していない」というセックス・ファンタジーが残っているともいえる．

　これと関連して第 4 の論点について，私的領域としてのセクシュアリティについてはマイノリティの受容という変化が見られるが，対人関係や「むら」の中での立ち位置といった社会関係において，彼らにもジェンダーにのっとった振る舞いが要求されている．そして，男性ジェンダーを示す者や男／女のジェンダーにあてはまらず周縁の中でもより境界上にあるようなあいまいな存在ではなく，より「弱い」，つまりより「支配（制御）しやすい」女性ジェンダーを明確に有する者が描かれている．ここにジェンダーにおける男女の非対称性やジェンダー規範の強固さが表れているのである．『あの山越えて』で異性愛者の女装者が「父親らしく」振る舞うことを決意したように，そして『雨無村……』の澄緒がむらから出て行ったように，男性ジェンダーはより強固で未だ脅かしてはならないものであるようだ．セクシュアリティは男女の間の事柄であるという異性愛イデオロギーのゆらぎに対して，ジェンダーがオブラートや緩衝剤として働いているということもできるかもしれない．

• 参考文献 •

赤松啓介，上野千鶴子，大月隆寛 1995.『猥談：近代日本の下半身／赤松啓介 VS 上野千鶴子；大月隆介錯』現代書館．

Binnie, J. & Valentine, G. 1999. "Geographies of sexuality: a review of progress", *Progress in Human Geography*, 23-2: 175-187.（杉山和明訳 2000.「セクシュアリティの地理―― 進展のレビュー」『空間・社会・地理思想』5：105-117.）

一宮真佐子 2008.「ポピュラーカルチャーにおける農業・農村表象とその変化 ―― 現代マンガを対象として」『村落研究ジャーナル』15-1：13-24.

Ichinomiya, M. 2009. "An Analysis of the Image of "Women in Japanese Rural Areas" in 'manga" *Proceedings of the 1st Next-Generation Global Workshop*: 626-640.

菊地暁 2009.「誰がために海女は濡れる ―― 日本海女写真史略」『セクシュアリティの表象と身体』臨川書店：114-141.
Philo, C. 1992. "Neglected rural geographies: a review" *Journal of Rural Studies*, 8: 193-207.
渡辺めぐみ 2009.『農業労働とジェンダー　生きがいの戦略』有信堂.
米沢嘉博 2010.『戦後エロマンガ史』青林工藝舎.

# 第14章 女性ジャンルに表れる'恋愛'と韓国女性
―― テレビドラマを通じて

朴　珍姫

## はじめに

　映画やテレビの発達は多様なジャンルの開発を促し，やがて各ジャンルのターゲットとなる視聴者が差異化されていく過程のなかで，性別による説話形式（narrative form）が定着していくことになる。その結果，'女性ジャンル'という女性向けの，女性たちが好むジャンルが生まれた。それは，韓国ではメロドラマ，連続ドラマ，クイズショーなどを指しており，'男性ジャンル'と言われる男性向けの，男性が好むコンテンツとは異なる特徴を持っているとされている（박명진パク・ミョンジン 1991：137）。
　ところがこれら女性ジャンルは知的，審美的な観点から低級であるとともに，支配的イデオロギーの効果的な道具であり，女性受容者をのけ者にして抑圧と搾取の鎖にからめとり，逃れられないようにする，一種の甘い麻薬のような機能をもつ文化であるという非難の対象ともなっている。その最も大きな原因は女性ジャンルが描く'恋愛'にある。ときにこれは女性を抑圧する主軸であり，そのイデオロギー的再生産を通じて男女の役割の分離を強化し男性の権力を永続化するという非難を受ける（이미경イ・ミギョン 1992）。엄연수オム・ヨンスは「ロマンス文化が存在しつづける限り，多くの女性が恋愛にはまって経済的，心理的自立性を確保する機会を失い，結局は結婚を戦略的に選択するしかない」（엄연수オム・ヨンス 1997：117）と主張する。

しかしこの主張は女性ジャンルの消費者である女性たちがそこから得る‘快楽（pleasure）’を無視したものである。人口の半数を占める女性は大衆文化の主要な消費者であり，ある意味では男性より積極的な消費者でもある。商業性と強く結び付けられているこれら女性ジャンルは，少なくとも女性たちが‘好んで’それらを消費できるように作られている。今必要なのは女性ジャンルを非難するための分析ではなく，女性ジャンルは韓国女性に好まれるために‘何を選んだのか’，韓国女性は女性ジャンルに‘何を望んでいるのか’という，女性ジャンルそのものの分析であろう。

　本章は韓国の女性ジャンル，なかでもその代表格といえるテレビドラマに注目する。自他が認める‘ドラマ共和国’である韓国では，地上派放送 3 社が 1 年間に放映するドラマの数は各放送局別に 20〜30 本，多少の偏差はあるが週に 20 本を超え，年間約 70 本，再放送を含むと年間 200 本を超えるドラマが放映されている。地上派系列のケーブルテレビ局では地上派で放送されたドラマを 24 時間再放送しており，これらドラマチャンネルはほかのチャンネルより高い視聴率をあげている。2000 年から 2004 年，韓国のテレビドラマの累積編成時間をみると，全体の編成でドラマが占める比率がほかのジャンルに比べて圧倒的に高い。また編成時間だけではなくその視聴率も驚異的なものである。2007 年度の地上波放送 3 社の視聴率をみると，1 位から 19 位までがすべてドラマで占められている（박장순パク・ジャンスン 2008：47-48）。19 時から 22 時までのいわゆるゴールデン・タイムには必ずドラマが編成されており，各放送局の看板番組の役割を果たしている。人気ドラマがさまざまな社会現象を引き起こしたり，ドラマの主人公が身につけたファッションアイテムやドラマで使われた小物などが消費の動向までを大きく左右したりすることは今では決して珍しいことではない。

　本章では韓国女性ジャンルの代表格といえるテレビドラマ，なかでもそこに映されている‘恋愛’を分析する。そのためにまず韓国社会に恋愛がどのように広がったのかを，テレビドラマの主なターゲットであり視聴者でもある女性に焦点を合わせて探っていきたい。そしてテレビドラマがその‘恋愛’を作品のなかでどのように再現しているのか，その特徴を分析することによって女性ジャンルは‘何を選んだのか’，韓国女性は女性ジャンルに‘何を

第14章　女性ジャンルに表れる'恋愛'と韓国女性

望んでいるのか'という，女性ジャンルそのものの分析につなげていきたい。

## 1　韓国女性にとっての恋愛

では恋愛は韓国社会，特に女性にどのように広がっていったのか。'恋愛'という用語がはじめて使われたのは菊池幽芳の『己が罪』(1899) を翻案した조중환チョ・ジュンファン (1912) の『双玉涙』という小説であり，用語として一般的に使われるようになったのは1910年代末以降である。もともと朝鮮時代には婚姻にあたって当人の意思は無視され，主婚者[1]によって婚姻が決められていたため男女交際は許されず恋愛は不浄なものとして考えられていた。恋愛に対するこのような考え方は20世紀に入ってからもそれほど大きく変わることなく引き継がれた。

一方で恋愛は啓蒙の手段として使われた。1920年代，韓国社会に出現した'新女性'は自由恋愛の実践を封建的秩序の圧迫からの解放であり，啓蒙の役割を果たすための手段として積極的にとり入れていった。彼女たちは自我の発見を主張し，その実現のために自由恋愛による結婚と新貞操論を唱えた。恋愛は啓蒙の同義語になり，自由恋愛は旧家族制度を含め打破しないといけない前近代的なモラルに挑む実践行為になった。

新女性たちの恋愛の学習の場は映画館だった。1920年代はハリウッドのメロドラマ映画が韓国に輸入され，当初男性観客のためのものだった[2]映画に女性観客が徐々に流入しはじめる時期にあたっている。また1930年代以降は映画の形態が無声映画からトーキー(発声映画)にシフトし，映画を観るためには字幕を読める能力が必要になった。これは女性のなかでも教育を受けた新女性たちが主な観客であったことを意味する。김윤선キム・ユンソ

---

1) 婚姻の際の両家の代表者。第一次に本家の直系尊属，第二次に伯叔父母，兄弟及び外祖父母，第三次に有服親(喪服を着る範囲の親族に相当する)。
2) 「『ロンドン・タイムズ』の1897年10月17日の記事によるとアスターハウス(＝映画館)はタバコの空箱を持ってくる人たちに活動写真を見せてあげただけでなく，観客たちにカラーで撮った綺麗な妓生(＝韓国の芸者)の写真葉書を配ったという」(김종원キム・ジョンウォン，정중헌チョン・ジュンホン 2001：20-21)。

ンは「映画館のなかでの経験は恋愛の経験につながる。男女が一緒に座って映画を観たり，多くの異性に会ったりすることもできる。恋愛はスクリーンの中と外の境界を壊し，映画館を恋愛館にした」(김윤선キム・ユンソン 2007：200) と話す。新女性たちは映画館で新しい文明に出会い，またそこで異性との会話と恋愛の技を教わった。ところが新女性と恋愛関係にあった男性は早婚の風習によりそのほとんどが既婚者であった上に，当時は離婚が現実的に難しく[3]，自由恋愛を実践した多くの新女性が'妾'または'第二夫人'に転落するしかなかった (서형실ソ・ヒョンシル 1994：111)。

　新女性はこれまで韓国社会を構成していた伝統と近代の対立構図のなかで，近代に対する社会構成員たちの強烈な熱望を負い社会的な勢力を得た集団である。1920年前半，新女性は「洗練されて清潔で裕福で魅力的な女性」(권희영クォン・ヒヨン 1998：55) を象徴していた。このイメージはこの時期の大多数の女性たちが熱望していた近代的な家族の良妻賢母としてのイメージに最も相応しいものであり，そのイメージを守りつづける限りでは羨望の対象になることができた。新女性たちが行使できる'権力'は彼女たちが教育を受けた女性であること，そしてその教育の内容が近代的であるからこそ可能であった。しかし新女性たちが自らの'権力'の背景である近代的な教育制度が構築した良妻賢母という女性主体のカテゴリーを超えて性の解放を主張するようになると，彼女たちの'権力'は一瞬にして失われた。まして近代的な教育を受けた中産階級の女性がひとつの集団として存在していなかったこの時代に，近代的な家父長制が想定した良妻賢母としての女性のアイデンティティを正面から否定するということは，男性支配社会からの孤立だけではなく，大多数の女性たちからも背を向けられる結果となった (조주현チョ・ジュヒョン 1999：55)。結局，開放的なセクシュアリティと自由恋愛を主張した初期の新女性たちは社会からふしだらな女というバッシングを受け，追放された。これは社会的に再び保守的な儒教倫理の声が上がるきっか

---

[3]　朝鮮時代の離婚の権利は夫側の両親にのみ認められていた。1915年に入って協議離婚，1921年からは裁判上の離婚制度が採択されたことによって女性にも離婚請求権が認められ，ここにきてようやく婚姻の維持と破棄において当事者の意思が反映されはじめた。(이효재イ・ヒョジェ，김주숙キム・ジュスク 1982)。

けになり，自由恋愛の拡散はここでいったん制御されることになる。
　'自由な恋愛' はその必要性が唱えられた当初から韓国の女性たちが広く共有できるものではなかった。それは先進的な西欧式の教育を受けた一部の '新しい女性' たちが，女性の人生のあり方を決める結婚という慣習から自分を解き放ち1人の人格として存在するためにとり入れた民族啓蒙のためのツールだった。しかし韓国社会は彼女たちが引き起こすスキャンダラスな '奇行' を面白おかしく報道し，女性の最高の価値である貞操を守れない異端者とみなした。家族形成の準備段階である恋愛，つまり '結婚を前提にした恋愛' はこの後徐々に擁護される傾向を見せるが，日本統治時代を経て，韓国戦争以降も韓国社会は伝統的な規範に支配されていて，恋愛は一部エリート層を除き，一般的には陰でなされる行為であった。
　1960年代に入ると急速的な産業化とともに高等教育機関が急増し，大学生の数が大幅に増えた。そして1960年代後半から1970年代まで大学生の間では集団ミーティング（合同コンパ）がブームとなり，大学への入学は，高校までは許されなかった男女交際の '特権' を手に入れる関門になった。この時期から徐々に韓国社会にも男女交際が広がり，定着し始めた。韓国保健社会研究院が行った韓国人の配偶者選択の有り方に関する調査（1992）によると，1960年代前半まで主婚者が決める典型的なお見合い結婚の傾向が強かったが，1960年代後半に入ってまず両親が決定し，後に本人が同意するという形態が最も優勢となり，1970年代以降にはまず本人が決定し，後に両親が同意するという形態が圧倒的な割合を占めるようになった。そしてこの傾向は現在まで続いている。その原因は，1970年代から本格的に実施された家族計画の成功により核家族化が急激に進み，ロマンスで始まる恋愛結婚が幸せな家庭を築く第一歩であるという考え方が韓国社会に根付き始めたこと，そして夫婦中心の核家族制度の下，家庭の形成にロマンティック・ラブが導入されるべきだという認識が広がったことにある（이성숙イ・ソンスク 2009：176）。しかしいまだ恋愛は結婚と強く結ばれた行為であることに変わりはなかった。
　1980年代後半になるといよいよ男女交際の普遍化とともに，はじめて恋愛を経験する時期がだんだん早くなっていった。ここから男女交際は若者た

ちにとって1つの通過儀礼としての意味を持ちはじめる。また1990年中盤，韓国社会は性行為，妊娠，出産，性暴力，性売買などと10代の性の問題が社会問題として台頭した。自らの性行為を金銭目的で撮影し流通させた'赤いマフラー'事件や，数々の援助交際事件から浮き彫りになった10代の'自発的'な性行為の実践は韓国社会に大きな衝撃を与えた。これまでセクシュアリティをもたない存在として考えられた10代が性に関する問題の主体として登場すると，形式的に行われていた既存の学校の性教育に対する問題提起とともに性問題解決のためのシステマティックな性教育が要求された。そして10代を性的主体として認定する性教育の必要性が唱えられた。しかしここでも女性のセクシュアリティは再生産と関連付けて語られ，10代の女性は将来のため純潔を守らなければならない存在として再現された。10代女性は，一部の問題児集団を除いて，性的な欲求がないとみなされ，性的な欲望よりは親密感の表現や恋愛感情に関心をもつ存在として規定された。そして10代女性は，異性交際において健全さを維持し純潔を守り，なおかつ'性ホルモンの差によって女性とは違って激しい性的欲求をもつ'とセクシュアリティを正当化された10代の男性の性的な欲望まで抑制させないといけない責任までをも背負わされた (박혜림パク・ヘリム 2007)。

　20世紀初頭に外部から伝授された恋愛は時代の流れとともに一部のエリート層から一般へと広く受け入れられていった。そして1980年代後半になるともう男女交際は結婚につながるステップではなく，親密な関係を構築し，楽しむためのものとして性格を変えた。ここから男女交際は徐々に結婚と分離され，ようやく韓国社会にも恋愛がかならずしも結婚につながることのない，'自由な恋愛'が定着していった。しかし'自由な恋愛'が'性的な欲求を自由に実践できる権利をもつ恋愛'を意味するものではなかった。特に女性のセクシュアリティに関しては再生産と強く結びついて語られてきたために相変わらず保守的な価値観が適応された。

第14章 女性ジャンルに表れる'恋愛'と韓国女性

## 2 韓国テレビドラマの'恋愛' ── メロドラマを通じて

### 1. 韓国ドラマが'恋愛'を描くまで

'医学ドラマは病院で恋愛をして,企業ドラマは会社で恋愛をして,大河ドラマは三国・高麗・朝鮮で恋愛をする.'

韓国のテレビドラマが千篇一律に'恋愛'を描いていることを嘆くこの言葉からもわかるように,韓国のドラマで'恋愛'は非常に比重の大きいテーマである。しかし最初から'恋愛'がテレビドラマの中核を担っていたわけではない。韓国のテレビは開局当初,最も大衆的な政治の宣伝媒体として機能しており,なかでもドラマは政権の正当性を国民に訴える最も有効な手段として使われていた。韓国で本格的なテレビ放送が始まったのは国営放送のKBSが開局してからである。KBSは1961年に起きた5.16軍事クーデターによる軍事政権のもとで開局した国営放送局で,その目的は新政権が提示した統治理念としての'祖国の近代化'とその具体的な目標である'経済成長'のための広報,そして'反共イデオロギーの強化'だった。当然テレビドラマも反共と啓発,啓蒙を目的に作られたプロパガンダ劇 (thesis play) が多く,1964年11月5日から放映され約20年間KBSの看板ドラマを務めた〈実話劇場 (실화극장)〉は,中央情報部に所属する現役幹部をドラマ作家に迎えて作られた反共 (国策) ドラマだった (김승현キム・スンヒョン,한진만ハン・ジンマン 2001 : 48-49)。

しかし民営放送局の相次ぐ開局[4]と,1960年代後半からテレビ放送にもコマーシャルが許可されたことから,商業性を帯び始めたテレビにとって視聴率が放送に重要な要素になった。テレビドラマは視聴者に共感 ── 視聴率 ── を得るために,通俗的で誰もが共感できる物語を描き視聴者の日常を反映すると同時に,社会が要求する目標を歴史ドラマの英雄や献身的な女性像などの模範的な人物像を通じて提示し始めた。そして1970年,韓国でテ

---

[4] 1964年TBS (後に1980年政府の言論機関統廃合によってKBSに統合),1969年MBC (後に公営化)。

レビドラマが女性ジャンルとして足場を固めるきっかけになった毎日連続ドラマ〈お嬢さん（아씨，1970-1971，TBC）〉が放映される。1年弱の間女性の視聴者たちをドラマに没頭させた〈お嬢さん〉は，自己犠牲を美徳として生きた典型的な韓国女性の一生を描いており，女性をテーマにしたドラマの定型を作りあげ，韓国テレビドラマの歴史上類を見ない高い視聴率を記録した（최선열チェ・ソンヨル，유세경ユ・セギョン 1999：8）。また〈お嬢さん〉以降人気を集めた KBS の〈旅路（여로，1972）〉，〈波（파도，1973）〉もいわゆる'お涙頂戴もの'の「女性趣向の典型的で韓国的なメロドラマ[5]」であった。では'韓国的なメロドラマ'とは具体的にどのようなものなのか。

　韓国メロドラマの慣習的な特徴を考える際に最も考慮すべき点は'新派性'と'女性性'である。これは韓国のメロドラマが日本の新派劇から由来していることと関連している。韓国でメロドラマは当初 1910 年代の演劇に用いられ，演劇の用語として使われた。それは，近代初期の日本で西欧のメロドラマの影響を受けて形成された新派劇が，韓国に流入されたものだった。観客を泣かせることがその作品の成功につながる新派劇や新派映画は，社会問題を非難したり，それに思想的な態度で近づいたりすることはせず，1人の家父長の成功のために家族 ── 女性 ── が犠牲になることや，悲惨な現実に対して運命論でもって諦めるなどの退嬰的で敗北的な心理をその基盤とする。したがって韓国のメロドラマは主に女性の'恋'，'犠牲'，'母性'などの慣習的なツールが社会において家父長的な支配イデオロギーに交わって，'涙'，'運命'，そして'過剰さ（excess）'の装置に帰結する傾向をみせる（김정현キム・ジョンヒョン 2007：11-12）。このように新派性と女性性は 1920 年代から現在まで全世代にわたって韓国メロドラマジャンルを支配する中心概念として働いている。そしてメロドラマという用語は今では'障害の多い恋物語'を表す包括的な物語ジャンルとして通用されている。

　1980 年に政府によって断行された言論機関統廃合[6]により，政府の放送に

---

5)　この時期のメロドラマは'恋愛'より'新派'的な要素が強かった。（정영희チョン・ヨンヒ 2005：64）。
6)　1980 年 11 月 14 日韓国新聞協会と韓国放送会の臨時総会の決議に従って実施された新聞通信の統廃合と放送の公営化措置。'健全な言論育成と暢達'の名分で，政府の強制調整の下，新聞協会と放送協会による自律的な決議を政府が採択するという形で行われた。この結果全国 64

対する規制はより強く，そしてダイレクトに行われはじめた。規制は主に娯楽番組に加えられることが多く，政府は放送協会に圧力を加えて毎日連続ドラマの編成回数を制限した。しかし 1987 年 '6.29 民主化宣言' 以降，放送に対する政治的干渉が軽減され，表現の自由が表面的ながら認められた 1988 年以降は，'恋愛' がテレビドラマのなかで最も比重の大きいテーマになった。そして 1990 年代に入るといよいよテレビドラマのほぼ半数がメロドラマに属するまでになる (황인성 편저ファン・インソン編 1999：416)。

　ではなぜこの時期メロドラマが量産されたのか。メロドラマが結婚に縛られない '自由な恋愛' を本格的に描き始めたと考えられる 1980 年代後半は，社会的にも自由な恋愛が定着し，より日常に近づいたテレビドラマが，'恋愛' というテーマを視聴者の共感を得るための素材として積極的に選択できる環境にあった。またテレビドラマの劣悪な制作環境も '恋物語' が韓国社会に広がる一因であった。韓国のテレビドラマ制作はそのほとんどが放映前に撮影が終了している事前制作制を取っておらず，制作過程が非常に流動的で不規則的である。またドラマの制作費も日本の 1/6，アメリカの 1/30 でしかない。このように限られている時間と資金で最も有効的に視聴率を確保できるドラマジャンルがメロドラマなのである。김훈순キム・フンスン，박동숙パク・ドンスクは「メロドラマやホームドラマは歴史劇，刑事物などに比べて大衆の興味をそそる物語構造と，演技力があって人気のある役者などほかの要素によって十分に成功する可能性があるため，比較的に少ない制作費で作られるというメリットがある」上に，「男女間の三角関係を土台に永遠不滅のテーマである男女間の恋物語は基本的な構造を元にしながらも新たな発展が可能なジャンルの特性を持っているため」，韓国の劣悪な番組制作環境でも無理なく消化できるジャンルであると主張する (김훈순キム・フンスン，박동숙パク・ドンスク 1998：417)。ではなぜこれら女性ジャンルが描く '恋愛' が韓国女性たちに 'うけた' のか。ここからは韓国テレビドラマが描く '恋

---

の言論機関の内，新聞社 11，放送社 27，通信社 4 など 44 の言論機関が統廃合された。このことによって韓国の国内放送は MBC，KBS の公営体制になり，地方新聞は '1 道 (韓国の行政単位) 1 誌' の原則で縮小・調整され，通信社は民間通信社である唯一の株式会社連合通信を新しく発足させた。

Ⅲ　メディアにおける性愛の表象

愛'の特徴を，具体的に作品を挙げて検討し，その理由を探っていきたい。

## 2．家族と'恋愛'

　韓国のテレビドラマ，なかでも恋愛を主なテーマとするメロドラマが描く'恋愛'はどのような傾向をみせるのか。이수연イ・スヨンは「意外にもメロドラマの特徴は恋というよりは道徳性，純潔性，そして犠牲のような社会的に通用される美徳に基盤をおいている」(이수연イ・スヨン 2008：37) と主張する。ドラマの主人公は恋や仕事の成就を強く欲望する人物であるが，メロドラマの主人公がそれを得るのは道徳的に正統な方法を通じてでないといけない。そして道徳的に正統な方法はいつも主人公に犠牲を要求する。これは重要な欲望を諦めることを意味する。恋も例外ではない。恋はメロドラマの最も重要な関心事であるにも関わらず，その成就のために道徳が犠牲になることはない。主人公たちはほかのなによりも高い道徳の基準に従って行動する。つまり恋はメロドラマにおいて最も重要な欲望であっても，最も順位の高い秩序ではない。そのため韓国のメロドラマで男女間の'恋愛'は家族に対する義務，家族としての義務を果たしてからでないと成就できないものになる。そしてそこからくる苦痛を，彼らは甘んじて受け入れなければならない。メロドラマで涙を誘うシーンは恋そのものというよりは，道徳性のためにその恋を犠牲にしなければならない状況なのである。

　では具体例としてドラマ〈冬のソナタ (겨울연가[7])〉の'恋愛'について考えていこう。この作品は'涙'や'運命'に代表される韓国的メロドラマの特徴をもっているが，放送当時韓国で「冬のソナタシンドローム[8]」を引き起

---

7)　2002年1月から同年3月までKBSで放映。全20話。最高視聴率28.8％。ユン・ソクホ (윤석호) 監督の'四季シリーズ (「秋の童話 (가을동화，2000年放映)」，「夏の香り (여름향기，2003年放映)」，「春のワルツ (봄의 왈츠，2006年放映)」三作ともにKBSで放映)'の第2作目としても有名。

8)　「('冬のソナタ'は) ネチズン (netizen，「network citizen」(ネットワーク市民) を短縮した造語) の反応も爆発的で，今月の12日にKBSのホームページ内に開設された'冬のソナタ'のサイトは，最初の放送があった14日，43万件のアクセスを記録した。これはKBSのホームページが開設されて以来最も高いアクセス数である」(한승주ハン・スンジュ 2002)。
　「KBSドラマ'冬のソナタ'がホームページへのアクセス件数1000万件を突破するなど爆発的

こすとともに，主人公たちのファッションやドラマのテーマソングまでもが大流行となり，社会現象にまで繋がった。また日本でも'韓流ブーム'の火付け役として認知度の高い作品である。

女性主人公'ユジン'と男性主人公'チュンサン（ミニョン）'は運命的な初恋同士であり，実にさまざまなハードルを越えてやっと恋人同士になるのだが，最後に彼らに別れを決心させるのはお互いが腹違いの兄妹であるかもしれないという倫理的な壁である。このような状況で主人公たちはモラルに従って選択する。例え「なにも知らなかった」，「知らずに出会った」としても，「逃げちゃえばいい[9]」と煽られても，彼らがその壁を越えることはなく「振り返らずに別れる」道を選ぶ。それは彼らが人倫に違背して自分たちが幸せになることはないと自覚しているからである。

また'四季シリーズ'の前作で，韓国では〈冬のソナタ〉より高い人気を誇った〈秋の童話（가을동화[10]）〉の男女の主人公も，実は血が繋がっている兄妹ではなかったということを知ってからも結ばれずにいるのは，女性主人公'ウンソ'を娘として育てていて，娘としか考えられない男性主人公'ジュンソ'の両親の反対ゆえである。反対したことを謝る'ジュンソ'の母親に'ウンソ'は「お母さんのいうこと聞かなくてごめんなさい。私たちがどうかしてた。お母さんとお父さんに心配かけてごめんなさい[11]」と謝る。彼女にとってこの'恋愛'は育ての親の意に反する'間違ったこと'である。この作品には「汝の罪を許す」というセリフがくり返し出てくるのだが，それは'罪'を犯している2人――'ウンソ'と'ジュンソ'――がお互いに聞かせ合う言葉である。両親の反対を振り切って「ウンソと結婚するのは僕だ」と宣言した'ジュンソ'に連れ出されて家を飛び出した'ウンソ'は「私たちが間違っているの。私たちがお互いの罪を許してあげてもダメなものはダメ[12]」と話す。

---

な人気を負って，20代の視聴者たちの間で'流行の泉'になっている。このドラマの主人公であるチェ・ジウとペ・ヨンジュンのファッションの真似や携帯電話にドラマのテーマソングをダウンロードするなど流行の波を成して'冬のソナタシンドローム'を生み出している」（김수경キム・スギョン 2002）．

9) 『冬のソナタ　韓国KBSノーカット完全版　DVD　BOX』第19話．
10) 2000年9月から11月までKBSで放映．全16話．最高視聴率42.3％．
11) 『秋の童話』第11話．
12) 『秋の童話』第10話．

Ⅲ　メディアにおける性愛の表象

　このように高いモラルに従って行動する彼らにとって'家族'とは，'恋愛'の成就において最も高いハードルであり，'両親'は'恋愛'の成就における強力な反対者として表現される。韓国テレビドラマで'恋愛'は'両親'と'家族'の承認を得てこそ完成されるものである。

　このようにメロドラマで最高価値であるはずの'恋愛'に'家族'が及ぼす積極的な影響力は'現実'の反映でもある。韓国社会で'家族'は社会や個人より尊いものとして認識されてきたために家族の安泰は個人の幸福より優先されてきた（김혜영キム・ヘヨン 2006：21）。そして家族の家父長的理念は急速な産業化などの一連の社会の変化によって家族構造と形態，家族関係の側面で多くの変化を経験している現代韓国でも持続されている。現代韓国の家族は外見では核家族の形態を見せるが，相変わらず伝統的な家族が社会の中心として考えられており，家族の生活規範は伝統的な家族主義に基づいている（백진아ペク・ジンア 2009：215-216）。実際2006年韓国で行われた家族観に関する調査によると「自分の幸福よりも，家族の幸福や利益を優先するべきだ」という問いに対して賛成派が79％であり，これは日本の50.1％を大きく上回っている（岩井・保田編 2009：14）。結婚に関しても親の影響力は強く，配偶者との結婚を決めた時，親の影響があったことを47.1％が認めており，これは同調査が行われた日本，韓国，中国，台湾のなかで最も高い数値である（岩井・保田編 2009：50）。

## 3.　セクシュアリティと'恋愛'

　韓国のメロドラマは理想郷を描きこの理想郷は特に道徳的義務に焦点を合わせる。嫉妬と陰謀，裏切り，物質に対する盲目的な追求はそれに対峙している価値として描かれ，結局は敗北する。メロドラマのふたつの価値の体制は極端に両極化されるため，善の価値がさらに引き立てられる。このようなメロドラマの道徳性を最もわかりやすく表現しているのがメロドラマの女性主人公である。彼女たちは極端に善良で，純粋な性格をみせる。そして女性主人公たちの純粋さと天真さはその人物を演じている女優たちの外見的な特性と交わり，清純さというイメージを作りだす。清潔なストレートの髪，薄

第14章　女性ジャンルに表れる'恋愛'と韓国女性

い化粧,端正な身のこなしは彼女たちの純粋な性格を表すコードである。〈冬のソナタ〉の女性主人公'ユジン'の普段着は白やベージュ,パステルカラーのものが多く,活動しやすいユニセックスなデザインものがほとんどである。パーティーに招待された'ユジン'は友たちが貸してくれた高いヒールの靴を好意を断りきれず履いてきて,結局靴擦れをおこし,「慣れない格好をするからこんな目に」合うのだと後悔する。普段は付けない「赤い口紅もピッタリ」似合っていると褒められるが,パーティー会場に入る直前に鏡を見てやはり自分には似合わないのだとティッシュで口紅をふきとる[13]。そしてパーティー会場に入ってからも普段より肌の露出度の高いドレスを気にし,腕で体を隠すような仕草を何度もみせる。

　これに反して女性主人公のライバルは自己中心的で嫉妬深く,計算高い人物である。彼女たちは赤い口紅と濃い化粧,女性的美しさと性的魅力をアピールする服装で描かれる。〈冬のソナタ〉の女性主人公のライバル'チェリン'は,幼馴染から「がめついヤツ」と言われるぐらい計算高い人物である。彼女が選ぶドレスは「セクシーすぎる」と男性主人公'チュンサン'に阻止されるようなものであり,「女性が一番きれいに見えるのは美しさに自覚してない時」と考えている彼にとって,'チェリン'の姿は「"私はきれい"と言ってるみたい[14]」に映る。つまり'チェリン'は自分の女性としての美しさを十分理解しており,それを躊躇なく表現できる人物なのだ。女性主人公のライバル役の衣装はほかのドラマ作品でもたびたび話題になっている。実際〈フルハウス（풀하우스[15]）〉という作品では女性主人公のライバル役として登場する'ヘウォン'の衣装が,毎回ブラジャーだけのようなスタイルの上に短いジャケットやひらひらのシャツをかけて胸を強調しており,いき過ぎた露出であると問題視された。これを受けてドラマの制作社は「ハン・ウンジョン（'ヘウォン'役を演じたタレント ── 引用者,以下,引用文中の括弧内は引用者）の衣装のコンセプトを間違ってしまった。演技ができないから体で勝負するなどといわれないように28日の放送からは（衣装のコンセプトを）変え

---

13) 『冬のソナタ　韓国KBSノーカット完全版　DVD　BOX』第5話。
14) 『冬のソナタ　韓国KBSノーカット完全版　DVD　BOX』第5話。
15) 2004年7月から同年9月までKBSで放映。全16話。最高視聴率40.2％。

るつもり」(이진영イ・ジンヨン 2004)とコメントした。
　また'恋愛'はメロドラマの最も重要な要素でありながらも，それが具現される方法は保守的な道徳的価値を伴わなければならない。例えばハリウッド映画の場合，性欲は情熱的な愛で図式化されており，恋愛は性欲と強く結びつけて描写され，性欲は瞬間的で強烈なものとして表現される。しかし韓国のメロドラマで，女性主人公は性的な面で受動的である。もちろんセクシュアリティの積極性は男性主人公にも禁じられているが，特に女性の登場人物たちには性的な欲求が不在であり，男性の主導によって性に目覚めるものとして描かれる。이수연イ・スヨンは韓流ドラマの特徴を「男女間の性的接触は主に抱擁に限られ，セックスのシーンやこれを暗示するシーンは韓流ドラマにほとんど存在しない。もし愛する男女が同じ家または同じ部屋にいても性的関係をもつことはほとんどない。キスは稀なことで，いつも男性が先に試みる行為である」(이수연イ・スヨン 2008：144)と話す。
　しかし韓国のメロドラマがかならずしも性的に'健全な恋愛'だけを描写してきたわけではない。メロドラマが描く'不倫'や'三角関係'はときには過激な表現を伴い，'低俗で退廃的なドラマ'という非難を受けた。特に政府の放送に対する規制が弱まった 1990 年代，なかでも民営放送局「SBS の開局以降，1992 年お茶の間は'不倫戦場'に変わった。誰がもっと刺激的な不倫を描写できるのか競っているかのように，放送局は不倫ドラマを量産し始めた。TV は'不倫箱'，'セックス箱'といわれるまでになった」(김환표キム・ファンピョ 2012：188)。
　確かに性的な感情を煽る表現は，視聴率が放送において最も大事な要素になった 1990 年代に，視聴者の注目を集めるために使われた効果的な手段であった。しかし性的に不道徳な人物が主人公になることはなかった。もちろん主人公が不倫を犯す作品は存在する。しかしその不倫は決して性的欲求を満たすために行われるものではない。彼らは人の力ではどうすることもできない'運命'に従ってお互いを愛し，叶うはずのない恋に'涙'する。1996 年に放映されて'美しい不倫'という流行語を生み出し社会現象にまでなっ

た〈恋人（애인[16]）〉が，お互いに家庭をもつ男女の不倫を描きながらも主な視聴者である女性に圧倒的な支持を受けることができたのは，このドラマが「既婚の男女の恋愛を'不倫'ではなく'恋'として解釈」(김환표キム・ファンピョ 2012：216) しており，「既存のメロドラマは家庭外での恋愛が家庭を破壊する構図になっている反面，このドラマは家庭のために恋が成就できないことを描写」し，最後は「2人の主人公が一線を越えず結局はお互いの家庭に戻る」(연합뉴스聯合ニュース 1996) からである。

　ではなぜ韓国の女性は'清く，道徳的な恋愛'を好むのか。アンソニー・ギデンズは「セクシュアリティは，可変性をもった自己の一面として，また，身体や自己のアイデンティティと社会規範との根源的な接合点として，機能している」とし，「(フーコーの主張のように —— 引用者) 自己を，特定の「テクノロジー」が構成するものとみなすのではなく，自己のアイデンティティが近代の社会生活において，とりわけ近年において著しく不確かなものになっている点を認識していくべきである」と主張する (ギデンズ 1992＝1995：51)。しかし特定の社会文化のなかで成長した個人のアイデンティティ形成過程は，その社会文化に拘束されることが避けられない。彼も「セクシュアリティとは，権力の領域のなかで機能する社会的構成概念」(ギデンズ 1992＝1995：41) と認めるように，セクシュアリティはその個人が属する社会と密接な関係がある。

　周知の通り韓国は'範疇的儒教社会'である (전태국チョン・テグク 2007：229-280)。仏教とキリスト教の信者が人口の過半数を占めており，急速的な産業化過程のなかで，宗教としても儒教が社会の表面上ほとんど見られなくなってはいるものの，今日の韓国人に行為の道標として圧倒的な影響を及ぼしている文化は相変わらず儒教文化である (한국정신문화연구원韓国精神文化研究院 1983：64)。女性は家を継ぐ者を産み，家族の世話をするものとして想定されており，家族のなかでだけその存在の意義を有する。よって女性は貞操を失う瞬間，女性としての自己の存在を否定され，自己の行為領域を失い，社会のなかに自己の位置を与えてもらえなくなるのである。また1960

---

[16] 1996年9月から10月までMBCで放映。全16話。最高視聴率36.7％。

年代以降の近代化においても韓国女性のセクシュアリティは再生産と強く結びついて論じられてきた。1968年から始まり1970年代から本格的に実施された家族計画事業は，女性のセクシュアリティを近代化の主体として再生産を担当する社会的存在として位置づけた。西欧における1960年代末の第二波女性運動で現れた避妊や再生産の自律性に関するキャンペーンは女性の権利を拡大させる一環で行われたが，第3世界である韓国社会で避妊の実践は西欧とは異なる方式で展開されていった。避妊に関することがその自律性を巡って議論される前に，国家が再生産権を専有して出産を計画し，統制したのである（이성숙イ・ソンスク 2009：174-175）。

　近代を経て現代社会に突入し,男女平等の理念が広がっていったとはいえ，セクシュアリティに対するこのような姿勢はそれほど変わらなかった。社会化の過程のなかで，特に韓国女性は‛女性は性について知らなくて良いもの’，そして‛性とは常に隠さないといけないもの’と学習させられ,セクシュアリティに関わることを禁じられている。セクシュアリティについてこのような教育を受けてきた女性たち，すなわち女性ジャンルの消費者はセクシュアリティを将来行われる再生産のために‛守らなければいけないもの’として考えている。そのため恋愛が広く受け入れられてからも,性的な行いは‛清くあること’が理想とされるのである。

## おわりに

　長年KBSでドラマ部門のプロデューサーとして活動し，韓国初の‛大プロデューサー（PD）’と呼ばれる장기오チャン・ギオ（2010）は，ドラマの登場人物は欲望の強い人でなければならないがその欲望の裏には必ず動機があり，その動機には視聴者がうなずける理由が必要だという。そして視聴者を最も納得させやすい理由が‛愛しているから’であると話す（장기오チャン・ギオ 2010：199）。しかし上述の通り‛恋愛’が女性ジャンルの代表格であるテレビドラマにおいて広く語られるようになったのはごく最近のことである。韓国で長い間タブーとされていた恋愛は，近代的な家族像の出現によっ

て婚姻と強く結びつき普遍化されたことにより，1980年代後半からは恋愛がテレビドラマの主なターゲットであり視聴者である韓国女性の共感を得られる大きいテーマになった。そして徐々に婚姻と分離されていく恋愛は婚姻にかかるプレッシャーを軽減させ，女性たちはより積極的に自分たちの恋愛における欲望を求めることができるようになった。しかし婚姻と恋愛が分離されてからも女性ジャンルの'恋愛'がセクシュアリティと強く結びつくことはなかった。上述のように放送に対する規制が緩和されても相変わらずメロドラマの女性主人公たちは高いモラルに沿って，性的な行為とはかけ離れている'恋愛'を求めており，またそれらの作品は高い人気を集めた。

　しかしここでひとつ疑問が湧く。なぜ韓国の女性ジャンルであるテレビドラマは'清く健全な恋愛'を映し，その消費者である女性たちはそれを受け入れたのか。例えば韓国のドラマに多大な影響を及ぼしているとされる日本のテレビドラマは，1973年のオイルショックを機に社会全体に高度成長のひずみが顕在化するとともに，家族のあり方自体が問われはじめると，それに対応するかのように，これまで主流だった善良な登場人物が小さな事件で右往左往しながらも結局はハッピーエンドを迎えるという，安定したパターンを変化させていった。そして'家族の崩壊'はテレビドラマにさまざまな流れを生み，1980年代後半のバブル経済で消費が過熱するなか，従来のホームドラマがブラウン管からほとんど姿を消し，母親と父親の役割の変化，不倫，疑似家族の流行，青春群像を描くトレンディドラマが出現して，主流になった。そして1990年代に入るとバブルがはじけて長い不景気の時代になると，人々はトレンディドラマの幻想から目をさまし，厳しい現実と直面することになる。テレビドラマは一転して現実とは一定の距離を置き，バブルに酔えなくなった人々に興奮剤を提供した。ポスト・トレンディドラマと称されるこうしたドラマでは，衝動的な性愛に対する欲求が目立って描かれるようになり，ふつうの恋愛関係であってもセックスの部分に重きが置かれたり，ドラマの展開を変えようとすると決まったようにレイプ，妊娠，不倫が出てくるようになった（岩男2000：3-21）。

　上述の通り韓国でも1990年代以降，過激な性的表現が視聴率を得るために使われていた。しかしそのツールが擁護されたり支持を得たりすることは

なく，常に非難の対象であった。その理由は，第1には韓国の放送法の審議基準にある。1963年の放送法から2000年の統合放送法に至るまで，韓国の放送法は廃止と新設，部分的な改正を経ながらも，放送は'家庭生活の純潔'の保護，'公衆道徳と社会倫理の伸張'，そして'児童および青少年の善導'に反するものの規制などの審議基準はほとんど変わらず適応されてきた。そして韓国の番組の内容規制で'性的表現'は最小限に制限されたり禁忌されたりする対象であり，最も多い制裁を受けてきた[17]。

　第2にテレビドラマの視聴者である韓国の女性について考えなければならない。윤석진ユン・ソクジンはメロドラマの観客には'集団的状況倫理'が働いていると主張する。集団的状況倫理とは'理想'と'現実'が衝突し葛藤が生じたとき集団の利益を優先する状況論理によって現実的な判断をするという倫理意識である。人々は集団の社会・情緒的機能と関連しながら特定の集団に参加して，その集団の構成員として自らを同一視することによってソーシャル・アイデンティティを経験する。それゆえソーシャル・アイデンティティは個人としてもつ特徴ではなく特定の集団の構成員として定義された自我になる。つまり'集団的状況倫理'とは集団の状況により決定される倫理を意味する。韓国のメロドラマに表れる家父長制イデオロギーは，家族と家庭の解体を防ぐためには女性は犠牲を甘んじて受ける必要があるという'集団的状況倫理'と結合し，メロドラマに対する批判的な読み解きを難しくした。しかし「受動的であれ能動的であれ（メロドラマの）体制に対する一種の同義が，メロドラマの観客の間に存在したことは確かである」（윤석진ユン・ソクジン 2006：234）。

　ここでわれわれはもう一度最初の問題意識 ── 女性ジャンルは韓国女性に好まれるために'何を選んだのか'，韓国女性は女性ジャンルに'何を望んでいるのか' ── を振り返る必要がある。決して忘れてはいけないことは，女性ジャンルと呼ばれているこれらが非常に商業的な媒体であること，そのため主な消費者である韓国女性の支持を得られなければ容赦なく捨てられてしまうものであるということだ。韓国のテレビドラマは視聴者と制作者の相

---

17) 韓国のテレビドラマの性表現に対する規制に関しては백미숙ペク・ミスク，강명구カン・ミョング（2007）の論文を参照。

互交換が非常に活発な媒体であり，支持を得られなかった作品は'打ち切り'という形で市場から葬り去られてしまう。上述した通り韓国のドラマはほとんど事前制作制を取っていないため，リアルタイムに視聴者の意見を物語に反映していく'開かれたドラマ制作'が可能である。韓国の視聴者たちはドラマ作品には各放送局が開設している番組ホームページの視聴者掲示板やファンサイトなどを通じて物語の進行に積極的に参加しており，実際〈冬のソナタ〉の結末が視聴者の意見によって企画当初とは違うハッピーエンドを迎えるようになったという一話はとても有名である[18]。つまり人気を得た作品は，作品自体が面白かっただけではなく，視聴者と制作者の欲望の相互交換が潤滑に行われた結果物としてみなされなければならない。したがって女性ジャンルが描く道徳的で性的な要素からかけ離れた'恋愛'は，もちろん韓国社会が望む'恋愛'の正しいあり方でもあるが，なにより受容層である韓国女性が望む'恋愛'のあり方であるといえよう。

### •参考文献•

**単行本**

김승현キム・スンヒョン，한신만ハン・ジンマン 2001『한국 사회와 텔레비전 드라마(韓国社会とテレビジョンドラマ)』한울아카데미．

김종원キム・ジョンウォン，정중헌チョン・ジュンホン 2001『우리 영화 100 년(韓国映画 100 年)』현암사．

김환표キム・ファンピョ 2012『드라마, 한국을 말하다(ドラマ，韓国を語る)』인물과사상사．

박장순パク・ジャンスン 2008『한류, 한국과 일본의 드라마 전쟁(韓流，韓国と日本のドラマ戦争)』커뮤니케이션북스．

이성숙イ・ソンスク 2009『여성, 섹슈얼리티, 국가(女性，セクシュアリティ，国家)』책세상．

이수연イ・スヨン 2008『한류 드라마와 아시아 여성의 욕망(韓流ドラマとアジア女性の欲望)』커뮤니케이션북스．

장기오チャン・ギオ 2010『장기오의 TV 드라마론(チャン・ギオの TV ドラマ論)』커뮤니케이션북스．

정영희チョン・ヨンヒ 2005『한국 사회의 변화와 텔레비전 드라마(韓国社会の変化

---

18)「(〈冬のソナタ〉の) 制作側はもともと'チュンサン'が脳腫瘍で死ぬという結末を用意していたが，視聴者の意見を反映し(結末を) 修正した」(문향란ムン・ヒャンラン 2002)。

とテレビジョンドラマ)』커뮤니케이션북스.
한국정신문화연구원韓国精神文化研究院 1983『한국사회의 규범문화 (韓国社会の規範文化)』한국학중앙연구원.
황인성 편저ファン・インソン編 1999『텔레비전 문화 연구 (テレビジョン文化研究)』한나래.
岩井紀子・保田時男編 2009『データで見る東アジアの家族観 —— 東アジア社会調査による日韓中台の比較』ナカニシヤ出版.
岩男壽美子 2000『テレビドラマのメッセージ —— 社会心理学的分析』勁草書房.
Anthony Giddens. 1992. *The Transformation of Intimacy: Sexuality, Love and Eroticism in Modern Societies*, Stanford University Press (松尾精文, 松川昭子訳『親密性の変容 —— 近代社会におけるセクシュアリティ, 愛情, エロティシズム』而立書房, 1995年).

**論文および定期刊行物**

권희영クォン・ヒヨン 1998「1920-1930 년대 '신여성'과 모더니티의 문제 –『신여성』을 중심으로 (1920-1930年代 '新女性' とモダニティーの問題 ——『新女性』を中心に)」『사회와 역사 (社会と歴史)』54：43-76.
김수경キム・スギョン 2002.2.6「'겨울연가' 신드롬… "최지우 스타일로 해주세요"('冬のソナタ' シンドローム…… "チェ・ジウスタイルにしてください")」『동아일보 (東亜日報)』.
김윤선キム・ユンソン 2007「《신여성》에 소개된 영화 관련 글과 멜로드라마」대중서사장르연구회大衆ナラティブジャンル研究会『대중서사장르의 모든 것：1. 멜로드라마 (大衆ナラティブジャンルのすべて：1. メロドラマ)』이론과실천：190-221.
김혜영キム・ヘヨン 2006「한국 가족 문화의 재고 (韓国家族文化の再考)」『보건복지포럼 (保健福祉フォーラム)』115: 20-34.
문향란ムン・ヒャンラン 2002.3.18「'겨울연가' 오늘 해피엔딩 ('冬のソナタ' 今日ハッピーエンディング)」『한국일보 (韓国日報)』.
박명진パク・ミョンジン 1991「대중문화적 여성 체험 기술에 대한 재평가, 여성장르에 대한 새로운 시각 (大衆文化的女性体験記述に対する再評価, 女性ジャンルに対する新しい視覚)」『한국여성학 (韓国女性学)』7: 137-161.
박혜림パク・ヘリム 2007「1990 년대 중반 이후 성교육 담론에 나타난 십대여성의 섹슈얼리티 (1990年代中盤以降性教育談論に表れる十代女性のセクシュアリティ)」『페미니즘연구 (フェミニズム研究)』7-1: 239-272.
백미숙ペク・ミスク, 강명구カン・ミョング 2007「'순결한 가정'과 건전한 성윤리：텔레비전 드라마 성표현 규제에 대한 문화사적 접근 ('純潔な過程' と健全な性倫理：テレビジョンドラマ性表現規制に対する文化史的接近)」『한국방송학보 (韓国放送学報)』21-1: 138-181.
엄연수オム・ヨンス 1997「로맨스 문화를 통해 본 여고생의 성의 사회화에 관한 연구

(ロマンス文化を通じてみた女子高生の性の社会化に関する研究)」이화여자대학교대학원 여성학 (梨花女子大学大学院女性学), 석사논문 (修士論文).
연합뉴스聯合ニュース 1996.10.17「드라마 '애인'의 사회적 영향 (ドラマ '恋人' の社会的影響)」『연합뉴스 (聯合ニュース)』.
윤석진ユン・ソクジン 2006「한국 멜로드라마와 가부장제 이데올로기의 길항 관계 고찰: 〈정사〉와 〈해피엔드〉를 중심으로 (韓国メロドラマと家父長制イデオロギーの拮抗関係考察)」『한국극예술연구 (韓国劇芸術研究)』23: 209-241.
이미경イ・ミギョン 1992「여학생 잡지에 나타난 성별 정형화 분석 ──「하이틴」을 중심으로 (女学生雑誌に表れる性別定型化分析 ──「ハイティーン」を中心に)」이화여자대학교대학원 교육학 (梨花女子大学大学院教育学), 석사논문 (修士論文).
이진영イ・ジンヨン 2004.7.27「조연급 여배우들 아슬아슬 노출경쟁 (助演級女優たちギリギリ露出競争)」,『동아일보 (東亜日報)』.
전태국チョン・テグク 2007「지구화와 유교 전통─현대 한국인의 유교 가치관 (グローバル化と儒教伝統 ── 現代韓国人の儒教価値観)」『사회와 이론 (社会と理論)』11: 229-280.
조주현チョ・ジュヒョン 1999「20세기 한국사회 성담론과 여성의 지위 (20世紀韓国社会性談論と女性の地位)」『정신문화연구 (精神文化研究)』77: 53-77.
최선열チェ・ソンヨル, 유세경ユ・セギョン 1999「텔레비전 드라마의 역사성 연구: 정치적・경제적 변화요인을 중심으로 (テレビジョンドラマの歴史性研究: 政治的・経済的変化要因を中心に)」『한국방송학보 (韓国放送学報)』13: 7-46.
한승주ハン・スンジュ 2002.1.21「'겨울연가' 인기대박 예감…네티즌 접속 KBS 사상 최고 ('冬のソナタ' 人気爆発予感……ネットユーザアクセス KBS 史上最高)」『국민일보 (国民日報)』.

## あとがき

　本書を読まれた読者は気がついたことと思うが、本書の底に流れているテーマは、異性愛の脱自然化である。異性とつきあうこと、異性と性関係をもつこと、異性と結婚することは、誰からも何も教わらず、「自然に」行われるものではなく、大量の知識が動員されつつ、「自然なこと」として構築されていくものなのである。その一端を示したのが、本書である。わたしたちの多くはすでに知識としては、異性愛の規範化と、それと表裏一体である同性愛の犯罪化や病理化が近代社会において起きたことを知っている。しかし、それが具体的にどのようなプロセスを経て実現されたのかということになると、たとえ日本についてであっても、漠然とした知識しかもち合わせていないことに気づく。

　戦前の日本では、男女の分離と格差を前提とした社会や制度のなかで、学校時代の同性間の親密な関係は当然視されたのに対し、異性とのつきあいは危険視されたり見下されたり、あるいは過剰なまでに理想化されたりした。戦後は教育制度の改変などにより、若い男女が生活空間をともにする機会が増え、異性愛が当たり前のこと、望ましいこととして受けとめられやすい状況がもたらされた。それでも、人々は突然、異性とつきあうことを自然に、なにも躊躇なく始められたわけではない。本書でみてきたように、戦後まもない頃は、男女共学化を前に、当の若者たちも周囲の大人たちも、異性とどのように接したらよいか、またどのような接し方を教えたらよいかわからないという状態であり、そのようにとまどう人々に対し、マニュアル化された知識＝「正しい」異性愛の物語の提供が求められた。しかもそのような知識＝物語は、一度提供されれば終わりというものではない。異性とのつきあいにおいて「当たり前」でなかったことが「当たり前」になると、今度はまた別の新しい知識が投入され、新たな時代や状況に即した、新たな異性愛のマニュアル＝物語が提供される。そうして不断に異性愛の物語が提供され、それを人々が実践し続けることで、なんとかその自然性が保たれているのであ

る。

　戦後,「民主主義」が高らかに謳われる時代には, 一方的に規範を押しつけるというやり方はあまり有効ではない。「異性とつきあいたい」「異性とつきあうのが自然だ」「異性とつきあわねば」と, 人々が思い, 自ら率先して異性愛関係に入っていくことが重要となる。そのように考えたとき, 本書の章の多くが, 人々が娯楽や趣味として「主体的に」楽しむマンガや雑誌, 映画やテレビなど, 大衆向けのメディアを扱っているのは偶然ではないだろう。ジェンダーやセクシュアリティに関する規範の多くは, かならずしも法律で定められているわけではない。また, 世代から世代へと変わらず語り継がれているわけでもない。たとえ語り継がれたとしても, 変化のめまぐるしい社会では, その知識や規範がそのまま役に立つとは限らない。実際のところ, わたしたちは大衆向けのメディアを通して, その時代における「正しい（異性愛）関係」に関する実践的知識の多くを得るとともに, その知識はそれぞれが属する場で交換され, さらに流通していくのである。

　異性愛が学習されるものであることは, 純潔教育にみられるような異性とのつきあいの指導から始まり, ABCと段階づけられた性愛の進展図式, キスやセックスに至るまでの事細かな描写にまでみてとることができる。このように懇切丁寧で周到に用意される物語をもたない, あるいはそれに違和感を抱く者たち, 異なる欲望をもつ者たちは, 既成の物語を読み換えたり, 新たな物語を自ら生みだしたりする必要に駆られる。このように, 異性愛が「絶対的善」として流布されるようになるなかで, 同性愛や同性同士の交流はどのような形で表象されたり実践されたりしたのだろうか。また,「異性愛」や「同性愛」という時, 何か一枚岩的なものを想像するかもしれないが, その内実は非常に階層化されており, ジェンダーや階層, 年齢, エスニシティ, 学歴, 職業, 地域性, 宗教的背景など様々な要素が絡まりつつ, 重層的な性規範が形成される。では, 異性愛の中でもどのような関係がもっとも理想的な形として特権的位置を占めたのだろうか。あるいは, 異性愛規範の伝播には, どのような地域差がみられたのだろうか。本書ではこれらの課題に, それぞれの専門とする分野から取り組んでいる。

　このように, その内部にさまざまな差異を抱えつつも, 赤線廃止後は「素

人女性/玄人女性」という女性内部での分断がみえにくくなったり，あるいは，メディアの発達に伴い，地域差が大きな意味をもたなくなったりするなどにより，表面的には均質な「男性」や「女性」による，均質な「異性愛」や「同性愛」の世界ができあがった。そして，「異性愛（者）/同性愛（者）」は厳然と区別され，序列が明確になり，とにもかくにも「異性愛（者）」であれば「自然/正常」に，「同性愛（者）」であれば「病理/異常」に分類されるようになった。戦前のように，場合によっては異性愛よりはましな同性愛や推奨される同性愛，というようなものは，もはやなくなる。それが戦後日本で起きたセクシュアリティの再編の，大きな特徴のひとつだったといえよう。同性婚や同性同士のパートナーシップを正式に認める国や地域が登場し，異性愛規範の構築性がよりいっそう可視化されつつある現代であるからこそ，どのようにその規範が成立したのかを冷静に振り返ることが可能となる。本書が，そのような研究のたたき台のようなものになるのであれば幸いである。

　本書のもとになった共同研究が行われたのは，2009年7月から2012年3月の，3年にも満たない期間であった。しかし，この期間，毎月1～2回の頻度で研究会を開催し，毎年1～2回の頻度で講師を招いて特別セミナーを開き，精力的に研究に取り組んだ。この共同研究では当初，「戦後日本におけるジェンダーとセクシュアリティの歴史研究」をテーマに掲げ，戦後日本の「ジェンダーとセクシュアリティ」について研究するつもりであった。しかし，1年が経過した頃，テーマを「戦後日本におけるセクシュアリティと親密性の再編」に変更することになった。といっても，歴史研究という方法で研究を行うことをやめたわけではない。これについては引き継がれた。また「ジェンダーとセクシュアリティ」という視点を完全に捨て去ったわけでもない。ただ，戦後日本の「ジェンダーとセクシュアリティ」を漠然と明らかにするのではなく，戦後日本に再編成された「セクシュアリティ」，あるいは「親密性」について，戦前と戦後の断絶/連続を踏まえつつ，明らかにしようと考えたのである。もちろんそのセクシュアリティとはジェンダーと無関係に存在するものとしてとらえられるものではない。そのことは序章で指摘したとおりである。こうして進めてきた共同研究であるが，ときには夜

あとがき

　遅くまで語り合ったこともあったし，調査をともに行ったこともあった。メンバーそれぞれが，この共同研究に取り組むなかで充実した日々を過ごすことができたといえる。

　とはいえ，この共同研究は多数の協力者の支援なしには進められなかった。まずは，特別セミナー・レクチャーの講師として，共同研究に協力してくださった方々にお礼を述べなければならない。本共同研究では，2010 年 3 月 2 日に東京経済大学の澁谷知美氏に特別セミナーとして「包茎の言説史 —— 戦後日本における男性の性的身体のイメージ形成」というタイトルの講演をしていただき，同年 10 月 23 日には関西大学の古川誠氏に「近代日本の性言説におけるジェンダーとセクシュアリティの関係」というタイトルでレクチャーをしていただいた。また，2011 年 3 月 22 日には特別セミナー「純潔教育」を開催し，大阪大学の川村邦光氏に「純潔／純血イデオロギーをめぐって」というタイトルの講演をしていただいた。最後に，2012 年 2 月 24 日には特別セミナー「「赤線」再考」を開催し，都留文科大学の三橋順子氏に「東京の「赤線」—— 戦後日本の黙認買売春地区」，立命館大学の加藤政洋氏に「赤線時代における京都の〈雇仲居〉文化」というタイトルの講演をしていただいた。講演をしていただいた方々にこの場を借りてお礼を申し上げたい。

　また，京都大学学術出版会の國方栄二氏・斎藤至氏には，本書を充実したものにするために，さまざまな形でご尽力いただいた。心より感謝を申し上げたい。

　最後になるが，本共同研究をグローバル COE の共同研究としてさまざまな形で援助をしていただき，シリーズ「変容する親密圏／公共圏」の 1 冊としてまとめる機会を与えていただいた，京都大学グローバル COE「親密圏と公共圏の再編成をめざすアジア拠点」の代表・落合恵美子氏と同グローバル COE メンバーの方々に厚くお礼を申し上げたい。

　2014 年 3 月

赤枝　香奈子
今田　絵里香

## 索　引

■人名索引

[あ]

青池保子　238-239
青柿善一郎　107
赤枝香奈子　130, 140, 150, 177-178, 194, 205, 217
赤川学　4, 9, 102-104, 125, 175, 194
赤松啓介　7, 9, 288, 308
赤松セツ子　231
秋山ちえ子　89
朝山新一　111
あすなひろし　239
あだち充　276-280, 282-283
天野貞祐　30-31
天野正子　159
新井秀樹　291
淡島千景　153, 160
安藤玲子　268
いがらしみきお　291, 303
いがらしゆみこ　281-282
池川佳宏　221
池田理代子　269
池谷壽夫　4, 9, 15, 34
石井忠　209
石川弘義　10
石川雅之　291, 300
石坂洋次郎　76, 249
石田あゆみ　69, 76
石田仁　174-175, 180, 194, 198, 217
石原慎太郎　91
和泉洋子　271-272
一条ゆかり　268-269
一宮真佐子　290, 308
伊藤秀吉　20
伊藤文学　181-183, 188, 203-207, 210-214, 217
稲垣足穂　161
井上恵美子　43, 54
井上章一　4, 10, 54, 176, 194
いのうえせつこ　3, 9

猪俣紀子　225, 242
今田絵里香　58, 62-63, 68, 73, 76, 222, 226, 242
今村洋子　232
岩井紀子　322, 330
岩男壽美子　327, 330
岩下朋世　224, 242
岩田重則　99
岩間正男　26
岩本ナオ　291, 304
上野一郎　26
上野千鶴子　102, 125, 288, 308
上原きみこ　280
内重のぼる　144
宇仁田ゆみ　291
江利チエミ　87
遠藤龍雄　82, 86, 99
遠藤寛子　58, 76
扇谷正造　92
大久保清朗　160-161, 170
大島みち子　76
太田典礼　111, 178
大塚英志　291
大塚二郎　22-24
大月隆寛　308
大場正史　138
岡田廉三　107
岡原都　89
岡本愛祐　28
荻野美穂　4, 10, 102-103, 107, 125
奥むめお　62, 64, 68
奥田暁子　4, 10
落合恵美子　1, 7, 10
落合三四郎　138
小野清美　242
小野常徳　111

[か]

掛札悠子　129, 150

337

索　　引

景山佳代子　4, 10
風間孝　188, 191, 194
柏木ハルコ　99, 291, 297
片岡弘勝　42, 54
桂木洋子　81
加藤秀一　7, 10
加藤地三　30
加藤政洋　4, 10, 16, 34
金子栄寿　111
紙屋牧子　154, 170
亀井勝一郎　117, 122
カルーセル麻紀　192
河口和也　191, 194
川手二郎　155
川村邦光　4, 10, 70, 76, 106, 125
川本三郎　164, 170
神崎清　26, 34, 111
ガントレット恒子　19
菅野聡美　7, 10
菅野優香　156, 171
菊地暁　288, 309
菊池寛　167, 170
菊池幽芳　313
北林透馬　133, 150
木下恵介　163
木下千花　167, 170
木原雅子　246, 265
木村涼子　58, 76
木本至　62, 76, 137, 150
清岡純子　141-143, 150
工藤保則　246, 265
鞍獄三馬　204
黒田泉　203
桑原稲敏　99
小糸のぶ　134
皇太子（継宮明仁親王）　69-70, 73
河野実　76
郡山千冬　135
古城都　144
五島勉　139, 143, 145, 147
小林信一　30
駒込公平　109, 113
小山静子　19, 34-35, 61, 75-76
小山昌宏　223, 242

［さ］
斉藤綾子　155, 162, 165-166, 170
斎藤光　20, 34, 100, 105, 126, 146-147, 150
坂西志保　20
阪本博志　80, 100
桜田正樹　61-62, 64-65
佐藤ざくり　57
佐藤忠夫　84
沢村貞子　153
潮地悦三郎　7, 10
式場隆三郎　134, 136
篠崎信男　105-109, 111, 115
芝風美子　146, 149-150
柴沼直　42, 44, 55
渋沢多歌子　71
渋谷（澁谷）知美　4, 7, 10, 34, 100, 104, 126
清水純子　209-210
清水達夫　98
志村三代子　167, 170
下川耿史　4, 10, 24, 27, 34, 254, 265
正田恵美子　69
正田美智子（ミッチー）　69-70, 73, 76
ジョージ朝倉　291
しらいしあい　268, 278-279, 282-283
新海英行　43, 54
新ヶ江明遠　187, 194
新藤兼人　170
菅井きん　160
清宮貴子内親王　69
菅原通斉（済）　182, 192
菅原雅雪　291
すぎ恵美子　280-281, 283
杉靖三郎　94-95, 97
杉浦郁子　131-132, 146, 149, 151, 190, 194
杉浦由美子　57, 76
杉山章子　3, 10
周郷博　64
鈴木庄三郎　29-30
鈴木敏文　106, 126
鈴木みそ　291
須藤廣　246, 265
関野嘉雄　85
関谷ひさし　228, 232-233
荘原朱雄　141

[た]
高瀬荘太郎　18
高橋功　107
高橋和夫　61
高橋鐵　106, 126, 137, 178
高橋真琴　239, 242
滝沢ひろし　224, 242
竹宮恵子　271
竹村民郎　38, 54
田島凖子　71
田代美江子　4, 10, 15, 34, 36, 54, 100
舘稔　111
田中亜以子　105, 117, 125-126
田中絹代　153, 155, 162-166, 170
田中香崖　105
田中純一郎　85
田中澄江　153, 160, 162, 164
田中宣一　100
田中雅一　102, 126
谷川健司　284
谷本奈穂　284
田間泰子　4, 10
田村泰次郎　154
津雲むつみ　269
常安田鶴子　93
つのだじろう　228-229
手塚治虫　221-223, 242, 267, 291
寺田ヒロオ　229
寺山修司　146
土居通芳　155
東郷健　177, 180, 182-183, 189, 194
富岡明美　132, 151
富田英三　177, 194
外山ひとみ　145, 151
鳥居和代　100

[な]
永井潜　106
永井良和　4, 10
中北千枝子　162
中野晴行　221, 242
中山良介　15, 34, 80-81, 100
永山薫　273, 284
夏木陽介　160
浪花千栄子　156
浪江虔　89

奈良林祥　140, 142, 150
成田龍一　100
成瀬巳喜男　154, 160
西烱子　291, 300
西谷祥子　225
二宮德馬　39, 54
農上輝樹　202
野呂新平　232, 237

[は]
はいぼく　284
橋爪大三郎　102, 106, 126
橋本哲　206-207
花房四郎　137
羽淵一代　246, 265
早川紀代　4, 9, 160
林芙美子　161
原知佐子　154
日高第四郎　31
日高トミ子　291
平井和子　4, 9
平河純　136
平田俊明　191, 194
平田真貴子　273
平野共余子　227, 242
深作光貞　144
布川敏和　256-257
福岡武男　111
藤井尚治　249
藤井淑禎　4, 9, 76, 79, 100
伏見憲明　145, 150, 180, 191, 194, 198, 217
藤目ゆき　4, 9
藤本純子　59-60, 62, 76
藤本由香里　224-225, 242, 268-269, 284
舟斉文子　291, 301
古河史江　117, 126
古川誠　174, 177, 194
古沢嘉夫　111
星野之宣　291, 295
堀あきこ　285
堀ひかり　166-167, 170
堀秀彦　62, 72, 94-95, 97
堀江あき子　223, 242
本多龍雄　107

索　引

[ま]

前川直哉　4, 7, 10, 178, 190-191, 194, 198, 202, 217
前島英雄　181
前田偉男　20
牧律　15, 34
牧野和子　271-272
マキノ正博　154, 170
牧野守　85
増田のぞみ　223, 242
松原英多　276
松村謙三　30
松本タカ　291
眞中義行　61
間宮武　97
間宮浩　210
圓田浩二　246, 265
三木澄子　64, 69
水木洋子　161, 170
水野英子　229-230, 232, 234-235, 239-240
水間碧　285
溝口健二　154, 170
美空ひばり　87
見田宗介　76-77
三橋順子　4, 10, 145, 150, 176, 194
皆川常雄　200
南田洋子　84
峯岸義一　141
三益愛子　89
宮城タマヨ　27
宮台真司　246, 265
武者小路実篤　76
村岡花子　20
村瀬桃子　15, 34
村松千代　64
村山匡一郎　85
毛利甚八　291
望月あきら　227, 232, 235, 239-240
望月衛　111, 139, 176-177
本木末雄　197
本木雅弘　256-257
守如子　285
森雅之　163
森美夏　291
もりたじゅん　269
諸星大二郎　291, 294

[や]

矢口高雄　291
薬丸裕英　257
矢島正見　4, 10
矢嶋三義　26
保田時男　322, 330
梁雅子　153, 161, 164, 170
矢野敬一　90, 100
矢野目源一　141
山川菊栄　52
山下悦子　3, 11
山室民子　20, 34, 39, 64, 68, 73, 97
山本明　4, 11, 109, 126, 135-136, 151
山本杉　111
ゆうきまさみ　291
雪村いづみ　87
夢路行　291, 301
横川寿美子　227, 242
横田甚太郎　31
横山光輝　228, 240
吉尾なつ子　64, 68
吉開寛二　291
吉澤夏子　100
吉田茂　39, 55
吉村麗　224, 242
吉屋信子　155
米沢嘉博　223, 225, 240, 242, 268, 278, 285, 289, 292, 309

[わ]

若尾文子　84, 86
わたなべまさこ　228-229, 231-233, 236, 238-239
渡辺めぐみ　289, 309

【ハングル】

イ・ジンヨン（이진영）　324, 331
イ・スヨン（이수연）　320, 324, 329
イ・ソンスク（이성숙）　315, 326, 329
イ・ヒョジェ（이효재）　314
イ・ミギョン（이미경）　311, 331
オム・ヨンス（엄연수）　311, 330
カン・ミョング（강명구）　328, 330
キム・ジュスク（김주숙）　314
キム・ジョンウォン（김종원）　313, 329

索　引

キム・ジョンヒョン（김정현）　318
キム・スギョン（김수경）　321, 330
キム・スンヒョン（김승현）　317, 329
キム・ファンピョ（김환표）　324-325, 329
キム・フンスン（김훈순）　319
キム・ヘヨン（김혜영）　322, 330
キム・ユンソン（김윤선）　313-314, 330
クォン・ヒヨン（권희영）　314, 330
チェ・ジウ（최지우-）　321, 330
チェ・ソンヨル（최선열）　318, 331
チャン・ギオ（장기오）　326, 329
チョ・ジュヒョン（조주현）　314, 331
チョ・ジュンファン（조중환）　313
チョン・ジュンホン（정중헌）　313, 329
チョン・テグク（전태국）　325, 331
チョン・ヨンヒ（정영희）　318, 329
パク・ジャンスン（박장순）　312, 329
パク・ドンスク（박동숙）　319
パク・ヘリム（박혜림）　316, 330
パク・ミョンジン（박명진）　311, 330
ハン・ウンジョン（한은정）　323
ハン・ジンマン（한진만）　317, 329
ハン・スンジュ（한승주）　320, 331
ファン・インソン（황인성）　319, 330
ペ・ヨンジュン（배용준）　321
ペク・ジンア（백진아）　322
ペク・ミスク（백미숙）　328, 330
ムン・ヒャンラン（문향란）　329-330
ユ・セギョン（유세경）　318, 331
ユン・ソクジン（윤석진）　328, 331
ユン・ソクホ（윤석호）　320

【アルファベット】
アーズナー，ドロシー（Dorothy Arzner）　165
アリベール（Alber）　137
ウィークス，ジェフリー（Jeffrey Weeks）　2, 10
ウィズウェル，エラ・L（Ella Lury Wiswell）　7, 10
エリス，ハヴロック（Havelock Ellis）　139-140
ガタリ，フェリックス（Felix Guaattari）　169
カフカ，フランツ（Franz Kafka）　169
ギデンズ，アンソニー（Anthony Giddens）　325, 330
キンゼイ，アルフレッド（Alfred C. Kinsey）　107, 137-140, 148, 150, 176-177, 181, 183, 194
クラフト＝エビング，リヒャルト・フォン（Richard von Krafft-Ebing）　139
クリスチャン＝スミス，L. K.（L.K.Christian-Smith）　58
サッフォー（Sapphō）　132, 137-138, 142-143, 148
ジョンストン，クレア（Claire Johnston）　164-165, 168
シルヴァーマン，カジャ（Kaja Silverman）　171
スミス，ロバート・J（Robert John Smith）　7, 10
ダワー，ジョン・W（John W. Dower）　171
デ・ヴェルデ，ヴァン（Van de Velde）　25, 106, 109-110, 113
デ・ラウレティス，テレサ（Teresa de Lauretis）　165-166, 168, 171
ドゥルーズ，ジル（Gilles Deleuze）　169, 171
ドーン，メアリー・アン（Mary Ann Doane）　167, 171
ネルソン，J. M.（John M.Nelson）　42-48, 54-55
ノッター，デビッド（David Notter）　225, 242
バトラー，アリソン（Alison Butler）　165, 169, 171
バトラー，ジュディス（Judith Butler）　156, 171
ハルバシュタム，ジュディス（Judith Halberstam）　158, 171
バレンタイン，ジル（Gill Valentine）　288
ヒッチコック，アルフレッド（Alfred Joseph Hitchcock）　156
ビニー，ジョン（Jon Binnie）　288
フィロ，C（C.Philo）　288, 309
フーコー，ミシェル（Michel Foucault）　2, 9, 248, 265, 325
フェダマン，リリアン（Lillian Federman）　131-132, 150
ブライアント，アニタ（Anita Jane Bryant）　185
マクレランド，マーク（Mark McLelland）

341

索　引

132-133, 150, 194, 198, 217
マクロビー，アンジェラ（Angela McRobbie）　58
マッキントッシュ，ジョナサン（Jonathan D. Mackintosh）　198, 217
マルヴィ，ローラ（Laura Mulvey）　164, 171
ミラー，D. A.（D.A.Miller）　156, 171
メイン，ジュディス（Judith Mayne）　168-169, 171

モリス＝スズキ，テッサ（Tessa Morris=Suzuki）　170
リッチ，アドリエンヌ（Adriennne Rich）　166, 171
ロバートソン，ジェニファー（Jennifer Robertson）　130, 150
ワダ・マルシアーノ，ミツヨ（Mitsuyo Wada-Marciano）　167, 170

■事項索引

[あ]
赤線　9-10, 16, 34, 51, 54, 97, 119, 153-154, 159, 162
異性愛　4-5, 7, 9, 35, 57-60, 63-68, 70, 73, 75-76, 97, 103, 125, 130, 134, 138-139, 145, 148, 156, 160, 173-174, 184, 194, 224, 226, 242, 246-247, 268, 288, 290, 306-308
——主義　5, 156, 190, 214, 224
異性婚　198-200, 215
異性装　4, 150, 175, 194
一夫一婦制　105, 124
隠花植物　147, 177-178, 183, 189, 191-192, 195
浮気　114, 117, 119-120, 122, 124, 199, 201-207, 297
映画倫理規定管理委員会　82, 85-86
エイズ・HIV　187-191, 193-195, 245
エス（S）　58-60, 63-64, 73, 75, 83, 130, 132-137, 139-140, 142-145, 148-149, 155, 177, 186, 202, 226
エロ　26, 31, 136, 141, 174, 278, 282, 284, 289, 292, 309
——本　112, 279-280
オーガズム　102-103, 106, 110, 114, 116-118, 120-124, 139
オナニー　4, 83, 175, 255
オンリー　161, 163

[か]
街娼　37-41, 43, 47-48, 50, 52-53
カストリ雑誌　4, 7, 11, 25, 135, 137, 141, 151, 154, 292

キス　6, 161, 186, 221-222, 224-228, 230-241, 245, 249, 251-253, 260, 267, 271, 273, 283, 324
教育基本法　18-19
近親姦　237, 292, 295
キンゼイ報告　25, 107, 137-140, 148-149, 176-177, 181, 183
ゲイ　142-143, 145-146, 148-150, 177-180, 186-188, 191-195, 217, 303
月経（生理）　92, 226-227, 240-241, 274
結婚　5, 7, 15, 21, 25, 39-41, 84, 88-89, 91-93, 104, 106-107, 109-110, 112-113, 140, 144, 146, 148, 189, 197-216, 224, 226, 235, 240-242, 249, 257, 275, 288, 290, 293, 297-299, 311, 313, 315-316, 319, 321-322
公娼　16, 38, 39, 106
——制（度）　3, 6, 9, 16, 37-38, 55, 105
厚生省　38, 45, 54, 105, 107, 111
国会　18, 24, 26-28, 30-31, 52, 54, 111, 132, 221, 254, 263
コンドーム　121-122, 255-256

[さ]
参議院　18, 26-28, 31, 52, 54, 62, 180
ジェンダー　1, 3, 8-10, 28, 33-34, 53-54, 59, 70, 73, 76, 100-103, 123, 125, 130, 149-151, 155, 167, 169-170, 190, 199, 201, 215-216, 241-242, 247, 264-265, 287-290, 306-308
私娼　16, 18, 36-38, 40-41, 49-50, 52, 54
社会教育　17-18, 20, 34-37, 39, 41-48, 50, 52-55, 79-80, 88-91, 95-96

索　引

衆議院　30-31
純愛　4, 9, 76, 100
純潔　4-5, 7-9, 20-21, 24, 28, 33-34, 55, 76, 79-88, 90-100, 170, 251, 316, 320, 328
　──教育　4-5, 9-10, 15-20, 22, 24, 27-39, 41-45, 47-55, 79-80, 82, 90-91, 95-96, 98-100, 111, 241
　　──教育委員会　17, 19-20, 36-37, 42, 45, 47, 53, 55, 64
　　──教育懇談会　36, 62, 64, 73-74, 95-97, 99
　　──教育分科審議会　20, 22, 32, 36, 53, 64
少女雑誌　57-61, 63, 75-76, 222-223, 225-228, 241, 254, 282
少女マンガ　6, 57, 221-222, 224-225, 227, 230, 233-234, 239-242, 267-270, 273, 279-280, 284-285, 300, 303, 306
少年愛　273-274, 285, 301, 306
少年雑誌　75-76
女学生・女子中高生・女子高生　5-6, 58-74, 76, 85, 97, 130, 133-135, 137-138, 140, 143, 148, 157-158, 242, 245-249, 253-254, 257-265, 275, 296
処女　83, 90-91, 193, 250-253, 257-258, 262-264, 269
女性映画　155, 164-171
女性同性愛　131-133, 137, 140-141, 147-149, 156-157, 190, 300
女性同性愛者　5, 130-131, 140, 154-155, 169, 205, 209-212, 214, 300
（人工）（妊娠）中絶　27-28, 92, 121, 245
新生活運動　88-91, 98-100
性愛　4-7, 103, 108, 110, 113-114, 125-126, 131, 173-174, 176, 201, 226, 246-249, 253-254, 257-258, 260, 262-265, 304, 327
　──雑誌（夫婦雑誌）　25, 109-110, 112
性科学　2, 7, 102, 105, 111, 130-131, 178
生活改善普及事業　88-91, 99
性技巧　106, 111-113, 115-116
性規範・セクシュアリティ規範　3, 7, 9, 15, 28, 32-33, 57, 59-61, 80, 83, 86, 98-99, 103-104, 201, 249, 264, 296, 299, 308
性教育　15, 17, 20, 25, 31-33, 37-38, 41-48, 51, 55, 86, 96-97, 105, 108, 126, 246, 254, 258, 265, 278, 284, 316, 330

性生活　28, 106-111, 113, 116-117, 136
性道徳　15-18, 20-21, 24, 27, 30-31, 36, 39-41, 49, 51-52, 134, 298, 306
性欲　3, 94-95, 97, 99, 102, 126, 136, 141, 150, 175, 270, 277, 279-280, 285, 324
　──学　198, 202, 208
セクシュアル・マイノリティ　195, 216, 290, 296, 299-301, 304, 306-308
セックス　90, 94-95, 101-105, 107-108, 110, 112-114, 116, 119, 122, 125, 129, 146-147, 149, 186-187, 211-213, 245, 248-261, 263, 267-271, 273-279, 282-283, 288, 292, 306, 308, 324, 327
　──・ファンタジー（性幻想）　102, 124-125, 288, 292, 306, 308

[た]
太陽族映画　91-93, 99
男女共学　5-6, 16, 18-20, 22-24, 28-30, 32-34, 53, 61-62, 66-67, 69, 71-75, 82, 224
男女（の）交際　6-7, 16, 18-24, 28, 30-34, 39-41, 61-62, 64-65, 68-74, 76, 82-83, 90-91, 93, 95-100, 224, 242, 249, 313, 315-316
男女平等　4, 7, 22, 24, 30, 33, 47-48, 52, 103, 108, 110, 123-124, 326
男女別学　19, 29, 33, 58, 66, 73, 224
男性同性愛　5, 137, 139, 175, 177, 180, 183, 187, 191, 197-199, 202-203, 211, 216, 301
　──者　142, 178, 186, 190-191, 195, 197-199, 201-203, 205, 208-211, 214-216, 302-303
男装　132-133, 144, 146
中央児童福祉審議会　84-85, 98
中央青少年問題協議会　84-85, 98
倒錯　138-139, 147-148
同性愛　4-5, 7, 10, 130, 132-141, 143-151, 156-157, 169-177, 180-181, 185, 188-192, 194-195, 199-200, 202, 208-209, 213, 216-217, 288, 304
　──者　5, 129, 136, 138, 141, 144, 146, 173-174, 176, 178-179, 183-185, 189, 191, 194, 198-199, 201-203, 207-208, 210, 216, 301, 307

343

索　　引

同性婚　214, 216
童貞　4, 10, 83, 87, 91, 255, 258, 293
トランスジェンダー　150, 194, 300-301, 307

[な]
内務省　16, 38, 46, 55
妊娠　28, 81, 83, 92, 121, 202, 206, 245, 250, 252-253, 256-258, 260-265, 275, 298, 316, 327
農林省　88

[は]
売春婦　26, 141, 154
売春防止法（売防法）　3-4, 6, 9-11, 96-99, 119, 153-155, 163
売買春・買売春/売春・買春　3, 6, 9, 11, 16-17, 34, 38, 51-52, 104, 111, 121, 246, 293
『薔薇族』　180-182, 188-189, 197-204, 206, 208-209, 212-216
パンパン　4, 7, 16, 26-27, 29, 31, 38, 153-155, 157, 159-160, 162-164, 168-170
避妊（ヒニン）　10, 106-107, 119-122, 124-125, 255-256, 258, 262-264, 326
フェミニズム　8, 129, 149, 151
不義　292-293
フリーセックス　146-147, 149-150
不倫　111, 296, 324-325, 327
ペッティング　92, 260
ヘテロセクシュアリティ/ヘテロセクシュアル　138, 226, 268, 273, 277
変態雑誌　133, 137, 174-175, 178, 202
変態性欲　130, 175, 198, 202
ボーイズ・ラブ（BL）　10, 57, 194, 273, 300-301
ホモ　142, 144, 178-194, 200, 205-206, 208, 210-211, 215
ホモセクシュアリティ/ホモセクシュアル　138, 140, 192, 226
ポルノ化　129, 133-137, 148
ポルノグラフィー（ポルノ）　111-112, 115-116, 123, 129, 132-133, 137, 277, 285

[ま]
見合（い）結婚　88-89, 184, 315
未亡人　111, 141
民間情報教育局　42-45, 47-48, 53
桃色遊戯　27, 29, 80-81
文部省　5, 15-18, 20, 22, 28, 30-33, 35-46, 48, 50-55, 79, 90, 95-96, 100
　——児童文化審議会　85

[や]
闇の女　16-18, 32, 38-41, 49-50, 52
優生保護法　4, 9, 107
百合（族）　198, 205, 209-214, 217, 300

[ら]
レイプ（強姦）　27, 116, 159, 267, 269-271, 280, 283, 285, 296, 327
レズビアニズム　155-157, 160-161, 169
レズビアン（レス）　131-133, 137-146, 148-150
レズビアン（レズ）　5, 129-133, 140-142, 144-151, 154-158, 161, 169-170, 180, 190, 195, 210-211
恋愛　4-7, 10, 20-21, 58, 69, 76, 87-89, 91-94, 97, 116, 134-136, 144, 159-160, 222, 224-226, 228-231, 234, 236-237, 239-242, 246, 248-251, 258, 265, 270, 276-277, 283-284, 288, 290-292, 296, 298-299, 301, 304, 306, 311-322, 324-327, 329
　——結婚　10, 69-70, 88, 315
ロマンティック・ラブ　7, 58, 315

【アルファベット】
FtM　300
GHQ　5, 17, 36-38, 41-48, 50-54, 227, 293
MtF　300-302

## 執筆者紹介（執筆順，[　]内は担当章）

**小山静子**（こやま　しずこ）[編者，序章，第 1 章]

1953 年生まれ，京都大学大学院人間・環境学研究科教授
主要著書：『家庭の生成と女性の国民化』（勁草書房，1999 年），『子どもたちの近代』（吉川弘文館，2002 年），共編著『戦後公教育の成立』（世織書房，2005 年），共編著『「育つ・学ぶ」の社会史 ── 「自叙誌」から』（藤原書店，2008 年），『戦後教育のジェンダー秩序』（勁草書房，2009 年），編著『子ども・家族と教育』（日本図書センター，2013 年），*Ryōsai Kenbo: The Educational Ideal of 'Good Wife, Wise Mother' in Modern Japan* (Brill, Leiden, 2013)

**斎藤　光**（さいとう　ひかる）[第 2 章]

1956 年生まれ，京都精華大学ポピュラーカルチャー学部教員
主要論文・著書：「「性的フェティシズム」概念と日本語文化圏 ── 呉秀三・谷崎潤一郎による「性的フェティシズム」の具現化まで」（田中雅一編『フェティシズム論の系譜と展望　フェティシズム研究 1』，京都大学学術出版会，2009 年），共編著『性的なことば』（講談社，2010 年）

**今田絵里香**（いまだ　えりか）[編者，第 3 章]

1975 年生まれ，成蹊大学文学部講師
主要論文・著書：『「少女」の社会史』（勁草書房，2007 年），「女子高校における女性性利用型成功志向」（木村涼子・古久保さくら編『ジェンダーで考える教育の現在 ── フェミニズム教育学をめざして』解放出版社，2008 年），「京都大学の女性ポストドクター」（京都大学女性研究者支援センター編『京都大学　男女共同参画への挑戦』明石書店，2008 年），「戦後日本の『少女の友』『女学生の友』における異性愛文化の導入とその論理 ── 小説と読者通信欄の分析」（『大阪国際児童文学館紀要』24, 2011 年），「「少女」になる ── 少女雑誌における読むこと / 見ること / 書くことをめぐって」（『ユリイカ』45 (16), 2013 年）

**中山良子**（なかやま　よしこ）[第 4 章]

1978 年生まれ，大阪大学大学院文学研究科博士後期課程
主要論文：「『乙女の性典』と純潔 ── 新制中学生・高校生のセクシュアリティとメディア」（『日本学報』30, 2011 年），「不純異性交遊で補導される女学生の登場 ──『乙

執筆者紹介

女の性典』と『少年の補導』」(文化 / 批評編集委員会編『文化 / 批評［cultures/critiques］』5, 2013 年)

**田中亜以子**(たなか　あいこ)［第 5 章］
1982 年生まれ，京都大学大学院人間・環境学研究科博士後期課程
主要論文：「「妻」と「玄人」の対立と接近 —— 性と愛と結婚を一致させるために妻に求められたこと」(『女性史学』20, 2010 年)，「〈男の愛〉と〈女の愛〉——『女学雑誌』における愛とジェンダー」(『人間・環境学』21, 2012 年)

**赤枝香奈子**(あかえだ　かなこ)［編者，第 6 章］
大谷大学文学部講師
主要論文・著書：「同性婚・パートナーシップ制度」(井上眞理子編『家族社会学を学ぶ人のために』世界思想社，2010 年)，『近代日本における女同士の親密な関係』(角川学芸出版，2011 年)

**菅野優香**(かんの　ゆうか)［第 7 章］
同志社大学大学院グローバル・スタディーズ研究科教員
主要論文・著書：「日本映画の規範性をめぐって —— 邦画メジャーとクィア映画」(『中央評論』270, 2010 年)，"Eternal Virgin Reconsidered: Hara Setsuko in Context" (*ICONICS*, 2010)，"Implicational Spectatorship" (*Mechademia* 6: *User Enhanced*, 2010)，"Love and Friendship: The Queer Imagination of Japan's Early Girls' Culture" (Mary C. Kearney, ed., *Mediated Girlhoods: New Explorations of Girls' Media Culture*, Peter Lang, New York, 2011)

**石田　仁**(いしだ　ひとし)［第 8 章］
1975 年生まれ，日工組社会安全財団主任研究員
主要論文・著書：「戦後日本の雑誌メディアにおける「男を愛する男」と「女性化した男」の表象史」(村上隆則と共著，矢島正見編『戦後日本 女装・同性愛研究』，中央大学出版部，2006 年)，編著『性同一性障害 —— ジェンダー・医療・特例法』(御茶の水書房，2008 年)，"Representational Appropriation and the Autonomy of Desire in *Yaoi*/BL" (M. McLelland, J. Welker and K. Suganuma eds., *Boys Love in Japan*, University Press of Mississippi, 近刊)

執筆者紹介

**前川直哉**（まえかわ　なおや）［第 9 章］

1977 年生まれ，東京大学大学院経済学研究科特別研究員
主要論文・著書：「明治期における学生男色イメージの変容」（『教育社会学研究』81，2007 年），「近代学校と男性のセクシュアリティ形成」（小山静子・太田素子編『「育つ・学ぶ」の社会史 ── 「自叙伝」から』藤原書店，2008 年），『男の絆 ── 明治の学生からボーイズ・ラブまで』（筑摩書房，2011 年），「大正期における男性「同性愛」概念の受容過程」（『解放社会学研究』24，2011 年），「学校での同性愛差別と教師の役割」（加藤慶・渡辺大輔編『セクシュアルマイノリティをめぐる学校教育と支援　増補版』開成出版，2012 年）

**日髙利泰**（ひだか　としやす）［第 10 章］

1987 年生まれ，京都大学大学院人間・環境学研究科博士後期課程（日本学術振興会特別研究員 DC1）
論文：「1960 年代の少女誌における恋愛の主題化と「少女」の性的身体」（京都大学大学院人間・環境学研究科修士学位論文，2013 年）

**桑原桃音**（くわばら　ももね）［第 11 章］

1977 年生まれ，龍谷大学社会学部実習助手
主要論文：「配偶者選択の歴史社会学のための文献研究」（1）（2）（『龍谷大学社会学部紀要』35，36，2009 年，2010 年），「平塚らいてうのロマンチック・ラブと近代家族に関する思想と実践にみる葛藤とゆらぎ ── 1890 年代から 1910 年代を中心に」（『国際社会文化研究所紀要』14，2012 年），「大正期における近代的結婚観の受容層 ──『讀賣新聞』「身の上相談」欄の結婚問題相談者の分析」（『ソシオロジ』58（1），2013 年），「大正期における配偶者選択に関する歴史社会学的研究 ──『讀賣新聞』「身の上相談」欄にみる葛藤の分析」（龍谷大学大学院社会学研究科博士学位論文，2013 年）

**トジラカーン・マシマ**（Mashima Tojirakarn）［第 12 章］

1984 年生まれ，京都大学大学院文学研究科博士後期課程
主要論文："Why Thai Girls' Manga Are Not "Shojo Manga": Japanese Discourse and the Reality of Globalization"（*International Journal of Comic Art*, 13-2, 2011），「タイにおける「日本少女マンガ」イメージの歪み：少女マンガ批判と表現規制の相乗効果」（『マンガ研究』18，2012 年）

## 執筆者紹介

**一宮真佐子**（いちのみや　まさこ）[第 13 章]

1972 年生まれ，京都大学アジア研究教育ユニット研究員（特別教育研究）
主要論文：「ポピュラーカルチャーにおける農業・農村表象とその変化 —— 現代マンガを対象として」（『村落研究ジャーナル』15-1，2008 年）

**朴　珍姫**（ぱく　じんひ，Jinhee PARK）[第 14 章]

1982 年生まれ，京都大学大学院文学研究科博士後期課程
主要論文・著書：「黄金期韓国「純情漫画」の特徴 —— キャラクター表現を中心に」（『マンガ研究』16，2010 年），「韓国版ドラマ『花より男子』の特徴 —— 家族の物語としての『花より男子』」（伊藤公男・杉本淑彦編『ヴィジュアル・カルチャーの中の親密圏』（仮）京都大学学術出版会，2014 年刊行予定）

変容する親密圏／公共圏　8
セクシュアリティの戦後史　　© S. Koyama, K. Akaeda and E. Imada 2014

2014 年 7 月 28 日　初版第一刷発行

編　者　　小　山　静　子
　　　　　赤　枝　香奈子
　　　　　今　田　絵里香
発行人　　檜　山　爲次郎

発行所　　京都大学学術出版会

京都市左京区吉田近衛町69番地
京都大学吉田南構内（〒606-8315）
電　話（075）761-6182
FAX（075）761-6190
URL　http://www.kyoto-up.or.jp
振　替　01000-8-64677

ISBN 978-4-87698-392-6　　　　印刷・製本　㈱クイックス
Printed in Japan　　　　　　　定価はカバーに表示してあります

本書のコピー、スキャン、デジタル化等の無断複製は著作権法上での例外を除き禁じられています。本書を代行業者等の第三者に依頼してスキャンやデジタル化することは、たとえ個人や家庭内での利用でも著作権法違反です。